기후적응

회복탄력적 지구를 위한 전환

이태동 편저

김수련 김은아 김정현 박영주 박 찬 박채연 성정희
이동근 이재영 이주엽 조희진 최재연 홍진규 현정희 지음

기후적응 리빙랩 연구사업단

명인문화사

기후적응: 회복탄력적 지구를 위한 전환

제1쇄 펴낸 날 2024년 10월 14일

지은이 이태동, 김수련, 김은아, 김정현, 박영주, 박 찬, 박채연, 성정희,
이동근, 이재영, 이주엽, 조희진, 최재연, 홍진규, 현정희

펴낸이 박선영

주 간 김계동

디자인 전수연

펴낸곳 명인문화사

등 록 제2005-77호(2005.11.10)

주 소 서울시 송파구 백제고분로 36가길 15 미주빌딩 202호

이메일 myunginbooks@hanmail.net

전 화 02)416-3059

팩 스 02)417-3095

ISBN 979-11-6193-092-3

가 격 28,000원

● ● ●

간략목차

세부목차

도해목차

표

도표

글상자

사진

○ ○ ○
서문

1. 기후변화 적응

기후변화로 인해 지구가 신음하고 있다. 올해와 이번 달이 관측 이래 가장 뜨거운 해이고 달이지만, 미래를 생각하면 가장 시원한 때로 기록될 수 있다. 국제적 합의를 통해 만든 파리 협약의 1.5도씨 상승 제한 목표는 이미 달성하기 어려울지 모른다. 기후변화로 인해 이전 상태로 돌아가기 어려운 임계점이 넘었는가에 대한 논의가 계속되고 있다. 남극의 기온이 39도까지 올라가는 등 기후변화의 증폭이 유례없는 양상을 보여준다. 대기 중의 온실가스 증가는 바다에도 영향을 끼친다. 이는 지구 생태계와 사회 시스템에 장기적으로 부정적인 영향을 준다.

극심한 가뭄과 폭염에 시달리는 지역들이 늘어나고 있다. 이는 에너지, 식량, 산업, 보건에 부정적으로 작용한다. 한반도 면적보다 더 큰 면적이 캐나다나 호주에서 산불로 인해 탔다. 이전에 산불이 없던 지역에서도 건조하고 높은 기온으로 인해 산불이 발생하기도 한다. 또 다른 지역에서는 전례 없는 폭우로 인해 희생자가 속출하고 생태계는 무너지고 있다. 비나 눈이 오지 않던 지역에 갑작스럽게 비나 눈이 많이 오면 대응하기가 더 어렵다.

이 책은 기후변화에 대한 우려를 공유한 전문가들이 '기후적응'에 대한 논의를 활성화하기 위해 작성했다. 부제는 회복탄력적 지구를 위한 전환이다. 기후변화에 대응하는 정책은 크게 기후 저감(mitigation)과 기후적응(adaptation)으로 구분할 수 있다. 기후 저감은 말 그대로 기후변화의 원인인 온실가스 배출량을 줄이는 것이다. 기후적응은 이미 기후변화가 진행되고 있으므로 기후 취약성을 줄여야 함을 강조한다. 기후변화가 20년, 30년 후에 발생하는 것이 아니라 현재 발생하고 있기 때문에, 폭염, 가뭄, 산불, 홍수, 해수면 상승, 수온 상승 등 기후위기에 대응하기 위해 사회경제와 인프라 시스템을 전환해야 한다는 것이다.

현재까지 기후변화정책은 주로 기후 저감에 집중해 왔다. 물론 온실가스를 줄여 기후변화의 영향을 줄이는 것도 중요하다. 그러나 기후 취약성이 증가하는 이 시점에서는 각 사회 주체들이 기후적응에 대한 이해와 정책, 전략이 세우고 시행하는 것이 필수적이다. 이 책은 기후적응의 중요성에 대한 인식을 공유한 전문가들이 함께 회복탄력적인 지구를 위한 전환의 방안들을 논의하고 제시한다. 회복탄력성(resilience)란 내외부적 충격에 시스템이 이전의 기능이나 상태를 회복할 수 있는 능력을 의미한다. 고무공을 손으로 누르면 푹 들어가지만, 다시 원래 형태로 회복되는 것을 상상하면 그 의미를 이해하기 쉽다. 그러나 고무공을 누르는 압력이 너무 크거나, 고무공 자체가 약해져 있다고 하면 내외부의 압력을 견디지 못하고 공은 터지거나 바람이 빠져버려 더 이상 공으로서의 기능을 하지 못한다. 기후변화로 인한 회복탄력성도 마찬가지이다. 기후변화의 충격이 너무 크거나, 이에 대응하기 위한 생태계와 사회 시스템이 약하면 기후변화에 적응할 수 없게 되고, 지구 시스템은 본래의 기능을 유지하지 못한다. 그래서 회복 탄력적인 지구를 위한 전환 노력이 필수적이다.

기후변화 적응에 대한 몇 가지 오해가 있다. 우선 기후'적응'이 수동적이라는 오해이다. 즉, 끓는 물 속에 개구리처럼 인간과 지구 시스템이 천천히 '적응'할 수 있다는 것이다. 그러나 우리는 끓는 물 속의 개구리에게 생길 비극을 알 수 있다. 끓는 물 속에서 하루빨리 뛰쳐나오는 의지와 적극적 노력이 필요하다. 두 번째 오해는 기후적응은 먼 미래의 일이라는 것이다. 대부분의 경우 당장의 경제적, 정치적 이익이 우선시 된다. 기후변화와 같이 광범위하고 불확실해 보이는 문제, 특히 알기 어려운 적응의 문제는 당장 급한 현실이 아닌 몇 년 혹은 수십 년 후의 일로 여겨진다. 그러나 세계 곳곳의 기후위기는 현재의 위기이며 이를 인식(Recognize)하고 준비(Ready)해서 대응(Response)해야 한다. 위기가 현실화되어 피해가 발생하면 신속히 복구(Recover)해야 한다. 이를 적응 4R(Recognition-Readiness-Response-Recovery) 단계라 한다. 세 번째 오해는 기후 저감과 적응을 대립하는 개념으로 인식하는 것이다. 즉, 저감이 우선시 되어야 하지, 적응을 우선시하면 안 된다는 주장이다. 물론 한정된 자원으로 기후변화 저감과 적응을 동시에 실행하기는 쉽지 않다. 그러나 적응을 강조한다고 해서 저감을 도외시해서는 안 된다. 적응과 저감의 시너지(synergy)와 상충(tradeoff)을 파악하고 기후변화 대응을 주류화할 필요가 있다. 본 서가 이러한 오해들을 풀고 기후적응에 대한 이해에 도움이 되길 바란다.

이 책은 환경부의 재원으로 한국환경산업기술원의 신기후체제대응 환경기술개발사업의 지원을 받아 연구되었다(RS-2023-00221109). 아울러 '이윤재 정치학총서' 발간에 도움 주신 이윤재 선배님께 감사드린다.

2. 책의 구성과 각 장의 요약

제1장(현정희 박사, 국제응용시스템분석연구소; 이동근 교수, 서울대
학교)에서는 기후적응과 탄력성의 개념을 소개한다. 기후탄력성이란
사회적, 경제적, 환경적 시스템이 교란에 대처하고 적응하며, 본질적
기능과 구조를 유지하도록 대응, 시스템을 재구성하는 것을 뜻한다.
기후변화에 대한 사회적 회복력에는 정치 및 제도적 요인, 라이프스타
일과 소비 습관, 생산 패턴, 권력 구조 등이 포함된다. 따라서, 통합적
인 시스템적 사고를 통한 문제해석, 평가 및 해결방안을 마련해야 한
다. 그렇다면 "시스템을 바꾼다"는 것이 실제로 무엇을 의미할까? 시
스템적 사고를 바탕으로 기후탄력성이 기존 연구와 실무에서 어떻게
진행되어 오고 있는지의 이론, 방법, 및 사례 예시를 바탕으로, 변화하
는 국제사회 여건을 고려한 우리의 준비가 무엇인지 서술하고자 한다.
특히 회복탄력성을 평가하고, 평가결과를 바탕으로 대책을 설계하고
이행했을 때 회복탄력성이 증가하는 사례를 소개하고자 한다.

제2장(박찬 교수, 최재연 박사, 서울시립대학교)은 국내정책에서
기후적응 주류화를 위한 적응 목표 설정 전략을 제시한다. 우리 사회
는 다양한 부문에서 기후변화 영향에 직면해 있고 기후변화 영향은 부
문 간 의사결정 경계를 허물고 있다. 높은 가치의 단일 작물 재배는 경
제성이 높지만, 생태계 다양성이 낮아 병해충에 대규모 피해가 발생할
수 있고, 폭염 및 열대야 대응을 위한 에어컨 사용 증가는 도시의 열을
증가시켜 기후변화를 가속화한다. 이러한 예시와 같이 특정 문제, 부
문, 이해관계자에 집중된 의사결정은 단기 또는 특정 상황에서는 효과
적일 수 있지만, 장기적으로는 필요한 수준의 효과를 얻지 못할 수 있
고 다른 부문의 악영향을 줄 수 있다. 기후변화 오적응으로 정의되는

이런 현상은 여러 부문의 통합적인 적응을 촉구하고 각 국가의 정책 및 계획에 전방위적 관점에서 기후변화 적응을 고려하는 기후적응 주류화가 요구되고 있다. 기후적응 주류화 범위는 국가 및 지자체의 모든 분야의 정책을 대상으로 하지만 단기간에 달성하기 어려워 현재 상황을 고려한 대상 및 진입점 선정이 중요하다. 구체적인 주류화 방법은 정의되지 못했지만, 정보 기반의 기후변화 이해, 다양한 이해관계자의 참여 지원, 정량적 목표 설정, 사업의 단기/장기 효과의 정량적 평가 및 모니터링이 여러 국제기구에서 공통적으로 언급되고 있다. 주류화의 여러 사례는 주요 진입점으로 홍수 관리, 해안선 안전 관리와 같은 공간적인 계획과 연계된 부문을 선정하였고 정량적인 달성 목표를 수립하여 주류화를 이루었다. 이를 통해 우리는 기후적응 주류화를 위해서 정량적인 적응 목표 수립, 공간 계획 기반의 목표 수립, 이해관계자의 참여와 적응사업 목표의 수립이 필요함을 알 수 있다.

제3장(김수련 박사, 서울시립대학교)은 기후적응을 위한 의사결정 과정에서 필요한 정보와 도구, 사례를 살펴본다. 기후변화로 인한 리스크는 사회·경제·환경 등 다부문에 걸쳐 복합적으로 나타나며, 우리는 복잡한 관계, 부족한 정보와 미래의 불확실성 속에서 어떤 방식으로 어떻게 적응할 것인지 준비하고 행동해야 한다. 의사결정권자는 한정된 예산과 불확실성 속에서 결정해야 하는 것이다. 기후변화를 인지하기 이전, 지금까지와 같이 관행적으로 전문가와 경험에 의존하고, 하향식(top-down) 방식으로는 과거에 경험해보지 못한 미래 기후변화를 고려한 결정에 어려움이 따른다. 이 과정에서 의사결정자에게 기후변화 적응을 위한 지원 도구는 필수적인 요소가 되어가고 있다. "기후변화 적응을 위한 의사결정 과정별 주요 쟁점과 필요한 정보, 지원 도구는 무엇인가?" '좋은' 의사결정 지원을 위해 이용자의 니즈에 맞

취 단계별 지원 방식과 도구의 활용 목적, 이용 가능한 정보, 이해관계자의 참여 방식, 거버넌스 형태 등에 따라 도구는 달라진다. 상하향식 방식의 통합은 기후변화 적응에 필요한 신뢰할 수 있는 정보 생산에 핵심이 되며, 지도(맵) 기반의 리스크 정보는 공간적으로 설명하는데 유용하여 다양한 이해관계자의 의사결정이나 합의를 도출하는데 긍정적으로 기여하는 선순환 기능을 하게 된다. 이렇게 평가된 결과는 지역에 수용할 수 있고, 파급력을 갖게 됨을 시사하며, 수평과 수직의 통합적 접근을 위한 기후적응을 위한 의사결정 지원도구의 발전 방향을 강조하였다.

제4장(박채연 박사, 일본 국립산업기술종합연구소)에서는 기후변화에 대응하기 위해서 산림, 농지, 습지, 해양과 같은 생태계를 어떻게 관리하고 보존해야 하는지에 관해 얘기한다. 최근에는 이를 '생태계기반전략'이라고 하는데, 기후변화 리스크를 줄이는 '적응'의 전략이 될 뿐만 아니라, 이산화탄소를 흡수하는 '완화' 전략으로도 활용되고 있다. 생태계기반전략이 갖는 특징으로는 해당 지역의 기후 관련 리스크를 줄일 수 있도록 회복력을 높인다는 점, 생물다양성을 높이는 등 여러 가지 시너지 효과를 가지고 있다는 점에서 비용효과적인 점, 오랫동안 유지되어야 한다는 영속성 등이 있다. 친환경적이며 지속 가능한 전략으로 보이지만, 생태계기반전략은 몇 가지 지속가능한개발목표와 상충하기도 한다. 빈곤 퇴치나 에너지 서비스의 접근성을 높이는 목표가 이에 해당하는데, 모두 토지가 필요하다는 점에서 생태계(산림, 해양 등) 공간이 필요한 생태계기반전략과 상충될 수 있다. 본 저서는 한정된 비용과 토지 안에서 기후변화 적응 및 완화, 생물다양성, 지속가능성을 알맞게 고려해야 하고, 시장경제에서 생태계의 효과가 과소평가되지 않아야 한다는 시사점을 제공한다.

제5장(홍진규 교수, 이주엽, 연세대학교)은 도시의 기후변화를 중점적으로 살펴본다. 인류는 아프리카를 떠난 이후 도약을 위한 대규모 이주를 끊임없이 해왔다. 인류 문명이 시작된 만여년전부터 시작된 도시화는 산업혁명을 거쳐 현재는 도시로의 이주의 가속화로 인한 급격한 도시화를 겪고 있다. 인구, 사회 인프라, 에너지, 식량 등이 집중되어 있는 도시는 전 세계 육지 면적에서 차지하는 면적이 작음에도 불구하고, 온실가스 배출의 60% 이상을 배출하여 기후위기의 주요 원인이기도 하지만, 기후위기에 따른 자연재해에 대해 큰 리스크를 가지고 있는 곳이기도 하다. 이 장은 도시화 역사, 도시만이 가지는 기후 및 환경적인 특정과 한국 도시의 특징 등을 살펴보고, 기후위기의 시대에서 재난 취약성을 줄이기 위한 도시 지향 적응과 온실가스 배출량을 줄이기 위한 감시 방법의 필요성을 언급하고 있다. 그리고 최근 각광받고 있는 자연기반 해법의 핵심인 숲이 만드는 온도 저감 및 온실가스 흡수량 효과를 국내 도시 사례 연구를 기반으로 살펴보고 정책적 의미를 살펴보았다.

　제6장(이태동 교수, 연세대학교)은 기후 위험 인식에 따라 도시들의 적응 어젠다가 어떻게 달라지는가를 살펴본다. 전 세계 도시의 의사결정자들은 기후변화로 인한 현재와 미래의 위험에 적응하기 위한 조치를 취하고 있다. 이러한 도시의 적응 의제는 도시 마다 상당한 차이를 보여준다. 어떤 도시들은 한두 가지 기후 위험에 대응하는 데 초점을 맞추는 반면, 다른 도시들은 광범위한 기후 위험에 대응하는 의제를 발전시키고 있다. 도시 적응 의제의 차이는 어떤 요소에 의해 추동되는가? 본 연구의 목적은 도시의 지리적, 사회경제적, 제도적 특성뿐만 아니라 기후변화 위험에 대한 인식이 어떻게 적응 의제의 범위에 영향을 미치는지 평가하는 것에 있다. 전 세계 58개 도시에 대해 새롭

게 구축된 데이터베이스의 회귀 분석 결과는 의사결정자들이 가지고 있는 기후변화 위험에 대한 인식이 도시 적응 의제 범위의 주요한 결정요인임을 시사한다. 전 세계의 도시들이 다양한 극한 기후 사건으로 인해 지역 특성적 위험에 직면한다는 점을 감안할 때, 본 연구는 도시의 기후 위험을 발견하고 인식하는 것이 적응 의제를 확장시키고 주류화하기 위한 초기 단계임을 시사하면서, 지역, 국가 및 국제기구에 대한 범지구적 규모의 적응 전략을 향상시킬 수 있음을 강조한다.

제7장(김정현 교수, 연세대학교) 지역 언론과 기후변화 인식에서는 언론과 기후변화에 대한 인식에 대한 미국 루이지애나주 사례를 소개한다. 기후변화의 지역적 영향을 강조하는 것은 기후변화에 대한 대중의 인식과 참여를 높이는 효과적인 방법으로 알려져 왔다. 본 연구는 지역 정보를 전달하는데 특화된 지역 언론의 특성을 바탕으로 본 연구는 지역 언론이 기후변화가 지역사회에 미치는 영향을 효과적으로 전달하고, 미국의 공화당원 등 기후변화 대응에 회의적인 태도를 가진 인구 집단의 인식을 제고하는 역할을 수행할 수 있다고 주장한다. 이와 같은 이론적 주장을 검증하기 위한 방법으로 본 연구는 미국 루이지애나주의 사례를 활용한다. 먼저 루이지애나주의 기후변화를 다룬 지역 언론과 전국 언론의 보도를 비교한 콘텐츠 분석 결과, 지역 신문사가 전국 신문사에 비해 기후변화 보도 시 지역적 영향을 강조하는 경향을 일관되게 보여주는 것으로 나타났다. 그다음 루이지애나 주민을 대상으로 실시한 설문 실험은 공화당 성향 유권자들이 루이지애나의 기후 영향에 관한 기사가 지역 신문에서 보도되었을 때 이를 더 정확하고 자신의 주에 더 밀접한 관련을 갖는 내용이라고 평가하였으며, 기후 문제에 대해 더 많은 관심을 갖게 되고 기후변화 완화를 위한 행동을 취하고자 하는 의지가 높아진 것으로 나타났다. 이러한 결과는

기후 커뮤니케이션 연구에 중요한 시사점을 제시한다.

제8장(성정희 연구교수, 연세대 동서문제연구원)은 기후위기 문제 해결을 위한 교육의 역할과 과제에 대해 다룬다. 1980년대 후반 기후변화 문제에 대해 국제사회에서의 논의가 시작되었고, 이후 많은 논의 과정을 거치며 2015년 제21차 유엔기후변화협약 당사국총회(COP21)에서 선진국과 개발도상국 구분 없이 역사상 처음으로 195개 모든 국가가 참여하여 파리협정(Paris Agreement)을 채택하였다. 전세계가 기후변화 문제해결을 위한 노력이 필요함을 인식하고 각국은 온실가스 감축을 위한 목표를 설정하고 달성하기 위한 사회 전 분야의 변혁을 추진하고 있다. 그러나 여전히 온실가스 감축 목표는 달성하기 힘겨운 목표가 되고, 기후위기는 더 심화되고 있는 현실이다. 기후위기는 혁명적 에너지 전환을 요구하며, 과학기술적 문제해결을 넘어 기존의 일상적인 삶의 행태도 바꾸어야 해결 가능한 문제이다. 국제사회에서도 교육이 기후변화 문제를 포함한 지속가능발전목표 달성의 효과적인 수단임을 인식하고 기후변화 교육을 강조하고 있다. 본 장에서는 지금까지 기후변화 교육이 그 역할을 잘 수행해 오고 있는지를 반성하고 기후변화 문제가 왜 해결하기 힘든 이유를 심리적, 교육 방법적으로 분석하였다. 그리고 기후변화 교육의 목적은 궁극적으로 기후소양을 가지고 문제해결을 위한 참여와 행동을 통해 기후변화 문제를 해결하는데 기여하는 것이다. 환경교육의 전통적 교수이론은 지식-인식변화-행동변화에 기반을 둔 친환경적 행동변화를 강조한다. 그런데 기후변화 교육에도 이러한 방식이 잘 적용되고 있는지를 비판해 보고, 기후변화의 특성을 고려한 개인적, 집단적 행동변화를 이끌어 낼 수 있는 교육방안에 대해 제언하고 있다.

제9장(박영주, 조희진 박사, 사회적가치연구원)은 기업의 기후적응

노력의 필요성과 사례, 전략을 제시한다. 지구 온난화로 인한 기록적인 가뭄, 홍수, 폭우 등 극한 기상 현상의 발생은 기업을 넘어, 글로벌 공급망의 생존까지도 위협할 수 있기 때문에 국가 차원의 대비를 넘어 기업들도 기후 리스크를 줄이기 위한 만반의 대비가 필요하다. 하지만 기업들은 실제로 피해를 경험하지 않는 이상 극한 기상 현상의 심각성이나 기후 리스크 대비의 필요성을 크게 느끼지 못 하고 있다. 자연재해 대비는 국가나 지역사회에서 해야 하는 공공의 이슈로 인식하는 경향이 높은 듯하다. 하지만 극한 기상 현상이 점차 빈번해지고 있고 그 강도가 이전과 비교할 수 없을 정도로 거세지고 있기 때문에 기후 리스크가 한 번 발생하면 기업의 피해도 걷잡을 수 없이 커질 수 있다. 기후 리스크에 철저히 대비하여 비즈니스 연속성을 확보하고 회복탄력성을 높이는 것은 기후 리스크에 따른 기업의 자산을 보존하여 기업 가치 하락을 미연에 방지할 수 있다. 따라서 본 연구에서는 국가, 지역사회 차원을 넘어 기업에서도 기후 리스크에 대한 대비, 즉, 기후적응이 필요하다는 관점을 제공하고자 한다. 이를 위해 기업에서 기후적응에 주목해야 하는 이유를 살펴보고 국제사회, 투자·금융계, 정부의 요구 사항 및 통신, 반도체, 에너지 계열 등 글로벌 선진 기업 사례를 통해 우리 기업들이 어떻게 기후 리스크에 대비해야 하는지 기후적응 전략 수립 방향을 제시한다.

제10장(김은아 박사, 국회미래연구원)은 기후적응 기술에 대해 다룬다. 자연재해 및 사회 전반에 미치는 피해를 감소시키기 위해 전통적인 정책영역에서는 기후영향평가와 기후적응대책을 마련하였고, 최근에는 이러한 정책영역에서 기술이 기여할 부분들을 인지하기 시작하였다. 기후변화로 인하여 발생하는 자연재해를 비롯한 사회 곳곳의 피해들은 기술이 발전하면 얼마나 줄어들 수 있을까? 디지털 기술은

자연재해 예측과 피해 최소화를 위한 정보 제공에 기여하고 있으며, 이러한 기술은 기후적응력 향상 뿐만 아니라 경제적인 부가가치를 생산하는 요소기술로도 부각되고 있다. 이에 따라 기후적응기술에서의 국가 간의 경쟁은 초기 단계이지만 극한 기후현상이 심화됨에 따라 경제적, 안보적 요소가 강화될 가능성이 있다. 아직까지 기술 성숙도가 낮고 자금 조달의 어려움, 정치적·사회적 장벽, 기술개발 거버넌스 문제 등 다양한 도전 과제가 존재하며, 이를 극복하기 위해서는 국제협력·투자, 기술전수, 이해관계자 참여형 거버넌스 구축이 필요하다. 이러한 과제를 해결함으로써 기후적응기술은 미래에 더욱 경제적 이익과 사회적 정의를 증진시킬 수 있을 것으로 기대한다.

제11장(이재영 박사, 통일연구원)은 중국의 기후적응정책을 소개하고 있다. 2022년 중국 정부가 발표한 '국가기후적응 전략 2035'는 기후적응형 도시 건설뿐만 아니라 2035년까지 '기후적응형 사회' 건설을 강조하고 있다. 이는 정부, 기업, 커뮤니티 및 시민의 집단행동과 적극적인 참여가 중요하고, 기후적응형 도시 건설의 각 단계에서 감시경보 및 위험 관리, 식량안보 강화, 수자원 관리, 생물다양성 보호, 위성기술 및 인공지능, 빅데이터의 첨단기술 활용, 기후변화가 인간 건강에 미치는 부정적인 영향의 발견 및 축소 같은 중점 영역과 예방 및 마지노선 사유가 강화되었다. 구체적으로 이 전략은 기후적응을 자연생태 시스템과 경제사회 시스템의 위험 식별과 관리를 강화하고 기후변화가 초래한 불리한 영향과 잠재한 위험을 줄이는 것으로 정의하고 있다. 특히 전략은 "능동적 적응·예방 위주, 과학적 적응·자연 환경 순응, 체계적 적응·중점 부각, 협동 적응·연동된 공동 관리"를 원칙으로 제시하고 있다. 하지만 이 전략의 한계는 중앙-지방, 부처, 사회 간 통합된 조정 부족, 사회의 인식과 능력 결여, 감축과 적응정책의 충돌 및

균형 부족 등이다. 마지막으로 중국의 기후적응 관련 국제협력은 일대일로와 개도국의 글로벌 사우스에 대한 남남협력을 중심으로 생물다양성 보호 및 인프라 건설 분야에 집중되고 있다.

이태동
연세대학교 정치외교학과

1장

기후 회복탄력적 적응을 위한 국내외 노력

현정희, 이동근

1. 서론

17세기 회복탄력성(Resilience)이라는 용어가 등장한 이후, 수많은 분야에서 다양한 정의로 그 개념이 사용되었으며 특히 20세기 이후에는 수십 년 동안 생태학자들 사이에서, 그리고 얼마 지나지 않아 사이버네틱스 학자들 사이에서 널리 연구되어왔다. 이 개념의 핵심은 반동 또는 회복될 수 있는 어떤 물체나 상태가 반드시 존재한다는 것이다. 회복탄력성과 자연과학 및 공학의 연관성을 고려할 때, 대부분의 사회과학자들은 이 용어나 개념에 의존할 필요성을 느끼지 못했다. 홀링의 생태학적 회복탄력성 개념(Holling 1973)은 사회과학과 공학 사이의 가교역할을 하는 것으로 간주되는데(Ostrom 2007; Thorén 2014), 그 이유는 홀링의 상반된 생태계에 대한 관점 때문일 수 있다. 그는 폐쇄적이거나 안정적인 시스템이 아닌 자연적 또는 인위적인 외부 사건

1

이 생태계에 미치는 영향을 오히려 강조하였다. 따라서 복원력 개념에는 복잡한 시스템 접근(complex systems approach) 방식이 내재되어 있다. 즉, 특정한 사건이나 현상의 위협, 취약점, 영향의 가능성과 결과를 이해하는 것이 중요하다.

기후변화의 맥락에서 탄력성이라는 용어는 기후탄력성(climate resilience)이라고 표현되며, 상대적으로 감지되는 탄력성의 문제는 대상의 취약성과 대상이 노출된 리스크에 따라서 달라질 수 있다. 기후탄력성이란 사회적, 경제적, 환경적 시스템이 교란에 대처하고 적응하며, 본질적 기능과 구조를 유지하도록 대응, 시스템을 재구성하는 것을 뜻한다(IPCC 2018). 기후변화에 대한 사회적 회복력에는 정치 및 제도적 요인, 라이프스타일과 소비 습관, 생산 패턴, 권력 구조 등이 포함된다. 이러한 사회적 요인(반드시 물리적 법칙을 따르지 않는)을 고려한 회복탄력성 연구는 크게 '사회 구성주의(social constructivism)'에 속하는 것으로 분류할 수 있다. 이러한 연구에서 사회는 객관적으로 연구할 수 있는 부분(행위자 및 기술 포함)과 물리적 속성으로 구성된 사회 시스템으로 모델링된다(Aiken 2006). 시스템 속성으로서의 회복탄력성은 해안 시스템, 도시 시스템, 산림 시스템 등을 포함한 사회 생태 시스템의 동적 평형, 안정성, 강도 또는 생존 가능성을 객관적으로 측정하는 척도이다(Hoekstra et al. 2018). 이 장에서는 기후탄력성이 기존 연구와 실무에서 어떻게 진행되어 오고 있는지 이론, 방법, 및 사례 예시를 바탕으로, 변화하는 국제사회 여건을 고려한 우리의 준비가 무엇인지 서술하고자 한다.

1) 회복탄력성 연구의 다각화

유럽 문학에서 회복탄력성이라는 용어가 가장 먼저 등장한 것은 이솝 우화 중 하나인 '참나무와 갈대'에서였다고 한다. 이 우화의 한 버전에 따르면 참나무는 폭풍우에 뿌리째 뽑히지만, 갈대는 살아남는다. 대화 중 떡갈나무는 연약한 갈대들이 그토록 강력한 폭풍을 견뎌낸 반면, 자신은 쓰러진 것에 대해 당황스러움을 표현한다. 갈대는 저항하지 않은 것이 자신을 구한 것이라고 대답하며 구부러지는 능력 덕분에 바람의 방향에 따라 움직였고(그래서 부러지지 않았으며) 폭풍이 지나가면 다시 일어났다. 갈대는 다시 '반등'을 일으켰기 때문에 '탄력적'이다. 실제로 영어 단어 '탄력성'은 일반적으로 반등을 의미하는 라틴어 'resilire'에서 유래한다. 이러한 맥락에서 자연은 모든 것이 '반등'하도록 한다.

19세기 초까지만 해도 탄력성의 의미는 자연에서 유래된 것으로 이해되었다. 엔지니어들이 이 용어를 외부 충격이나 교란(예: 극심한 기상 조건)을 겪은 후에도 파손되거나 변형되지 않고 원래의 형태를 회복하는 물질의 특성과 능력을 지칭하기 시작하면서 약간의 변화가 나타났다(Davoudi 2018). 1950년대에 심리학자들은 이 용어를 정신 건강에 적용하여 강제 수용소 생존자들의 대처 메커니즘을 연구하였고 이후에는 다양한 종류의 트라우마, 불행, 역경, 스트레스, 정신적 회복을 연구하는 데 사용하였다(Schwartz, 2018). 1970년대에 생태학자 홀링(C. S. Holling 1973, 14)은 회복탄력성을 "시스템의 지속성과 변화와 교란을 흡수하는 능력의 척도"로 재정의했다. 따라서 회복탄력성은 변화와 교란을 흡수하지 못하는 것으로 정의되는 취약성의 반대 개념으로 널리 이해된다. 기후위기의 시대에 이르러 원래 상태로 복원될 수 없는 임계점(tipping point)을 넘어선 강도와 빈도의 영향과 리스크가 도래하고 있으며, 지속 가능한 개발과 더불어 자연환경에 대한 적응을 통해 구현되는 미래의 '기후안심사회'로의 전환을 위해서는 기후탄력성 확보가 필수적이다(도표 1.1).

응용 자연과학과 복잡계 이론의 영향을 받은 이러한 접근 방식은 특히 문제와 해결책이 모두 기술적 성격일 때 매우 유용할 수 있다. 즉, 정수처럼 겉보기에 순전히 기술적인 과정이라 하더라도 다양한 사회적 요인(예: 습관 변화, 의약품 사용, 집수 시스템의 특정 환경)을 고려해야 한다. 예를 들어, 지역사회를 기후변화에 탄력적으로 만들려는데 특정 지역에 거주하는 집단이 기후변화 영향(폭우, 가뭄, 폭염 등)에 더 취약한 정치적, 문화적 이유를 간과할 경우 이야기는 더욱 복잡해진다.

따라서, 사회적 회복탄력성 연구에서는 일반적으로 사회를 자연, 사회, 사람에 대한 특정한 이해, 가치, 상징, 역사적 관행, 권력 관계의 결과인 역사적으로 내재된 구조로 모델링하고 있다. 기후변화의 맥

도표 1.1 기후탄력성 확보 목표에 따른 영구적 손상 방지

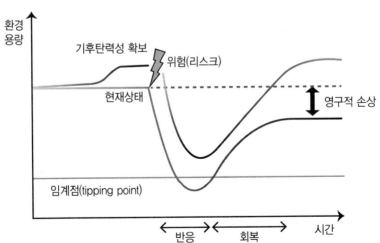

락에서 회복력 문제를 다룰 때는 일반적으로 취약한 지역사회에 대한 우려가 많으며, 특히 환경 부담의 (불)평등한 분배, 인정, 참여, 불평등한 영향 등이 주요 이슈들이다. 자연주의와 자연주의적 전제에 의존하는 기후변화 회복탄력성 연구는 다양한 요소들을 배제하는데, 이들은 겉으로 보기에는 리스크와 관련이 없으며 예측하기 힘든 특성을 지닌다. 이러한 복잡성을 제외하는 방식의 연구는 리스크에 대한 단편적인 빠른 해결책을 제시할 수 있을지도 모른다. 더 넓은 맥락을 고려하지 않고 명백한 문제에 초점을 맞추는 것은 문제가 될 수 있지만, 급박한 위기에서 회복된 후 더 큰 그림을 고려한다면 분명 많은 이점이 있을 것이다. 예를 들어 홍수가 발생했을 때 가장 먼저 고려해야 할 사항은 당연히 대피와 또 다른 홍수 예방이다. 모든 사람이 안전해지면 홍수가 왜 특정 집단에 영향을 주었는지를 살펴볼 수 있다. 홍수에 대한 복원력은 댐을 건설하는 것 이상의 의미를 갖는다. 일부 사람이나 지역을 자연재해나 기후변화의 영향에 더 취약하게 만든 특정 사회 구조, 제도, 결정에 대한 비판도 복원력에 관한 논의에 포함될 것이다.

2) 적응형 및 전환적 회복탄력성에 대한 논쟁

회복탄력성 연구는 적응과 변화의 문제와 관련하여 사회과학자들 사이에 의견 차이가 있음을 보여준다. 이러한 의견 불일치는 부분적으로 홀링의 사회-생태적 시스템(SES) 접근법의 모호성으로 설명할 수 있다(Redman 2014). 1970년대에 홀링(Holling 1973)은 회복탄력성을 SES 적응의 관점에서 되돌아오거나 앞으로 나아가는 것으로 재해석했다. 적응은 한편으로는 시스템에 영향을 미치는 (그리고 시스템 속성으로서 회복탄력성에 영향을 미치거나 강화하는) 에이전트의 역량을 뜻한다. 다른 한편으로는 새로운 단계, 단계 또는 적응 주기를 향한 진화 과정으로서 새로운 (생태적, 사회적) 환경에 대한 범사회적 적응을 의미한다(Boyd et al. 2015).

그러나 홀링이 강조하듯이, 시스템의 반등과 전진은 이전의 (동적) 평형 상태로의 복귀나 시스템의 지속성과 지구력만을 의미하는 것은 아니다. 또한, 이들은 성장, 축적, 구조조정, 재생 등 다양한 적응 주기로 특징지어지는 환경과 그 변화 속에서 발생하는, 비균형과 불안정성의 지속적인 과정과 시스템의 재창조라는 사회생태적 변혁을 뜻하기도 한다(Folke 2006). 변혁은 특히 기존 시스템이 유지될 수 없거나 불법적인 경우 주체들이 새로운 시스템과 새로운 담론을 창출할 수 있다는 것을 의미한다.

최근에는 적응과 변화 사이의 중간 지점인 '전환적(transformative) 적응'이라는 개념이 제시되고 있다(Pelling et al. 2015; Mummery and Mummery 2019). 변혁적 적응의 예로는 녹색 성장 또는 현재 경제의 녹색화를 들 수 있다. 이러한 변화는 정의에 대한 고려를 바탕으로 시스템 내에서 예상되는, 가능한 바람직한 변화의 규모와 일치하는 변화이다. 기후변화에 대한 시스템 적응을 강조하는 회복력 연구는 복잡한 시스템이 충격이나 교란에 대응하고, 진화적 변화를 수용하며, 복잡성과 불확실성에 대처하는 방법으로 학습 역량을 구축할 수 있는 정도에 중점을 둔다(Thorén 2014; Juncos 2017; Béné et al. 2018). 예측 불가능성과 통제 불가능성을 고려할 때 적응적 회복탄력성은 특히 단기 계획, 불확실성 감소, 점진적이고 경로 의존적인 변화의 문제이다(Haasnoot et al., 2013). 시스템의 재안정화 요인인 적응 탄력성은 본질적으로 긍정적인 것으로 간주되는 반면, 교란과 충격(불안정 요인)은 부정적인 것으로 여겨진다(Duit 2016; Lockie 2016).

일부 학자들은 본질적으로 지속 불가능한 시스템의 경우 몇 가지 구성 요소를 조정하는 것만으로는 개선이 힘들기 때문에, 진정한 지속 가능성은 변혁적 회복력을 전제로 함을 주장한다. 내재적 또는 구조적 결함이 있는 경우, 회복탄력성이란 위기를 '이용'하여 사회적, 문화적, 정치적 선택을 비판적으로 재평가하고 필요한 경우 새로운 선택을 할 수 있는 역량을 말한다. 에너지 전환에 적용할 경우, 변혁적 회복탄력성은 적응적 회복탄력성보다 더 급진적인 변화를 수반한다. 전자는, 화석연료를 단계적으로 퇴출하여 기존 화석연료 산업이 더 이상 주도권을 쥐지 못하는 경제를 재편하기 위한 구체적인 계획을 의미한다. 후자의 적응적 회복력은 화석연료의 단계적 퇴출이 지연되고 특정 담론이 화석연료 산업이 평소와 같이 사업을 계속할 수 있도록 보장하는 경우와 관련이 있다. 즉, 현재의 사회경제 시스템을 유지하려면 안정적인 비용으로 안정적인 에너지 공급이 계속되어야 한다(Wiese 2016). 어떤 대가를 치르더라도 시스템 붕괴는 피해야 하므로 기후변화에 대한 적응적 회복력은 화석연료 사용을 중단하지 않고 점진적인 변화와 재생에너지 사용을 늘리는 것을 의미한다.

3) 규모에 따른 회복탄력성

회복탄력성 구축에 대한 관심이 높아지고 있다. 이는 장소 기반 또는 관심사 기반 지역사회가 다양한 종류의 충격과 스트레스 요인에 직면했을 때 능동적으로 화합하고 적응할 수 있는 능력을 개발하는 능력으로 폭넓게 정의할 수 있다(Berkes and Ross 2013: Fazey et al. 2021). 지역사회 수준과 기타 사회적 수준에서 회복력을 강화하거나 제약하는 다양한 요인이 확인되고 있다(Urquiza et al. 2021).

(1) 기후 복원력 개발 경로 ·

IPCC AR6보고서의 기후 복원력 개발 경로(CRDP: Climate Resilient Development Pathways)는지속가능한 개발을 지원하기 위한 기후변화 적응 및 대응을 구조화한 경로로 기후변화 적응의 실행에 따른 지속가능한 개발의 달성도를 확인하여 정책 의사결정을 지원한다. 평가보고서에서는 CRDP의 예시로 UN SDG가 구축하는 다섯 가지 발전차원(사람, 번영, 파트너십, 평화, 지구)을 향해 가까운 경로(위 선) 및

도표 1.2   기회 공간과 기후탄력적 경로

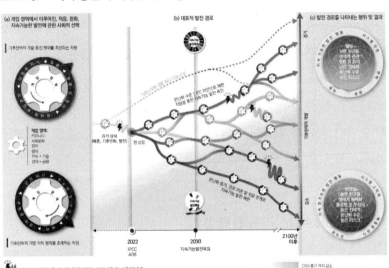

주: (a) 기후회복력개발의 증진(위 톱니바퀴) 또는 쇠퇴(아래 톱니바퀴)는 정부, 민간 부문과 시민사회의 상호작용 결과이다. 각 행위자는 지역에서 국제사회까지 여러 규모에 걸친 정치, 경제, 금융, 생태, 사회문화, 지식과 기술, 커뮤니티 등 여러 영역에서 적응, 저감과 개발을 수행한다. (b) 사회적 선택이 누적된 경로는 기후회복력개발을 증진(위) 또는 쇠퇴(아래)의 방향으로 이끈다. 이미 일어난 기후변화로 인해 기후회복력개발의 최적 발전 경로(위 선) 중 일부는 이미 사라진다(점선). (c) 현재 기후위험이 증가하여 적응한계에 도달하려고 한다. 배출할 수 있는 탄소량을 감안할 때, 기후회복력개발이 증진되는 경로로 전환할 기회의 창이 좁아지고 있다.

출처: IPCC AR6 WGII Summary for PolicyMakers, Figure SPM.5 (2022).

먼 차원(아래 선)의 경로를 사회경제적인 경로로 제시한다. 특히, 온실가스 저감과 모두를 위한 지속가능한 개발을 지원하는 적응을 실행하는 방향성이 필요하다고 주장하고 있다. 본 개념을 통해, 은유 또는 분석 도구로 SDG 전환옵션, 의사결정 체계 등의 주요 사항을 분석하고 국내 적용의 시사점과 방향을 제시한다.

은유로서의 '경로'는 내러티브를 형성하여 이해관계자들이 숙고할 수 있는 자료 및 틀을 조성하는 데 도움이 될 수 있다. 경로는 분석 도구로서 미래의 동역학을 고려하여 점진적인 구현을 위한 일련의 조치를 제시하며, 계획에 유연성을 포함한 상태로 불확실성을 다루어 통합된 의사결정 및 시스템 사고를 활용할 수 있도록 설계된다. 현재까지 경로 생성 및 평가에 대한 일반적인 절차는 구체화되어 있지 않으며 경

도표 1.3 CRDP의 실천을 위한 영역별 시사점

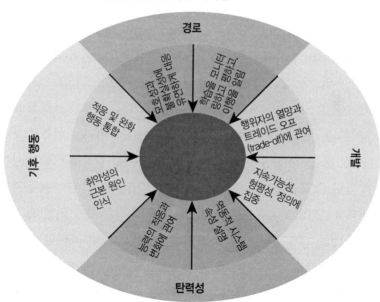

출처: Werners et al. (2021).

로의 개발 및 구현은 이해관계자들의 가치 차이 및 다양한 의견 충돌과 같은 이유로 일반화하기 어렵다. 선행 연구(Werners et al. 2022)에서는, 기후 복원력 개발경로의 실행을 위해서 네 가지 영역(기후 행동, 개발, 탄력성, 경로)을 통합하는 경계 개념의 활용을 주장한다.

(2) 지역 단위 회복탄력성

기후 관련 충격과 스트레스 요인에 직면하여 지역사회와 다양한 주체들이 어떻게 회복력을 높일 수 있는지에 대한 관심이 빠르게 증가하고 있다(Brown 2014; Elmqvist et al. 2019). 지역사회 회복력 구축과 관련된 이러한 연구의 핵심 하위 집합은 변화와 회복력을 위한 잠재적 또는 실제 집단행동을 형성하는 다양한 사회적 요인의 역할에 광범위하게 초점을 둔다(Maclean et al. 2014). 예를 들어 기상이변 위험 증가와 관련하여 인식과 행동을 형성하는 지역 지식 공유, 명확한 의사소통, 사회적 학습, 사람과 장소 간 연결의 중요성을 강조하거나(Maclean et al. 2014), 안전망의 중요성과 식량안보 위험 극복을 위한 자신감과 열망과 같은 요인을 강조한 연구들이 있다(Gambo Boukary et al. 2016; Smith and Frankenberger 2018). 다양한 사회적 요인을 언급하는 이러한 연구의 대부분은 사회적 자본이라는 렌즈를 사용한다(예: Mngumi 2020). 이 개념적 렌즈는 재난 관리를 위한 다양한 사회 집단 내 혹은 집단 간의 집단행동 동원, 일반적인 다양한 충격에 대한 대응(Aldrich and Meyer 2015), 산불과 같은 특정 위협(Jacobs and Cramer 2017) 등 결과를 형성하는 사회적 관계, 네트워크, 신뢰에 초점을 맞추고 있다(Jordan 2015; MacGillivray 2018).

회복탄력성을 구축하려면 회복탄력성을 갖춘 개인을 모으는 것 이상의 체계적인 접근 방식이 필요하다. 불확실한 상황에서 복잡한 시스

도표 1.4 회복탄력성 분석의 일반적인 평가 '단위'

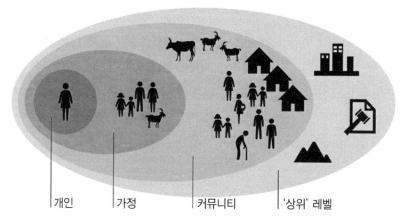

| 개인 | 가정 | 커뮤니티 | '상위' 레벨 |

출처: Bene et al. (2018b).

템을 유연하게 관리하는 방향으로의 전환을 제공하며, 결과적으로 회복탄력성을 향상시키기 위한 시스템 지표와 메트릭의 중요성이 강조되고 있다. 따라서 정형화된 지역단위의 회복탄력성 측정과 평가 방법이 없으며 시스템적 사고로 회복탄력성 이슈를 바라봐야 한다는 주장이 많아지고 있다. 특히, 회복탄력성 분석에서는 평가' 단위'(도표 1.4)가 중요하다. 회복탄력적 대책(interventions)들이 일반적으로 가구 혹은 지역단위에서 계획 및 이행되고 있지만, 이들은 상위기관과 정책에 민감하기 때문에 평가와 분석을 위해서는 통합적인 관점이 필요하다. 따라서 다음 장에서는 시스템적 사고로 바라본 회복탄력성과 그것의 측정 및 평가 방식에 대해 서술하였다.

2. 회복탄력성 측정 및 평가 방법

시스템 변경에 대한 이야기가 '유행'하고 있다. 하지만 "시스템을 바꾼다"는 것이 실제로 무엇을 의미할까? 시스템 변화에 대한 공유된 학습 관행을 발전시키려면 우리 모두가 같은 것에 대해 이야기하고 있는지 확인하는 것이 중요하다. 따라서 다음 섹션에서는 시스템 사고의 몇 가지 언어와 기본 원칙을 명확히 하고자 한다.

1) 시스템적 사고의 기초

시스템에 대한 가장 기본적인 정의는 "사람, 세포, 분자 등 시간이 지남에 따라 고유한 행동 패턴을 생성하는 방식으로 연결된 일련의 사물"이다. 이 정의가 도움이 되기는 하지만, 시스템에는 매우 다양한 유형이 있다는 것도 직관적으로 알 수 있다. 자동차, 자전거, 잠수함은 모두 시스템이지만 가족, 생태계, 지역사회, 조직과는 상당히 다르다.

자동차, 자전거, 잠수함은 모두 '선형 시스템'의 예이다. 이러한 시스템은 부품의 연결 방식을 예측할 수 있고 하나의 자전거, 자동차 또는 잠수함이 다른 모든 자전거, 자동차 또는 잠수함과 매우 유사한 시스템이다. 이러한 시스템은 우리가 엔지니어로서 구성 부품으로 분해하고 일부 부품을 변경한 다음 재조립하여 작업할 수 있는 유형의 체계이다. 이에 비해 가족, 정원, 자연 생태계, 지역사회 또는 조직은 '복잡한 적응 시스템'이다. 이들은 부품으로 분해하여 재조립할 수 없다. 그리고 각각은 서로 다르다. 따라서 우리는 엔지니어가 아닌 정원사나 농부처럼 전혀 다른 방식으로 이들의 작동을 이해하고 작업을 진행해야 한다. 홍수, 폭염, 산불과 같은 기후 위험의 맥락에서 우리가 관심을 갖고 있는 것은 바로 '복합 적응 시스템'이다. 복잡한 적응형 (adaptive) 시스템은 경계가 불분명하고 예측하기 힘들다. 선형 시스템(자전거, 컴퓨터, 잠수함 등)에는 한정된 수의 부품이 있고 부품이 서로 맞물리는 방식은 상당 수준 예측가능하다. 무엇이 '자전거'의 일부이고 무엇이 그렇지 않은지가 명확하다. 페달을 밟으면 자전거의 뒷바퀴에 어떤 일이 일어날지 확실히 알 수 있다. 컴퓨터나 잠수함처럼 매우 복잡한 것일지라도 관련 지식과 경험이 많은 엔지니어라면 여러 부품이 서로 어떤 영향을 미치는지 예측할 수 있다.

복잡한 적응형 시스템은 다르다. 시스템을 구성하는 '부품'에 대한 명확한 경계가 없으며, 부품이 서로 어떤 영향을 미칠지 정확하게 예측하기 힘들다. 예를 들어, 지역사회는 하나의 시스템이다. 그러나 누가, 무엇이 '지역사회'의 일부인지는 명확하지 않다. 지리적 경계에 의해 결정되는가, 아니면 거버넌스에 의해 결정되는가? 특정 장소에 거주하는 사람들로 구성되어 있는가, 아니면 그 지역에서 일하러 오는 사람들, 또는 그곳에 살다가 지금은 다시 방문하는 사람들, 또는 그 지역에 부동산이나 사업체를 소유한 사람들까지도 포함할 수 있는가? 그것도 아니면 장소에 강한 친밀감과 정체성을 느끼는 사람들일까? 지역사회는 토지, 건물, 동물, 물, 생물다양성을 포함할까? 아니면 단지 사람들만을 포함할 뿐일까? 그렇다면 이러한 사항들을 누가 결정할 수 있을까? 지역사회의 구성원이 누구인지 또는 무엇이 지역사회의 일부인지에 대해 공동체마다 다른 견해를 가지고 있을 수 있다.

지역사회를 구성하는 개체(사람, 사물 등)를 명확하게 파악하기 어렵다면, 서로 다른 '부분'이 서로에게 어떤 영향을 미칠지 확실하게 예측하기는 더욱 힘들다. 새로운 태양열 스토브 덕분에 사람들이 나무를 덜 베어내게 되어 삼림 벌채가 줄어들지 또는 사람들이 베어낸 나무를 마을에 팔 수 있게 되어 삼림 벌채 속도가 빨라질지 알 수 없다. 복잡한 적응형 시스템은 기계와 같지 않기 때문에 기계처럼 다룰 수 없다. 대신 정원이나 생태계를 가꾸는 것처럼 복잡한 적응 시스템을 다루어야 한다. 개별 식물이 아닌 정원 전체에 주의를 기울여야 한다. 우리는 통제할 수 없는 시스템(예: 공원의 생물다양성, 정부가 시행하는 농장 보조금, 비와 태양)의 영향을 받고 있다. 이처럼 복잡한 적응 시스템은 역동적이다. 즉, 항상 변화하고 적응하고 있다. 변화의 속도는 때로는 빠를 수도 있고 느릴 수도 있지만, 우리가 의도한 개입은 살아 있고 변화하는 맥락에서 작동한다. 심각한 홍수가 새로운 재난 위험 감소 법안을 의회에서 통과시키는 촉매제가 될 수도 있고, 흉작과 그에 따른 식량 부족으로 인해 향후 홍수에 대한 작업에서 식량 지원에 대한 방향으로 관심과 자원이 멀어질 수도 있다. 복잡한 적응 시스템과 함께 작업하는 것은 흐르는 강물을 다루는 것과 같다. 우리는 흐름을 바꾸거나 방해하거나 방향을 바꾸려고 노력할 수는 있지만, 우리의 개입과 상관없이 흐름은 계속된다.

시스템 변화는 단순히 작업 내용뿐만 아니라 작업 방식에 관한 것이기도 하다. 따라서 우리는 특정한 교차 원칙을 가지고 업무에 임해야 한다. 이러한 원칙이 없다면 시스템 작업의 방법은 곧 무뎌질 수밖에 없다. 시스템 변화 접근 방식은 현재 나타나는 문제에 대응하는 것이 아니라 종종 복잡한 문제를 일으키는 근본적인 조건을 변화시키는데 중점을 둔다. 빙산 모델은 이를 표현하는 가장 일반적인 방법 중 하나이다. 홍수로 유실된 집과 같은 '사건'이 가장 쉽게 눈에 띄고 대응하기 쉽지만, 빙산의 일각처럼 이는 중요한 것의 일부에 불과하다는 것이 원칙이다. 시스템 작업은 표면 아래에 있는 요소들을 변화시키기 위해 노력하는 것이다. 또한, 우리가 보는 이벤트를 만들어내는 숨겨진 구조와 역학을 연구하는 과정이기도 하다.

빙산 모델을 홍수의 예로 바꾸어 보면 다음과 같다.

- **이벤트**: 방글라데시의 한 시골 지역에서 홍수가 발생한다고 가정했을 때 이로 인해 가족들이 집을 잃고, 농작물을 잃고 밭일을 할 수 없게 되어 생계가 중단되며, 단기적인 식량 부족, 일자리를 찾아 지방 도시로 단기 이주하는 등의 이벤트 수준의 영향이 발생한다. 이러한 '사건'에 대한 대응은 식량 지원, 임시 거주지 제공, 심지어 다음 홍수 때 이 지역사회를 보호하기 위해 더 큰 방벽을 건설하겠다는 약속으로 이어질 수 있다. 이러한 대

도표 1.5 시스템적 행동을 이해하기 위한 모델

빙산 모델

이벤트

패턴

구조

멘탈 모델

출처: Bosch et al. (2007).

응은 정당하고 중요할 수 있지만(굶주린 사람들에게는 식량이 필요하다), 홍수의 원인을 바꾸는 데는 거의 도움이 되지 않는다. 실제로 일부 대응책은 향후 홍수를 악화시키거나 다른 지역으로 홍수 피해를 전가할 수도 있다.

- **패턴**: 패턴 수준에서는 홍수가 특정 자연 리듬을 따르며, 상류의 삼림 벌채로 인해 더 많은 양의 강우를 흡수할 수 있는 지형의 용량이 감소했다는 것을 알 수 있다. 또는 최근 도로가 건설된 이후 홍수가 발생하기 시작했는데, 이 도로가 의도하지 않은 댐 역할을 하여 물이 하류로 흐르지 못한다는 사실을 발견할 수도 있다. 또한 홍수의 영향에 기여하는 요인을 살펴보고, 조기 경보 시스템에도 불구하고 더 많은 여성이 홍수에 휩쓸린다는 사실을 알아낼 수도 있다. 이를 통해 여성들의 휴대폰 사용률이 낮기 때문에 이러한 경고 메시지를 받지 못하는 패턴을 파악하는 것도 가능할 것이다.

이러한 패턴을 발견하면 여성의 휴대폰 접근성을 높이기 위해 개입할 수도 있고, 도로 설계에 대해 교통 엔지니어와 논의하거나 상류의 흡수 능력을 높이기 위해 자연 기반 솔루션을 모색할 수도 있다. 이 모든 것은 합법적인 작업이며, 시스템을 변화시키기 위한 노력이다.

- **구조**: '패턴'을 넘어서 살펴보면, 여성은 돌봄과 가사에 대한 책임이 더 많다는 것을 알 수 있다. 이로 인해 시민 행사에 참석하기 어렵고, 거버넌스 포럼에서 여성의 목소리가 잘 반영되지 않으며, 홍수에 대한 여성의 요구와 취약성이 잘 드러나지 않는다. 새로운 도시 개발을 연결하기 위해 새로운 도로가 건설되고, 정부는 가치가 낮은 농지를 개발업자에게 매각하여 수익을 올리는 데 열중하고 있다는 것을 알 수 있다. 홍수 위험이 만연함에도 불구하고 정부가 다가오는 선거를 준비하고 있고 더 나은 의료 시설에 대한 지역 수요에 우선적으로 대응하지 않고 있기 때문에 대비 작업에 대한 투자가 거의 이루어지지 않고 있다는 것을 알 수 있다. 이러한 '구조'를 파악한 후, 정부가 복원력 작업에 더 많은 투자를 할 수 있도록 자연 기반 솔루션의 힘을 강조하는 옹호 계획을 수립할 수 있다.

- **멘탈 모델**: 구조 너머에는 '멘탈 모델'이 존재한다. 이는 우리 모두가 본질적으로 보이는 사고 모델을 가지고 있어, 가능한 대안을 상상조차 하기 어렵기 때문이다. 홍수와 그 영향에 대한 사고 모델을 살펴보면, 홍수를 자연스러운 필연으로 받아들이기보다는 피해야 할 사고로 보는 사고방식을 발견할 수 있다. 또는 홍수를 인간과 자연 사이의 '전투'로 간주하여 영웅적인 힘과 군대식 언어와 행동을 요구할 수도 있다. 어쩌면 우리의 정신적 모델은 홍수나 홍수 방어 및 복원력을 구축할 때 묘지와 같이 문화적으로 중요한 공간이나 위험에 처할 수 있는 자연 생태계보다 건물과 같은 재정적으로 가치 있고 보험에 가입할 수 있는 자산을 우선시하는 것일 수도 있다. 또는 여성은 근본적으로 덜 중요하게 여겨지기 때문에 더 많

은 영향을 받을 수도 있다. 정신적 모델에 대한 작업에는 홍수뿐만 아니라 근본적인 성별 관계를 변화시키려는 노력, 토착 지식을 찾고 향상, 홍수 대비 및 대응 포럼 내에서 다양한 의사결정 구조를 실험하는 것 등이 포함될 수 있다.

빙산 모델은 이벤트를 표현하는 것 그 이상을 바라보는 데 도움이 되므로, 지금까지 유용한 도구로서 받아들여져 왔다. 하지만 모든 은유가 그렇듯 이 모델에도 한계가 있다. 첫째, 모델의 빙산 아래쪽의 작업이 강조되어 왔기 때문에, 모델의 빙산 위쪽의 작업이 덜 중요하다고 인식될 수 있다. 수면 위에서의 작업은 아래 상황을 바꿀 가능성이 적지만, 대피 프로토콜을 개발하거나 홍수 후 식량 지원을 제공하는 등의 작업이 때로는 중요할 수 있다. 그리고 이것은 종종 확장하기에 가장 쉬운 작업이다. 둘째, 이 모델은 다른 단계를 '통과'해야만 더 깊은 단계에 도달할 수 있으며, 더 깊은 단계에서의 작업이 자동으로 상위 단계에 영향을 미친다고 제안할 수 있다. 재차 강조하자면, 이 두 가지 가정은 모두 도움이 되지 않는다. 예를 들어, 토착 지식을 높이는 것과 같이 정신적 모델을 변화시킬 수는 있지만, 이러한 변화를 보장하기 위해 구조를 바꾸지 않으면 실제로 변하는 것은 거의 없다. 마찬가지로, 때로는 패턴이나 구조 수준에서의 작업이 사람들의 생활 경험을 변화시켜 멘탈 모델을 변화시키는 경우도 있다. 예를 들어, 지역사회에서 얻은 기상 데이터를 사용하여 조기 경보 시스템(패턴 수준)을 구현하면 구조적 권력 보유자(예: 정부 관계자, 과학자 또는 NGO 리더)가 토착 지식의 가치를 경험하고 사고 모델을 변화시킬 수 있다.

2) 회복탄력성 평가 및 분석

회복탄력성의 향상을 측정하려면 어떤 요인이, 어떤 상황에서, 어떤 유형의 충격에 대해 회복탄력성에 기여하는지에 대한 경험적 증거가 필요하다. 복원력 분석을 구성하는 여러 요소 간의 관계를 측정하는 능력은 여러 가지 실질적인 차원과 구조적 특징에 대한 분석에 달려 있다. 이러한 요소는 수집해야 하는 특정 지표와 데이터를 강조하는데, 이들은 회복탄력성의 역학(dynamics)과 관련된 인사이트를 측정할 수 있어야 한다. 회복탄력성 '측정'에는 변화의 '깊이' 또는 심각한 정도(즉, 충격 후 지표의 상대적 변화)와 회복 시간(즉, 충격 후 지표가 원래 값으로 돌아가는 데 걸리는 시간)이라는 두 가지 핵심 차원이 포함된다(Ludwig, Walker and Holling 1997). 회복탄력성을 측정할 때 고려해야 할 네 가지 핵심 요소가 있다.

1. 달성하고자 하는 결과를 파악하고, 이에 따른 회복탄력성 측정
2. 개인, 가구, 지역사회 및 더 큰 시스템이 노출되는 충격·스트레스 요인과 이러한 충격·스트레스 요인의 심각성 및 지속시간을 파악
3. 충격·스트레스 요인과 관련된 흡수력, 적응력, 변화 능력을 다양한 수준에서 측정
4. 충격·스트레스 요인에 대한 개인, 가정, 지역사회 및 더 큰 시스템의 반응과 결과의 추세를 파악

회복탄력성 분석에는 취약성 분석이 포함되어야 하며, 그 수준은 현재의 것 이상이어야 한다. 일반적으로 취약성 평가는 사람들의 생활에 영향을 미치는 충격, 위험 및 스트레스 요인을 파악하는 데 중점을 둔다. 이러한 취약성은 사람들이 위험이나 장기적인 교란에 어떻게 노출되는지, 이것이 그룹마다 어떻게 다른지, 그리고 이상적으로는 이

러한 취약성의 근본 원인이 무엇인지 이해하는 데 유용하다. 회복탄력성 분석에 필요한 취약성 분석에는 적어도 다음 두 가지 영역이 추가된다. 이들은 일반적인 취약성 분석에는 포함되지 않는다. 첫째, 회복력 분석은 기존의 흡수, 적응, 전환 역량을 파악하고, 취약성 평가를 통해 확인된 충격과 스트레스 요인에 따라(또는 예상되는) 개인, 가구, 지역이 취한 대응을 분석한다. 둘째, 사건/재난의 수동적이고 취약한 '피해자'에 대한 인식에서 해당 사건에 대응하는 '능동적' 주체에 대한 인식으로 강조점을 전환한다. 이처럼 실제로 회복탄력성이 개인, 가정 또는 지역사회 구성원이 충격과 (미래의) 불확실성에 적응, 변화, 예측 또는 대응하는 능력에 관한 것임을 인정할 수 있을 것이다. 이는 '회복탄력성'이 주체성에 관한 것이며 사람들이 자신의 삶에 영향을 미치는 정보에 입각한 결정을 내릴 수 있는 능력에 관한 것임을 보여준다.

현재 기후변화 적응연구의 주를 이루고 있는 진단 평가기술은, 대상 지역의 통계자료를 바탕으로 민감도, 적응 능력, 기후 노출 정도에 따른 지역사회의 총체적 취약성 평가 위주로 이루어지고 있다. 취약성 평가의 구조는 정태적 측면을 평가하고 진단하는데 국한되어 있으며 도시의 기후변화 적응을 위한 기능적·동태적 진단에는 기술적 한계가 존재한다. 기존에 기후탄력적인 도시와 관련된 체계가 일부 정립되어 있지만, 대부분 사회과학적 요인(지역사회, 인식 등)에 머물러 있으며, 기술적/공학적 측면과 연계되어 있더라도 특정 부문의 세부 항목에만 한정되어 있다.

3. 기후 회복탄력성 구축 방식/사례

회복탄력성을 평가하고, 평가결과를 바탕으로 대책을 설계하고 이행했을 때 회복탄력성이 증가하는 사례를 소개하고자 한다. 서술된 두 사례는 취리히 홍수 복원력 연합의 지원을 통해 이루어졌으며, 2013년 해당 연합에서 만든 평가도구인 지역사회를 위한 홍수 탄력성 측정(FRMC: Flood resilience measurement for communities)를 활용할 수 있다. FRMC를 통해 사용자와 지역사회 구성원은 자신의 회복탄력성을 이해하고, 특정 지역이나 지역사회가 이미 홍수에 대한 회복탄력성을 가지고 있는 방식에 대한 증거를 생성할 수 있다. 특히, 지역사회와 협력하여 데이터를 수집하여 회복력을 생성할 수 있는 '회복력의 원천'이라고 불리는 44개 지표를 평가하는 것이 포함된다. 데이터는 여러 가지 관점('5C-4R 프레임워크')을 통해 분석되며, 이를 통해 데이터의 상호 연결성과 의존성을 강조하는 데 도움이 된다. 이러한 심층적이고 체계적이며 다차원적인 인사이트는 지역사회가 회복탄력성 구축(resilience-building) 개입을 식별하고 실행하는 데 도움이 될 수 있다. 아래 두 사례는 FRMC를 비롯한 리스크 평가, 등의 의사결정 지원 자료를 바탕으로 홍수에 대응하는 대책을 계획하고 우선순위와 실행 가능성(비용, 효과, 효율, 등)을 고려하여 아래와 같은 대책/프로그램이 실행 되어 오고 있다.

1) 참여형 강우량 모니터링 네트워크(페루)

리막(Rimac) 강 유역의 폭우, 홍수, 쓰레기 유입은 취약한 상황에 처한 사람들에게 영향을 미치는 반복적인 재해다. 이러한 영향은 급격한 토지 이용 변화와 기후변화로 인해 더욱 악화되고 있다. 강우량은 지역 사회마다 크게 다르고 외딴 지역에는 기상 정보가 부족하기 때문에 이러한 상황을 예측하는 것이 어렵다. 이러한 요인들은 유역 내 조기 경보시스템(EWS)의 잠재적 이점을 제한하며, 약하거나 부정확한 예보로 인해 지역사회는 위험을 줄이기 위한 정보에 입각한 실시간 결정을 내릴 수 없다. 또한 예보의 정확도가 낮기 때문에 기상청과 기상청의 커뮤니케이션 및 경보에 대한 대중의 불신이 높다.

해결책은 지역 기상 정보를 생성하고 지역사회 구성원을 EWS의 모든 구성 요소에 통합하는 것이었다. MOP 리막 네트워크는 리막 유역 11개 지역의 자원봉사자 60여 명으로 구성되었으며, 이들은 페루 기상청과 실천 행동의 전문가들로부터 기상학, 날씨 측정 도구, 기후변화 관련 주요 개념에 대한 지속적인 교육을 받고 있다. 이 자원봉사자들은 저렴한 수동 강우량계를 사용해 하루에 두 번 강수량을 측정하고 이를 체계적으로 기록한다. 또한 왓츠앱(WhatsApp)의 그룹 채팅을 통해 기상 관측 및 폭우와 관련된 정보를 사진과 동영상으로 등록하고 공유한다. 이 그룹 채팅은 기상청에서 발령하는 공식 기상 경보와 주의보, 기타 주요 커뮤니케이션을 전파하는 데도 사용된다. 이곳은 비상 상황에서 잘못된 정보를 방지하기 위해 사실을 검증하는 공간이기도 하다. 왓츠앱(WhatsApp) 채팅 정보는 처리되어 Rímac EWS의 여러 모니터링 스테이션에서 수집된 데이터와 대조된다.

이 프로그램은 자원봉사자들에게 홍수에 대비하고 그 영향에 대처하는 데 필요한 지식과 기술을 전수한다. 이를 통해 개인의 자신감을 높이고, 다양한 인구의 필요에 대한 공감을 개발하여 사회적, 인적 자본을 늘리고, 홍수의 위협에 대응하는 최선의 방법을 찾기 위해 개인이 한 팀으로 협력하여 지역사회의 결속력을 향상시킨다. 지역 주민의 참여는 대비 활동이 사람들의 일상의 일부가 되어 시간이 지나면서 지식과 기술이 지역사회에서 복제될 수 있음을 뜻한다. 더 많은 자원봉사자들이 더 나은 대비의 이점을 확인한 후 참여하겠다고 나섰다. 이러한 단체는 지역 위험 관리에서 필수적인 역할을 한다. 홍수 대비 및 대응 활동을 조직하는 것 외에도 지역 주민과 지자체 당국 간의 가교 역할을 하며 현장 상황에 대한 세부 정보를 전달하고 지원의 필요성을 알리고 더 넓은 지역사회와 정보를 공유한다.

2) 지역사회 지원단

멕시코의 산악 및 습지 지역에서의 홍수는 특히 홍수와 하수가 사람들의 집을 가득 채울 때 치명적이다. 멕시코 적십자사가 설립한 지역사회 지원단(Community brigades)은 홍수 대비와 안전한 대피에 대해 배우기 위해 주민들을 모이게 한다. 단원들은 수색 및 구조 기술과 응급처치법을 배우며, 현지 당국에 현장 상황에 대한 중요한 정보를 제공하고 필요한 경우 지원을 요청하는 등 중요한 연락 창구 역할도 한다. 이 지역 사회는 홍수를 예측할 수 있는 지식과 그 여파에 대처할 수 있는 기술 및 사회적 결속력이 부족했다. 또한, 지역사회 차원의 조직 구조가 약하거나 존재하지 않아 홍수 대비 및 대응 활동을 주도하고 관리할 수 있는 역량이 없었다.

이 프로젝트는 자원봉사 지역사회 단체를 구성하고 회원들에게 홍수에 대비하고 대응하는 데 필요한 기술과 지식을 제공함으로써 인적 및 사회적 자본을 늘려 복원력을 강화하고자 했다. 15개월에 걸쳐 매주 진행되는 세션에서 자원봉사자들은 위험 인식, 응급처치, 대피, 수색 및 구조, 피해 및 요구 사항 평가 등 비상사태 예방 및 대응에 대한 교육을 받는다. 교육을 받은 자원봉사자는 후배 자원봉사자를 교육하는 데 도움을 줄 수 있다. 단원들은 홍수 위험이 임박했을 때 응급처치나 경보 발령 등 특정 임무를 맡게 된다.

해당 단체는 때때로 홍수 위험을 줄이기 위해 쓰레기를 수거하고 배수구를 청소하는 등 예방적 역할을 수행한다. 또한, 깨끗한 물 처리에 대한 정보를 공유하거나 질병의 확산을 최소화하는 방법을 전달하는 등 지역사회 자원으로서의 역할도 한다. 단체의 활동은 광범위한 시민 보호 시스템 내에서 재난 복원력에 대한 조율된 접근 방식을 가능하게 한다. 이를 통해 시민 보호 당국은 대비 및 대응 활동에서 더 많은 인구에게 다가갈 수 있다. 단체를 구성하는 과정에 시민 보호 대표를 참여시키면 각 주체 간의 연결고리를 개발하는 데 도움이 된다. 특히, 지역사회 지원단은 위험 관리와 관련된 주요 당국 및 기관과 지역사회를 연결할 수 있다. 당국이 단체를 공식적으로 인정하는 것은 지역사회 활동의 가장 중요한 목표 중 하나이다.

4. 변화하는 국제사회 여건을 고려한 준비

1) 국제사회의 노력: 회복탄력성과 개발 협력 시스템의 통합

인도적(humanitarian)-개발-평화의 연결고리 전반에 걸친 지원은 궁극적으로 장기적인 회복탄력성에 관한 것이다. 중요한 것은, 단일 행위자 또는 일련의 행위자가 위험을 해결하거나 회복력 있는 시스템을 구축할 수 없으며, 공동의 노력이 필요하다는 점을 OECD DAC가 인식하고 있다는 것이다. 인도주의 개발 평화 넥서스에 관한 DAC 권고안

(OECD 2019)에 명시된 대로, 넥서스 전반에 걸쳐 일관되고 상호보완적이며 조정된 전략은 복잡한 위험을 식별하고 취약한 상황에서 긍정적인 회복력의 원천을 구축하는 데 기본이 된다. UNDP, WFP, UNICEF, IOM 등 더 많은 국제기구가 이 권고안을 준수함에 따라 행동 변화 측면에서 긍정적인 전망의 가능성이 있다. 이 권고안은 최근 코로나19에 대한 DAC의 공동 성명서(OECD 2020)에서도 재확인되었다.

인도주의-개발-평화 넥서스 권고안에 명시된 바와 같이 개발 협력에 회복탄력성을 통합하려면 조정, 프로그램 및 자금 조달에 대한 공통된 접근 방식이 필요하다(OECD 2019). 인도주의-개발-평화 넥서스 권고안의 조율된 이행을 위해서는 회복력을 강화하는 위험 정보에 기반한 공동 분석이 필요하다. 이는 전 세계적으로 다양한 지역과 주제별 우선순위에 따라 일하는 기관의 역량에 달려 있다. 이는 OECD 위험 및 복원력 전문가 그룹에서 제공하는 것과 같은 기존 도구와 프레임워크를 활용할 수 있어야 함을 뜻한다. 또한, 각 기관은 예상치 못한 충격이 발생했을 때 신속하고 유연한 대응을 지원하는 조정 구조를 만들어야 한다(OECD 2020). 이와 동시에 정책입안자들은 다양한 수준의 역량과 조정 구조를 활용하고 국가적 대응과 글로벌 차원의 활동을 연계하는 '범정부적 접근 방식'을 계획해야 한다.

또한, 정책입안자들은 글로벌 시스템적 위험에 대처하기 위한 프레임워크에 인센티브를 제공해야 한다. 기관들이 복원력 구축에 참여할 수 있도록 장기적인 시간 지평을 설정하는 것이 이 근본적인 과제의 핵심이다. 위기 대응이 이차적인 사회경제적 영향에 적절히 대처할 수 있도록 부문 간 프로그램이 표준이 되어야 한다. 데이터 부족이 분석, 의사결정 및 프로그래밍을 방해한다는 점을 인식한 OECD는, 특히 여성, 아동, 노인, 장애인 및 취약한 상황에서 서비스를 제대로 받지 못할 가능성이 높은 기타 그룹과 관련된 데이터 격차 해소를 우선순위로 설정했다(OECD 2020). 다차원적 분석과 연계되고 장기적인 시야를 가지며 충분한 유연성을 갖춘 재정 전략과 메커니즘을 수립하는 것은 보다 효과적인 조정과 프로그램을 뒷받침해 준다. 또한, 글로벌 차원에서 인도주의 및 개발 협력의 재정 구조는 시스템적 위험에 대처할 수 있도록 재조정되어야 한다. 코로나19 팬데믹은 이러한 위협에 대응하기 위해서는 긴급 자금, 복구를 위한 장기 개발 자금, 기존 우선순위에 대한 지속적인 지출이 체계적으로 균형을 이루어야 한다는 것을 보여줬다. 현재 팬데믹으로 인해 자원이 부족해진 상황에서 일관되고 상호보완적인 자금 조달 접근 방식을 구현하는 것이 그 어느 때보다 중요하다.

2) 기후탄력성을 내재화할 수 있는 도시와 환경기반시설

기후변화로 인한 도시의 직간접적 피해는 심화되고 있다. 특히 폭염, 폭우, 해수면상승과 같은 이상기후로 인해 도시는 큰 피해를 겪고 있다. 기후변화로 인해서 건강, 물, 식량, 에너지 수요 안전에 위협을 받고 있으며, 인구가 밀집된 도시에서의 큰 피해가 예상되고 있다. 현재 한국은 총인구 중 91.8%가 도시지역에 거주하고 있으며 특히 수도권을 비롯한 대도시권에 집중된 사회경제적 활동이 나타나고 있다. 기후변화에 의한 도시 및 환경기반시설물의 취약성은 인명피해, 시설물의 붕괴, 부식, 노화, 변형 등과 같은 일차적 피해와 이로부터 발생하는 시설물의 내구연한 감소에 따른 경제적 부담 증가, 질병 발병률 증가, 교통사고 등과 같은 이차적 피해를 포함한다. 도시에서의 기후변화 영향은 양극화의 심화, 취약계층의 확대와 고립, 사회경제적 활동의 저하, 산업 기반의 변화 등 도시 전반의 구조적 변화를 야기한다. 경제발전에 따른 도시지역의 확장과 난개발은 기후변화 영향에 대한 도시의 잠재적 대응력을 저하시키며 피해의 규모와 빈도를 가중시킬 가능성이 존재한다.

그동안 도시개발에 있어 다양한 부문 및 시기를 통합하여 지속가능한 개발 목표를 이루는 것이 부족하였다. 그린인프라는 도시의 대표적인 환경기반시설로서, 사람과 야생동식물에게 다양한 편익을 제공함으로써 기후변화에 대한 회복탄력성을 높일 수 있다. 특히 그린인프라는 기후변화 적응과 완화에 대한 공동 편익(co-benefit)이 큰 수단으로서 도시 시스템의 일부인 동시에 자체적인 네트워크로 조성되어야 한다.

도시생태계 문제에 대응하기 위하여 정부는 여러 가지 측면에서 기후변화 적응 대책 등을 수립하고 있지만, 적응 대책 및 기술이 매번 똑같은 것만 반복되고 있으며 이들에 대한 효과도 분명하지 않다. 취약성 평가에 기반한 기후변화 적응대책에서는 일정 수준의 기후변화 위협에 대한 환경기반시설의 탄력성이 고려되지 않아, 과대 비용으로 설계되는 경향이 있다. 생태계 기반 적응과 그레이 인프라 기반으로 복합적인 적응을 모색하게 되면 전체 비용을 줄일 수 있는 가능성이 있다. '도시 회복탄력성 증진', '생태계 기반' 등 큰 방향성이 이미 제시되어 있으나, 기후변화 적응에 각 도시의 특성과 미시적으로 나타나는 공간적 맥락과 인문사회적 특성을 반영하기 위한 기반은 미흡하다.

기후변화 영향에 적극 대응할 수 있는 도시 시스템 전환을 위해서는 도시와 주요 환경기반시설의 계획과 운영관리에 기후탄력성을 내재화할 수 있는 기술개발이 필요하다. 도시 및 환경기반시설의 기후탄력성을 진단하는 평가기술 개발이 선행되어야 한다. 이에 기초한 최적의 환경기반시설 의사결정과정과 긴밀히 연계하는 기술개발과 효과적인 의사결정 지원을 위해서는 빅데이터, 인공지능 기술 등과 연계하여 통합적(총체적)으로 접근할 필요가 있다. 많은 기후탄력성 평가가 단기간 평형상태로의 회복에 초점을 맞추고 있으며 장기간 영향에 의한 평형상태 변화를 평가하는 회복탄력성 평가법 연구 및 기술이 필요하다.

❖ 참고문헌

Aiken, S. F. "Pragmatism, Naturalism, and Phenomenology." *Human Studies* 29 (2006): 317–340.

Aldrich, D. P., and M. A. Meyer. "Social Capital and Community Resilience." *American Behavioral Scientist* 59 (2015): 254–269.

Arestegui, M., and G. Madueño. "How Can Participatory Monitoring Help Us Better Understand Rainfall?" *Flood Resilience Portal,* February 27, 2020.

Béné, C. *Concept Note: Measuring Resilience Across and Between Scales and How to Do It.* Produced by TANGO International as part of the Resilience Evaluation, Analysis and Learning (REAL) Associate Award. (2018b).

Béné, C., L. Mehta, G. McGranahan, T. Cannon, J. Gupte, and T. Tanner. "Resilience as a Policy Narrative: Potentials and Limits in the Context of Urban Planning." *Climate and Development* 10 (2018a): 116–133.

Berkes, F., and H. Ross. "Community Resilience: Toward an Integrated Approach." *Society & Natural Resources* 26 (2013): 5–20.

Bosch, O., M. K. Maani, and C. Smith. "Systems Thinking-Language of Complexity for Scientists and Managers." In: Harrison, S., A. Bosch, and J. Herbohn (eds). *Improving the Triple Bottom Line Returns from Small-Scale Forestry.* The University of Queensland, Gatton, (2007): 57–66.

Boyd, E., B. Nykvist, S. Borgström, and I. A. Stacewicz. "Anticipatory Governance for Social-Ecological Resilience." *Ambio* 44 (2015): 149–161.

Brown, K. "Global Environmental Change I: A Social Turn for Resilience?" *Progress in Human Geography* 38 (2014): 107–117.

Cuevas, J., M. F. Enriquez, R. Norton, and F. Ianni. "2020 Floods in Tabasco: Lessons Learned for Strengthening Social Capital." 2022.

Davoudi, S. "Just Resilience." *City & Community* 17 (2018): 3–7.

Duit, A. "Resilience Thinking: Lessons for Public Administration." *Public*

Administration 94 (2016): 364–380.

Elmqvist, T., E. Andersson, N. Frantzeskaki, T. McPhearson, P. Olsson, O. Gaffney, K. Takeuchi, and C. Folke. "Sustainability and Resilience for Transformation in the Urban Century." *Nature Sustainability* 2 (2019): 267–273.

Fazey, I., E. Carmen, H. Ross, J. Rao-Williams, A. Hodgson, B. Searle, H. Al Waer, J. Kenter, et al. "Social Dynamics of Community Resilience Building in the Face of Climate Change: The Case of Three Scottish Communities." *Sustainability Science* 16 (2021): 1731–1747.

Folke, C. "Resilience: The Emergence of a Perspective for Social-Ecological Systems Analyses." *Global Environmental Change* 16 (2006): 253–267.

Gambo Boukary, A., A. Diaw, and T. Wünscher. "Factors Affecting Rural Households' Resilience to Food Insecurity in Niger." *Sustainability* 8 (2016): 181.

Haasnoot, M., J. H. Kwakkel, W. E. Walker, and J. Ter Maat. "Dynamic Adaptive Policy Pathways: A Method for Crafting Robust Decisions for a Deeply Uncertain World." *Global Environmental Change* 23 (2013): 485–498.

Hoekstra, A. Y., R. Bredenhoff-Bijlsma, and M. S. Krol. "The Control versus Resilience Rationale for Managing Systems under Uncertainty." *Environmental Research Letters* 13 (2018): 103002.

Holling, C. S. "Resilience and Stability of Ecological Systems." *Annual Review of Ecology and Systematics* 4 (1973): 1–23.

Holling, C. S. "Understanding the Complexity of Economic, Ecological, and Social Systems." *Ecosystems* 4 (2001): 390–405.

Intergovernmental Panel on Climate Change (IPCC). Global Warming of 1.5℃. An IPCC Special Report on the Impacts of Global Warming of 1.5℃ above Pre-industrial Levels and Related Global Greenhouse Gas Emission Pathways, in the Context of Strengthening the Global Response to the Threat of Climate Change, Sustainable Development, and Efforts to Eradicate Poverty. Edited by V. Masson-Delmotte, P. Zhai, H.-O. Pörtner, D. Roberts, J. Skea, P. R. Shukla, A. Pirani, W. Moufouma-Okia, C. Péan, R. Pidcock, S. Connors, J. B. R. Matthews, Y. Chen, X. Zhou, M. I. Gomis, E. Lonnoy, T. Maycock, M. Tignor, and T. Waterfield. In Press, 2018.

Jacobs, D. B., and L. A. Cramer. "Applying Information Network Analysis to Fire-prone Landscapes: Implications for Community Resilience." *Ecology and Society* 22 (2017): 20.

Jordan, J. C. "Swimming Alone? The Role of Social Capital in Enhancing Local Resilience to Climate Stress: A Case Study from Bangladesh." *Climate and Development* 7 (2015): 110–123.

Juncos, A. E. "Resilience as the New EU Foreign Policy Paradigm: A Pragmatist Turn?" *European Security* 26 (2017): 1–18.

Lockie, S. "Beyond Resilience and Systems Theory: Reclaiming Justice in Sustainability Discourse." *Environmental Sociology* 2 (2016): 115–117.

Ludwig, D., B. Walker, and C. S. Holling. "Sustainability, Stability, and Resilience." *Conservation Ecology* 1, no. 1 (1997): 7.

Macgillivray, B. H. "Beyond Social Capital: The Norms, Belief Systems, and Agency Embedded in Social Networks Shape Resilience to Climatic and Geophysical Hazards." *Environmental Science & Policy* 89 (2018): 116–125.

Maclean, K., M. Cuthill, and H. Ross. "Six Attributes of Social Resilience." *Journal of Environmental Planning and Management* 57 (2014): 144–156.

Mngumi, L. E. "Exploring the Contribution of Social Capital in Building Resilience for Climate Change Effects in Peri-urban Areas, Dar es Salaam, Tanzania." *GeoJournal* 86 (2020): 2671–2689.

Mummery, J., and J. Mummery. "Transformative Climate Change Adaptation: Bridging Existing Approaches with Post-foundational Insights on Justice." *Local Environment* 24 (2019): 919–930.

Organisation for Economic Co-operation and Development (OECD). "COVID-19 Global Pandemic: Joint Statement by the Development Assistance Committee (DAC) of the Organisation for Economic Co-operation and Development (OECD)." Paris: OECD, 2020. https://www.oecd.org/dac/development-assistance-committee/DAC-Joint-Statement-COVID-19.pdf.

Organisation for Economic Co-operation and Development (OECD). DAC Recommendation on the Humanitarian-Development-Peace Nexus. Paris: OECD Publishing, 2019.

Ostrom, E. "A Diagnostic Approach for Going beyond Panaceas." *Proceedings of the National Academy of Sciences* 104 (2007): 15181–15187.

Pelling, M., K. O'Brien, and D. Matyas. "Adaptation and Transformation." *Climatic Change* 133 (2015): 113–127.

Redman, C. L. "Should Sustainability and Resilience Be Combined or Remain Distinct Pursuits?" *Ecology and Society* 19 (2014): 37.

Schwartz, S. "Resilience in Psychology: A Critical Analysis of the Concept." *Theory & Psychology* 28 (2018): 528–541.

Smith, L. C., and T. R. Frankenberger. "Does Resilience Capacity Reduce the Negative Impact of Shocks on Household Food Security? Evidence from the 2014 Floods in Northern Bangladesh." *World Development* 102 (2018): 358–376.

Thorén, H. "Resilience as a Unifying Concept." *International Studies in the Philosophy of Science* 28 (2014): 303–324.

Urquiza, A., C. Amigo, M. Billi, R. Calvo, L. Gallardo, C. I. Neira, and M. Rojas. "An Integrated Framework to Streamline Resilience in the Context of Urban

Climate Risk Assessment." *Earth's Future* 9 (2021): e2020EF001508.

Vaneeckhaute, L. E., T. Vanwing, W. Jacquet, B. Abelshausen, and P. Meurs. "Community Resilience 2.0: Toward a Comprehensive Conception of Community-level Resilience." *Community Development* 48 (2017): 735–751.

Werners, S., E. Sparkes, E. Totin, N. Abel, S. Bhadwal, J. Butler, S. Douxchamps, H. James, N. Methner, J. Siebeneck, L. Stringer, K. Vincent, R. Wise, and M. Tebboth. "Advancing Climate Resilient Development Pathways since the IPCC's Fifth Assessment Report." Environmental Science & Policy 126 (2021): 168–176.

Wiese, F. "Resilience Thinking as an Interdisciplinary Guiding Principle for Energy System Transitions." *Resources* 5 (2016): 30.

2장

기후적응 주류화를
위한 적응 목표 설정 전략

박찬, 최재연

1. 서론

전 지구에 대한 기후변화 영향의 범위와 강도가 증가함에 따라 자연
생태계와 인간 및 도시생태계의 위협은 증가하고 있다. 지난 50년 동
안 전 세계적으로 2억 200만 달러의 경제적 손실을 초래했고(WMO
2021) 같은 기간에서 자연 생태계의 포유류, 어류, 조류, 파충류, 그
리고 양서류의 개체수는 거의 약 70%가 감소했다. 범지구적인 관점에
서 기후 조절 기능을 수행하는 생태계의 변화는 재앙적인 수준이다.
기후변화로 인한 기후 관련 재해 발생 빈도의 증가는 사회적으로 체감
되는 수준에 도달했고, 이에 따른 국가 및 시민들의 피해는 증가하고
있다. 기후변화는 도시, 물 안보, 주거지 및 인프라, 식량 생산 등 인
간 시스템에 다양한 부정적인 영향을 미치고 있다. 특히, 도시의 주거
지 및 인프라와 건강에 대해서 부정적인 영향이 강하다. 이에 따라서

온실가스 배출을 줄이는 노력과 함께 기후변화와 그 영향을 이해하고, 전 부문에서 적응하는 주류화도 강조되고 있다.

기후변화 주류화란 정책결정, 예산 책정 등 국가 및 지방자치단체에서 이루어지는 다양한 의사결정에 기후변화에 대한 적응을 통합하기 위한 프로세스 또는 사회적 노력이다. 최근, 기후변화로 인한 세계적인 이상 현상과 그 피해에 대한 소식은 심심치 않게 들을 수 있고 지난 몇 년간 여름철에 서울 강남구에서 발생한 도심 침수와 같이 기후변화에 대한 피해가 직접적으로 체감되는 수준에 도달했다. 또한, 따뜻해진 겨울 날씨로 인한 여름철 곤충의 폭발적인 증식, 에어컨 사용량 증가에 따른 에너지 소비 증가, 빈곤으로 인한 폭염 및 한파 사망자 수 증가와 같이 생태, 경제, 환경, 사회 등 다양한 측면에서 기후변화로 인한 영향이 증가하고 있다. 기후변화는 다양한 측면에서 기존의 시스템에 영향을 미치며 단편적인 부문의 대응으로는 한계가 있어 다양한 측면의 노력이 필요하다. 이에 많은 국가에서 장기적인 기후변화 대응 수단으로 다양한 측면에 대해 통합적인 정책적 접근 방안을 고려하고 있다. 이런 필요성과 논의는 여러 국가에서 정책결정, 예산 책정, 사업의 수행 등 다양한 의사결정에 기후적응을 주류화하는 움직임으로 발전하였다. 기후적응 주류화는 기후적응을 위한 고려 사항을 기존 정부정책 및 의사결정 과정에 통합하는 반복적인 프로세스로 기후변화 적응을 위한 기존 사회 시스템의 효율적인 변화와 이를 위한 여러 분야의 통합적인 적응 이행을 달성하기 위한 사회적 노력이다. 이런 노력은 기후변화 적응을 정부정책의 중요 이슈로 강조하고 이를 통해서 사회적 관심, 금전적, 인적, 지적 재원을 집중하여 효과적으로 이행할 수 있게 한다.

세계적으로 기후적응 주류화의 필요성은 강조되고 있고, 각 국가의 정책 및 계획에 전방위적 관점에서 기후변화 적응의 고려 사항이 요구되고 있다. 기후변화에 관한 정부 간 협의체(IPCC) 및 국제표준화기구(ISO)에서는 정부와 지역사회의 정책, 계획, 절차, 위험관리 및 실행 등 사회적 의사결정에 통합될 때 적응에 효과적임을 강조하고 있다. 특히, 국제표준화 기구에서 발간한 "기후변화 적응 계획의 요구 사항 및 지침"에서는 기후변화 적응을 위한 원칙 중 하나로 기후변화 주류화를 제시하고 있다. 주류화는 환경문제, 위험관리 등 의사결정과정 전반에 대한 구조적인 전환이 필요한 주제에 적용되었고 주류화는 기존의 관행적인 정책 의사결정 구조의 전환을 추구한다. 특정 문제, 부문, 이해관계자에 집중된 기후적응은 단기적 또는 특정 상황에서는 효과적일 수 있지만, 장기적으로는 필요한 수준의 효과를 얻지 못할 수 있고 다른 부문의 기후변화 영향에 대한 취약성을 악화시킬 수 있다. 이런 현상은 오적응(Maladaptation)으로 논의되고 있다. 예를 들어, 농업정책으로 소득 극대화를 목표로 고부가가치 작물을 단일 재배할 수 있으나, 이 작물이 기후재해에 영향을 받으면 대체소득이 전무하게 된다. 이처럼 경제적 수익 증가만을 고려한 특정 관점의 의사결정은 기후변화에 대한 취약성을 증가시킨다. 단일 부문의 의사결정에 따른 오적응 대표 사례를 글상자 2.1로 정리하였다.

이 장에서는 기후적응 주류화를 위한 각 지자체의 목표 설정 전략 및 사례를 제시하고자 한다. 이를 통해서 지자체의 적응사업 결정 및 정책 수립에 필요한 주류화 방안 및 비전을 제시하고자 한다.

- 개발을 위한 맹그로브 숲의 파괴는 허리케인이나 사이클론의 발생 빈도와 강도를 증가시키는 등 기후영향에 대한 국가의 취약성을 높일 수 있다(OECD 2009).
- 공학적 관점에서 미래의 기후를 고려한 내후성을 갖춘 새로운 도로의 설치는 해수면 상승에 취약한 해안지역이나 범람원에 거주를 유발과 같이, 특정 기후재난에 노출된 시민을 증가시킬 수 있다(OECD 2009).
- 기후변화로 인한 강우량 변화를 고려하지 않은 관개 계획에 대한 투자는 장기적으로 지속될 수 없다. 단기적으로 농업 부문의 물 의존도는 물에 의존하는 관행과 작물의 증가에 따라 증가할 수 있다(IIED 2008).
- 생산 및 소득의 극대화를 목표로 고부가가치 작물의 단일 재배를 지향하는 농업 정책은 기후변화와 관련된 수확량 손실에 대한 보험 정책이 없는 경우 농가의 소득은 기후 변동성에 취약해진다(WorldBank 2010, GN 4).

2. 기후적응 주류화의 범위 및 방법

기후적응 주류화 범위는 국가 및 지자체의 모든 분야의 정책을 대상으로 하지만 현재 상황을 고려한 정책대상이나 분야를 선정하는 것이 중요하다. 기후적응 주류화의 대상이 되는 대상 정책 및 분야에 대해서 진입점(Entry Points)이란 용어로 다양하게 논의되고 있으나 이는 학술적으로 합의된 대상의 목록을 제시하진 못하고 있다. 계속 강조한 바와 같이, 기후변화로 인한 영향은 광범위하고 복잡하며 지역적 요인에 따라 다르다. 여러 사례에서 제시된 진입점은 일부 차이를 가지고 있다. 남아시아 5국을 대상으로 영국에서 진행한 기후적응 지원 프로그램에서는 주류화의 진입점을 프로젝트, 규정, 주기적 계획 및 예산, 부문별 정책, 통합정책으로 정의하고 있다. 유럽연합(EU)에서는 에너지, 운송 인프라, 도시지역, 농업 분야를 우선적인 주류화 대상으로 제시하고 해당 분야의 법안 및 정책의 결정에서 고려되어야 하는 지침을 제시하여 기후변화를 고려할 수 있도록 유도하고 있다(글상자 2.2). 또한, 남아시아 국가를 대상으로 하는 사례의 경우 해수면 상승, 폭우에 의한 홍수 등을 우선적인 주류화 대상으로 보고 있다. 한국의 한국농촌경제연구원에서 농업 부문의 기후적응 주류화를 위한 정책적 기반의 부족함과 기후변화 적응대책에서의 농업 부문의 적응정책 관련 과제가 미흡함을 언급하고 기후적응 주류화를 위한 정책 과제를 발굴하였다. 농업 부문은 기후변화에 따라 재배지역이 변화하는 등 직접적으로 기후변화 영향을 체감할 수 있는 분야로 국내에서 주류화가 요구되는 중요 분야로 이야기되고 있다. 이와 같이, 기후적응 주류화의 대상 범위는 해당 국가 및 지자체의 현재 상황을 고려하여 중요도에 따라 정리해야 한다.

도시공간은 인류의 발전과 함께 발전한 다양한 의사결정이 이루어지는 대표적인 대상이나 도시화는 기후변화의 주요 원인으로 지목되었다. 그러나 도시는 전 세계 56%의 인류가 거주하는 공간으로 안정적인 주거환경과 경제적, 사회적으로 다양한 이점을 가지고 있는 공간이다(World Bank 2023). 도시 공간을 기후적응 주류화 대상을 논의했을 때는 주류화 대상이 매우 광범위하게 고려되고 있다. 따라서 도시의 개발 및 관리는 현재 사회의 필수적인 가치인 기후변화 대응이라는 관점에서 기후 영향을 고려한 의사결정을 중심으로 관리되어

글상자 2.2 유럽연합의 주류화 우선순위 범위

1. 에너지

에너지 공급의 안보에 대한 주요 위협으로는 기상 이변, 전력 수요 피크 증가, 화력 및 원자력 발전소의 과열 등이 있다. 에너지 수요 측면에서 적응 정책 조치는 기후변화 완화 목표에 기여할 뿐만 아니라 수요 정점을 감소시켜 정전 위험을 감소시킨다. 공급 및 전송 측면에서는 에너지 공급, 전송 및 분배와 같은 사회적으로 중요한 전력망 인프라의 구축 및 관리의 비용 효율적인 방법으로 적응 조치가 통합될 수 있다.

2. 운송 인프라

운송 인프라는 극심한 강수량뿐만 아니라 여름 더위(특히 남유럽)로 인해 위협을 받고 있기 때문에 기후변화에 우선순위가 높은 부문 중 하나다. 예를들어, 폭우로 인한 도로 패임, 폭염으로 인한 도로 파손 등. 운송 인프라 프로젝트는 장기 투자이므로 미래의 기후변화도 고려해야 한다. 유럽연합은 범유럽 통합 교통 네트워크(TEN-T) 지침을 통해 기후변화의 운송 인프라에 대한 영향을 제시하고 있다. "인프라 계획 중에, 회원국들과 다른 프로젝트 추진자들은 기후변화와 환경 재해에 대한 회복력을 적절히 향상시키는 위험 평가와 적응 조치를 충분히 고려해야 한다." 대표적인 운송 인프라 분야의 구체적인 기술 조치는 철도와 도로를 더 높은 온도에 적응시키는 것, 열과 극심한 강수에 대처할 수 있는 공항 활주로를 위한 더 나은 표면 아스팔트, 그리고 기존 인프라 배수 시스템을 개조하는 것이다.

3. 도시지역

유럽의 도시지역은 일반적인 기온 상승과 폭염, 폭우 및 홍수, 폭풍을 포함한 기상 이변으로 인해 취약하다. 건물의 에너지 성능 지침,

계속 ▶▶

유로 법규 및 국가 계획과 같은 신규 및 기존 건물에 대한 최소 요구 사항에는 건물의 기후 방지를 위한 구체적인 방법론과 지침이 포함될 수 있다. 기후행동총국(DG CLIMA: The Directorate-General for Climate Action) 보고서에서 제안한 도시지역의 주요 기술 적응 조치에는 건물의 녹색 지붕뿐만 아니라 도시에 더 많은 녹색 공간을 개발하는 것이 포함되어 있다.

4. 농업

기후변화의 영향은 일반적으로 농촌뿐만 아니라 농업 부문에서도 점점 더 분명해지고 있다. 농업 활동은 기후 조건에 직접적으로 의존하며, EU 전역에서 강우량 감소 뿐만 아니라 갑작스러운 폭염, 가뭄, 폭풍 및 홍수 등 농업은 기후변화에 영향을 받는다. 따라서 기후변화 적응은 EU의 공동농업정책(CAP)과 농촌 개발 프로그램(RDP)에 통합되어 있다. 2014~2020년 CAP의 새로운 특징은 농부들이 기후 안정 대책을 포함하여 더 넓은 대중에 대한 서비스에 대해 보상을 받을 수 있다는 것이다. 농장에 대한 제안된 기술적 적응 조치에는 작물 순환, 파종 날짜 조정 및 새로운 기상 조건에 더 적합한 작물 품종 사용이 포함된다.

야 한다. 실제 도시가 받는 위협(City hazards)은 지리/물리적, 수문학적, 기상학적, 기후학적, 생물학적, 기술적, 환경적 요인으로 구분되고(ISO 37120) 기후변화의 영향은 기후변화에 따라 발생하는 기상학적 이벤트에 대한 영향을 의미한다. IPCC의 6차 보고서에 따르면 기후 탄력성은 기후와 직접적인 요인에 한정되지 않고 비기후 요인인 거주지, 경제, 생태계, 물, 식량 등에 영향을 줄일 수 있어, 복합적인 관점에서 도시의 개발 및 관리를 요구한다(Friend, Moench 2013; Technical Summary, 2023). IPCC의 보고서에서는 기후변화의 영향을 크게 자연 생태계에 대한 영향과 인간 시스템에 대한 영향으로 다루고 특히, 도시에 대한 영향은 인간 시스템에 대한 영향을 크게 3개로 구분한 하나로 중요하게 다루고 있다. 기후변화는 도시, 물 안보, 주거지 및 인프라, 식량 생산 등 인간 시스템에 다양한 부정적인 영향을 미치고 특히 도시, 주거지 및 인프라와 건강 및 웰빙에 대해서 부정적인 영향이 강하다(IPCC Technical summary). IPCC WG2에 따르면 지역적으로 긍정적인 영향도 존재하는 부문과 달리 도시, 거주지, 인프라에 대한 영향은 부정적인 영향만 보고하고 있다. WG2 보고서는 정보의 신뢰성을 WG1에서 보고된 과학적인 사실에 기반하여 제시하는데 이런 부정적인 영향은 다른 영향에 비해 신뢰도가 높다. 위 사항을 종합해보면, 도시에 대한 기후변화의 영향은 사회적, 기술적, 생물학적, 자연적, 환경적, 복합적으로 이루어져 기후변화의 영향에 대한 대상을 명확하게 정리해야함을 알 수 있다. 이런 맥락에 따라 도시의 기후 탄력성은 국제표준 "ISO/TR 22370 보안 및 복원력 — 도시 복원력 — 프레임워크 및 원칙"의 도시 충격(영향) 요인 중 자연적인 영향 요인으로 기후변화에 따라 세부 하위 유형에서 식별되어야 한다(표 2.1). 기후변화 영향 대상을 정리한 국제적인 기준으로는 재난 방재 관점에서 영향의 대상을 정리한 유엔 재해경감위험사무국(UNDRR)의 센다이 프레임워크와 기후변화 관점에서 대상을 정리한 국제표준화기구(ISO)의 국제표준 및 유엔인간정주계획(UN Habitat)의 도시회복력프로파일링도구(CRPT: City Resilience Profiling Tool)에서 확인할 수 있다. 국제표준화기구의 기술리포트(ISO/TR)에서는 건축 환경, 공급망 및 물류, 기본 인프라, 이동성, 지자체 공공서비스, 사회적 포용과 보호, 경제, 생태학으로 기후 영향 대상이 되는 도시의 성능(Urban Performance)을 제시한다(ISO/TC

292, 2020). 이는 유엔인간정주계획의 도시회복력프로파일링도구에서 제시하는 개념과 동일하다(HABITAT 2018). 이와 같은 국제적인 논의에서 기후변화 영향에 대해 도시의 물리적인 부분뿐만 아니라 도시를 구성하는 복잡하고 다양한 시스템(HABITAT 2018)을 모두 대상으로 하고 있다(도표 2.1; 도표 2.2). 이처럼 기후적응 주류화는 기후변화로 인한 재난 방재와 도시의 기능적 시스템, 물리적 시스템까지 다양한 의사결정이 모두 고려되어, 우선적인 진입점을 고려하는 것이 중요하다.

기후적응 주류화 방안을 논의하기 위해서는 기후적응에 대한 정보, 이해관계자의 참여, 단기/장기의 부문별 효과의 관계, 평가 및 모니터링 관점에서 기후적응을 고려해야 한다. 기후적응 주류화 방안이 학술적, 국제적 관점에서 구체적으로 합의된 내용은 없으나 여러 연구 사례에서 정보와 인식부터 계획 및 사업실행 이후 모니터링까지 의사결

도표 2.1 도시 시스템의 구성 요소

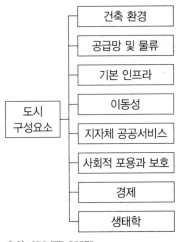

출처: ISO/TR 22370

도표 2.2 UN Habitat 도시 요소

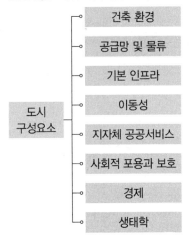

출처: UN Habitat Climate Resilience Profiling tool

표 2.1 도시 충격(영향) 요인 국제표준화기구 기술리포트(ISO/TR 22370)

그룹	유형	하위 유형
생물학적 요인	전염병	바이러스 전염병 및 유행병
		세균 전염병 및 유행병
		기생충 전염병 및 유행병
		진균 전염병 및 유행병
		프리온 전염병 및 유행병
	감염	곤충 감염
		동물, 식물, 진균 및 해충 감염
자연 요인	가뭄	가뭄
	극한 기상 조건	폭염
		한파
		극한 겨울 조건
		안개
	산불	토지 화재
		산림 화재
	지진	지면 흔들림
	대규모 이동	낙석
		산사태
		눈사태
		토양 액상화
		지반 침하
	화산 활동	화산 활동
		화산 분출
	홍수	갑작스런 홍수
		하천 홍수
		지하수 홍수

계속 ▶▶

그룹	유형	하위 유형
자연 요인	홍수	강우 홍수
		해안 홍수
		빙하 호수 폭발
		얼음 막이로 인한 홍수
	폭풍	열대 폭풍
		온대 폭풍
		국지적/대류 폭풍
		지자기 폭풍
	파도 활동	쓰나미
		큰 파도와 악파
		세이시
환경 요인	수질-토양 열화	토양 열화
		수체열화

정 과정을 고려해야 하는 것을 말하고 있다. 우선 각 사례를 살펴보면 휴크와 에어즈(Huq and Ayers 2008)는 국가 차원에서 주류화를 위한 4단계 프레임워크를 제안했다(도표 2.3). 이 프레임워크는 '인식 및 과학적 역량 강화', '목표 정보', '주요 이해관계자 교육'이라는 선형적인 순서를 제안하며, 이후 파일럿 연구를 통해 정책결정자에게 정보를 제공하고 정책 및 계획에 과학적 정보와 시사점을 통합하도록 제안하였다. 그러나 이 프레임워크는 실체적으로 구체화 되지 않고 개념적인 프레임워크로 남아 있다. 예를 들어, 구체적인 거버넌스에 대한 언급이 없고, 계획 및 실행에 관한 내용은 거의 없으며, 대부분 초기 시작에만 초점을 맞추고 있고 계획된 평가나 정책에 대한 검토도 없다. 또한, 내용에 따르면 시범 활동은 정부에 경험을 제공하기 위한 것이지

도표 2.3   주류화를 위한 4단계 프레임워크

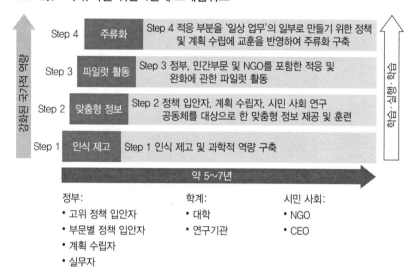

출처: Huq and Ayers (2008).

만, 이러한 활동을 통해 주류화가 어떻게 이루어질지, 교육과 지식이 어떻게 적절한 시범 프로젝트로 이어질지는 명확하지 않다.

2011년 유엔개발계획(UNDP)과 유엔환경계획(UNEP)에서 공동으로 작성한 '빈곤-환경 이니셔티브 가이드'는 기후적응 주류화를 위해 ① 진입점 찾기 및 사례 만들기, ② 정책 과정에 적응을 주류화하기, ③ 실행 과제 해결의 세 가지 주요 구성 요소로 이루어진 프레임워크를 제안한다. 이 프레임워크는 빈곤-환경에 기후적응 주류화 사례 경험을 기반으로 작성되어 이해관계자가 정책 과정 전반에 걸쳐 참여하는 것을 강조하고 있다. 프레임워크의 첫 번째 구성 요소는 주류화를 시작할 위치와 준비 방안을 식별하는 것으로 이는 휴크와 에어즈의 사례와 유사하다. 국가 차원에서 이 프레임워크는 주요 정책 및 예산 배분의 의사결정에 중점을 두며 영향, 취약성 및 적응 평가의 증거, 적응 옵션의 비용 및 효과 분석, 시범 사례 시사점의 반영이 주류화를 위해 사용되는 것을 제시한다. 각 구성 요소를 구체적으로 살펴보면 프레임워크의 첫 번째 구성 요소는 "진입점 찾기 및 사례 만들기"으로 주류화를 위한 단계를 설정하는 것과 관련이 있다. 적응 관련 활동에는 기후변화, 개발, 빈곤의 연관성뿐만 아니라 적응과 관련된 정부, 정치, 제도적 맥락(예: 기후정책, 계획 및 프로그램, 현재 주류화 수준, 역할과 의무, 조정 메커니즘)을 이해하는 것이 포함되고 또한 적응 주류화를 위해서는 특히 기후 전문가, 기획자, 금융가들 사이에서 구체적인 인식 제고와 파트너십이 필요하다. 두 번째 구성 요소는 "정책 과정에 적응을 주류화 하기"로 국가별 증거를 기반으로 문제를 지속적인 정책 과정에 통합하는 것을 중점으로 한다. 빈곤-환경 주류화 노력의 일환으로 개발된 국가별 증거는 영향, 취약성 및 적응 평가, 적응 옵션의 비용과 편익에 대한 사회경제적 분석, 적응 시범 프로젝트에서 도출된 교훈 등을 보완하는 역할을 한다. 이러한 증거를 바탕으로 정책 문서와 조치를 기후변화에 비추어 분석하고, 기후에 대한 증거를 확보해야 하며, 적절한 경우 추가적인 우선순위 개입을 포함해야 한다. 마지막 세 번째 구성 요소는 "이행 도전과제 해결하기"으로 주류화 이행의 도전과제를 해결하기 위해 예산과 재정, 이행과 모니터링에 주류화를 정착시키는 것을 목표로 한다. 적응의 주류화를 위해서는 광범위한 국가 모니터링 노력의 일환으로 기후변화 모니터링과 예측(과학 및 정책 관련)에 대한 투자가 필요하다. 적응 예산 및 재원 조달은 적응을 국가 시스템에 통합하는 것과 특별 자금 출처 및 방식을 활용하는 것을 모두 의미한다. 다양한 수준의 정책 조치에는 기후 렌즈로 재검토된 일반 조치와 적응에 특화된 조치가 모두 포함된다.

추가적으로 가이드에서는 정책입안자와 개발 실무자는 기후변화 적응 목표를 부문별 정책과 계획에 포함하는 것을 중요하게 강조하고 있다. 정책입안자와 개발 실무자의 참여는 개발 성과의 회복력을 강화하고 자원을 보다 효율적으로 사용하는 데 기여하며 의도치 않게 부적응으로 이어지는 투자를 피할 수 있는 잠재력을 가지고 있다. 그러나 주류화에는 여러 행위자, 기관 및 프로세스 간의 조정이 필요하며, 이는 문서상의 계획에서 현장에서의 행동으로 가는 여정을 느리게 만들 수 있다.

추가적으로 '빈곤-환경 이니셔티브 가이드'에서는 적응 주류화를 위한 3단계의 개입 수준을 제시하고 국가 및 지자체의 정책, 예산 책정, 사업실행 등의 현황에 따라 고려하는 것을 제안한다. 우선, 첫 번

도표 2.4 UNDP-UNEP의 기후변화 적응 주류화를 위한 접근법

진입점 찾기 및 사례 만들기	정책 과정에 적응을 주류화 하기	이행 과제 해결하기
사전 평가 기후 개발 – 빈곤 간의 연계성 이해하기 (국가 보고서 및 NAPA를 기반으로)	**국가별 과학적 증거 수집** 평가, 경제 분석 및 시범 프로젝트 (국가 보고서 및 NAPA를 기반으로)	**적응을 위한 국가 모니터링 시스템 강화**
사전 평가 정부, 제도적 및 정치적 맥락 이해	**정책 프로세스에 영향** 국가, 부문별, 지방정부 수준	**예산 책정 및 자금 조달** 국가, 부문 및 지방정부 수준 (적응 자금 메커니즘을 기반으로)
인식 제고 및 파트너십 구축	**정책조치 개발 및 기후 보강** (국가 보고서 및 NAPA를 기반으로)	**정책 수단 지원** 국가, 부문 및 지방정부
제도적 및 역량 요구 평가 (국가 역량 자가 평가를 기반으로)	**제도 및 역량 강화** 실행을 통한 학습	**제도 및 역량 강화** 표준 관행으로 주류화

개발 커뮤니티 내에서 이해 관계자 참여 및 조정 정부: 비정부 및 개발 행위자

째 수준은 부적응을 피하면서 취약성(반드시 기후변화에 대한 취약성은 아님)을 줄이기 위한 의식적인 개발 노력을 기울이는 것이다. 이는 적응 결핍을 해결하고 국가와 인구의 전반적인 회복력을 높여 적응 기반을 강화하는 것이다. 두 번째 단계는 관련 정부 기관의 의사결정에 기후변화가 고려되어 기후변화에 대응하는 (주류) 정책 수단이 개발되도록 하는 것으로 기후변화 대응정책뿐만 아니라 다양한 부문 또는 지역 내에서 새롭게 제기되는 적응에 대한 요구를 해결하는 것을 의미한다. 세 번째 단계는 처음 두 단계에서 아직 다루지 않은 문제를 대상으로 하는 구체적인 적응정책 조치를 요구한다.

마지막으로, 유럽연합의 적응 지식 플랫폼에서 발간한 '개발 계획에 기후변화 적응을 주류화하기' 문서에서는 기후적응 주류화를 위해 정보와 인식부터 계획 및 사업실행 이후 모니터링까지 의사결정 과정을 고려해야한다고 말하고 있다. 글상자 2.3과 같이 각 단계별 주요 장점

도표 2.5 UNDP-UNEP의 빈곤-환경 이니셔티브 가이드 적응 주류화를 위한 3단계의 개입 수준

특정 적응
조치 촉진

주류 적응 조치 촉진

개발 기반 강화

글상자 2.3 '개발 계획에 기후변화 적응을 주류화하기'의 의사결정 과정별 주요 지침

1. 정보 및 인식

효과적인 의사결정을 위해서는 기후 데이터와 다양한 지역 및 부문에 대한 기후변화의 잠재적 영향 및 적응 옵션에 관한 최선의 지식을 기반으로 해야 한다. 하지만 관련 장벽으로는 데이터의 부재나 조직 간 정보 및 지식의 분산이 있으며, 이는 데이터 공유와 협력을 저해할 수 있다. 기후변화와 위험에 대한 완전한 그림을 얻는 것은 비현실적이므로 불확실성이 항상 존재한다는 점을 인식해야 한다. 정보의 양, 품질 및 정책 관련성을 개선하기 위해 지속적인 노력이 필요하며, 정책입안자, 기후 과학자, 연구원 및 적응 전문가 간의 긴밀한 관계가 핵심이다. 기후변화의 위험에 대한 인식 부족은 적응의 주류화를 제한한다. 이를 극복하기 위해서는 교육과 역량 강화가 필요하며, 기후변화가 국가 개발 우선순위 달성에 미치는 잠재적 영향과 경제적 비용을 전달해야 한다. 과학적 정보는 정책입안자에게 관련이 있고 쉽게 이해할 수 있는 언어로 전달되어야 한다.

2. 이해관계자 참여 및 조정

국가 정부 부처부터 부문 당국, 하위 국가 정부 및 시민사회에 이르기까지 광범위한 이해관계자가 적응 노력에 참여해야 한다. 이해관계자의 참여는 정책이 실질적인 지식과 경험에 의해 형성되도록 돕는다. 이해관계자의 최적의 참여와 적응 성공을 위해서는 부서 간 조정 메커니즘을 통한 강력한 정부 리더십과 조정된 조치가 필요하고, 이러한 조정이 없으면 정부 조치의 단편화로 인해 기후변화와 관련된 위험을 최소화하려는 노력이 방해받을 수 있다. 종종 이 과정은 환경부나 기상 조직에 의해 조정되지만, 기후변화 적응은 단순한 환경문제가 아닌 국가 발전에 영향을 미치는 광범위한 문제로 다

계속 ▶▶

뤄져야 하며, 재정부나 기획부, 대통령실이나 총리실 등의 적극적인 관여가 필요하다. 강력한 조정 기능은 부문 간 수평적 통합을 촉진하고, 파편화된 정부 조치는 한 부문에서 다른 부문으로 취약성이 전이될 수 있으므로, 위험의 전이를 피하기 위해 상세한 교차 점검 평가가 필요하다.

3. 단기 부문별 혜택과 장기 적응 혜택의 관계

기후변화 적응을 새로운 정책으로 추가하기보다 기존 의사결정과 정책 과정에 통합(주류화)해야 한다. 개발 목표에 부합하고 기존 거버넌스 구조에 맞춰 적응을 촉진해야 한다. 기후변화 적응계획은 일반적으로 수십 년 후에 발생할 영향을 중심으로 하지만, 부문별 정책결정은 단기적인 영향에 초점을 둔다. 이 불일치로 인해 단기 부문 목표가 더 중요하게 여겨져 주류 기후변화에 대한 정치적 의지가 부족할 수 있다. 또한, 정책입안자들은 적응 목표가 부문별 목표를 약화시킬 것이라고 우려할 수 있다. 이러한 장벽은 즉각적인 목표 달성과 장기적인 회복력 증진을 동시에 이루는 윈-윈 상황을 조성함으로써 극복할 수 있다. 특히 농업 부문처럼 EU 예산의 상당한 지원을 받는 부문은 개혁에 저항하는 경향이 있다. 또한, 부문에 미칠 비용과 피해에 대한 합의가 부족할 수 있으며, 반대가 지속될 수 있다.

4. 모니터링, 평가, 개선

기후변화 적응 과정을 모니터링하고 평가하는 것은 정책입안자들이 원하는 결과가 달성되는지 판단하는 데 도움된다. 평가를 통해 정책을 적시에 조정할 수 있으며, 상황에 따라 조정이 필요할 수 있으며, 이러한 방식으로 정책 자체가 적응할 수 있다.

및 지침을 제시하고 있다. 여기서 강조되는 것은 앞의 두 개의 프레임워크와 같이 의사결정 과정 전반에서 주류화를 고려하는 것이다.

3. 기후적응 주류화 사례 및 시사점

기후적응 주류화는 다양한 국가 및 분야에서 이루어지고 있고 주류화 방법은 국제적으로 합의된 항목이 없이 각 사례의 국가, 부문 및 하위 국가 수준에서 정책결정, 예산 등 현황을 고려하여 적절한 방법으로 적용되고 있다. 여기에서는 유럽에서 진행된 대표적인 기후적응 주류화 사례를 살펴보고 기후적응 주류화의 적용 범위, 방법, 진입점, 장점 등의 관점에서 시사점을 제시하고자 한다.

1) 이탈리아 이솔라 비센티나의 홍수 방지를 위한 기후적응 주류화

2017년 이탈리아 이솔라 비센티나(Isola Vicentina) 지역은 오롤로 (Orolo)강과 티몬치노(Timonchio)강을 가지고 있는 지역으로 홍수 가 자주 발생하는 지역으로 지자체 물관리 계획을 정기적인 지역계획 을 수립해 왔다. 기후변화의 강도가 증가함에 따라, 계획수립 시 미래 기후 현상에 따른 정량적으로 홍수의 피해와 예방하기 위해 홍수 관리 조치를 식별하는 것을 목표로 기후적응 주류화를 고려했다. 이 사례에 서는 지역의 홍수 적응계획에 방재, 사전 예방 및 대비 전략을 기존의 정기적인 지역계획에 반영 및 수정하였다. 도출된 계획에는 홍수 관리 를 위한 물리적 구조에 대한 계획과 시민의 행동 및 사회적 조직을 조 성하는 방법까지 제시하여 홍수의 피해를 장기적인 잠재적 피해까지 고려한 지속 가능한 토지 이용 관행을 강조하고 다른 공간 계획에도 연계하였다. 이 사례는 ① 이해관계자의 행동 변화를 위한 인식 제고 캠페인, ② 강변 완충지 복원사업, ③ 홍수 및 범람 복구 및 복원, ④

홍수 관리 계획, ⑤ 토지이용계획에 기후적응 통합의 5개의 적응 옵션을 구현하였다. 계획수립은 홍수 리스크 현황을 분석하고, 분석된 리스크를 가지고 있는 20개의 지역을 선정하여 각 지역별 조치를 수립하였다. 홍수 리스크 현황 분석에서는 홍수 예방 사업 주체, 시민단체, 시 당국 지역에서 일어난 홍수에 대한 정보 수집을 위해 참여하고 시민들에게 정보 제시 및 협의를 위해 공개 간담회를 진행했다.

2) 프랑스 루앙 친환경 지구의 다기능 물관리 및 녹색 기반 시설 개발

이 프로젝트는 프랑스 2014년 기후적응 상(Trophées Ademe 2014 "Adaptation climatique et territoires")을 수상하였고, 환경부 및 지속 가능한 개발 부서의 인증을 획득한 사례이다. 이 프로젝트는 프랑스 루앙의 센 강을 따라 위치한 루실린(Luciline) 과거 산업 지역을 기후변화 적응 및 완화 솔루션을 포함한 환경 거리로 재설계하였다. 여기에는 지속 가능한 생활을 원칙으로 에너지, 물, 생물다양성, 교통 및 계획 분야에서 기후변화를 고려하여 센 강과 연결된 작은 운하 시스템을 통해 건축 환경과 개방 공간의 배수 개선, 녹지 및 나무 회랑 조성, 지하수를 이용한 난방 및 냉방 시스템, 건물의 에너지 절약 조치, 대중교통 접근성 향상, 도보 및 자전거로의 접근성 개선, 밀집된 건물 계획이 이루어졌다.

루앙 지역은 기후변화에 따른 강수량의 증가로 하천 범람의 위협이 있고, 과거의 산업 도시로 높은 밀도와 불투수율을 가지는 물리적 환경으로 침수에 대한 높은 리스크를 가지고 있다. 이에 침수 관리를 기반으로 주거, 사무, 상업 기능을 가지는 지속 가능한 새로운 지역으로 재개발을 목적으로 계획을 수립하였다. 특히. 전력 소비를 최소화하고 유지 보수 사항을 최소화하는 조치를 우선적으로 수행하고자 하였다. 이 프로젝트는 에너지, 물, 생물다양성, 교통 부문의 계획에서 구현되었고 녹지, 공원, 옥상 녹화의 확보를 기반으로 도시의 배수 시스템과 연계하여 홍수 피해를 줄였다. 또한, 녹지의 증가로 도시의 열 환경이 개선되었다. 루앙의 사례는 적응을 고려한 재개발 사례로 이를 위해서 루앙시, 유럽 경제 및 지역 개발 기금의 자금 지원을 통해 이루어졌다. 사례는 환경적 도시계획 접근법에 따라 지역의 강점, 약점, 위험, 우선순위 식별을 통해 지역의 현황을 파악하고 진행되었고 향후 지속적인 모니터링 및 평가 프로그램을 마련하여 프로젝트를 지원하였다. 이 사례에서도 다양한 이해관계자의 참여와 협업이 진행되었지만, 참여 프로젝트를 조직하는 것도 주요 업무가 되는 단점도 발견한 프로젝트이다.

3) 벨기에 플랑드르 해안 안전 종합기본계획 수립

벨기에 플랑드르 해안은 해안 도시, 산업 지역과 연결된 상업 항구, 레저 마리나, 관광 활동 등 많은 이용이 있는 지역이나 기후변화로 인한 해수면 상승과 폭우에 따른 홍수 위험에 노출되고 있다. 2007년 플랑드르 지역에서는 기존의 해안 보호 대책이 충분하지 못하다는 분석 결과를 바탕으로 해안 안정 마스터플랜을 수립하여 2011년에 최종 승인하였다. 이 마스터플랜은 2050년까지 해수면 상승 및 1000년에 한 번 발생할 정도의 심각한 폭풍의 강도까지의 영향을 방지하기 위한 목적으로 계획되었다. 이 계획은 해변 및 갯벌 보충과 같은 그린인프라 기반의 방법과 제방 및 방풍벽의 설치와 같은 그레이 인프라의 통합적인 조치를 담고 있다. 이 계획은 향후 지속적으로 해안을 이용하고 안전을 상승시키기 위한 장기 계획을 수립하고 지자체 의사결정자의 참여를 통해 사회, 경제, 문화 활동의 구성원 간의 균형을 찾고자 노력한 점이 특징이다. 이 사례는 기후변화 적응을 연안 구역 관리 계획에 통합을 기반으로 제방 및 제방의 설계 개선, 사구 건설 및 보강, 해변 및 해안 영양, 폭풍 해일 게이트 및 홍수 방지 장벽, 방파제 설치의 적응 옵션이 구현되었다. 계획수립 이전에는 취약한 지점을 위한 분석 및 평가를 진행하여 공간적인 위협 정도를 파악하고 앞의 적응 옵션들을 적용하였다. 플랑드르 해안 계획 사례의 성공 요인 단기 및 장기 계획 수립, 계획수립 과정에서 광범위한 분야의 이해관계자 참여, 녹색 및 그레이 인프라의 통합적인 방법 적용이 제시되었다.

도표 2.6 벨기에 플랑드르 해안 안전 종합기본계획 사례의 계획수립 과정

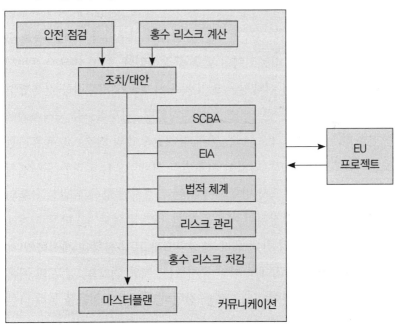

출처: EEA-Climate ADAPT website 제공 이미지 재수정

4) 스페인 나바르주 지자체의 도시계획에 기후변화 적응 통합(EGOKI)

스페인 나바르주 지역의 도시계획에 기후변화 적응 기준을 통합하는 것을 목표로 지속가능성을 위한 나바르 지역기업 네트워크(NELS Network: The Navarre Network of Local Entities for Sustainability)가 생물다양성 재단과 스페인 기후변화 기관의 지원을 받아 에코기(EGOKI; integrating adaptation to climate change in spatial and urban planning in municipalities in Navarre)를 개발하였다. 에고키 프로젝트는 4개의 시범 지역에서 이루어진 기후적응 통합 활동 사례를 제공하고 기후 영향, 취약성 및 적응 방안에 대한 여러 지역의 적용 가능성을 제시하였다. 에고키 프로젝트는 기후변화가 시민의 건강 및 삶과 사회적 회복력에 영향을 미치는 규모가 지역 및 도시 규모에서 작동하는 것을 고려하여 기후적응이 도시 규모에서 이루어져야 하는 것을 강조하고 도시계획에 적용되어야 함을 주장하였다. 이에 에고키 프로젝트는 나바르 지역의 취약성을 줄이고 도시계획에 기후적응을 통합하기 위해 다음과 같은 권고 사항을 제시하였다. 기후적응을 도시계획에 통합하기 위해 프로젝트는 ① 계획과 개발모델의 연결, ② 유휴지를 보존하는 도시계획, ③ 다양한 기후변화 시나리오를 고려한 도시계획의 범위 설정, ④ 반드시 반영해야 하는 결정적인 항목과 권장 사항의 제시 및 비교, ⑤ 점진적인 계획을 위한 유연성 확보, ⑥ 다른 지자체 계획 및 부문별 계획 간의 위계 조정의 6개 고려 사항을 제시하였다. 프로젝트는 이런 관점에서 시민 공개토론, 지역 워크숍, 실무 및 이론 교육 등 포괄적인 참여 프로젝트를 진행하고 시범 사업들을 통해 다른 부문과의 계획 내용을 조정하는 프로세스를 개발 및 부서 간 공동 회

의를 진행하였다. 이를 통해서 나바르주 4개 도시의 계획 사례를 다음
과 같이 제시하였다.

- 코렐라(Corella)는 기온의 상승을 고려하여 도로와 광장에서 적절
  한 환기, 음영, 식생 및 저 알베도 재료의 사용을 보장하기 위한 제
  한 조건 및 건설 개발 기준을 설정하는 것 외에도 주택의 회생, 차
  양장치의 설치, 물의 수집·저장 등에 관한 의무나 권고사항 및 기
  준을 그들의 자치법규 및 조례에 마련하기로 계획함

- 에스테리바르(Esteribar)는 산불의 위험에 대처하기 위해, 도시
  중심부 근처의 산림을 중심으로 도시와 개발 가능 토지를 분류하
  고, 화재 예방을 위한 시민 권고사항을 제작하고 화재 유발 활동을
  감소시키기 위해 시민의 접근을 감소시키고 미개발 토지 이용 규
  제를 마련함

- 노아인발레데엘로즈(Noian-Valle de Elorz)는 경관 악화 및 생물
  다양성 및 작물 수확량 손실의 위험을 해결하기 위해 그린로드 네
  트워크를 구축하여 적합한 토지 분류를 설정하고 공유지에 우선권
  을 부여하며 비공유지 취득 절차를 법적으로 정의함

- 빌라투에르타(Villatuerta)는 홍수의 위험성을 고려하여 지역을
  지나는 이란즈(Iranzu) 강 지역을 대상으로 하는 다양한 개발 사업
  의 개발 및 보존 적지를 구분하고 용지확보 규정 및 방안을 구축함

나바르 지역의 4개 시범 도시의 사례는 정책적 기술적 관점에서 명확
한 협의 관계가 존재했고 기후적응을 계획 및 정책에 통합하는 프로젝트
를 우선으로 하여 협력적인 관계의 중요성을 강조한다. 또한, 이 과정에
서 기후 시나리오, 리스크, 취약성 및 특정 부문의 적응 능력을 분석하는
데 정보의 격차와 특정 연구가 필요함을 확인하여 기후적응을 도시계획
에 통합하기 위해 지역 규모의 연구와 지표 수집이 필요함을 제시했다.

5) 시사점

기후적응 주류화 관점의 사례와 주류화의 범위 및 프레임을 살펴본 결과, 다음과 같은 시사점을 확인할 수 있다. 우선, 기후적응 주류화의 대상 범위는 특정 분야 및 특정 의사결정 단계에 한정되지 않고 통합적임으로 기후적응 주류화는 현재 상황에 따라 점진적인 달성이 필요하다. 따라서, 현황을 파악하여 현재 주류화가 가능한 명확한 진입점 (정책, 사업, 규정, 정기계획)을 식별하고 적용하여 달성하고자 하는 주류화 수준의 목표 설정이 필요하다. 이를 지원하기 위한 정량적인 정보와 현황 및 모니터링을 위한 평가방안이 요구되고 분석 모델링 기법을 중심으로 우선 활용되어야 한다. 특히, 주류화는 일반적인 통합과 달리 이해관계자들의 인식적인 통합을 포함하고 이를 위해 의사결정과정에서 적극적인 참여가 필요하다. 제시한 사례는 도시 및 해안의 계획을 수립하고 있고 홍수 및 침식과 같은 물 관련 재해 예방을 고려하고 있어 홍수 피해 예상 지역의 식별과 이에 따른 대안을 마련하고 있다. 이런 사례와 같이, 주류화의 초기 진입점으로 재난 대응 또는 공간 계획 부문의 적용하는 것이 수월할 것으로 판단된다.

4. 기후적응 주류화를 위한 목표 설정 전략

여기에서는 앞의 개념 및 시사점을 기반으로 지자체 기후변화 적응대책의 목표 설정을 위한 전략을 제시하여 국내정책 및 적응 의사결정에 기후적응 통합하는 비전을 제시하고자 한다. 기후적응 주류화를 위한 첫 발자국은 진입점을 찾는 것이다. 앞서 사례에서는 특정 지역의 위협을 파악하고 해당 위협에 대한 의사결정에 주류화를 적용한 사례를 제시하고 있다. 이를 국내의 국가 및 지자체의 기후적응 대책으로 확장하여 적용하기 위해서는 적응대책의 목표 설정이 중요한 첫 주류화 진입 지점으로 설정하는 것이 필요하다. 국내 기후변화 대응 관련 행정적, 정책적 체계에서 국가 및 지자체 기후적응 대책은 여러 부문의 통합적인 비전을 설정하고 하위 정책 및 사업의 기반으로 작동한다. 기후 주류화는 여러 부문의 통합을 지향하고 주류화 진입점에서 기후변화 적응대책과 같은 정기계획은 중요 진입점으로 주류화의 개념적 범위에 적합하다. 특히, 국내 기후변화 대응 현황에서 기후변화 적응대책은 여러 연구를 통해 보완되고 있고 분야별 목표 수립과 달성에 대한 계획안으로 작동되고 있다.

　기후적응 주류화를 위해 기후변화 적응대책의 목표 수립은 정량화된 목표 수립, 공간 계획 기반의 목표 수립, 이해관계자 참여에 따른 적응사업의 목표 수립을 전략으로 제시해야 한다. 기후적응 주류화를 위해 현재 시점에서 요구되는 항목은 정보 관점의 강화로 생각된다. 기존 적응대책 목표는 지향점에 대해 제시하여 각 부문의 목표와 적응사업의 방향성을 제시하였지만 제4차 국가기후변화적응대책에 수립되는 현재 시점에서는 큰 맥락에서 방향이 사회적인 합의가 되어 기존보다 상세하고 구체적인 목표의 설정이 요구되어 과학적인 근거 기반의 목표 수립이 필요해졌다. 이런 사회적 배경을 고려하면 현재 국내의 경우 주류화 개입 수준은 두 번째 단계로 기후변화를 고려한 정책 수단이 개발되고 다양한 부문 또는 지역에 적응 요구를 해결하여야 한다. 부문 및 지역의 적응 요구를 파악하고 해결하는 것은 의사결정 과정에서의 전반적인 주류화이며 현황 평가, 사업의 효과 평가, 지속적인 모니터링 모든 과정에서 확인할 수 있는 정보가 필요하다. 이에 따라 의사결정 정보 관점에서 기후적응 주류화를 위한 목표 수립 전략을 다음과 같이 제시한다.

1) 정량적 기후적응 목표 수립

우선, 기후적응 주류화를 위해서는 정량화된 목표 수립이 요구된다. 정량적인 수치로 제시된 목표는 목표의 달성도 확인을 가능하게 하며 사회적, 경제적 비용의 투입 규모의 설정 등 명확한 자원 배분을 가능하게 한다. 계획 및 목표를 수립하는 것은 한정된 자원에서 최선의 결과 최고의 효율을 내는 의사결정을 위한 수단이다. 간단한 예로 한정된 예산을 이용하여 장을 보기 위해 물건 가격을 비교하는 것처럼 우리는 의사결정을 함에 있어서 현재의 자원을 소비하여 최선의 결과를 도출하고자 한다. 기후변화 대응을 위해서는 단순히 국가 및 지자체의 예산뿐만 아니라 가능한 인력 또는 행정력 등 사회적 비용이 소비되고 이런 자원은 한정적이다. 결국, 적응대책의 목표 수립은 통합적인 관점과 각 부문별 관점에서 자원을 어디에, 어느 정도 투자해야 하는지 결정이 필요하다. 이런 결정은 결국 자원이 소비되고 그에 따른 결과 및 효율을 확인할 수 있어야 한다. 즉, 우리는 정량적인 정보가 필요하고, 이는 정량적인 목표 수립에서부터 시작할 수 있다. 정량적인 목표는 우리가 자원을 소비하여 얻는 결과 및 효율의 수준을 나타내어 비로소 우리는 자원 투입 이전과 이후를 '비교'할 수 있고 이는 지속적으로 자원을 투입할 것인지, 다른 부문의 자원을 투입할 것인지 등 이후의 결정을 도와줄 수 있다. 이런 맥락에서 적응대책의 목표 수립은 정량적인 수치로 수립되어야 한다. 앞서 이탈리아, 프랑스, 벨기에 사례에서는 홍수 부문에 한정하였지만, 구체적인 홍수 강도의 현황을 파악하여 침수 빈도 또는 침수 피해 규모 등 정량적인 수치를 감소시키는 목표를 수립하고 대책을 마련하였다. 또한, 이 책에서 소개되지 못한 다수의 개발도상국 사례에서도 국가 기후변화 적응계획 및 전략 수립은 기후 정보 활용 강화를 중점으로 한다. 구체적으로 기후 관측 네트워크 확대, 기후 위험 평가를 위한 도구 및 모델 개발, 기후 예측 및 영향평가 방법의 개발과 분석 및 평가 가지고 있는 불확실한 정보에 대한 주의를 안내하는 기법 도입까지 정량적인 정보 관점의 기후변화 적응은 보편적인 흐름이다(Agrawala and van Aalst 2008; OECD 2009). 이런 흐름은 현황을 파악하는 평가모델, 효과를 평가하는 모델, 모니터링 모델, 목표 달성 수준을 보여주는 모델 등 계획/정책 의사결정 과정에 적응 정보를 통합하기 위한 도구로 논의되고 있고 도구의 적용에 따른 적응 정보의 활용은 기후적응 주류화 프레임워크 구성 요소와 같은 맥락임을 알 수 있다.

정략적 목표 수립은 현황 및 목표 수준을 평가할 수 있는 항목을 구체화해야 하고, 이는 기후변화 영향, 피해 규모, 빈도 등 현재 수집된 정보의 양과 항목을 고려하여 분석 및 평가 가능성을 고려해야 한다. 기후변화 관점에서 이런 정보는 기후변화 시나리오와 관계가 높아 이를 고려한 예측을 기반으로 향후 목표를 수립해야 한다. 현재 국제적, 학술적으로 논의되고 있는 향후 기후변화 전망 시나리오인 대표농도 경로(RCP: Representative Concentration Pathways) 시나리오와 공동사회경제 시나리오(SSP: Shared Socioeconomic Pathways)에 따르면 이전과 같은 수준의 노력은 미래의 기후변화 위협을 증가시킨다. 이런 기후변화 시나리오에서는 동일한 대응 조치라도 시간 경과에 따른 기후변화 강도의 증가와 사회, 환경적 위험의 증가로 기후변화 적응 효과는 감소하여(Summary for Policymakers, 2023) 현재의 적응이 가장 높은 효과를 가질 확률이 높다(이지우 2023; 국토연구원 2022). 이런 맥락에서 기후변화 시나리오를 고려한 정량적 평가가 필요하고, 이를 수행하기 위한 시나리오 모델링 방법이 필요하다. 아래 도표 2.7의 하단 상자는 기후변화 시나리오가 직접, 간접적인 요인에 따라 완화 및 적응 활동에 영향을 미쳐 부문의 영향 및 통합평가까지 영향을 주는 흐름을 보여준다. 이 흐름을 정량적으로 이해하기 위해서는 시나리오에 따른 요인의 변화를 모델을 통해 분석하고 예측이 필요하고 이는 정보 및 지식을 기반으로 이루어지며 최종적으로 정책 수립 의사결정으로 연결되는 것을 볼 수 있다. 이 흐름에서 적응대책의 목표 수립은 의사결정으로 기후변화 시나리오와 정보를 기반으로 효과 산정 및 통합평가를 고려하여 이루어져야 함을 보여준다.

결론적으로 정량적 목표 수립은 주류화를 위한 전략으로 구체적인 수치를 기반으로 다음 단계의 주류화 개입 수준으로 도달하기 위해 선행되어야 한다. 기후변화 시나리오를 기반으로 부문 및 부문 간 통합의 관점에서 기후 영향의 직간접적인 요인의 관계를 분석할 수 있는 모델을 마련해야 한다. 또한, 적응대책의 목표 달성을 위한 완화 및 적응의 개별 사업의 효과를 평가할 수 있는 모델을 마련해야 한다. 이런 정보 기반의 모델 평가는 수립된 목표에 대한 정량적인 달성 수준을 확인할 수 있으므로 목표 달성을 위한 의사결정을 지원할 수 있다.

2) 공간 계획 기반의 목표 수립

정량적인 목표 수립의 필요성을 강조하였지만, 현실적으로는 모든 부문의 사업에 대한 정보화는 현재 진행 중이며 이러한 정보의 기초 정보 수집은 신뢰도 관점에서 중요하여 순차적으로 이루어지고 있다. 이런

도표 2.7   기후변화 시나리오 모델링 및 정책 수립 의사결정 관계 흐름도

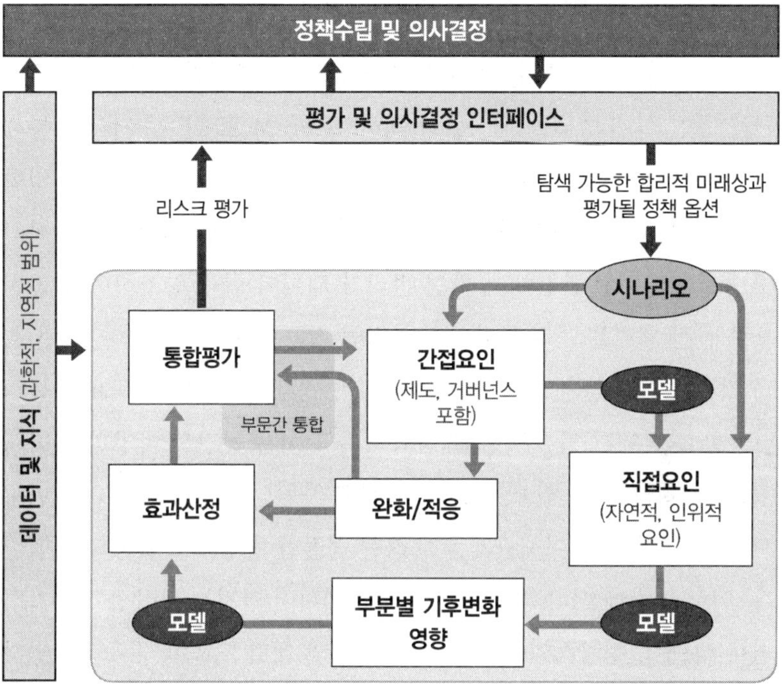

출처: IPBES논의 체계를 활용한 저자 수정

배경에서 기후적응 주류화를 달성하기 위해서는 우선적인 진입점으로 공간 계획을 기반으로 하는 부문과 적응사업을 선정하여 목표를 수립하는 것이 필요하다. 우선, 앞서 제시한 4개의 사례는 모두 실천적으로 도시계획안을 제안하거나 재난 계획을 수립하고, 재난 방지 사업이 이루어지는 등 공간의 형태와 이용이 변화는 공간 계획을 기반으로 하는 사례다. 이런 공간 계획을 기반으로 하는 우선적인 주류화 대상 선정은 목표를 달성하기 위한 적응사업의 실천이 가시적으로 보이고 시민들의 체감 효과 또는 즉각적인 효과가 가시적이라 정보의 수집이 수월할 수 있다. 이는 공간에서 표현되지 못하는 경제적인 구조의 변화, 기후

영향 취약계층에 대한 복지정책 등 가시적인 실천이 보이지 않는 정책보다 상대적인 관점에서 수월하다. 또한, 공간적인 계획은 전통적으로 환경에 대한 영향에 대한 논의가 지속적으로 이루어져 왔다. 생태적 접근을 통한 설계 방법을 제시했던 맥하그(Ian McHarg)는 저서를 통해서 앞으로의 개발은 지구를 하나의 유기체로 보고 개발이 미치는 영향을 고려한 지속 가능한 개발을 주장했다. 또한, 공간 계획은 통각적인 (Apperception) 관점에서 환경 관리가 되어야 함을 강조하여 전통적으로 공간 계획은 여러 분야의 통합적인 접근으로 이루어졌다. 다만 최근 기후변화 현상은 세계적으로 사회적, 경제적, 환경적, 생태적 등의 다양한 관점에서 인류의 삶을 변화시키고 이는 공간의 다양한 변화와 이용을 증가시키고 있고, 공간은 한정된 자원임으로 모든 수요를 만족시킬 수 없어 여러 이해관계를 고려한 적절한 방향으로 활용되어야 한다. 이런 맥락에 따라 기후변화로 공간 계획이 가지는 복잡성이 증가하면서 객관적, 정량적인 과학적 모델 기반의 계획 도출이 강조되고 있다 (Folke et al. 2010; Bush and Doyon 2019). 이처럼 기후변화 영향을 고려한 공간 계획을 기반의 통합적인 논의는 오랜 기간 진행되었고 기후 영향 정보 및 요인 간 관계 정보 등 정량적 목표 설정 수립을 위한 정보 취득이 용이하다. 따라서 재난, 도시계획, 적응사업의 배치 등 공간 계획을 기반으로 분야 및 정책 우선적인 대상으로 정량적인 목표 수립을 고려하는 것이 주류화를 달성하기 위한 전략이다.

3) 이해관계자의 참여와 적응사업 목표 수립

마지막으로, 이해관계자의 참여를 기반하여 적응 사업 목표 수립을 전략으로 제시한다. 기후변화에 따라 공간 의사결정은 과거보다 다양한 관점의 협업과 공공성의 확보가 중요해지고 있다. 앞서 제시한 모든 사례에서 시민을 포함한 이해관계자들의 참여와 협업이 존재했고 적응력에 대한 영향 요인은 지역 및 상황에 따라 달라지기 때문에 이해관계자의 참여를 통해 지역의 특성을 고려하여야 한다. 이런 이해관계자 참여의 확대는 세계적으로, 보편적으로 인정된 사실로 더 높은 강도의 시민참여가 필요하다는 의견도 있다(Innes and Booher 2004). 기후변화는 공간 의사결정의 복잡성과 불확실성을 증가시켜 다차원적이고 통합적인 접근법이 필요하고, 이는 상향식, 하향식 의사결정의 절충점을 찾는 협의와 협업의 필요성을 증가시키고 있다(Miller 2012). 기후변화 영향을 시민들이 직접 체험하는 사례가 증가하면서 주로 하향식(Top-down) 방법이 사용되는 전통적인 의사결정과정은 결정권자의 배경지식과 주관적인 가치관에 영향을 받아 상대적으로 더 많은 검증을 요구받는다(McHarg 2012; Miller 2012). 그러나 시민들의 의견 중심의 상향식 의사결정은 과정의 복잡성, 많은 시간 소모, 전문 지식의 부족 등의 문제를 가지고 있다(de Jong et al. 2015). 따라서 이해관계자를 적극적으로 참여시켜 명확한 의견을 수렴하여 전문적인 지식에 따른 통합적인 의사결정이 필요하다.

❖ 참고문헌

이지우. "탄소중립도시를 위한 자연기반해법 구현 방안." 서울시립대학교 일반대학원. 2023.

Agrawala & Van Aalst. "Adapting development cooperation to adapt to climate change." *Climate Policy, Taylor & Francis Journals* 8-2 (2008): 183-193.

BUSH, J., and A. DOYON. "Building urban resilience with nature-based solutions: How can urban planning contribute? Cities." 95 (2019).

Climate-ADAPT. "Planning for adaptation to climate change: Guidelines for Municipalities" (2013).

European Union. "Climate-ADAPT – European Union." https://climate-adapt.eea.europa.eu/en (검색일: 2024.05.14.)

FOLKE, C., S. R. CARPENTER, B. WALKER, M. SCHEFFER, T. CHAPIN and J. ROCKSTRÖM. "Resilience Thinking: Integrating Resilience, Adaptability and Transformability." *Ecology and Society* 15-4 (2010).

Friend, Richard, and Marcus Moench. "What is the purpose of urban climate resilience? Implications for addressing poverty and vulnerability." *Urban Climate* 6 (2013): 98-113.

Ian McHarg. *Design with nature.* New York: Wiley, 1969.

Innes, J. E., & D. E. Booher. "Reframing public participation: strategies for the 21st century." *Planning Theory & Practice* 5-4 (2004): 419-436.

IPCC. "Climate Change 2022: Impacts, Adaptation and Vulnerability." Contribution of Working Group II to the Sixth Assessment Report of the Intergovernmental Panel on Climate Change: Technical Summary. Cambridge: Cambridge University Press, 2022.

IPCC. "Summary for Policymakers." In INTERGOVERNMENTAL PANEL ON CLIMATE CHANGE, ed, Climate Change 2022 – Impacts, Adaptation and Vulnerability: Working Group II Contribution to the Sixth Assessment Report of the Intergovernmental Panel on Climate Change. Cambridge: Cambridge University Press, 2023: 3-34.

IPCC. "Technical Summary." In INTERGOVERNMENTAL PANEL ON CLIMATE CHANGE, ed, Climate Change. 2022. Impacts, Adaptation and Vulnerability: Working Group II Contribution to the Sixth Assessment Report of the Intergovernmental Panel on Climate Change. Cambridge: Cambridge University Press, 2023: 37-118.

ISO/TC 268. "ISO 37120:2018. Sustainable cities and communities – Indicators for city services and quality of life" (2018).

ISO/TC 292. "ISO/TR 22370 Security and resilience – Urban resilience – Framework and principles" (2020).

Lebel, Louis, Lailai Li, Chayanis Krittasudthacheewa, Muanpong Juntopas,

Tatirose Vijitpan, Tomoharu Uchiyama, and Dusita Krawanchid. "Main-streaming climate change adaptation into development planning." (2012).

M. DE JONG, S. JOSS, D. SCHRAVEN, C. ZHAN and M WEIJNEN. "Sus-tainable-smart-resilient-low carbon-eco-knowledge cities; making sense of a multitude of concepts promoting sustainable urbanization." *Journal of Cleaner Production* 109 (2015): 25–38.

MILLER, W. R. "Introducing Geodesign: the concept." *ESRI: Redlands.* CA, USA, 2012.

The Commission on Climate Change and Development. "Overview of Adaptation Mainstreaming Initiatives" (2008).

UN HABITAT. "City Resilience Profiling Tool: Guide" (2018).

UNDP. "Mainstreaming Climate Change Adaptation into Development Planning: A Guide for Practitioners" (2011).

WORLD BANK. "WORLD BANK Urban Development". https://www.worldbank.org/en/topic/urbandevelopment/overview (검색일: 2024. 05. 14).

3장

기후적응을 위한
의사결정 지원 도구

김수련

1. 서론

휴대전화, 컴퓨터, 청소기, 연필 등 우리는 일상생활 속에서 도구를 사용하고 있다. 더 먼 옛날로 가 보면, 인간은 돌이나 흙을 이용하여 뗀석기, 간석기, 토기 등의 도구를 만들어 수렵하거나 나무를 자르는 등의 용도로 사용하였다. 동시에 우리는 일상 속에서 매 순간, 매일 누구나 의사결정 과정을 경험한다. 개인은 점심 메뉴, 집에서부터 회사까지 더 빠르게 가는 길(방법), 휴가는 어디로 갈 것인지 등을 선택하고, 공공/정책 결정자는 어떤 정책을 추진하는 것이 좋은지, 제한된 예산 내에서 어떤 사업을 하는 것이 좋은지 등 누구나 의사결정 속에서 살아가고 있다. 본 장에서 사용되는 도구, 의사결정의 용어는 특별하지 않고, 사실 오래전부터 보편적으로 사용되어 왔다.

1) 도구의 개념: 일반적 정의 / 사전적 정의

기후변화 적응을 위한 의사결정 지원 도구를 살펴보기에 앞서, 우리는 "도구란 무엇인가?", "의사결정에 필요한 도구는 무엇인가?"에 대한 공동의 개념을 정립할 필요가 있다. 먼저 표준국어대사전에서 정의하는 '도구(道具, tool)'는 '일을 할 때 쓰는 연장을 통틀어 이르는 말'로써, '어떤 목적을 이루기 위한 수단이나 방법'이며, 유의어로 수단, 방법, 연장, 용구, 공구, 기구 등이 있다. 영어사전에서는 a piece of equipment that you use with your hands to make or repair something(무언가를 만들거나 수리하기 위해 손으로 사용하는 장비); something that helps you to do a particular activity(특정 활동을 하는 데 도움을 주는 것)로 정의된다. 그 의미를 종합적으로 살펴보면 도구란 어떤 목적을 위해 만들거나 수리하기 위해 손으로 사용하는 장비, 도움을 주는 수단과 방법, 활동 등을 포괄하는 단어로 사용할 수 있다.

그렇다면 의사결정에서의 도구란 무엇이며, 어떤 역할을 하는가? 그 부분을 탐색하기 위해서는 먼저 의사결정에 대해 이해할 필요가 있다. 의사결정(意思決定, decision making)이란, 자신의 생각을 명확히 하고(한국어대사전), 모든 가능한 움직임과 사건을 고려하여 작업의 최적 경로를 선택하는 일(우리말샘)로 정의된다. 즉, "의사결정은 원하는 목적을 달성하기 위하여 필요한 여러 대안을 생각하고, 이들을 비교하여 최적안을 선택하는 일련의 과정"이라고 할 수 있다. 그 과정에서 우리는 대부분 최선의 선택을 위해 노력한다. 이를 위해서는 최선의 선택이 무엇인지를 판단하기 위한 정보가 필요하며, 대안에 모든 상황이 반영된다면 최선의 선택이 용이할지 모른다. 그러나, 불행히도 우리의 의사결정을 위한 대안들은 완벽하게 미래의 상황이나 특성을 반영할 수 없다는, 즉 불확실성(uncertainty)을 내포하고 있다.

마케팅, 기업, 공공, 개인 등 분야나 상황에 따라 다르고, 학자에 따라서도 차이가 있지만, 의사결정 과정은 공통적으로 문제 탐색 - 대안 설계 - 선택 - 실행 단계로 구분되며, 실행 결과의 평가 과정이 추가되기도 한다(Lunenburg 2010). 시몬(Simon 1997)은 의사결정 과정이 문제해결 과정의 일부라고 하였다. 그러나 결국 유사한 문제에 대한 의사결정은 기존의 경험에 기초하여 실행된다. 이후의 모니터링 과정을 통해 결정했던 것에 대한 효과를 평가하고, 축적된 정보를 바탕으로 다음에 보다 나은 결정을 하는 프로세스를 거치게 된다.

2) 의사결정과 상호작용: 의사결정 과정과 상호작용 지원을 위한 도구

개인에게 결정 권한이 많고 사회적 파급력이 적은 문제는 의사결정 주체, 비용, 결정의 결과에 대한 책임이 본인에게 있어 결정이 비교적 쉽다. 그러나 공공의 영역 혹은 사회경제적 피해가 크거나 파급력이 얼마나 되는지 알지 못하는 경우에는 이해관계가 복잡하여 전문가의 도움을 받거나 개발된 컴퓨터 프로그램 등과 같은 정보처리 도구를 활용하여 최선의 결정을 하게 된다. 이러한 의사결정 지원 과정은 '의사결정 지원 시스템(DSS: Decision Support System)'이라고 한다. 1978년 킨(D. Keen)과 스캇 모턴(M. Scott Morton)의 저서에서 처음 사용되었으며 단순히 정보를 수집, 저장, 분배하는 시스템을 넘어서 기업의 의사결정을 쉽게 내릴 수 있도록 사용자들에게 사업 자료를 분석해 주는 컴퓨터 응용 프로그램을 개발하였다(Ralph 1980). 이후 기술의

발전으로 그 방법과 대상이 확장되며 사회적 갈등의 해결, 미래의 예측
모델, 최적화 선택, 한정된 예산에서의 결정 등을 돕기 위한 도구가 계
속해서 발전되고 있다. 연속 선상에서 다양한 의견과 담론을 요청하여
복잡한 문제해결을 지원하고 계획에 대한 미래 영향을 예측하는 '계획
지원 시스템(Planning Support System)' 이라고 하는 분야가 발전되
기도 하였다(Pan et al. 2022; Klosterman & Citation 1997; Pelzer
et al., Citation; 2015).

　의사결정 지원 시스템, 의사결정 지원 도구는 더 나은 선택을 위한
결정을 돕는 장치이지, 의사결정을 하는 장치가 아니다. 아무리 잘 개
발된 의사결정 지원 시스템이라 하더라도, 현실 세계와 동일할 수 없
고 분명한 제약, 불확실성을 내포하기 때문이다. 의사결정 지원 정보
는 사용자에게 내, 외부 데이터에 기초하여 목적에 따라 지도, 그래프,
웹브라우저 등 도움을 줄 수 있는 인터페이스 구성 요소로 전환하여

도표 3.1　문제해결을 위한 일반적인 의사결정 프로세스

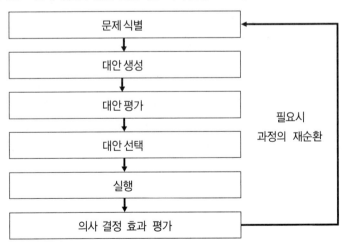

출처: Lunenburg (2010); Asemi et al. (2011).

제공된다.

한편 데이터베이스의 종류, 문제의 성격, 참여자의 특성에 따라 의사결정 지원 시스템의 형태가 달라진다. 일반적으로 의사결정 지원 시

표 3.1 의사결정 지원 시스템(DSS) 유형별 특징 비교표

의사결정 지원 시스템(DSS) 유형	특징
데이터 주도형 (Data-driven)	• 대규모의 정형화된 데이터베이스에 기초하여 수집 분석 • 간단한 계산, 집계, 검색, 파일 정리 및 관리 보고 시스템, GIS 등 포함
모델 주도형 (Model-driven)	• 회계 및 재무, 최적화, 표현 모델 등이 해당, 모델에 대한 접근성과 조작의 용이성을 강조 • 간단한 통계분석, 의사결정자 제공 데이터, 매개변수를 사용한 분석
지식 기반형 (Knowledge-driven)	• 관리자에게 관리 방안을 제안/추천, 전문 지식을 갖춘 사람-컴퓨터 사이의 상호작용 시스템 • 특정 부분의 전문 지식, 문제에 대한 이해와 해결을 위한 기술 등에 대한 정보 제공 • 하이브리드 데이터, 데이터 마이닝 도구, 비즈니스 규칙과 지식 베이스 사용
문서 기반형 (Document-driven)	• 문서 검색 및 분석을 위한 보관 기술과 처리 기술을 통합한 시스템 • 비정형 문서를 수집, 검색, 분류, 관리할 수 있도록 지원 (텍스트 문서, 이미지, 사운드, 동영상 등 DB)
의사소통 및 그룹 주도형 (Communications-driven and Group-driven)	• 공유 작업을 하는 사람들에게 소통, 협업 및 조율에 도움 • 문제 분석과 의사결정을 위한 그룹의 의사결정권자 지원에 집중 • 커뮤니케이션 기술, 의사결정 프로세스 모델을 모두 강조하는 양방향 대화형 비디오, 보드, 게시판, 채팅 및 이메일 시스템, 의사결정룸 등

출처: "유럽의 IT 산업 전망."『CIO Korea』. https://www.ciokorea.com/news/154269 (검색일: 2024.06.28); Daniel J. Power (2002)의 내용을 토대로 저자 재정리.

스템의 유형은 데이터 주도형, 모델 주도형, 지식 주도형, 문서 주도형, 의사소통 주도 및 그룹형 등 다섯 가지로 나뉜다(Daniel, 2002). 과거에는 정책 의사결정이 전문가, 정책결정자를 중심으로 하여 관 주도적으로 이루어졌다면, 시민을 비롯한 취약계층과 다수의 이해관계자의 참여 및 협업에 기초한, 사회적으로 합의된 결정이 중요하게 다루어지고 있다. 이에 빅데이터, 스마트 도시 등으로 다양한 데이터가 쌓이고 정보가 생산되며 전통적인 방식보다 확장된 형태의 상호작용을 유도하는 도구의 중요성이 높아지고 있다.

2. 기후적응을 위한 도구의 역할

기후변화로 인한 사회·경제적 피해를 줄이고 적응하는 것은 지속가능한 삶을 살아가는데 점점 더 중요해지고 있다. 의사결정자는 과거에 경험해 보지 못한 상황과 여러 분야가 복잡하게 연관되어 있는 조건 속에서 적응을 위한 결정을 해야 한다. 이때 기존의 전문가, 경험에 의존하는 방식만으로는 한계가 있어 정부, 지자체, 기업 등 의사결정자에게 기후적응을 위한 의사결정 지원 도구는 필수적인 요소가 되어가고 있다. "기후변화 적응을 위한 의사결정 과정에서 도구는 무엇을 하는가?" "기존의 도구와 차별화되는 핵심 역할은 무엇인가?" IPCC 6차 보고서에서는 이 질문에 대한 방향을 설명하고 있다. 본 절에서는 기후변화 적응을 위한 의사결정 과정에서 중요한 것과 도구의 역할, 방향에 대하여 탐색한다.

1) 미래의 불확실한 상황 속에서의 의사결정

현재 우리가 겪고 있는 기후변화 문제와 미래에 예상되는 기후변화에 대한 적응계획을 수립하려면 의사결정자는 기후적 요인과 비기후적 요인, 그리고 그것의 변화를 모두 고려해야 한다. 과거와 현재의 경험을 바탕으로 겪어 보지 못한 미래의 리스크를 예측하고, 리스크를 줄이거나 관리 필요에 의해 적응 행동을 결정한다. 윌로우스와 코넬(Willows and Connell 2003)은 기후적응 의사결정과 비기후적 요인까지 고려한 기후 영향 결정(climate-influenced decisions)으로 개념을 분리하기도 하였다. 적응은 단기적 대응에서부터 장기적이고 점진적인 변화, 기후변화 이상의 달성을 목표로 하며, 피해를 완화하거나 유익한 기회를 활용하는 데 성공할 수도 있고 실패할 수도 있다(Moser and Ekstrom 2010). 기후적응 행동을 위한 모든 것은 다른 모든 것에 영향을 미치고, 변화는 다양한 공간적, 시간적 규모에서 발생한다. 상황에 따라 확실하다고 결정했던 해결책이 실패하거나 오히려 상황을 악화시키기도 한다. 기후변화 영향, 사회·경제적 요인 간의 관계 불확실성 속에서 다부문에 걸쳐 광범위하게 적응을 위한 의사결정을 해야 하는 것이다. 유엔개발계획(UNDP)에서도 기후 모델과 평가 방법의 한계, 해상도 고도화 과정 등 모든 단계에서도 불확실성은 존재한다고 말하고 있어, 우리는 어디까지가 불확실한 범위인지, 신뢰할 수 있는지에 대한 정보가 필요하다.

불확실성이라는 단어 자체도 과학적 맥락에서는 무언가가 알려진 정도를 전달하는 데 사용되나, 일상에서는 모른다는 의미로 사용되어 정책입안자, 대중, 의사결정자에게 온전하게 의미 전달이 안 될 수 있다. 호우(Lauren C. Howe et al., 2019)는 과학자들의 불확실성을

도표 3.2 미래 기후변화와 영향 특성에 따른 불확실성의 캐스케이드

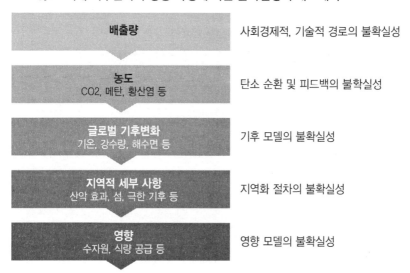

배출량 — 사회경제적, 기술적 경로의 불확실성

농도
CO2, 메탄, 황산염 등 — 탄소 순환 및 피드백의 불확실성

글로벌 기후변화
기온, 강수량, 해수면 등 — 기후 모델의 불확실성

지역적 세부 사항
산악 효과, 섬, 극한 기후 등 — 지역화 절차의 불확실성

영향
수자원, 식량 공급 등 — 영향 모델의 불확실성

출처: Jones et al.(2004); Lu (2009), p. 7 재인용.

전달하는 방식은 연구에 대한 신뢰와 수용에 영향을 미친다고 하였다. 구체적인 범위의 가능성을 사용하여 불확실성을 표현하는 것은 신뢰를 높이는 반면, 예측할 수 없는 영향과 관련한 불확실성은 신뢰를 약화시킬 수 있다고 하였다. 우리는 문제해결을 위해 (공간) 의사결정 지원 시스템 개발에 많은 시간, 노력, 비용을 투자하였다. 하지만 여전히 많은 시스템이 실제로 활용되지 못하고 있으며, 그 원인으로 사용자의 요구에 부적절하게 맞춰진 경우, 당면한 특정 문제와 충분한 관련성이 없는 경우, 너무 복잡하고 상호작용이 거의 없으며 투명성이 부족한 경우, 적절한 데이터가 부족하여 의사결정 지원 도구의 활용을 방해하는 경우 등의 한계가 지적되고 있다(Wenkel et al. 2013). 즉, 기술과 정보가 고도화됨에 따라 우리는 복잡한 기후적응 의사결정을 위해 사용자에게 필요한 정보를 이해할 수 있는 형태, 신뢰 수준과 한계를 어

떻게 제공할 것인지 함께 고민할 필요가 있다.

2) 기후변화 리스크 관리를 위한 의사결정 과정과 도구의 역할

기후변화에 관한 정부 간 패널(IPCC)의 제6차 평가보고서 17장에서는 의사결정 과정을 우리가 살아가는 현실 세계와 컴퓨터 등 가상 세계의 상호작용 과정으로 설명하고 있다. 의사결정 지원 도구는 위험을 식별·관리하기 위한 정책 및 목표 설정, 진단, 옵션의 비용과 편익을 비교·평가, 선택·실행한 옵션의 효과를 해석하는 과정 속에서 양방향 상호작용을 돕는 것으로 설명한다. 의사결정 분석 도구는 확률 기반의 베이지안, 깊은 불확실성에서의 의사결정, 의사결정 과정 관리, 경제 및 재정적 방법 등의 유형으로 분류되며, 의사결정자에게 추천해 주거나, 현실 데이터에 기초한 이론 연구 등이 주를 이루었다.

3. 기후적응 의사결정 과정과 지원 시스템

루(Lu 2009)는 5개의 질문을 사용하여 맥락 속에서 필요한 정보를 찾아가는 방식을 제안하였다. ① "적응의 목표는 무엇인가?"는 적응의 목적, 목표에 따라 어떤 정보가 필요한지, 어떤 데이터 소스를 사용하는지에 따라 방법과 도구를 선택하는 방향이 결정된다. ② "적응 결정 과정에서 (기후) 정보가 얼마나 중요한 역할을 하는가?"와 ③ "얼마나 많은 (기후) 정보가 필요한가?"이는 질문의 정보의 역할과 필요한 정보의 양에 따라 분석 방법과 수집 방법, 근거로 하는 데이터가 달라진

도표 3.3 기후 관련 리스크 관리를 위한 의사결정 과정 관계

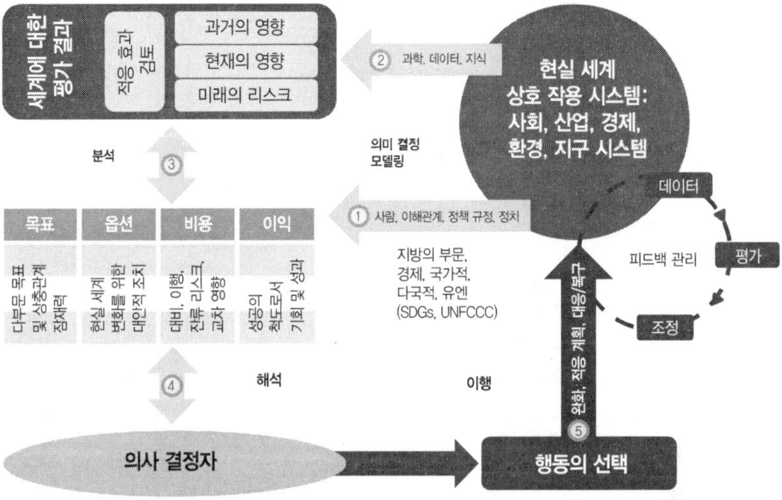

출처: IPCC. "Chapter 17: Decision-Making Options for Managing Risk." https://www.ipcc.ch/report/ar6/wg2/chapter/chapter-17/ (검색일: 2024.06.28).

다. ④ "정보를 쉽게 이용할 수 있는가?"는 정보에 대한 접근성으로 보편성을 설명하는 부분이 되기도 한다. ⑤ "추가적인 정보를 얻기 위한 투자가 정당한가?"는 정보를 얻기 위한 자원의 확보도 지속되어야 함을 의미한다. 본 절에서는 "기후변화 적응을 위해 어떤 의사결정 지원 도구가 필요한가?"라는 질문에 대해 기후적응의 프레임워크를 바탕으로 의사결정이 필요한 대상과 목적을 고려하여 도구를 살펴보았다.

1) 의사결정을 위한 질문과 과정에 대한 이해

어떤 의사결정 지원 도구가 필요한가에 대한 맥락은 기후변화 적응 의사결정 프레임워크에 대한 파악을 통해 이해할 수 있다. 기후변화 적응 의사결정 프레임워크는 국가, 기관, 목표, 수준 등에 따라 다르게

보이나, 대체로 맥락은 유사하다. 적응 의사결정 과정은 (문제 인식) — 리스크 식별(스크리닝) — 상세 분석 및 영향 평가 — 적응 옵션의 비교 — 실행 — 모니터링 및 평가의 과정으로 이루어진다. 이러한 일련

도표 3.4 C-CADS의 의사결정 지원 프레임워크

C-CADS 프로세스의 6단계

C-CADS는 기후변화 적응 계획을 개발하고 실행하는 데 있어 지침과 도움을 제공

① 도전과제 식별
- 적응 계획의 프레임 및 범위 결정
- 비전 및 목표 설정
- 1차 위험 평가 수행
- 이해관계자와 커뮤니티의 동의를 얻어 행동
- 역할, 책임 및 거버넌스 수립

⑥ 모니터링 및 평가
- 효과적인 모니터링 및 평가 프로그램 설계
- 트리거 포인트 및 지표 모니터링
- 계획이 작동하는지 평가
- 이해관계자 및 커뮤니티에 보고

② 위험 및 취약성 평가
- 취약성을 결정하고 2차 또는 3차 리스크 평가 수행
- 리스크 목록 개발
- 현재의 관행, 경로 및 장벽을 식별하고 검토

⑤ 실행
- 실행 장애물 극복
- 무엇을 하고 언제 할지 결정
- 자금 조달 및 재정 메커니즘 찾기
- 실행을 위한 파트너십 구축
- 계획 실행

③ 옵션 식별
- 리스크 목록 및 기타 경험을 사용하여 옵션 식별
- 이해관계자와 협력하여 옵션 식별
- 통합 솔루션 및 적응 경로 고려

④ 옵션 평가 및 계획 준비
- 결정 기준 수립 및 수용 가능한 리스크 평가
- 옵션 평가
- 임계값 및 경로를 기반으로 행동 및 의사결정의 타이밍 결정
- 모니터링 및 평가지표 식별
- 적응 계획 수립

출처: C-CADS. https://coastadapt.com.au/ (검색일: 2024.06.28).

의 과정에서 피드백이 이루어진다.

　문제가 명확하고 사회적으로 공감대가 형성된 경우는 적응 방식과 결정이 비교적 쉽다. 그러나 대부분의 문제는 불확실한 현재와 미래의 리스크를 식별하고(스크리닝), 문제에 대한 상세 분석을 통해 영향 범위를 평가하며 적응옵션에 대한 효율성 비교한다. 이러한 의사결정 과정을 통해 선택된 옵션(사업)을 실천하고, 모니터링을 통해 다음의 적응계획을 수립하거나 동일/유사한 옵션(사업)을 실천하는 과정에 반영(피드백)된다. 의사결정을 돕기 위한 도구와 정보는 적응 프레임워크의 단계별로 목적과 사용자(user)의 특성에 따라 차이가 있다. 영역이 너무 광범위 하거나, 대상이 명확하지 않은 도구는 오히려 각 단계의 의사결정에서 필요로 하는 정보를 제공하지 못할 수 있으며, 단계별로 명확한 목적을 가지는 지원도구가 매칭되는 것이 의사결정자들이 결정하기에 용이하다. 각 단계별로 상세하게 필요한 의사결정 정보 및 도구의 형태와 사례는 4절에서 다루고자 한다.

2) 적응 의사결정 지원 도구의 성격

UNEP에서 발간한 백서(WASP 2020)에서는 기후변화 적응을 위한 의사결정 지원에서 중요한 것으로 유용성(useful)과 사용 가능성(usable)을 강조한다. 유용한 정보로 사용되기 위해서는 관련성이 높고, 포괄적이며, 신뢰할 수 있어야 한다. 즉, 사용자의 의사결정 과정 및 역량에 따라 사용자의 요구 사항에 맞는 정보를 제공하는 관련성이 높아야 하며, 구성 콘텐츠는 사용자가 여러 정보에서 검색하지 않고도 적응을 진행하는 데 필요한 것을 찾을 수 있도록 포괄적이어야 한다. 사용자가 의사결정 지원을 위한 정보의 콘텐츠에 기반하여 내린 의사결정이 법적으로도 문제 되지 않도록, 정보가 정확하고 최신 상태로 유지되어 신뢰할 수 있어야 한다.

의사결정 지원 도구는 기후변화 적응을 위한 결정을 용이하게 하는 방법 및 기타 지식 자원이며, 이러한 도구는 독립된 형태일 수도 있고 적응 플랫폼의 구성 요소일 수도 있다(Palutikof et al. 2019). 그 예로 생물물리학적 영향, 취약성, 리스크를 평가하기 위한 도구, 비용 편익 분석(Cost-benefit analysis)과 같은 적응 옵션의 비용 계산을 위한 도구, GIS 기반 도구와 같은 데이터 시각화 도구, 적응 옵션의 식별 및 평가, 모니터링 및 평가에 관한 지침까지 목적과 형태가 다양하다. 한편, 일반적으로 적응 플랫폼은 4가지 부분으로 구성된다. 1) 적응 계획을 수립하고 실행하는 사용자에게 전반적인 리스크 평가 및 리스크 관리 프레임워크를 안내하는 부분, 2) 적응 지원을 위한 사용자의 니즈에 맞춤화된 데이터와 정보(예. 해안 관리자에게는 해수면 상승 정보가 필요)를 제공하는 부분, 3) 유사 사례, 온라인 포럼, 커뮤니티 참여 및 상담에 대한 지침 등 적응을 돕는 조력자에게 필요한 부분, 4) 적응 옵션의 비용 산정을 피할 수 있는 영향의 금전적 및 비금전적 가치 평가 등 계획 및 의사결정을 위한 도구 등이 해당된다.

3) 국내 적응 의사결정 프레임워크와 필요한 지원 도구

UNDP, EU의 Climate-Adapt 웹페이지, 지방 기후위기 적응대책 수립 지침(환경부 2022)을 토대로 정리하면, 기후적응을 위한 의사결정 과정은 도표 3.6과 같다. 기후적응을 위한 의사결정 과정은 적응 여건 분석, 지역 리스크 도출, 적응 목표 및 세부 이행과제 수립·이행, 모니터링·평가로 나누고, 적응 및 참여 주체에 따라 국가, 지자체, 이해

도표 3.5 적응 플랫폼과 의사결정 과정의 구성 요소 간 연결 모식도

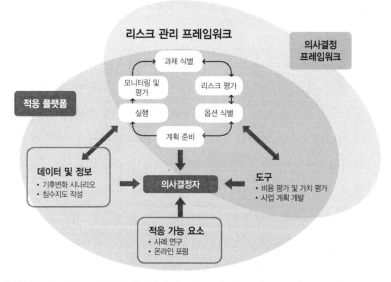

출처: Palutikof et al. (2019); WASP. "Adaptation Decision-Support Tools and Platforms – #1." (2020).

관계자 등으로 구분할 수 있다. 지자체 적응대책의 수립과 이행 주체는 사업의 결정권이 있는 지자체가 되며, 지역에서 어떤 리스크가 우선적으로 관리되어야 하는지, 상세하게 어떤 공간이 취약한 공간인지, 취약계층 중 누가 우선되어야 하는지, 어떤 거버넌스 체계가 합리적인지 등의 결정 역시 지자체 주도로 이루어질 수밖에 없다. 한국의 경우 5년마다 진행되는 지방 기후위기 적응대책 수립 과정을 통해 이루어지며 지자체 담당 부서로부터 관련 용역을 발주받은 계획가 또는 지역 탄소중립지원센터 등의 전문가가 주체가 된다. 수립된 계획은 각 사업의 담당 부서에서 이행하며, 기후적응 관리 부서에서는 사업의 이행 여부를 평가 및 관리하는 시스템을 운영하고 있다. 정부는 적응 여건 분석 과정에서 하향식 정보 제공과, 법/제도적 저변 마련, 관련 지

침과 기후변화 영향 및 취약성 평가에 참고할 수 있는 평가도구의 제공, 관계자 교육 프로그램 운영 등의 역할을 하고 있다. 기후변화 영향은 지역별로 다르고 대응 능력도 지자체마다 다르므로 기후변화 대응에서 가장 중요한 주체는 지자체로 여겨지고 있다(고재경 2017). 그러나 지자체의 적응 의사결정을 위해 지역에서 참고할만한 적응사업의 효과, 리스크 평가의 상세 가이드, 우수한 사례 등에 대한 정보는 여전히 부족하다. 시민을 포함한 이해관계자는 의사결정에 필요한 정보를 생산하거나, 전체 틀 또는 방법을 안내하거나, 방향성에 대한 의견을 제안하는 등 부분적인 참여와 상호작용을 통해 결정에 기여한다. 이에 더해 데이터와 같은 정량적인 부분 이외에도 우선순위 기준을 제안하거나, 워크숍 참여와 같은 정성적인 방법을 통해서도 기여하고 있다. 그러나 다양한 주체의 참여는 여전히 제한적이다.

4. 적응 의사결정 과정별 상세 특성과 지원 도구 사례

이 절에서는 적응 의사결정 과정의 특성을 상세하게 설명하고, 과정의 특성을 고려하여 필요한 정보와 의사결정 지원 도구를 정리하였다. 대부분의 의사결정 지원 도구는 목적과 형태에 따라 정보 수집 및 사례 제공, 평가 방법, 특정 부분의 리스크 평가(모델), 가이드라인, 팩트시트 등 여러 가지 방식으로 지원한다. 의사결정 각 단계별 설명은 EU의 Climate-Adapt 웹페이지의 내용에 기초하여 국내 지자체에서 수용할 수 있는 내용을 중심으로 저자가 재구성하였다.

도표 3.6 지자체의 기후적응 의사결정에 중점을 두고 표현한 모식도

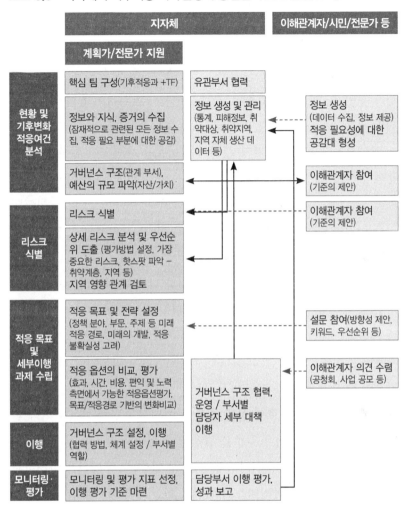

1) 적응을 위한 준비(적응 여건 분석, 문제 인식)

적응을 위한 준비 단계에서 가장 중요한 것은 지식과 정보, 증거를 수집하는 것이다. 명확한 증거뿐만 아니라, 잠재적으로도 관련성이 있

는 모든 정보를 수집하고 파악하여야 한다. 비록 부서별로 적응과 다른 목적으로 생성, 활용 중인 데이터라도 입력, 검증 자료 등으로 다양하게 활용될 수 있기 때문이다. 또한, 의사결정 시 사용되는 정보가 어느 정도로 신뢰할 수 있는지(불확실성이 어느 정도인지), 핵심 의사결정자가 쉽게 접근할 수 있는지 등에 관해서도 파악하여 통합적으로 고려할 필요가 있다.

의사결정자는 이해관계자 간의 상호작용을 촉진하기 위한 플랫폼, 분야 및 부문별 다양한 형태의 정보 공유를 위한 도구(기존 사업 추진 지역 및 내용, 미래 개발 계획, 재해위험지역, 인구밀도, 유동 인구와 같은 공간정보, 보고서나 기록물과 같은 문서, 개인정보가 정제된 취약계층 거주지 정보 등)가 필요하다. 만약 지역에서 지속적으로 진행한 생태계 조사 데이터나 기후변화로 인한 피해 뉴스, 소방 출동 기록, 주민 참여 설문 의견 등과 같은 빅데이터도 확보하여 참고할 수 있다. 즉 지식과 정보, 증거의 수집과 동시에 정보가 목적에 맞게 법적으로 허용하는 형태로 사용할 수 있도록 이용자에게 제공되어야 하며, 이를 정제할 수 있는 방법과 도구가 요구된다. 산재된 정보를 의사결정자에게 제공할 때는 이 정보의 신뢰 수준에 대해서도 함께 제공되어야 판단을 위한 근거로의 사용 수준을 결정할 수 있다.

다른 한편에서는 기후변화 적응을 위한 법·제도적 여건을 마련함과 동시에 정치적 상위 거버넌스의 지원을 확보하여 적응 이슈를 우선순위에 배치하는 것이 중요하게 다뤄진다. 한국의 경우, 적응과 관련하여 「기후위기 대응을 위한 탄소중립·녹색성장 기본법」 제40조 및 같은 법 시행령 제43조 등의 법에 근거하여 지방 기후위기 적응대책을 수립하고 있다. 일부 지자체는 기후위기 대응 조례를 마련하기도 하였으나, 한국과 같지 않은 국가나 지역은 법·제도적 여건을 마련하는 것이 적응에 있어 중요한 이슈가 된다. 거버넌스, 제도, 법규 등은 조직과 담당 부서의 역할을 명확히 나누어 접근할 필요가 있다. 국가와 지자체별 역할을 구분해 보면, 국가 수준에서는 적응을 위한 체계와 방법, 개념을 설정하는 등 전체적인 프레임워크를 마련하고, 전국 단위의 의사결정에서 활용 가능하며, 신뢰할 수 있는 정보를 제공한다. 지자체에서는 담당 부서를 중심으로 유관부서와 적응을 위한 핵심 팀(Task Force)을 구성한다. TF팀은 권한을 가질 수 있어야 하며, 적응전 과정에 걸쳐 지속적으로 상호작용하고 협업한다. 그리고 지역의 거버넌스 관계, 구조, 정책 방향, 적응에서 가용 가능한 예산의 규모를 파악한다.

표 3.2 의사결정 과정별 지원 도구 사례

No	명칭	특징
1	U.S. 기후 탄력성 툴킷 (미국)	• 형태: 웹 기반 플랫폼(포털) • 지역사회 참여부터 계획수립까지 회복탄력성 구축을 위한 500개 이상의 도구 정보를 제공하는 플랫폼 • 리질리언스 단계, 사례, 도구 등의 정보 제공 • 위해(극한 열, 홍수, 가뭄 등), 자산(야생동물 보호구역, 인간, 재산, 에너지와 유효성, 교통 등), 회복력 단계(노출, 취약성 및 리스크 평가, 옵션 조사, 우선순위화 및 계획, 이행 등), 주제 및 부문(건조 환경, 연안, 물, 생태계, 건강, 식량, 토착민, 에너지, 해양, 수송)
2	Climate-Adapt (EU)	• 형태: 웹 기반 플랫폼(포털) • 적응 관련 지식 공유: 유럽의 기후 데이터, 기후 및 건강 관련 간행물, 도구, 유럽 기후 리스크 평가, 지표

계속 ▶▶

표 3.2 계속

No	명칭	특징
2	Climate-Adapt (EU)	• 기후적응 프로세스별 상세 설명, 단계별 관련 사례, 적응 지원 도구 및 가이드라인, 보고서, EU 지원을 받은 프로젝트 사례 등 제공 • 농업, 생물다양성, 건물, 건강, ICT, 산림, 연안, 비즈니스 및 산업, 에너지, 도시, 교통 등 부문별 주요 적응 내용, 국가별 사례 등의 수집 및 정보, 링크를 필터링해서 제공
3	기후변화 적응도구 (EPA: Tools for Climate Change Adaptation) (미국)	• 형태: 가이드라인, 웹 기반 맵핑, 시나리오, DB 등 도구 소개 플랫폼 • 대기질, 수질관리, 폐기물 관리 및 긴급 대응, 공공 건강, 적응계획 도구 등 부문별 검색 제공 • 그린 인프라 가이드를 활용한 지속 가능한 커뮤니티 강화 • 환경 정의 스크리닝, 사용자가 선택한 지리적 영역 및 데이터 세트를 기반으로 지도를 만들고 보고서를 생성하는 지원 도구 • 통합 기후 및 토지이용 시나리오 (인구 증가 및 경제 발전 고려) • 뉴잉글랜드의 회복탄력성 및 적응: 기후변화 영향을 다루는 활동의 데이터베이스(웹 링크, 보고서, 계획, 도구, 특정 관행, 자금 출처 및 파트너십 등 정보)
4	스마트하고 성숙한 탄력성 (Smart Mature Resilience, SMR) 프로젝트 (유럽)	• 형태: 정보 포털, 모델, 리스크 설문조사 • 회복탄력성 성숙도 모델: 선택 유형별 정책 탐색 및 우선순위 설정 • 리스크 설문 조사 도구: 사용자들 경험을 토대로 도시의 우선순위를 결정할 수 있게 도와주는 엑셀 기반 도구(웹 버전 제공) • 도시 탄력성 다이내믹스 모델: 도시의 탄력성 정책 구현 전략을 입력(도시 상태, 정책 특성, 연간 예산, 각 정책에 투자할 예산)하면 탄력성 관련 지표 달성 수준(리더십 및 거버넌스, 대비, 협력, 인프라 및 자원) 및 지출액을 시기별로 시뮬레이션

계속 ▶▶

No	명칭	특징
5	기후탄력성 평가 및 인식 도구 (Climate Resilience Evaluation and Awareness Tool, CREAT) (미국)	• 형태: 가이드라인, 모듈 • 식수, 폐수, 우수 시설 소유자 및 운영자 지원 도구 • 기후 인식 모듈: 기본적인 정보 제공을 통한 기후 인식 제고 • 시나리오 개발 모듈: 기후 데이터를 기반으로 기후 위협(온도, 강수량, 폭풍우, 폭염, 해수면 상승 등) 시나리오 설계 및 시각화 • 결과 및 자산 모듈: 시설 위치에 기반한 자산 가치의 잠재적 결과 평가 • 적응 계획 정의 모듈:기후 위협을 줄일 수 있는 조치를 포함 • 리스크 평가 모듈: 리스크 평가, 계획의 리스크 저감 효과 비교
6	Urban Adaptation Map Viewer	• 형태: 리스크 지도 뷰어 • 현재와 미래의 도시 기후 위험 지도(맵) 정보 제공 (도시의 취약성 및 적응 능력에 대한 정보 제공) • 폭염, 홍수, 물 안보, 산불, 질병 확산 등의 부문별 공간 정보와 연계하여 지도, 데이터셋 목록 제공 • 도시의 인구, 사회 특성과 관련한 일부 정보 제공
7	UNaLab (Urban Nature Labs) (유럽)	• 형태: 웹 기반 플랫폼(포털) • 기후탄력적이고 지속 가능한 도시 커뮤니티 개발을 위해 지역 이해관계자 및 시민과 공동으로 자연기반해법 구현 목적 • 계획(구체적인 문제와 원인 파악), 실행(문제 원인을 해결하기 위한 조치 적용), 평가(문제가 해결되었는지 평가), 조정(해결책 조정 및 지속적 개선)의 적응형 관리 주기를 통해 유사한 프로젝트의 다음 단계 및 향후 계획을 개선하도록 지속적인 평가 및 피드백하는 프레임워크 제안
8	The Senses Toolkit	• 형태: 웹 기반 시나리오 분석 도구 • 학습 모듈, 탐색 모듈을 제공하여 정보 전달 • 사용자의 목적에 맞는 다양한 시나리오 탐색 선택, 예측된 결과 제공

계속 ▶▶

표 3.2 계속

No	명칭	특징
9	AdaptME toolkit	• 형태: 가이드라인 • 적응 모니터링과 평가의 목적, 대상, 과정 등 중점 고려 사항을 서술(부문별 참고할 수 있는 문헌 정보를 포함)

U.S. 기후 탄력성 툴킷 웹 플랫폼 모습

Climate-Adapt 웹 페이지의
적응 프로세스별 설명 정보

U.S. 기후 탄력성 툴킷 웹 플랫폼 모습

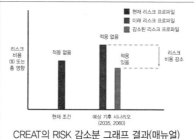

CREAT의 RISK 감소분 그래프 결과(매뉴얼)

출처: 왼쪽의 항목별로 다음의 자료를 참고. "Tools," https://toolkit.climate.gov/tools (접속일: 2024.06.04.); "Climate-ADAPT," https://climate-adapt.eea.europa.eu/en (접속일: 2024.05.15.); "Climate Change Adaptation Tools," www.epa.gov/arc-x/tools-climate-change-adaptation (접속일: 2024.06.04.); "Climate Risk Database," https://crd.smr-project.eu/ (접속일: 2024.05.30.); "Climate Resilience Evaluation and Awareness Tool," https://www.epa.gov/crwu/climate-resilience-evaluation-and-awareness-tool (접속일: 2024.06.04.); "Urban Adaptation Tools," https://climate-adapt.eea.europa.eu/en/knowledge/tools/urban-adaptation (접속일: 2024.06.28.); "UNaLab," https://unalab.eu/en (접속일: 2024.06.04.); "Climate Scenarios Finder," https://climatescenarios.org/finder/ (접속일: 2024.06.28.); Pringle (2011) AdaptME: Adaptation Monitoring and Evaluation. UKCIP, Oxford, UK.

2) 리스크 식별

초기 단계에 리스크를 식별하여 우선순위를 결정하는 과정이다. 시간, 인력, 예산 등 자원의 한계로 우리는 잠재적인 리스크를 포함한 모든 기후 리스크에 대해 상세하게 평가하고 동시에 대응하는 데 한계가 있다. 이 같은 조건 속에서 스크리닝은 어떤 기후변화, 변동성이 단기, 중장기적으로 도시의 시스템, 기능, 서비스, 활동 및 정책결정의 결과, 효과, 인프라에 대해 피해를 끼치는지 판단하는 과정이다. 나아가 대상 지역의 현재, 미래의 리스크에 대한 주요 요인과 과정을 설명하고, 원인과 결과 관계를 설명하는 임팩트 체인(Impact chain)의 기초 구조를 파악하는 데 도움을 줄 수 있다.

적정한 리스크의 식별은 의사결정 과정을 빠르게 하고, 적응 옵션의 효과를 높이며, 인력과 예산의 손실을 줄이는 데 기여할 수 있다. 리스크 스크리닝은 물리적·비물리적 구성 요소 등의 기본 정보를 토대로 평가하며, 부문별 전문 지식을 활용하거나 공공기관에서 관리하는 기후 및 재해 위험 정보, 미래 기후 시나리오를 활용하거나, 필요한 경우, 지역이 포함된 글로벌, 국가 스케일에서 확인된 장기적 전망 결과를 활용할 수도 있다. 예를 들어, 단기적인 리스크 대응을 위한 스크리닝에서는 기후 관측 정보나 과거의 피해 사건과 같은 사실에 근거하는 방법을 참고할 수 있으며, 중장기적인 대응을 목적으로 하는 리스크 식별 과정에서는 미래의 기후변화 예측, 수문학적 모델 등의 결과를 기반으로 검토하는 방법이 적합할 수 있다. 그밖에 반정량적 또는 정성적 조사, 전문가 지식이나 서술, 설문 등을 고려하는 방법 등이 사용되기도 한다. 리스크 식별을 위한 스크리닝 도구는 이처럼 미래의 기후변화와 사회·경제적 변화에 대한 높은 불확실성 속에서 정량적,

반정량적, 정성적 방법을 함께 사용하여 종합적인 합의점을 찾아가는 과정이라고 할 수 있다.

의사결정 지원도구의 형태는 공공데이터 또는 기관에서 제공하는 웹 기반의 맵핑 도구(특정 부문은 상세하거나 거시적인 평가결과를 제공하기도 하며, 부문별로 평가결과의 정보는 다르게 제공), 체크리스트 등 정보의 수준과 사용자의 이용 특성, 체계 등에 맞춰서 제공될 수 있다.

3) 상세한 리스크 분석

상세 리스크 분석은 앞의 스크리닝 과정에서 확인된 잠재적 리스크 또는 상세 리스크를 분석하여 특정 상황에서 적응이 필요한지 여부를 판단하는 과정이다.

이를 위해 기후 영향, 취약성 및 리스크 평가의 목표, 맥락과 범위를 구체적으로 설정하게 된다. 원인과 대상을 구체화하기 위해 ① 어떤 영향, 취약성, 리스크에 초점을 맞춰서 평가해야 하는지(특정 부문의 특정 리스크를 중심으로 볼 것인지, 여러 가지를 함께 보아야 하는지 등), ② 시간적 기준은 언제로 설정해야 하는지(장기 결정을 위한 것인지, 단기 결정을 위한 것인지), ③ 어떤 방법을 활용하여 상세 분석할 것인지 등 평가 목적, 범위, 사용할 수 있는 정보 등에 따라 결정할 필요가 있다. 그 밖에 ④ 이해관계자 중 누가 어떤 방식으로 어떻게 참여하는가에 따라서도 잠재적 리스크에 대한 판단, 임팩트 체인과 선택한 리스크의 우선순위 지정 및 구체화가 가능하고, 기후변화 적응의 수용성을 높일 수 있다.

임팩트 체인은 선택한 시스템 중 관련성이 높은 리스크를 구체화하는데 유용한 개념이 된다. 이해관계자가 참여하는 방식은 리스크의 우선순위를 정하거나 지역 여건이 반영된 임팩트 체인을 개발하는 데 긍정적으로 기여하여 결과의 수용성을 높이고, 리스크 평가 결과를 적응 계획까지 반영하는 데 도움을 주기도 한다.

리스크 평가를 통해 우리가 과거와 현재의 경험에 기초하여 결정을 할지, 빅데이터의 메가트랜드 분석에 기초하여 예측된 미래 추세를 토대로 결정할지, 기후 데이터와 시뮬레이션 기반으로 평가할지, 이해관계자의 참여와 질적 접근 방식을 통해 결정할 것인지 등의 방법을 결정하게 된다. 도시를 비롯한 우리가 살아가는 사회를 모두 완전하게 물리적 영향을 중심으로 평가하는 시뮬레이션으로 모사할 수 없다. 따라서 시뮬레이션 결과와 리스크에 대해 전문가, 이해관계자 등의 합의된 가치 또는 목표나 방향에 기초하여 통합적으로 평가하고, 이에 대응하여 결정을 내리게 된다. 여기에서 낮음, 중간, 높음과 같은 척도로 표현되는 리스크 평가결과만으로는 어떤 상태를 의미하는지, 즉 어느 정도로 위험한 것인지 알 수 없다. 지역 리스크의 평가결과는 경제, 생태, 사람의 건강 등 지표가 갖는 가치 속에서 부분적으로 설명할 수 있다.

하향식 평가는 설정된 지표에 기반하여 데이터 중심으로 평가하고, 이후 단일 요소의 평가결과를 종합된 지표로 통합 평가하게 된다. 이 같은 방식은 국가나 대규모 지역을 일괄적으로 평가하는 데 유용하게 사용되며, 데이터와 정보를 지표로 변환하는 방법, 지표를 통합하는 방법 등에 일부 주관적인 의견이 반영되기도 한다. 상향식 평가는 생성되는 데이터, 정보를 바탕으로 임팩트 체인의 틀을 구성하는 리스크, 취약성, 노출 등의 각 요소별 인자의 입력자료로 사용될 수 있다. 최종적인 평가는 합의나 투표 등을 통해 이루어지며, 이 과정은 중요한 우선순위를 결정하는 데 유용하다. 하향식 지표 기반의 접근과 상향식 합의 기반이 통합적으로 고려된 평가는 특정 리스크와 관련한 프로세스, 요인, 잠재적 영향 가능성 등을 서술적으로 설명하고, 미래 시점별 리스크에 대한 평가, 지표 기반의 평가결과를 리스크 맵으로 표현도 가능하다. 즉, 상·하향식 방식의 통합은 기후변화 적응에 필요한 현실적이고 신뢰할 수 있는 정보를 생산하는 데 있어 핵심이 된다. 예를 들어, 지역 특성이 고려된 지표를 토대로 임팩트 체인을 개발하고, 확보된 데이터를 활용하여 평가하여 지도로 표현하는 것이다. 리스크 맵은 공간적으로 설명하는 데 유용하여 다양한 이해관계자의 합의에 긍정적으로 기여할 수 있는 이점이 있다. 또한, 이러한 방식으로 평가된 결과는 지역에 수용할 수 있고, 파급력을 갖게 된다.

단일 리스크에 대한 평가는 최종적으로 두 개 이상의 리스크에 대해 상호작용 관계를 파악하여 공간적 우선순위를 평가하게 된다. 둘 이상의 위험에 영향을 받는 공간적, 또는 주제별 핫스팟을 식별하게 되는 것이다. 가령 폭염, 홍수가 동시에 위험한 취약 인구의 밀집 지역을 도출하는 경우가 이에 해당될 수 있다. 이 과정에서 의사결정을 위해 AHP와 같이 주관적 의견을 지표로 통합하기 위한 도구, 빅데이터의 메가트랜드 분석을 통해 유의미한 정보 생산을 지원하는 도구, ArcGIS와 같은 리스크 맵으로 보여주는 도구, 시뮬레이션 기반 경제적 피해 예측 모델, 상호작용을 지원 도구, 가이드라인 등이 유용한 정보로 사용될 수 있다. 상·하향식 방식을 통합하기 위한 여러 도구와 방법이 연계되어 사용되기도 한다.

4) 적응 옵션의 비교(적응 목표 및 세부 이행과제 수립)

(1) 적응 목표의 설정

기후변화 적응에서 주요 관심사는 현재 이미 직면한 문제의 해결, 기후변화로 인해 미래에 증가될 문제, 시스템 또는 주요 인프라(교통, 건축 등)에 대한 영향, 시스템에 비가역적인 영향을 미칠 문제, 비기후적 요인(예: 노인 증가 등)의 변화 등이 해당된다. 기후변화 적응의 목표는 단기·중장기 발전 목표를 설정하는 과정이며, 일반적으로 단기는 2030년대, 중기 2050년대, 장기 2080/2100년대로 설정한다.

지역의 리스크가 높은 부문을 시급하게 어느 정도로 낮출 것인지, 언제까지 달성할 것인지 그 목표를 합리적으로 설정하는 것이 중요한 과정이며, 이 과정을 지원하기 위한 도구의 개발이 필요하다. 이를 위해서는 적응 옵션의 효과가 정량화되어야 하고, 그 결과가 특정 리스크를 낮추는 데 어느 정도까지 기여했는지를 명확히 연계하여야 하나, 여전히 이 부분에 대한 정보는 부족하다. 장기적인 변화 전망 속에서 현재 지역의 역량과 상황에 맞는 목표와 방향 설정을 위한 이해관계자의 선호도와 제약 조건을 해석하는 도구, 모델을 기반으로 미래의 다양한 조건별 비교를 통한 탐색적인 의사결정 지원 도구를 활용할 수 있다.

(2) 적용 가능한 적응 옵션 선택 및 평가

기후변화 적응은 기존의 우리가 하던 행동과 완전하게 다른 행동이 아니라, 기존 행동을 기후변화 적응 관점에서 재평가하여 행동의 강화, 조정, 변형을 통해 손실을 최소화하고, 리스크를 낮추는데 기여하는 일련의 과정으로 볼 수 있다.

그렇다면 특정 리스크, 또는 복합적인 리스크에서 어떤 적응 옵션을 우선적으로 선택해야 하는가? 의사결정자는 미래 기후변화의 정도에 상관없이 가치 있는 옵션(No-regrets adaptation options), 관련 비용이 상대적으로 낮고 혜택이 상대적으로 높을 수 있는 적응 옵션(Low-regrets options), 기후 리스크를 최소화하면서 다른 사회적·환경적 또는 경제적 목표에도 기여하는 적응 옵션(Win-Win options), 처음 예상한 것과 비교하여 상황이 변경되는 경우 쉽게 조정할 수 있는 옵션(Flexible or adaptive management options), 자연기반해법과 같이 완화, 재해 위험 감소, 환경 관리, 지속가능성 등 다른 목표와 시너지 효과를 제공하는 옵션(Multiple-benefit options)의 관점에 따라 옵션을 선택하게 된다.

의사결정자는 관점에 따른 결과가 가장 부합되는 옵션을 최종으로 선택한다. 이를 통해 해당 옵션이 적응 목표 달성에 얼마나 도움을 주었는지, 더 광범위한 사회적, 환경적 측면에 미치는 영향은 무엇인지 등을 검토하게 된다. 적응 옵션에 대한 평가 기준은 적응 옵션의 효과와 효율성이 어느 정도인가(정량화가 가능한 부분에 대한 비용 편익 분석, 정량화가 어려운 부분은 정성적 평가), 옵션이 다루는 리스크 부문과 해당 리스크를 줄이는 데 얼마나 기여하는가, 어느 시점에서 효과를 보이며 직간접적 효과는 어떻게 되는가, 필요한 예산이나 목표에 대한 기여 및 오적응을 초래하지 않는가 등에 대해 평가하게 되며, 평가 결과는 비전문가도 이해할 수 있어야 한다.

적응 옵션을 위 같은 관점에서 평가하기 위해서는 의사결정자에게 여러 정보가 제공되어야 한다. 제공되어야 할 정보에는 적응 옵션 설명, 옵션이 다루는 기후변화 영향의 범위, 식별된 기후변화 영향에 대한 취약성을 줄일 수 있는 잠재력, 공간적 범위, 시각적 매핑, 이해관계자의 참여가 필요하거나 권장되는 정보, 성공 및 제한 요소(본인 경험 또는 기타 사례 기반), 비용(이행 및 운영) 및 경제적 효과(화폐 단위), 사회적·환경적 공동 이익 또는 불이익, 필요한 개선 조치, 필요한 재원, 투자 시기 및 자금 출처, 완전한 기능, 작동 수명까지의 계획 및 구현을 위한 기간, 부처 또는 기타 기관 내 이행 및 유지 관리에 대한 책임, 다른 적응 옵션과의 상호 연계성, 상호 교환성, 결합 가능성, 참고문헌(프로젝트나 연구 사례 등) 등이 그것이다.

(3) 적응 대책(세부 이행과제) 설계

이 과정은 국내의 경우, 기후위기 적응대책 수립 시 앞의 과정을 모두 포함한 최종적인 로드맵이자, 세부 시행 계획을 수립하는 과정으로도 볼 수 있다. 주요 관심사가 확인되고 선호하는 적응 옵션이 선택되면 이전 단계의 결과를 종합하여 적응 옵션 실행을 위한 상세한 전략적 로드맵을 수립하게 된다. 이때, 적응 옵션 이행에 따른 적응 경로 계획, 전환 과정에서의 우수 사례, 적응 전략에 기초한 목표와 방향을 구체화하며, 실행 프로세스, 조정 메커니즘, 이해관계자 참여와 공공 협의의 체계, 이행 과정의 잠재적 장벽과 극복 요인, 시너지 효과, 성공의 모니터링 및 평가 지표, 정보의 요구 사항, 지식의 격차 해소 방법 등의 내용을 포함하게 된다. 적응 실천 계획은 정치적 승인 과정(예: 환경부 검토 및 승인, 협의)을 거치며 강력한 이행 수단으로 인정받게 된다.

이를 위해서는 의사결정 지원을 위한 우수 사례, 적응 경로와 임계점(티핑포인트)을 검토하기 위한 메커니즘 정보, 로드맵 구현을 위한 타임라인 설정 방법, 실행단계, 자금 조달 방법 및 가능한 범위 등 선정된 옵션의 실행 과정, 우선순위 결정, 예산 확보 시점, 효과 등을 종합적으로 평가하기 위한 정보와 도구가 필요하다.

(4) 거버넌스 구축과 자금 지원

기후변화 적응을 위한 거버넌스는 수평적·수직적인 차원의 연결, 협력과 조정을 통해 공식적·비공식적 거버넌스 구조가 갖는 한계를 극복해야 한다. 적응 거버넌스 촉진 방안으로 상설 조정 기구 지정, 프로세스 전 과정을 주도적으로 행동하는 부서(담당자)의 연속성 유지, 비공식적인 거버넌스 방식의 반영, 모든 수준에서의 조정 역량 강화, 금전적/비금전적 지원 등이 될 수 있다.

- 공식적인 거버넌스: 법/제도에 기반하여 권한을 갖고 운영되며, 하향식, 영구적인 특성
- 비공식적인 거버넌스: 자발적, 비계층적, 협력에 기반한 특징이 있으나, 책임이 불명확하고 이해관계자 간 협력이 제한되며, 기관의 역량 등에 따른 한계가 발생

(5) 이행(실행)

본 과정에서는 수립된 적응 이행 계획에 따라 로드맵으로 제시된 적응 옵션을 이행하고, 이해관계자의 역할과 책임이 합의를 통해 체계화된다. 적응을 통합하기 위한 주요 도구를 식별하고, 그 결과에 따라 옵션을 수정 및 반영한다. 다양한 수준과 부문에 걸친 구현을 위한 거버넌스 프레임워크가 마련되고, 수평적 조정과 협력을 위한 메커니즘이 확립된다.

(6) 모니터링·보고·평가

기후변화 적응을 위한 옵션의 효과를 추적하고 평가하는 도구는 해당 옵션의 효율성에 대한 정보를 고도화하는데 기여하여 실질적인 영향

의 완화와 적응 의사결정에 도움을 준다. 모니터링 및 평가를 위한 지원 도구에는 지표 개발, 평가 프레임워크 구축, 평가보고서 작성 등이 포함되며, 모니터링 및 평가를 위해 개발된 대시보드(플랫폼)는 적응 조치의 효과를 실시간으로 추적하고, 이해관계자에게 보고하는 데 도움을 줄 수 있다.

적응 모니터링, 보고, 평가 동인과 목표를 명확하게 설정하고, 이들 간의 연계성에 대해 인식하는 것은 모니터링 시스템을 구축하는 기초가 된다. 또한 모니터링 목적과 동인은 누가 참여해야 하는지, 역할과 책임이 어떻게 할당되고 주체 간에 어떻게 조정되어야 하며, 어떤 관계 속에서 조직을 이루어 운영되어야 하는지 등에 영향을 미치게 된다. 이는 곧 모니터링, 보고, 평가를 위한 적절한 방법의 선택과 이해관계자에게 어떤 형태로 정보를 전달·제공해야 하는지 전달 방식과 범위에도 영향을 미치므로, 계획 수립 및 옵션 선정 단계에서부터 모니터링, 보고 및 평가와 관련한 내용이 포함되어야 한다.

모니터링, 보고 및 평가 시스템의 개발은 적응 진행 상황의 추적, 적응정책/옵션의 성과와 효과 평가, 적응에 대한 지식 기반 인식 제고, 책임성 강화, 기존 관행 개선을 위한 교훈 제공 등 여러 목적을 달성하는데 기여할 수 있다. 더 나아가 적응계획에 담긴 옵션이 수립된 적응 목표 달성을 위한 노력으로 충분한지, 취약성을 얼마나 낮추는지 등 진행 상황과 성과에 대한 피드백을 제공한다. 모니터링, 보고 및 평가의 가장 중요한 목표는 미래의 의사결정을 지원하기 위한 새로운 정보와 교훈을 얻고, 적응 과정과 결과를 소통하는 데 기여한다.

5. 기후적응을 위한 의사결정 지원 도구의 발전 방향

기후적응은 지속가능한 사회를 위해 필수적인 것으로 여겨진다. 의사결정자는 적응 목표 설정과 행동을 위해 미래 기후변화 영향에 대한 과학적 정보를 이해하고, 역량을 높여 의사결정에 반영해야 하는 상황에 직면해 있다. 하향식 접근 방식은 도전적인 기후 행동과 실천으로 옮기는 데 지역 내 수용성이 문제 되며, 상·하향식 방식의 통합이 중요해지고 있다. 의사결정자는 적응 과정에 사회적 취약계층을 비롯한 지역사회, 민간 등의 참여와 상호작용을 기반으로 한 합의된 선택지를 우선으로 고려할 필요가 있다. 현재와 미래에 예측되는 기후 리스크는 복합적인 시스템 관계 속에서 의사결정이 요구되는 바, 격차를 줄이기 위해 다양한 부문과 그룹의 사람들이 적응에 사용 가능한 더 나은, 사용하기 쉬운 데이터가 필요하며, 정책 과정에 정보를 주는 데이터와 예측이 중요해지고 있다. 존 외(John et al. 2016)는 85개 조직, 3,565개의 기후적응 관련 서비스/도구를 조사하여 도구 유형 중 팩트시트, 우수 사례 연구, 과학 보고서 및 데이터 소스가 가장 많이 제공되었고, 응답자는 의사결정 시 우수 사례와 연구, 동료와의 대화, 과학 보고서 또는 기사, 뉴스레터 등을 사용하며, 응답자가 원하는 정보의 형식은 웹사이트, 사례 연구 또는 팩트시트, 연례 회의 등임을 밝혔다. 즉, 기후적응과 관련된 사람들은 신뢰할 수 있는 충분한 양질의 정보 제공과 소통을 통한 결정에 도움을 필요로 하는 것으로 볼 수 있다.

사용자의 수요가 반영된 기후서비스(조재필 외, 2018)와 같은 정보를 생산하고, 지자체나 사용자 그룹, 이해관계자 등 인적·물적 자원 및 참여 역량의 차이를 파악하여 상황과 목적에 맞게 선택할 수 있도록 범위가 확장될 필요가 있다. 하나의 의사결정 지원 도구가 의사결정자가 원하는 맞춤형 기후적응 전략에 대한 답을 주지 않는다.

　기후변화 적응을 위한 의사결정 지원 도구는 기후변화 영향을 이해하고 평가하는 도구(리스크를 식별하는 스크리닝, 공간 상세 분석을 수반하는 임팩트 체인 관계에 기초한 상세 리스크 분석), 경제·사회·환경 등의 지표와 가치를 고려한 효율적인 적응 옵션 선택 지원 도구, 시나리오와 경로, 목표 설정, 자원 할당 및 우선순위 결정, 모니터링·평가를 위한 도구, 데이터 기반의 증거(정보) 생산을 돕거나 데이터 분석, 리스크 분석 결과를 공간 정보로 시각화하여 보여주는 도구, 과학적 모델(시뮬레이션) 분석을 통한 미래 영향 예측 결과 도출 도구, 이해관계자 간의 협력을 촉진하고 상호작용을 위한 도구 등이 있을 수 있다. 이 도구들은 단계별로 정보를 제공하는지, 상호작용을 돕기 위한 도구인지, 이용 가능한 정보가 어느 정도인지, 적응을 위한 행동을 언제 해야 할지, 소요 비용을 고려했을 때 어떤 것을 우선으로 할지 등과 관련된 동적 적응정책 경로(Haasnoot et al. 2013), 실제 옵션의 분석(Sanderson et al. 2016) 등 과정별 지원 방법과 목적, 필요한 정보가 다름을 이해하고, 그에 맞추어 제공되어야 한다(Palutiko 2019). 예를 들어, 경제적인 혜택까지 고려하기 위해서는 정성, 정량적인 부분까지도 검토되어야 할 것이다. AHP와 같은 도구는 일반적으로 기후 리스크 정보로 활용 가능하나, 정량적인 도구는 이익을 정량화하기 위해 상세한 모델 결과, 과정을 필요로 할 것이다. 때로는 여러 도구가 통합적으로 연계 활용·사용되는 부분도 검토되어야 한다. 우수 사례뿐만 아니라 관련 연구, 수집된 데이터, 프로젝트 사례 등의 평가를 통해 적응에 긍정적으로 기여한 것과 부정적 영향을 미친 부분을 추적하고, 기록으로 남겨 유의미한 정보로 체계화하는 작업이 수반되어야 한다. 이렇게 구축된 정보는 교훈으로 활용되어 나은 의사결정을 지원하도록 돕는 기틀로 작용하게 될 것이다.

❖ 참고문헌

고재경. "지방자치단체 기후변화 적응 거버넌스 변화 연구: 기후변화 적응대책 세부시행계획 수립 단계와 이후를 중심으로."『한국기후변화학회지』8-2 (2017); 99-108.

조재필 외. "기후변화 적응을 위한 사용자 중심의 기후서비스체계 제안 및 사용자인터페이스 플랫폼 개발." (2018)

ASEMI, A., A. SAFARI and A. ASEMI ZAVAREH. "The Role of Management Information System (MIS) and Decision Support System (DSS) for Manager's Decision Making Process." Canadian Center of Science and Education (2011).

Howe, C., L., B. MacInnis, J. A. Krosnick et al. "Acknowledging uncertainty impacts public acceptance of climate scientists' predictions." Nat. Clim. Chang. 9, 863-867 (2019).

Jones, Richard, Maria Noguer, David Hassell, Debbie Hudson, Simon Wilson, Geoff Jenkins and John Mitchell, Generating high resolution climate change scnearios using PRECIS. Met Office Hadley Centre,Exeter, UK (2004).

Lu, Xianfu. "Applying climate information for adaptation decision-making: a guidance and resource document." National Communications Support Programme (NCSP) UNDP-UNEP-GEF: New York, NY, USA (2009); 7.

LUNENBURG, F. C. "The decision making process." *National Forum of Educational Administration & Supervision Journal* (2010).

Nordgren, John, et al. "Supporting local climate change adaptation: Where we are and where we need to go." *Environmental Science & Policy* (2016).

Palutiko, Jean P. "Looking to the future: guidelines for decision support as adaptation practice matures." (2019).

Palutikof, J. P., Street, R.B. and Gardiner, E.P. "Decision support platforms for climate change adaptation: an overview and introduction." *Climatic Change* 153 (2019), 459-476.

PAN, H, Y. KWAK and B. DEAL. "Participatory Development of Planning Support Systems to Improve Empowerment and Localization." *Journal of Urban Technology* 29-2 (2022): 33-54.

Power, Daniel J. "Decision Support Systems: Concepts and Resources for Managers." *Faculty Book Gallery* 67 (2002).

Pringle, P. "AdaptME: Adaptation monitoring and evaluation." UKCIP. Oxford: University of Oxford, 2011.

Scientific uncertainty. Nat. Clim. Chang. 9, 797 (2019).

SIMON, H.A. *Administrative Behavior*, 4th Edition. New York: Free Press, 1997.

Sprague, Ralph H., Jr. "A Framework for the Development of Decision Support Systems." *MIS Quarterly* 4-4 (1980): 1-26.

Wenkel, Karl-Otto, Michael Berg, Wilfried Mirschel, Ralf Wieland, Claas Nendel, Barbara Köstner, "LandCaRe DSS - An interactive decision support system for climate change impact assessment and the analysis of potential agricultural land use adaptation strategies." *Journal of Environmental Management* 127 Supplement (2013): S168-S183.

World Adaptation Science Programme. "Adaptation Decision-Support Tools and Platforms - Science for Adaptation Policy Brief #1 (2020).

4장

자연기반해법과 기후변화 적응 전략

박채연

1. 서론

기후변화를 산업화 시대 대비 2℃ 혹은 1.5℃ 이하로 멈추게 하려고 여러 학자는 대안을 고민하기 시작했고, 그중의 한 가지 대안으로 나온 것이 자연기반해법이다. 처음에는 '생물다양성'에 해를 끼치지 않으면서 '식량안보 및 섬유안보'에 대한 해결책으로 나오게 된 것이지만, 현재는 탄소배출을 저감하자는 기후변화 완화에 초점을 많이 맞추고 있다. 우리는 이것을 '기후'변화를 해결하는 방안이라는 뜻으로 자연기후해법(Natural Climate Solutions)이라고 한다. 자연생태계는 탄소흡수 및 생물다양성 이외에도 우리 사회가 대면한 여러 가지 과제에 대한 해결책을 주기 때문에 좀 더 포괄적인 개념으로 자연기반해법(Nature-based Solutions)으로 부르기도 한다. 따라서 자연기반해법은 더 이상 자연을 파괴하지 않으면서 기후변화에 대응하고, 식량 문제, 도시 문제를 해결하기 위해 대두되고 있는 해결책이라고 볼 수 있다. 이 두 가지 개념 중 자연기후해법은 기후변화 완화와 관련되어 전지구 규모에서의 목표를 이루기 위해 달성되고 있으며, 자연기반해법은 기후변화 적응과 관련되어 지역적인 규모에서 사용되는 경우가 많다. 이 저서에서는 '자연기반해법'으로 이 둘을 모두 통칭하여 기후변화 완화와 적응과 관련된 내용을 모두 함께 기술하고자 한다.

그렇다면 자연기반해법이 가리키는 실체는 무엇일까? 전 지구 규모에서 보면, 산림, 습지, 초지, 농업지역을 보존 및 복원하고, 적절한 관리를 통해서 자연생태계의 효과(탄소흡수, 식량 생산성 등)를 높이는 것을 가리킨다. 탄소흡수 능력이 높은 자연생태지역을 보전하면서 경제성장을 모두 이루는 방안을 의미하기도 한다. 이를 통해 강압적이지 않고, 지속 가능하며 영속적인 전략을 이루는 것이 자연기반해법의 특징이다.

지역적인 측면에서는 육상이나 연안, 담수 생태계를 보호, 보존, 복원하고 지속가능하게 관리함으로써 복잡한 기후 문제로부터 회복력을 높이는 것을 의미한다. 실제로 자연기반해법과 관련된 연구 논문들을 보게 되면 대부분 도시지역을 다루기 때문에, 도시지역의 '그린인프라(Green-infrastructure)'를 자연기반해법의 다른 말로도 볼 수 있다. 도시가 발전하면서 아스팔트, 콘크리트로 이루어진 포장이나 건물과 같은 '그레이 인프라(Gray-infrastructure)'의 비율이 높아졌는데, 이러한 변화가 생태계 파괴 문제, 환경 오염, 회복력 파괴 등의 문제를 가져왔다. 다시 도시의 자연생태계를 회복시켜 여러 가지 환경 문제를 극복하고 앞으로 기후변화에 대응하고자 생겨난 것이 바로 도시의 그린인프라전략이다.

자연기반해법이 주목을 받은 이유 중 하나는 기존의 전략들보다 비용 효과적이기 때문이다. 상대적으로 적은 비용으로 더 긴 시간 동안 사용할 수 있고, 여러 가지 시너지 효과가 있으며, 더 큰 회복력(resili-ence)을 가져온다는 특징이 있다. 자연생태계는 그 자체로 인간에게 굉장히 많은 혜택을 주기 때문이다. 자연생태계가 주는 혜택을 생태계 서비스라고 정의하는데, 이를 공급(provisioning), 조절(regulating), 문화(cultural), 지지(supporting) 4가지 유형으로 분류한다. 공급 서비스란 담수나 목재같이 인간 생활에 필요한 재화를 공급하는 서비스를 의미하고, 조절 서비스는 자연생태계가 기후, 토양, 유량 등을 조절하는 것을 의미한다. 문화 서비스는 자연생태 공간에서의 여가, 휴양, 교육과 같은 서비스를 의미하며, 지지 서비스는 다른 생태계 서비스를 만드는 데 필요한 서비스로, 대기의 산소 생산, 토양 형성, 물순환, 서식지 제공 등이 있다. 지역의 회복력 상승에 기여하는 자연기반해법의 특징은 다음 장에서 구체적으로 다룰 것이다.

앞으로 4장에서는 기후변화 적응을 위한 자연기반해법과 기후변화를 늦추기 위한(기후변화 완화) 자연기반해법, 그리고 지속 가능한 사회와 더불어 고려해 보는 자연기반해법으로 나누어 각각의 내용을 설명할 것이다. 또한, 자연기반해법의 필요성과 혜택, 그리고 효과적으로 자연기반해법을 활용하는 방법에 대해서 파헤쳐 볼 것이다.

2. 기후적응을 위한 자연기반해법

지역적인 측면에서 자연기반해법은 그 지역의 회복력을 높임으로써 기후 관련 리스크를 낮춰준다. 회복력이란 생태학에서 시작된 용어로, 상태가 변화하지 않도록 외부 스트레스를 흡수할 수 있는 능력을 의미한다(도표 4.1a). 상태가 변화해도 다시 시스템의 능력이 스스로 회복할 수 있는 능력을 의미하기도 한다(도표 4.1b). 만약 시스템이 회복력이 낮거나, 외부 스트레스가 한계점 이상으로 오는 경우에는 회복 불가능한 상태가 된다(도표 4.1c). 그래서 회복성의 개념에는 시간의 변화에 따라 달라지는 것이 중요하며, 외부 스트레스에 대한 한계점이

도표 4.1 스트레스를 받을 때 다르게 나타나는 시스템의 회복력

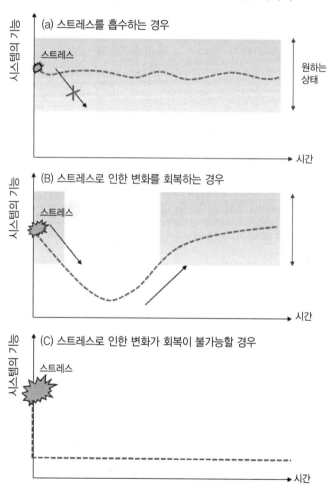

중요하다(도표 4.1).

　자연기반시스템(혹은 그린 인프라)이 그레이 인프라보다 회복력이 높은 이유는 무엇일까? 자연생태계는 자체적으로 회복성이 존재하며, 한계점이 다른 그레이 인프라보다 높아 쉽게 파괴되지 않는다. 하천 변 주거지역을 예로 들어보자. 도표 4.2의 위 두 개의 그림은 그레이 인프라인 콘크리트 제방이 있는 경우이다. 제방의 한계점 아래의 홍수가 났을 때는 모든 피해를 막아 줄 것이다. 그러나 제방이 막을 수 있는 한계 이상으로 기상이변이 일어날 때는 제방이 무너져 시스템이 회복할 수 없게 될 수 있다. 그 아래 두 개의 그림은 자연기반해법을 선택했을 때의 결과이다. 그레이 인프라처럼 100% 막아줄 순 없겠지만 예상치 못한 규모의 홍수가 발생할 때도 생태계의 자체적인 회복능력을 통해 시스템을 유지해 줄 수 있다. 실제로 중국의 옌웨이저우(Yanweizhou) 공원의 경우, 잘 범람하는 지역이었기 때문에, 모든 공간을 침수에 잘 견딜 수 있는 숲으로 조성했다. 결과적으로 침수가 일어나도 공원 내의 피해가 없고, 자체적으로 물을 흡수하고 저장함으로써 주변 지역의 피해까지 줄일 수 있게 되었다. 앞으로 기후변화가 더욱 심화될 것이기 때문에, 우리가 경험한 적 없는 규모의 기상이변이 나타날 확률이 높다. 기후위기의 시대에서 자연기반해법을 통해 공간의 회복력을 높이는 것이 중요한 과제가 될 것이다. 이러한 배경 속에서 최근에는 자연기반해법과 그레이 인프라를 함께 적용하는 하이브리드 인프라도 증가하고 있는 추세이다.

　이처럼 생태계서비스 및 회복성을 지닌 자연기반해법은, 기후변화 적응을 포함한 도시의 여러 환경문제에 대응하기 위해서 많이 활용되고 있다. 현재 지구상의 인구 중 반 이상이 도심지에 살고 있다고 한다. 산업화, 도시화 이후부터 도심의 대기오염, 홍수, 도시 열섬, 폭염

도표 4.2 그레이 인프라와 그린 인프라(자연기반해법)의 회복성 비교

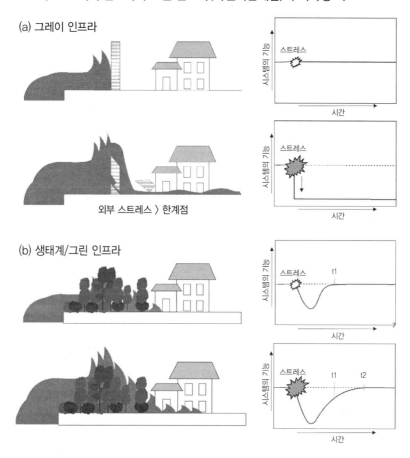

(a) 그레이 인프라

외부 스트레스 〉 한계점

(b) 생태계/그린 인프라

과 같은 환경문제가 발생하고 있다. 여러 지역과 국가에서 기후 회복성에 관한 관심이 점차 높아지고 있으며 자연생태계를 다음 세대에 물려줄 수 있는 자산으로 평가하고 있기 때문에, 자연기반해법에 대한 투자와 사례가 많아지고 있다. 다음 장에서는 기후 복원력을 높일 수 있는 자연기반해법의 원리와 그 사례들을 소개하고자 한다.

1) 여름철 도시 온도를 낮추는 자연기반해법

도시가 비도심 지역보다 더 온도가 높은 것을 '도시 열섬현상'이라고 한다. 최근 기후변화로 인해 전 지구의 평균온도가 높아지면서 도심의 온도들이 사상 최고를 기록하고 있다. 도시 온도가 높아지는 게 왜 문제가 될까? 온도와 습도로 계산되는 열 스트레스 지수인 '더위체감지수'를 보면 28℃ 가 넘을 경우 열 중증 환자 발생률이 급증하는 것을 볼 수 있다. 더위체감지수가 31℃ 가 넘는 경우는 온도가 약 35℃ 이상인 상황과 유사한데, 이때는 신체 온도가 올라가 질병에 걸릴 확률이 높기 때문에 이를 방지하기 위해서 야외 활동을 제한하도록 권고된다. 이렇게 높은 더위체감지수가 지속한다면, 적절한 온도 저감 대책이 없는 사람들의 질환 발생률이 높아지게 되고 에어컨 사용으로 인해 건물 에너지 사용량이 높아질 것이다. 이뿐만 아니라 야외 노동자들의 노동력이 손실되어 산업 전반에도 영향을 끼칠 수 있다. 실제로 서울시를 대상으로 기후변화로 인한 미래의 여름철 노동시간 손실을 예측한 결과 기후변화시나리오에 따라 2050년도에는 노동시간이 총 8,200만~3억 5,400만 시간 저감 되고 2080년도에는 1억 7,100~11억 6,900만 시간이 저감될 것으로 예측되었다(박채연 2023). 즉, 여름철 도시 온도가 점점 높아지는 것은 인간의 건강, 사회 구조에 영향을 준다. 온도의 증가는 인간사회뿐만 아니라 자연생태계에도 영향을 줄 텐데 이는 인간에게 간접적으로 부정적인 영향을 준다. 예를 들면, 도심의 온도가 증가함에 따라 모기와 같은 해충이 증가하고, 모기를 매개체로 하는 질병이 확산되고 있다. 앞으로 온도 상승이 줄 직간접적인 영향을 파악하고 피해를 낮추기 위한 노력이 필요하다.

도시의 구조적인 관점에서, 도시 열섬현상이 발생하는 이유를 네 가지로 들 수 있다. 첫 번째, 도시에는 **빽빽**하게 들어선 건물들 사이로 복사열이 갇히는 트래핑 효과(trapping effect)가 있다. 두 번째, 자연 피복과 달리 아스팔트나 콘크리트와 같은 도심의 피복이 증발산량도 낮고 저장 열량이 높아서 더 뜨거운 열기를 오랫동안 가지고 있게 된다. 세 번째, 교통과 에너지사용량이 많아 자동차와 건물에서 내뿜는 인공열로 인해 도시가 더 뜨거워진다. 마지막으로 네 번째는 공기의 흐름이다. 건물과 같은 수직적인 구조물로 인해서 풍속이 낮아지고, 이는 뜨거운 공기를 밖으로 원활하게 이동시키는 것을 저해한다. 추가로 아스팔트처럼 색상이 어둡고 햇빛의 반사도가 특별히 낮은 도시의 피복이 존재하는데, 이러한 피복은 초지와 같은 자연 피복보다 햇빛을 덜 반사시키고 더 많은 양의 햇빛을 흡수한다는 문제도 있다. 하지만 반사도 같은 경우는 도시 안에서도 피복에 따라 크게 달라지기 때문에 주요 원인으로 뽑진 않았다.

자연기반해법은 위 네 가지(혹은 다섯 가지)의 특징에 반대되는 공간을 조성함으로써 도시 온도를 낮출 수 있다. 건물들이 **빽빽**하게 들어선 곳에 공원과 같은 열린 공간을 조성함으로써 트래핑 효과를 낮추고 바람길을 조성해 도시 내 통풍을 원활하게 해준다. 수공간이나 녹지 공간은 증발산을 통해 잠열(상태변화에 사용되는 열)을 형성하기 때문에 주변의 열을 낮추는 역할도 해준다. 넓은 도로의 경우에는 가로수를 통해 그늘을 만들어, 보행자가 직사광선을 피할 수 있게 해줌으로써 쾌적한 보행환경을 제공한다.

서울시의 대표적인 도시재생 사업인 청계천복원사업은 2005년 완공되었다. 고가도로를 걷어내고 강을 흐르게 하고 그 주변으로 녹지를 조성하였다(사진 4.1). 이 복원사업은 주변 지역의 여름철 온도를 낮춘 사례로 손꼽힌다. 물론 온도 저감만을 목적으로 조성된 것은 아니며, 타 자연반해법처럼 다른 환경적(생물다양성, 홍수), 사회적 효과(시민들의 휴식, 레크레이션 장소), 경제적 효과(상권 발전) 등 여러 가지 효과를 기대한 사업이었으며 그 모든 면에서 만족할 만한 효과를 달성했다고 평가된다. 단, 주변 지하철 역사의 지하수를 끌어와 인공적으로 흐르게 했기 때문에 자연 하천 대비 생태적인 효과에는 한계가 있다고 분석된다. 온도 감소 효과만 봤을 때 사업 전후 열섬 강도가 8.9%(청계4가)에서 35.1%(청계8가)까지 낮아졌다(김운수 2006). 최근 측정을 기반한 연구에서는 2016년 8월 오후 2시경, 하천 폭이 더 좁은 상류인 을지로 부근에서 청계천과 가까운 지역이 0.46℃ 더 낮은 것을 확인했다. 온도 저감은 하천의 흐름에 따른 풍속의 증가, 청계천과 주변의 나무에서 발생하는 증발산으로 인해 나타난 것이다. 하천으로부터의 냉기류는 약 30~40m까지 직접적인 영향을 주고 있었으며, 주변의 건물이 낮고 골목의 폭이 넓을수록 냉기류가 더 멀리까지 영향을 주었다(Park et al. 2019).

사진 4.1   청계천 사진(2016년 9월)

2) 하천 범람을 막기 위한 자연기반해법

녹지와 습지와 같은 자연기반해법은 도시 환경에 보다 자연스러운 물 순환이 일어나게끔 도와준다. 녹지와 습지는 도시의 아스팔트 표면보다 높은 증발량, 높은 침투성, 그리고 낮은 지표수 유출을 갖는다. 하천에서 범람 된 물이나 넘치는 빗물이 아스팔트 표면으로 모이기 이전에 식물이나 토양에 있는 기공을 통해 흡수된다. 또한, 녹지와 습지는 높은 증발량을 가졌기 때문에 비가 멈춘 후에 그 안에 품고 있던 수분을 다른 표면보다 빠르게 증발시킨다. 결과적으로 하천과 도시 사이에 장벽의 역할을 하면서 물이 도시 쪽으로 흘러나가는 속도를 늦춰준다. 또한, 녹지와 습지는 범람이 되어도 그 시스템이 파괴되지 않고 시간이 지남에 따라 자연스럽게 본래의 형태로 회복하기 때문에 도시 전체의 홍수에 대한 회복력을 높일 수 있다.

실제로 2012년부터 2021년까지 세계은행에서 투자한 자연기반해법 프로젝트 중에서 가장 많은 사례가 하천의 범람을 막기 위한 도구로 활용되었다(World Bank Group 2023). 한 사례로, 모짐비크의 베이라(Beira)라는 도시는 큰 강이 인도양으로 흘러가는 곳에 위치하기 때문에 범람과 해일 등의 위험이 큰 곳이었다. 특히, 기후변화로 인해서 해안선이 침식되고 강우량이 점점 더 많아지게 되었다. 세계은행은 베이라시의 치베베강(Chibebe River)의 배수 기능을 회복시키기 위해서 그레이 인프라뿐만 아니라 자연기반해법을 혼합한 하이브리드 방식을 채택했다. 강을 따라 17헥타르($0.17km^2$) 규모의 공원녹지를 조성하는 사업을 시행했고, 해당 도시의 홍수를 완화할뿐더러 맹그로브 숲과 고유 식물종을 보전하고 5만 명의 시민들에게 레크리에이션과 같은 생태계의 혜택을 제공했다.

3) 한국에 적용 가능한 자연기반해법

한국은 정책적으로, 시스템적으로 기후변화 적응을 열심히 이행하고 있는 나라 중 하나이다. 「저탄소 녹색성장 기본법」 제48조 제4항 및 동법 시행령 제38조에 근거하여 5년마다 국가 기후변화 적응대책을 수립하고 있다. 제2차 국가 기후변화 적응대책에는 생태계접근법의 개념을 적용한 대책이 포함되어 있으며, 제3차 국가 기후변화 적응대책에서는 자연기반해법(혹은 생태계기반전략)이 포함되어 있다. 하지만 아직 자연기반해법을 적용하는 기후변화 적응대책은 구체성이 부족하다고 평가되고 있다. 기존의 관련 정책에 자연기반해법을 잘 녹여내는 방향을 설정하는 게 중요할 것이다. 박진한 외(2022)는 한국에서 활용할 수 있는 자연기반해법을 네 가지 생태계 종류(산림 및 초지 생태계, 담수 및 습지 생태계, 해양 및 해안 생태계, 도시생태계)로 나누어 정리했다(표 4.1). 국가 기후변화 적응대책에서뿐만 아니라 지역 사회에서의 정책, 민간 기업의 사업 방향에서도 기후변화 적응을 위한 자연기반해법이 고려되어서 많은 국토가 높은 생태계 서비스, 생물다양성을 갖고 기후 회복성을 갖는 공간으로 변화되어야 할 것이다.

표 4.1 한국 기후변화 적응대책에 적용할 수 있는 자연기반해법

생태계 구분	자연기반해법 관련 정책 예시
산림 및 초지	• 재조림 및 사면녹화를 통한 산림복원 • 고산 생태계 복원을 통한 탄소 포집 증가 • 커뮤니티 기반 탄소 포집 기술 개발 • 산사태 등 산림 재해 예방을 위한 수로 재설계 • 기후 회복력 있는 방목 및 가축 관리 • 목초지 재건 및 복원 • 농업 생태계 및 농업시스템 개선

계속 ▶▶

생태계 구분	자연기반해법 관련 정책 예시
담수 및 습지	• 하천변 산림 녹화, 복원 등 주변 환경 개선 • 유역 복원 • 습지 보호 및 복원 • 유역단위 통합수자원관리계획
해양 및 해안	• 해안사구 및 해변의 안정화 • 방파제 역할을 하는 인공어초 조성 • 방파제 재배치를 통한 해안선 후퇴 유도 및 관리 • 갯벌, 염습지 등 조간대 서식지 개발을 위한 공간 조성
도시생태계	• 도시 숲 조성, 나무 심기, 가로수 조성 등 도시 녹지 공간 조성 • 옥상 녹화, 투수성 포장, 가드닝 등 도시 공간의 생태적 요소 도입 • 생태연못 • 다층 혼합재배 적용 • 광역녹지네트워크 구축 • 홍수위험관리구역 지정 • 유출저감시설, 빗물이용기술 개발 • 공무원, 기술 인력, 이용자단체, 여성단체, 커뮤니티단체, 소셜네트워크 등 다양한 기관을 대상으로 한 교육 • 생태계기반적응 관련 교과목에 추가 • 환경교육 캠페인 등을 통한 인식 제고 • 민관 시민 파트너십 구축 • 지역경제를 고려한 적응 방안 마련으로 지역사회 참여 유도 • 기후변화 영향에 대한 인식 제고 및 적응 전략을 위한 기후변화 취약성 평가 • 환경보전 노력을 지원하기 위한 규정 개발 • 지역사회 및 지자체 우선 기후적응 전략 이행

출처: 박진한 외 (2022).

3. 기후변화를 늦추기 위한 자연기반해법

생태계 내의 탄소흡수를 높이는 것은 기후변화 완화 측면에서 중요하다. 기후변화 적응은 굉장히 "지역"적인 반면, 기후변화 완화는 "글로벌"한 특징을 가지고 있다. 특정 지역에서 탄소흡수(대기에서 땅으로)를 높여도 다른 지역에서 탄소배출(땅에서 대기로)이 늘어나면 결국 지구 대기의 탄소량은 저감되지 않기 때문이다. 글로벌 수준에서의 자연기반해법은 전 세계에 있는 산림, 습지, 초지, 농지를 효과적으로 관리하고 보존 및 복원하는 것을 의미한다. 연구자들은 2030년까지 전 세계가 줄여야 할 탄소 배출량의 3분의 1인 11Gt을 자연기반해법을 통해 낮출 수 있다고 한다. 그 중 3.9Gt은 산림, 습지, 초지를 보호하는 것으로부터 5.1Gt은 목재생산, 농업생산, 목초지의 관리 방법을 변화시킴으로써, 나머지 2Gt 산림과 습지를 추가적으로 복원함으로써 낮출 수 있다. 자연기반해법 학자 그림슨(Griscom et al. 2017)은 앞으로 탄소저감에 가장 많은 기여를 할 자연기반해법으로 조림(Reforestation), 산림전환방지(Avoided Forest Conversion), 자연적 산림관리(Natural Forest Management) 와 같이 산림과 관련된 전략을 손꼽았다. 농업이나 초지와 관련된 자연기반해법으로는 영양관리(Nutrient Management), 보존농업(Conservation Agriculture), 혼농임업(Trees in Cropland; 나무를 농지에 통합하는 것을 촉진, 방풍림, 골목 경작 등), 바이오차가 기여도가 높게 나타났다. 습지와 관련된 자연기반해법으로는 이탄지역영향저감(Avoided Peat Impacts), 이탄지역보전(Peat Restoration), 해안영향저감(Avoided Costal Impacts)이 기여도가 높은 것으로 나타났다.

자연기반해법에서 중요한 특징 중 하나는 생물다양성에 얼마나 혜택을 줄 것인지이다. 조림을 통한 산림 복원의 경우, 야생동물 통로와 서식지의 완충지역을 만들어 생물학적 보존을 강화할 수 있다. 지렁이와 같이 토양에서 생활하는 동물군의 개체수를 증가시켜 토양의 질을 높일 수 있다. 초지도 새에게 중요한 서식지가 된다. 특히, 습한 초지에는 토양무척추동물이 많아 섭금류의 주요한 먹이로 활용될 수 있다. 이탄지와 습지의 경우 다양한 생물 공동체가 서식할 수 있고 일차 생산성 및 양식장 제공에 중요한 역할을 할 수 있다.

자연기반해법의 두 번째 특징은 영속성이다. 인간이 배출한 이산화탄소의 상당 부분이 수백 년에서 수천 년 동안 대기 중에 남아있는 만큼, 생태계를 통해 탄소를 흡수하고 대기 중의 탄소를 제거하는 것도 오랜 기간동안 이루어져야 한다. 실제로 산림을 통해 이루어지고 있는 국가 수준의 자연기반해법들은 50~100년에 걸쳐 식물과 토양에 탄소를 저장하려는 계획을 가지고 있다. 여기서 학자 안데레그 (Anderegg et al. 2020)는 기후변화가 산림의 영속성을 해칠 수 있다는 문제를 제기했다. 기후가 변화하면서 고사율이 높아지는 현상이 수십 년 동안 관찰되었고, 그 이유는 가뭄, 산불, 해충 등의 교란으로 다양하다. 이러한 기후 교란은 시간이 지날수록 증가할 것으로 예상되고, 산림을 활용한 자연기반해법에 큰 불확실성을 줄 것으로 예측된다. 즉, 기후변화가 악화될수록 자연기반해법으로 2030년까지 11Gt 탄소를 줄일 수 있다는 예측이 크게 빗나갈 수 도 있다는 뜻이다. 이러한 불확실성을 모두 고려해 자연기반해법을 계획하고 시행하는 것이 필요하다.

자연기반해법의 세 번째 특징은 그 탄소흡수 능력이 지역에 따라 달라진다는 것이다. 특히, 산림 특성에 따라서 탄소흡수 능력이 크게 다르기 때문에 자연기반해법을 계획할 때 공간적 우선순위를 선정하는 것이 중요하다. 전 지구 규모에서 볼 때, 열대 산림이 온대 산림이나 북쪽 산림보다 면적대비 탄소흡수 능력이 좋다(Windisch et al. 2021). 열대 산림의 경우 앞으로 80년간 탄소를 저감할 수 있는 잠재량이 1헥타르당 732tCO2e로 집계되고 있다. 이 결과는 온대 산림과 북쪽 산림보다 약 3.6~3.7배 높은 양이다. 그렇기 때문에 아마존, 아프리카 산림지역, 열대 아시아 지역의 산림을 보호하고 보존하는 것이 기후변화 완화 측면에서 중요하다는 의견이 많다. 하지만 아마존을 포함한 많은 열대 산림은 인간들로 인해 파괴되고 있다. 또한, 앞에서 언급했듯이 미래에는 기후변화로 인해서 그 파괴될 양이 인간의 영향과 맞먹을 것으로 예측되고 있다. 따라서 전 세계에서 열대 산림 보전과 복원, 기후변화로 인한 피해를 낮추기 위해 많은 관심과 노력을 기울여야 할 것이다.

전 지구 규모에서처럼 공간적인 차이가 크지 않을 수 있지만, 각 국가 내에서도 어느 지역의 산림, 초지, 습지 등의 생태계에서 탄소흡수 능력이 큰지 공간적인 분포를 확인해 우선순위를 정할 필요가 있다. 그러기 위해서는 현재와 미래의 탄소흡수 능력을 정확하게 파악하기 위한 연구가 필요하다. 현재 국내의 여러 연구에서는 수종별 탄소배출계수와 상대생장식을 이용해 바이오매스(얼마나 탄소를 포함하고 있는지)를 측정하고 있다. 하지만 기후변화로 인해서 미래의 탄소흡수 능력을 예측할 때는 여러 주의가 필요하다. 첫 번째로, 기후변화는 바이오매스 방정식에 영향을 주기 때문에, 기후 민감형 상대생장식을 활용해야 한다. 한국의 경우, 기후변화로 인해 아열대 산림으로 변화할 수 있기 때문에 이러한 변화에 맞는 탄소 저장량 예측 방법이 필요할 것이다. 두 번째는 기후변화가 생태계에 가져오는 교란을 고려해야 한다. 기후변화로 인해서 해충의 서식지가 북쪽으로 이동하고 있으므로, 한국의 경우 미래에는 산림의 해충 피해가 더욱 커질 수 있고 탄소흡수에 유의미한 영향을 미칠 수 있다. 기후변화로 인한 산림 재해도 고려해야 한다. 대표적인 산림 재해가 산불과 산사태인데, 산불은 대기 온도와 습도에 큰 영향을 받고, 산사태는 강수량에 큰 영향을 받는다. 한국은 북쪽 산림처럼 번개로 인해서 자연 발화되는 경우는 드물지만, 인간으로 인해 발화되었을 때, 고온 건조한 기후가 산불의 확산을 촉진시켜 산불의 규모를 키우기 때문에 앞으로 기후변화로 인해 산불의 피해가 더 증가할 거라고 예상된다. 특히나 산불은 산림의 축적된 바이오매스를 대기 중으로 방출시키는 역할을 하기 때문에 기후변화 완화 측면에서 위험한 산림 재해이다.

결론적으로 자연기반의 기후변화 완화전략은 생물다양성을 높이는 시너지 효과를 가지고 있으며 2030년까지 인간이 줄여야 하는 이산화탄소의 약 30%를 흡수할 수 있을 것으로 예상되지만, 이러한 전략들의 연속성과 탄소 저장 및 흡수 능력이 유지되기 위해서는 기후변화와 인간의 토지 이용으로 인한 교란을 막아야 할 것이다. 또한, 기후 교란을 막기 위해서는 기후변화 적응(산림 재해 방지 등)이 뒷받침되어야 한다는 것을 알 수 있다. 생태계를 보존하고 잘 관리하면서 기후변화에 대응할 수 있는 생태계를 가꿔가야 한다.

1) 기후변화를 늦추기 위한 자연기반해법 사례

대기의 탄소를 저감하기 위한 자연기반정책은 전 세계적으로 구축되고 있다. 국가나 지방자치단체 수준에서 산림과 관련된 자연기반해법을 시행하는 국가로는 한국, 일본, 호주, 뉴질랜드, 캐나다, 영국, 콜롬비아 등이 있다. 2017년 보고서에 따르면 총 97개의 국가에서 산림과 관련된 자연기반해법(산림벌채를 줄이거나 산림 면적을 늘리기 위

한)에 대한 구체적인 계획을 언급했다(Hamrick et al. 2017). 2008
년부터 2016년까지 집계된 전 세계 산림과 관련된 자연기반해법 프
로젝트에서 상쇄한 탄소량은 20 MtCO2e에서 90 MtCO2e까지 증
가했으며 2015년부터 크게 증가했다(도표 4.3). 미국의 캘리포니아
는 2013년부터 2019년까지 미국 산림 탄소 상쇄 프로젝트를 시행하
여 총 133 Tg CO2e만큼의 탄소 저감을 인정받았다. 일부 국가에서
는 자발적인 방식으로(Voluntary) 국가 혹은 지방정부에서 조직하고
있지만, 기업과 개인이 참여 여부를 결정하도록 한다. 반면 규제 준수
(Compilance)는 특정 기업을 참여토록 하고 규제 대상이 정부가 결정
한 양 만큼 배출량을 줄이도록 하고 있다. 미국은 두 가지 해법을 모
두 사용하고 있으며, 유럽은 자발적, 호주는 규제준수 방안을 선택하
고 있다(도표 4.4). 한국의 경우 2030년까지 온실가스 배출량을 기
존 대비 37% 감축하는 것을 목표로 배출량이 높은 사업장을 대상으로
K-ETS라는 규제를 실시한다. 참여하는 사업장들은 조림, 재조림 등
의 방법론이 포함된 청정개발체제에서 인증된 방법으로 탄소배출을

도표 4.3 전 세계 산림기반해법을 통한 이산화탄소 저감량

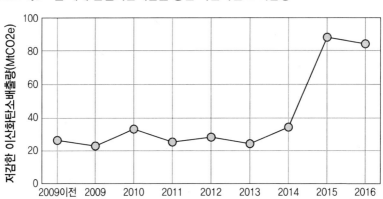

출처: Hamrick et al. (2017)을 참조하여 재가공.

도표 4.4 전 세계 산림 및 토지 이용기반 해법 사용 국가

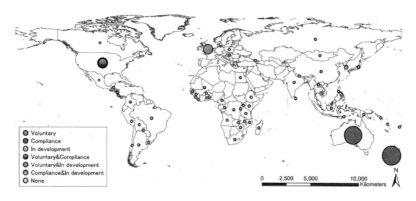

주: 자발적 방안(Voluntary)과 규제준수(Compilance)로 나눌 수 있다. 개발 중으로 명시한 곳은 제도를
   개발 중인 국가를 의미한다. 원의 크기가 클 수록 시행하는 프로젝트가 많음을 의미한다.

출처: Hamrick et al. (2017)을 참조하여 재가공.

상쇄해야 한다.

  국제자연보호협회(The Nature Conservancy)에서는 파푸아뉴기
니에 여러 이니셔티브를 통해 탄소흡수능이 좋은 여러 국가의 자연을
보호하고 보전할 수 있는 전략을 만들어내고 있다(The Nature Con-
servancy 2024). 파푸아뉴기니는 태평양 맹그로브의 75%를 가지고
있다. 맹그로브가 가지고 있는 습지탄소체계(Blue Carbon System)
는 이산화탄소를 수천 년 동안 해양과 토양에 저장할 수 있기 때문에
기후변화 완화전략으로 중요한 역할을 하고 있다. 이 외에도 맹그로
브는 지역사회에 어업 일자리를 제공하고 생물다양성을 높이며, 강에
서 바다로 흘러가는 오염물질을 제거하는 역할을 한다. 파푸아뉴기니
의 지역사회 여성들은 식량 생산의 60~80%를 책임지고 있고 목재와
식량 및 기타 자원을 수확하는 집단이다. 국제자연보호협회는 여성 주
도의 보존과 지속가능한 경제 개발 활동을 연결하는 맹그로브와 시장,
여성(Mangoro Market Meri)이라는 이니셔티브를 통해 여성의 경제

적, 문화적 역량 강화를 지원하고 맹그로브 숲의 장기적인 탄소흡수 혜택을 창출하고 있다. 구체적으로는 맹그로브 제품을 지속가능하게 만들어서 판매할 수 있는 시장을 구축하고 비즈니스, 리더십과 관련된 교육을 제공하고 있다. 맹그로브를 파괴하지 않고 해당 지역의 소득을 높일 수 있는 방안을 마련하는 것이다.

국제자연보호협회와 남호주 지자체가 함께 파트너십을 만든 사례도 있다. 2021년 이들은 탄소 금융 프로젝트를 통해 남호주 에메랄드 해안선의 해안 습지를 복원하기 위해 120만 달러 규모의 파트너십을 발표했다. 총 2,000헥타르(20km²)의 습지를 복원하는 목표를 가지고 있으며, 연방 배출 감소 기금으로부터 탄소흡수에 따른 자금을 지원받는 최초의 해안 습지 복원 사례이다.

4. 지속가능한개발목표와의 이해관계

기후변화에 대응하고 생물다양성을 높이는 것은 중요하지만, 모든 계획에서의 우선순위로 작동되기 위해서는 우리 사회의 다른 목표와의 상관성을 확인할 필요가 있다. 사회의 여러 가지 면(사회적 포용, 경제 성장, 지속가능한 환경)의 지속가능성을 목표로 정리해 놓은 것이 바로 '지속가능한개발목표(SDGs: Sustainable Development Goals)'이다. SDGs는 총 17개의 목표로 이루어져 있으며, 각각 "SDG1: 빈곤종식, SDG2: 기아해결, SDG3: 건강과 복지, SDG4: 양질의 교육, SDG5: 성평등, SDG6: 깨끗한 물과 위생, SDG7: 지속가능한 청정에너지, SDG8: 좋은 일자리와 경제 성장, SDG9: 산업, 혁신과 인프라, SDG10: 불평등 해소, SDG11: 지속가능한 도시와 공동체, SDG12:

지속가능한 소비-생산, SDG13: 기후변화 대응, SDG14: 해양생태계, SDG15: 육상생태계, SDG16: 평화, 정의, 강력한 제도, SDG17: 글로벌 파트너쉽"에 해당한다. 17개의 목표 중에서 자연기반해법이 시너지(Synergy)를 주는 목표와 상충되는(Trade-off) 목표는 어떤 것이 있을까?

1) 자연기반해법이 시너지를 주는 지속가능한개발목표

자연기반해법은 SDGs 중 지속 가능한 환경이 고려되고 있는 것들과 대부분 시너지를 갖는다고 볼 수 있다. 위에서 언급한 것처럼 생태계 서비스가 사회, 환경 전반에 여러 가지 혜택을 포함하고 있기 때문이다. SDG3: 건강과 복지, SDG5: 성평등, SDG6:깨끗한 물과 위생, SDG11: 지속가능한 도시와 공동체, SDG13: 기후변화 대응, SDG14: 해양생태계, SDG15: 육상생태계가, SDG16: 평화, 정의, 강력한 제도가 시너지를 갖는 목표에 해당한다. 도시의 자연기반해법이 지속가능한개발목표와 시너지를 가지고 있는지 체계적으로 검토한 연구 결과, 총 169개의 세부 목표 중 99개의 목표(59%)에서 시너지를 가지고 있는 것으로 확인되었다(Maes et al. 2019). 우선, 자연기반해법은 육상생태계(습지, 산림 등)를 보존하고 보호하는 것이 목표가 되기 때문에 SDG15의 목표와 정확하게 일치하게 되며, 이는 다양한 동식물의 서식지를 확보시킨다. 이 외에도 녹색산업에 대한 일자리가 확보되며 경제 성장에 도움이 되기 때문에 SDG8: 좋은 일자리와 경제성장과도 좋은 시너지를 갖게 된다. 앞서 소개한 파푸아뉴기니의 맹그로브숲에 대한 이니셔티브를 통해 지속가능한 비즈니스를 가능하게 한 것도 이에 해당한다. 그렇다면 성평등이나 제도적인 면에서는 어떻게 시너지를 주는 것일까? 자연기반해법이 농업, 물, 위생 및 기타 분야에서 성별의 격차를 줄이며, 도시생태계 거버넌스, 법치 강화, 부패 감소, 모든 수준의 참여 증대, 정보 접근 제공 등의 변화를 가져다준다는 연구결과가 있다.

자연기반해법은 육상생태계뿐만 아니라 해양생태계에 대한 전략도 포함한다. 유럽에서는 해양자연기반해법(Marine Nature-based Solutions)에 대한 내용을 일찍이 정의하고 정책에 반영하려는 움직임이 있다. 물리적으로 해양의 큰 면적을 보호지역으로 삼거나 해양 생물의 양을 보존하고, 해양생태계의 다기능을 향상시키기 위해 해초류를 복원하고, 해안선을 보존하기 위해 바위나 암초 등을 활용하고, 해양에 인공 구조물을 설치할 때 자연 친화적인 재료를 활용하고, 저영양 양식업을 활용하고, 선박이 해양에 주는 영향을 낮추기 위해 풍력발전 선박을 활용하거나 오염방지제 선박을 활용하는 등의 전략이 구체적인 해양자연기반해법에 해당한다. 이러한 해양생태계기반 전략들은 기후변화 대응(SDG13), 경제 발전(SDG8), 건강(SDG3), 깨끗한 물(SDG6), 식량안보(SDG1-2), 생물다양성(SDG14) 등과 밀접한 시너지를 갖는다(Riisager-Simonsen et al. 2022).

건강과 복지(SDG3)와는 어떠한 형태로 시너지를 줄 수 있을까? 산업화 시대부터 생태계를 파괴하면서부터 인간의 건강과 복지에 어떤 영향을 줬는지를 알아보면 자연스럽게 그 반대가 자연기반해법의 혜택이라고 볼 수 있다. 학자 마이어스(Myers et al. 2013)는 생태계의 파괴가 인간의 건강에 미치는 원인을 세 가지로 구분하여 설명했다. 하나는 토지 이용의 변화이다. 이것은 산림파괴, 댐과 관개시설의 증가, 농경 지역 확장, 도시화, 도로 건설 등에 해당한다. 두 번째는 자원의 부족이다. 여러 가지 인간의 활동은 산림자원과 물 자원, 야생의 동식물 개체수를 감소시킨다. 세 번째는 기후변화이다. 온도를 증가시키고 대기 중의 이산화탄소 농도를 증가시켜 점점 더 극심한 자연재해(폭우, 홍수, 폭염, 해안선 증가 등)를 가져온다. 이 세 가지는 수질과 대기질을 낮추고 각종 질병과 자연재해를 증가시켜 건강에 피해를 준다. 혹은 직접적으로 해로운 금속이나 대기오염 물질과의 접촉을 증가시켜 건강에 피해를 주기도 한다. 예를 들어 산림의 파괴는 말라리아의 매개체가 되는 모기의 활동 영역을 도시로 확장시켜 도시민의 말라리아 피해를 증가시키며, 산림에서 얻을 수 있었던 음식을 제한시켜 영양 섭취에 부정적인 영향을 끼친다. 하지만 모든 토지 이용 활동이 건강에 피해만 가게 하는 것은 아니다. 농경지의 확장은 쌀, 밀등의 생산량을 획기적으로 증대시켜 전 세계의 인구의 식량문제를 해결했다. 결론적으로, 생태계의 파괴는 인간의 건강에 악영향을 끼치고 있기 때문에, 반대로 자연기반해법을 꾀하면 건강에 긍정적인 영향을 끼칠 수 있다. 예를들어 유럽의 93개의 도시를 대상으로 수목의 면적을 30%까지 증가했을 때를 시뮬레이션한 결과, 여름철 온도는 약 0.4℃ 감소했으며 사망자 수는 약 2,644명을 감소시킬 수 있다는 것을 확인했다(Iungman et al. 2023).

　기후변화 대응(SDG13)과는 어떤 직접적인 관계가 있을까? 실제로 생태계 기반 농업 관리 전략이 기후변화 대응에 시너지를 준 사례가 있다. 지중해성기후대는 강수량이 높고 침식에 취약한 토양으로 인해서 농업지역의 토양 침식의 피해가 큰 곳이다. 제초제와 같은 화학적인 처리는 토양 침식을 더욱 가속하기 때문에 최근 많은 과수원에서 제초제 대신 유기비료를 사용하고 덮개 작물을 활용하는 등의 유기농 재배기법을 활용하게 되었다. 그 결과, 토양과 덮개 등에 이산화탄소흡수량을 증가시켰고 토양의 유기탄소 축적량이 증가했다. 5년간

과수원의 관리 방법을 바꿨을 때 기존 대비 토양의 유기탄소 함량이 14% 증가했고, 이 증가량은 1헥타르당 11.9 Mg(ton)의 이산화탄소 흡수에 해당한다. 이것은 기후변화 대응과 관련된 국제 이니셔티브(4 per 1 mile: 토양 탄소 축적량 연간 0.4% 증가)를 달성할 수 있는 충분한 흡수량에 해당한다(Keesstra et al. 2018).

2) 자연기반해법과 상충되는 지속가능한개발목표

하지만 자연기반해법이 지속가능한개발목표와 상충될 수 있기 때문에, 전략을 실행하기 이전에 상충 관계를 면밀하게 살펴보고, 최대한 이를 줄일 수 있는 방안을 고려해야 한다. 선행 연구에서는 총 169개의 지속가능한개발의 세부 목표 중 51개의 목표(30%)에서 상충되는 점을 발견 했다(Maes et al. 2019). 가장 큰 상충은 SDG1: 빈곤 퇴치, SDG2: 기아 종식이다.

기아 종식은 농업부지 확보라는 토지 이용에 대한 압박을 증가시킨다. 이는 자연생태계의 피복을 증가시켜야 하는 자연기반해법과 상충된다. 하지만 미래에 농업기술의 혁신적인 발전과 스마트팜 등의 새로운 농업 형태의 개발이 계속해서 이루어진다면 같은 양의 식량을 더 적은 면적에서 얻을 수 있을 것이고, 이는 토지 이용 간 상충 문제를 해결하는 데 도움을 줄 수 있을 것이다.

두 번째로 상충되는 지속가능한개발목표는 SDG7: 적정가격의 깨끗한 에너지에 해당한다. 모든 사람이 에너지 서비스에 접근성을 높이려 한다면 에너지 시설물들이 늘어날 수밖에 없을 것이다. 또한, 미래에는 신재생에너지의 비율을 늘려야 하는데 신재생에너지는 비교적 넓은 면적이 있어야 하는 특징을 가지고 있다. 한국의 많은 숲이 파괴되고 그 자리에 태양광발전 시설이 들어오는 현상에서도 알 수 있다. 토지의 충돌 외에도 자금의 문제도 있을 수 있다. 같은 예산으로 에너지 문제와 생태계 보전의 문제를 해결하고자 할 때 어느 쪽에 예산을 더 많이 분배하느냐 등의 문제에 봉착할 수 있다. 자금 문제는 개발도상국에서 더 중요하게 나타난다. 미래에 개발도상국에 지속가능한 에너지 서비스를 제공하는 것이 전 세계의 중요한 목표 중 하나이다. 일반적으로 개발도상국에는 맹그로브숲과 같이 생태계서비스와 탄소흡수능이 높은 양질의 생태계가 많이 존재한다. 도시가 개발됨과 동시에 생태계를 보전할 것인가? 혹은 에너지 효율, 인프라 성장에 더 초점을 맞출 것인가? 어느 것에 중점을 두는지에 따라 생태계 보전에 활용되는 예산이 변동될 것이다.

많은 학자는 앞으로 바이오 연료 에너지의 비율을 증가시켜야 한다고 말하고 있다. 재생가능하고 친환경적이기 때문에 미국과 유럽 등지에서 바이오 연료 산업을 성장시키고 있다. 하지만 옥수수와 사탕수수 등의 곡물을 활용하는 바이오 연료도 식량 문제와 동일하게 토지 이용에 대한 압박을 줄 수 있다. 현재 바이오 연료용 농작물 생산국을 보면 개발도상국이 대부분이다. 마다가스카르와 같은 아프리카의 여러 나라들과 인도, 인도네시아, 필리핀, 그리고 브라질 등이 주요 생산국으로 집계되고 있다. 실제 콜롬비아에서는 5년도 채 안 되어서 팜유 농장이 2배로 늘어남과 동시에 50만 헥타르의 숲이 사라졌다고 한다(보니따 2016).

바이오 연료를 얻기 위해 숲을 태우고, 태양열 발전시설을 들이기 위해 숲을 없앤다면 과연 이러한 에너지들을 친환경적이라고 할 수 있을까? 우리가 무엇을 가장 최우선으로 보존해야 하는지를 알 필요가 있고, 보존해야 하는 지역들을 법으로 강하게 규제할 필요도 있을 것이다. 또한, 시장원리에서 자연기반해법이 도태되지 않도록 탄소 시장이 활성화되고 재난 재해의 리스크를 낮추는 회복성이 과소 평가받지 않아야 할 것이다.

❖ 참고문헌

김운수. "청계천, 서울숲 조성에 따른 미기후 및 생태 변화." 『서울연구포커스』 60 (2006).
박진한, 홍제우, & 성선용. "생태계 기반 적응 사례 조사를 통한 기후변화 대응 정책에서의 활용 전략 연구." 『한국기후변화학회지』 13-2 (2022): 213-220.
박채연. "기후변화에 따른 시간별 WBGT 변화와 노동력 손실." 『리스크관리연구』 34-2 (2023): 1-13.
보니따. "바이오 연료가 세상을 구할 수 있을까." December 22, 2016.

Anderegg, W. R., L., A. T. Trugman, G. Badgley, C. M. Anderson, A. Bartuska, P. Ciais, D. Cullenward, C. B. Field, J. Freeman, S. J. Goetz, J. A. Hicke, D. Huntzinger, R. B. Jackson, J. Nickerson, S. Pacala & J. T. Randerson. "Climate-driven risks to the climate mitigation potential of forests." *American Association for the Advancement of Science* 368-6497 (2020).

Griscom, B. W., J. Adams, P. W. Ellis, R. A. Houghton, G. Lomax, D. A. Miteva, W. H. Schlesinger, D. Shoch, J. V Siikamäki, P. Smith, P. Woodbury, C. Zganjar, A. Blackman, J. Campari, R. T. Conant, C. Delgado, P. Elias, T. Gopalakrishna, M. R. Hamsik and J. Fargione. "Natural climate solutions." *Proceedings of the National Academy of Sciences of the United States of America* 114-44 (2017): 11645-11650.

Hamrick, K., and M. Gallant. "Fertile Ground: State of Forest Finance 2017" (2017).

Iungman, T., M. Cirach, F. Marando, E. Pereira Barboza, S. Khomenko, P. Masselot, M. Quijal-Zamorano, N. Mueller, A. Gasparrini, J. Urquiza, M. Heris, M. Thondoo & M. Nieuwenhuijsen. "Cooling cities through urban green infrastructure: a health impact assessment of European cities." The Lancet, 401-10376 (2023): 577-589.

Keesstra, S., J. Nunes, A. Novara, D. Finger, D. Avelar, Z. Kalantari & A. Cerdà. "The superior effect of nature based solutions in land management for enhancing ecosystem services." *Science of The Total Environment* 610-611(2018): 997-1009.

Maes, M. J. A., K. E. Jones, M. B. Toledano & B. Milligan. "Mapping synergies and trade-offs between urban ecosystems and the sustainable development goals." *Environmental Science and Policy* 93 (2019): 181–188. Elsevier Ltd.

Myers, S. S., Gaffikin, L., Golden, C. D., Ostfeld, R. S., Redford, K. H., Ricketts, T. H., Turner, W. R., & S. A. Osofsky. "Human health impacts of ecosystem alteration." *Proceedings of the National Academy of Sciences of the United States of America* 110–47 (2013): 18753–18760.

Park, C. Y., D. K. Lee, T. Asawa, A. Murakami, H. G. Kim, M. K. Lee & H. S. Lee. "Influence of urban form on the cooling effect of a small urban river." *Landscape and Urban Planning* 183 (October 2018): 26–35.

Riisager-Simonsen, C., G. Fabi, L. van Hoof, N. Holmgren, G. Marino & D. Lisbjerg. "Marine nature-based solutions: Where societal challenges and ecosystem requirements meet the potential of our oceans." *Marine Policy* 144 (2022): 105–198.

The Nature Conservancy. "The Five Principles That Define Natural Climate Solutions." April 29, 2024.

Windisch, M. G., E. L. Davin & S. I. Seneviratne. "Prioritizing forestation based on biogeochemical and local biogeophysical impacts." *Nature Climate Change* 11–10 (2021): 867–871.

World Bank Group. "Natural-Based Solution for Climate Resilience in the World Bank Portfolio." May 2023.

5장

기후위기시대의 도시 개발: 기후적응과 탄소 중립

홍진규, 이주엽

1. 서론

"기후변화는 기후위기인가?"라는 질문에 대해 과거와는 다르게 심각한 위기 상황이라고 느끼는 사람이 많아지고 있는 것 같다. 특히 최근 조사를 보면, 기후변화로 인한 위기의식은 젊은 세대와 도서(島嶼) 국가 국민들이 더 크다. 젊은 세대에게는 본인들이 아닌 기성세대의 결과물로 인한 피해가 공정한지에 대한 의문과 연관되어있다면 도서 국가 국민들은 해수면 상승의 결과가 고스란히 느껴지는 체험에 따른 결과라고 볼 수 있을 것이다.

인류가 배출한 온실가스가 지구의 기온을 올린다는 사실을 알게 된지 반세기가 넘게 흘렀다. 대자연에 대한 우리 호모 사피엔스가 가진 오래된 경외심으로 우리 작은 인류가 대자연을 바꿀 수 있겠느냐는 의구심 때문인지 "인류에 의한 지구온난화는 거짓"이라는 지구온난화

회의론은 구천을 떠도는 귀신처럼 떠돌며 우리를 유혹한다. 차고 넘치는 화석연료에 의한 지구 온난화와 이로 인한 피해에 관한 증거에도 불구하고, 회의론자들은 산발적이고, 비과학적 논리와 동문서답식 접근법이지만 간단하고 매력적인 언변으로 혹세무민하고 있다. 하지만 요즘처럼 극단적으로 의견이 양분되는 사회에서, 매우 다양한 기상 및 기후 과학자들은 100%에 가까운 의견 일치로 지구온난화의 원인이 우리 자신임을 확신하고 있고, 1990년부터 발행된 IPCC 보고서는 전 세계 수많은 과학자의 찬성을 얻어 한결같이 인류에 의한 기후변화와 그 재난 상황에 관해 이야기하고 있다는 것을 주목할 필요가 있다. 그런데도 "이러한 기후변화가 위기 상황인가?"라는 질문에는 아직 위기감을 느끼지 못하는 사람이 많은 것 같다. 하지만 기후위기는 사회 변혁이나 개인적 영달을 위해 위기감을 조성하는 기존 위기설과는 다르게 퍼지고 있다. 기후위기라는 인식은 문해력이 뛰어난 젊은 세대를 중심으로 그들이 살아갈 시대에 관한 고민에서 출발하고 있다. 실제로 최근 각국 국민을 대상으로 한 설문조사에서 20대 이하 젊은이들이, 60대 이상보다 현재 기후변화를 위기로 인식하는 비율이 높았다.

위기라는 단어를 받아들일 때 멸망이나 멸종 정도는 되야 위기라고 생각할 수 있다고 생각하는 분이 있을 수도 있다. 새로운 지질시대인 인류세가 도래해서 인류가 드디어 대단한 존재가 되었다고 낭만적으로 생각하시는 분이 있다면, 인류세의 도래는 전혀 낭만적이지 않다고 말하고 싶다. 지질시대 구분은 멸종으로 구분되고, 지구 역사상 지구를 지배하던 생물이 대멸종에서 살아남은 사례는 없다. 문명의 멸망은 어떤가?

현재 다양한 기술을 이용하며 우리는 자연재해에 둔감하다. 그것은 우리가 도시라고 하는 인류의 독특한 개발품에 의지하고 있기 때문이다. 냉난방기, 상하수도 시설로 무장한 도시에 있으면, 거의 무한정한 식량과 에너지 지원이 가능하기 때문이다. 하지만 이는 역설적으로 예상을 뛰어넘는 재해가 발생했을 때, 인류에게 꼭 필요하지만, 평상시에는 필요성을 못 느끼는 식량과 물을 공급받지 못하는 재앙에 마주칠 수밖에 없게 된다. 우리가 바로 겪지 않을 재앙이지만, 우리 젊은 세대는 반드시 마주치게 될 위기 상황에 대해 젊은 사람들의 위기의식이 클 수밖에 없는 것이다. 과연 우리는 산업혁명 이후 얻은 과학기술과 문화라는 아주 정교한 톱니바퀴처럼 굴러가는 우리 문명을 박살 낼 강력한 기후위기라는 도끼를 마주할 준비가 되어있는가? 그 도끼를 피할 수 있는 온실가스 감축과 적응을 통한 새로운 변신을 할 수 있을 것인가? 고고학자이며 인류학자인 어(Jason Ur) 교수는 우리 인류 문명 역사상 기후변화에 적응하려는 진지한 시도를 보지 못했다는 암울한 메시지를 던진다. 과연 우리 세대는 인류역사상 예외가 될 수 있을 것인가? 인구 밀집한 도시에서의 재난 상황은 우리 사회에 충격적이면서도 재앙적 상황으로 다가올 수 있다. 그와 동시에 도시는 기후 재난의 피해를 최소화하고 기후 재난의 이유인 온실가스 배출을 줄이기 위한 첨병 역할을 할 수 있는 곳이기도 하다. 이를 위해 미래의 도시는 단순히 도시 생활의 편리성과 미관뿐만 아니라 기후와 에너지 문제를 고민하며 기후 재난에 잘 적응하고 온실가스 배출을 최소화하는 것을 고려하는 것이 필수적인 시대가 되었다.

2. 문명의 발달: 도시화와 기후변화

1) 인류 대이동: 도시화와 이주

고대 메소포타미아 신화에는 "태초에 도시가 있었다"라는 구절이 존재한다. 호모 우루바누스(Homo Urbanus)는 도시가 우리 호모 사피엔스 삶을 관통한다는 말이다. 역사적으로 호모 사피엔스의 문명은 우리가 건설한 도시에 모두 반영되어 우리 삶의 근간이 되었고, 아마도 우리 호모 사피엔스에는 도시 유전자가 있는지도 모르겠다(사진 5.1). 신석기 시대에 등장한 것으로 알려진 수메르인의 도시 예리코(Jericho)부터 런던, 파리, 뉴욕, 도쿄, 상하이, 그리고 서울과 같은 오늘날의 도시는 사람들을 끌어들이는 다양한 매력을 가지고 있다. 실제로 고대 메소포타미아의 신화 속에는 마르두크(Marduk)라는 신이 도시인 에리두(Eridu)를 만들고 나서 사람을 만들었다고 한다. 우리 인류는 역마살 본능으로 인류의 조상이 아프리카 대륙을 떠나 아시아와 남아메리카로 퍼져나갔으며, 이제는 지구 밖 다른 행성을 찾아 떠나는 여행을 이어가고 있다. 이러한 호모 사피엔스의 이주 본능은 사실 현재도 일어나고 있는데, 그것은 다름 아닌 도시화의 물결이라고 할 수 있다.

신석기시대 정착 생활을 하면서 만들어지기 시작한 우리 도시 문명은 환경 변화로 인한 질병의 창궐 속에서도 멈출 수 없는 대세가 되었다. 18세기 산업혁명 시기에 많은 노동력이 필요하면서 도시의 인구 집중이 일어났고, 제2차 세계대전 이후 도시화는 세계 곳곳에서 유례없이 진행되고 있다. 현재는 지구 육지 면적의 1%에 불과한 도시에 세계 인구의 절반 이상이 거주하게 된 것이며, 천만 명 이상의 인구가 거

사진 5.1 인공위성으로 바라본 밤의 동아시아

주: 한국, 일본, 중국 도시들의 불빛과 함께 북한 지역의 어두움이 극명하게 대비된다.
출처: "Eastasia Lights." https://commons.wikimedia.org/wiki/File:Eastasia_lights.jpg

주하는 도시인 '메가시티(megacity)'의 등장은 도시화의 규모와 속도가 아주 빠르다는 것을 이야기해 준다.

특별히 2007년 5월은 도시 거주 인구가 전체 인류의 50%를 넘어선 해이다. 지구 온난화를 일으키는 온실가스 배출의 3/4과 코로나19 환자의 90%가 도시에서 발생하였다. 자원과 자본이 집중되는 도시는 우리의 욕망을 자극하고, 매주 도시로 이주하는 인구가 130만 명 정도에 이르고 있다. 한국의 경우에도 시군구 기준으로 도시에 거주하는 인구가 전체인구의 90%를 넘었다. 특히 과거의 도시와는 다르게, 현재 도시에서 사는 사람들은 우리 삶에 필요한 의식주 물건들을 스스로 생산하지 않는다. 그리고 이것은 역설적이게도 기후변화 충격에 따른 식량, 물, 에너지 공급 중단은 도시에 엄청난 문제를 일으키리라는 것을 말한다.

따라서 기후위기에 대응하기 위해서는 인구가 밀집되고, 자원이 집중되는 도시에 관심을 기울일 수밖에 없다. 대부분의 온실가스 배출과 에너지 소비가 이루어지고, 인구가 밀집해 있는 도시를 효과적으로 건설하고 설계하고 디자인한다면 우리의 기후변화 적응정책은 매우 효과적이고 효율적으로 작동할 수밖에 없다. 도시의 삶의 질을 올리고, 기후위기에 대응하는 도시를 만드는 것은 우리뿐만 아니라 우리 후손의 삶까지 생각해야 하는 아주 중요한 문제이다.

역사 속에서 사라진 도시 문명의 흥망성쇠는 기후변화와 직간접적으로 연관이 있음이 알려져 있다. 그러나 기후위기라는 사실에도 불구하고 도시에 사는 사람 대부분은 자연 재난에 무관심한 경우가 많다. 그것은 잘 갖추어진 상하수도 시스템과 온도 조절이 가능한 냉난방 시스템이 도시에 잘 갖추어져 있기 때문일 것이다. 그렇지만 자급자족이 이루어지지 않는 현대 도시는 대규모 자연 재난에 매우 취약할 수밖에 없다. 특별히 지구온난화의 피해는 모든 사람에게 공평하게 일어나지 않고 취약한 계층이 있을 수밖에 없으며, 우리 사회를 매우 취약하게 만든다.

최근 발표된 IPCC 6차 보고서에서는 새로운 사회경제 시나리오를 사용했다. 이전 기후 모형을 위해 사용했던 대표농도경로(RCP: Representative Concentration Pathways)는 대기 중 이산화탄소 농도를 지정한 것이었다면, 이번에 사용된 공통사회경제경로(SSP:

Shared Socioeconomic Pathways)는 기후변화에 대응하는 우리의 방식에 따라 달라질 수 있음을 강조한다. 즉 기후변화에 대한 우리 사회의 적응 및 완화정책을 반영한 시나리오를 통해서 우리가 우리의 미래를 주체적으로 바꿀 수 있음을 말한다. 즉 우리 도시를 어떻게 바꾸어 가느냐에 따라 기후변화의 시대에 우리 후손이 살아갈 수 있으며, 지구 온난화를 감소시킬 수 있다는 희망의 메시지를 던지고 있다.

2) 도시 기후 특성: 도시 열섬 그리고 다른 것들

도시는 그 주변 비도심 지역과 차별되는 환경적 특징을 가지고 있다. 이는 인간이 만든 도시의 구조와 기능이 주변 환경에 영향을 주며, 주변 환경 또한 도시의 구조적, 기능적 측면을 결정하는데 서로 영향을 주기 때문이다. 이렇게 도시 환경이 주변과 다른 현상 중에 가장 대표적인 현상이 도시가 주변보다 기온이 높은 것을 말하는 도시 열섬 현상이라고 할 수 있다. 도시를 더 덥게 하는 이유는 자동차와 에너지 사용에 의한 인공 열의 방출도 하나의 원인이지만, 대부분은 도시에 있는 건물 자체의 구조적 특성에 의해 생긴다고 알려져 있다(Oke et al. 2017). 도시는 일반적으로 아스팔트나 시멘트 등의 재료로 만들어진 건물과 도로가 대부분을 차지하기 때문에 건축물의 재료, 불투수층의 면적, 그리고 건물의 밀도 및 모양에 따라 태양 복사의 흡수 및 반사, 증발량 정도, 열의 배출량 및 저장량이 비도심 지역과는 크게 다르게 된다. 일반적으로 건물 자체가 낮에 흡수한 태양 에너지를 해가 진 후에 배출함에 따라 열대야 현상을 만들어내는 것이 특징으로 한국 도시의 열섬 현상도 유사한 형태를 보인다(Hong et al. 2013; Hong and Hong. 2016; Hong et al. 2019; Hong et al. 2020). 실제로 이렇게 도시의 기온이 주변보다 높은 도시 열섬 현상은 산업혁명으로 도시의 인구 밀도와 개발이 빠르게 일어났던 영국 런던에서 연구가 시작되었다(The Climate of London, Howard 1833).

이렇게 도시에 있는 건물의 영향으로 인한 기온 상승에 따른 열적 효과와 함께, 마천루로 대표되는 고층 건물은 공기의 흐름인 풍속과 풍향을 바꾸는 마찰력을 증가시켜, 빌딩풍에 의한 바람 피해나 예측하기 어려운 난류를 만들어낸다. 이와 함께 도시의 기능적 특성은 도시 거주민들의 생활 패턴과 연관이 깊다. 가장 대표적인 것이 평일과 휴일에 따른 다른 교통량, 난방률, 물 사용량, 전기 사용량, 그리고 산업 활동량의 차이이다. 이러한 차이는 오존 및 미세먼지와 같은 대기 오염물 발생량, 온실가스 배출량, 그리고 수증기 발생량의 차이를 만들게 된다. 그리고 건물의 배치, 형태, 밀도 등에 따른 인간 활동량 변화는 중장기적으로 도시 열섬 현상과 같은 기온의 상승뿐만 아니라, 습도 변화에 따른 구름 및 강수량 변화, 대기 오염 농도 변화의 환경 변화를 유발하게 된다.

과학 기반의 정책이 가지는 강력함을 우리는 코로나19 시대에 목격했으며, 이는 한국에서 지속가능한 도시, 스마트 도시를 만드는 것이 과학적 성과에 기반해야 한다는 것을 의미한다. 같은 정책이 같은 효과를 낼 수 없는 도시의 다양성을 고려해야 한다. 한국의 도시는 유럽 도시와는 다른 도시 구조 및 기능의 복잡함을 가지고 있다. 한국의 건물 수명은 30년 정도로 유럽이나 미국 도시들보다 매우 짧다(사진 5.2). 경제 부흥과 함께 건설된 아파트가 노후화됨에 따라 이루어지고 있는 최근의 재개발은 초고층 아파트의 등장과 함께 녹지를 더 많이 확보하는 방식으로 변화했다. 하지만 단순히 녹지가 넓어지는 것이 가져오는 다양한 기후적 측면에서 장점과 단점을 살펴보고, 주변 도시

사진 5.2 서울 어느 지역의 항공 사진

주: 서울시 항공 사진 및 구글 어스 영상. 1970년대부터의 도시 변화를 알 수 있다.
출처: Hong et al. (2019)의 구글 이미지 재가공

기후 및 환경 변화뿐만 아니라 전체 도시 규모에서 조망하는 연구가 기후위기의 시대에 필요한 시점이다. 한국만이 가지는 재개발에 대한 욕구와 스마트 시티에 대한 관심은 역설적이게도 지구온난화와 기후 변화의 시기에 빠른 대응을 할 수 있으며, 이를 통해 한국 도시의 지속가능성을 향상시킬 수 있는 좋은 기회가 될 수 있다는 것이다.

3. 스마트 도시: 기후변화 적응 도시

도시는 마치 살아있는 생명체와 같아서 도시 구조와 기능에 따라 주변과 매우 다른 기후 및 환경 특성을 가진다. 도시의 기온이 주변 지역보다 높은 도시 열섬 현상뿐만 아니라, 우리 생활에서 배출된 먼지와 부유 물질로 인하여 강수량과 대기오염이 도시 주변 지역과는 다른 특성을 보인다. 그리고 중요한 것은 건물의 배치, 높이, 면적과 숲의 특성 등과 같은 도시 구조 및 기능에 따라 도시 기후는 바뀐다는 사실이다. 예를 들어, 건물의 밀집도나 건축 재료 등에 따라 에너지 소비량이 달라지며, 폭염의 강도나 도시 열섬 현상의 증가 또는 감소 등이 일어난다는 것이다. 특히 한국 도시에서 폭염의 강도와 도시 열섬 강도가 함께 증가하고 있으며, 이것은 도시 재개발과 밀접한 관계가 있음을 보이고 있다(Scott et al. 2018; Zhao et al. 2018; Hong et al. 2019). 즉 도시를 어떻게 건설하느냐에 따라 기후변화 적응을 더욱더 쉽게 할 수도, 아니면 더 어렵게 할 수도 있는 것이다(도표 5.1). 도시를 만드는 일은 우리 삶을 기후 재난으로부터 보다 안전하게 하는 기후변화 적응 문제에 자연스럽게 연결될 수밖에 없는 것이다.

유엔에서는 2015년에 11개의 지속가능한 발전 목표(SDGs: Sustainable Development Goals)를 설정하였는데, 그중에서 회복성, 지속가능성, 포용성과 안정성에 우선을 두는 도시 문제를 언급하면서 도시 기후적응의 중요성을 강조하였다. 미세먼지와 폭염 문제를 해결함과 동시에 온실가스 배출량을 줄이고 흡수를 늘리는 기후변화 완화의 달성과 기후변화 피해를 줄이기 위한 적응정책의 달성을 동시에 달성해야 하는 것이 우리에게 매우 중요한 과제가 된 것이다. 기후민감도시 설계(Climate-sensitive urban design)는 기후변화에 적응하고 온실가스 배출을 줄이기 위한 도시 설계 개념으로 세계의 많은 나라가 경쟁적으로 관련 기술 확보를 위해 고군분투하고 있다. 초창기 단순히 도시 내 녹지 공간과 물의 배치를 통해 쾌적한 외부 환경을 만들려는 시도에서 이제는 보다 다양한 자연재해 및 기후위기의 측면을 고려해야 하기 때문에 많은 분야의 다양한 시각이 반영되어야 한다. 기후민감도시설계에서 다음 3가지를 고려해야 하는 이유이다.

1. 건물들과 그 주변 도시 기후의 조절을 통한 기후변화 적응
2. 극한 자연 현상(폭염, 홍수 등)으로부터 우리를 보호하는 기후변화 적응
3. 에너지의 효율적 사용 및 온실가스 배출량 최소화를 통한 기후변화 완화

그렇다면 우리는 많은 사람들이 거주하고 복잡하고 많은 사회 기반 시설물들이 모여 있는 도시에 대해 ① 우리 사회가 기후위기에 대응하여 기후재난으로 인한 피해를 줄여 우리 사회에 가해지는 사회경제적 충격을 줄이는 기후변화에 대한 적응정책은 그 효과가 있을까? ② 도시에서의 탄소 배출 저감 노력을 효과적으로 빠르게 평가하고 이를 지자체의 탄소 크레딧으로 돌려줄 수 있는 객관적인 방법이 있을까? 그리고 이러한 방법을 통해서 과학 기반의 정책 지원이 가능할 것인가? 라는 질문에 진지하게 답을 해봐야 할 것이다. 리스크 모델에 기반한 태풍 피해 모델링을 통하여 우리 사회의 대비가 어느 정도 기후변화에 따라 증가가 예상되는 태풍 강도에 의해 커질 것으로 예상되는 태풍 피해를 줄일 수 있는지 검토해 볼 수 있다.

태풍은 강한 풍속과 폭우를 동반하여 큰 피해를 주는 기상재해이다. 지난 2022년 한 해 동안 한국에서 발생한 총 재해피해액의 42%가

태풍에 의한 피해였으며, 지난 2002년과 2003년의 태풍 루사와 매미는 각각 조 단위 이상의 피해액을 나타냈을 만큼 대한민국에서는 특히나 관심이 많은 재해이다(행정안전부 2022). 인류의 탄소 배출량 증가로 인한 기후변화와 함께 이러한 태풍의 발생 및 강도가 변화하고 있으며, 이에 따라서 리스크 관리의 중요성이 증가하고 있다. 태풍과 관련된 기후 리스크를 이해하고, 정량화하는 것은 재해에 대비하고, 적응하는 데에 있어서 필수적이다.

리스크 피해를 정량화함에 있어서 IPCC(기후변화에 관한 정부간 패널)를 포함한 많은 연구기관에서 일반적으로 기후리스크 = 해저드(Hazard) × 취약성(Vulnerability) × 노출도(Exposure)로 정의한다. 해저드란 재해 그 자체의 빈도 및 강도 등의 특성을 의미하며 태풍의 경우는 발생 위치, 경로, 풍속, 또는 강수량이 해저드가 될 수 있다. 취약성이란 재해가 발생했을 때 대응하지 못하는 정도를 의미하는데, 해당 지역이 동일한 해저드에도 취약성에 따라 받는 피해가 다를 수 있음을 의미한다. 동일한 지역에 2배 강한 풍속의 태풍이 닥쳤을 때, 정확히 2배의 피해가 발생하는 것이 아니라 일반적으로는 2배 이상의 큰 피해가 발생하며, 해당 지역이 어떻게 재해에 대비하고 있는지에 따라서도 그 피해가 달라지기 때문에 리스크를 정량화함에 있어서 불확실하면서도 중요한 요소가 된다. 노출도란, 재해가 지나간 지역에서 피해를 입을 수 있는 대상이 된다. 동일한 강도의 태풍이 지나갔을 때, 피해를 입을 수 있는 재산, 혹은 건물이 많으면 더 큰 피해를 입게된다. 이를 계산하기 위해서는 다양한 자료가 이용될 수 있는데, 하나의 예로는 세계은행(World Bank)에서 발표하는 생산 자산(produced capital)을 이용하기도 한다.

리스크 피해를 계산함에 있어서 어떤 지역을 대상으로 하는지에 따라 그 방법이 큰 차이를 보인다. 취리히연방공과대학교(ETH Zurich)에서 개발한 재해피해액 계산 모델 CLIMADA(CLIMate ADAptation)(Aznar-Siguan and Bresch 2019) 모델에서 사용하는 방법을 예시로 들려고 한다. 모델에서 해저드와 취약성을 함께 고려하여, 풍속과 태풍 피해 간의 관계를 시그모이드(sigmodal) 함수로 평가한다. 이 함수는 태풍으로 인한 피해가 생기기 시작하는 풍속과, 가진 자산의 반이 재해 피해로 인해 유실되는 풍속을 바탕으로 만들어지는 관계이다. 이 관계(함수)를 '취약성 함수(Vulnerability function)'라고 부르기도 한다. 대륙별로 풍속과 실제 발생하는 태풍 피해와의 관계는 상당히 다르다는 사실이 알려져 있다(Eberenz et al. 2021). 그 예시로, 미국에서의 관계는 도표 5.1의 왼쪽 그림과 같다면, 한국과 일본은 포함한 동아시아는 도표 5.1의 오른쪽 그림과 같이 그 관계가 크게 다르다.

최근에는 컴퓨팅 기술의 발전과 함께 더욱 세분화된 지역에 대한 피해액 추정이 가능해짐으로써 도시와 시골에서도 그 피해 특성이 다를 수 있음이 제시되었다(Eberenz et al. 2021). 우선 가장 큰 특징은, 도

도표 5.1 재해피해계산 모델 내 취약성을 평가하는 함수

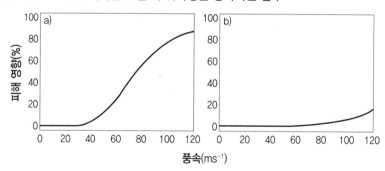

주: x축은 태풍의 풍속, y축은 피해(재산이 피해를 입는 비율)를 의미한다. 왼쪽 그림은 미국 지역에서 유추된 함수이며, 오른쪽은 대한민국에 적용되는 함수이다.

시는 시골보다 더욱 많은 자산(노출도, exposure)이 있는 지역이기 때문에 재해로부터 입는 피해가 크다. 한국의 태풍 피해액을 CLIMADA 모델링을 이용하여 1km 해상도로 정량화한 결과는 도표 5.2와 같다. 지난 40년간 한국의 모든 지역이 태풍으로 인해 유의미한 피해가 있었음이 확인되지만, 그 피해는 서울을 포함한 수도권과 대구, 포항, 부산을 포함한 한반도 남동쪽 도심 지역에 주로 나타나는 것이 확인된다.

또한, CLIMADA 재해피해액 계산 모델에서는 도시의 피해와 시골의 피해를 추정할 때 동일한 관계식을 이용하면 도시의 피해가 실제보다 더욱 크게 평가되는 특징을 보인다. 이는 도시와 시골의 취약성이 다른 성질을 가지며, 동일한 취약성 함수로는 설명되지 않는다는 것을 의미한다. 높은 인구 밀도로 인해 주로 고층 건물로 이루어진 도시와,

도표 5.2 CLIMADA 재해피해계산 모델을 이용해 계산한 한국의 지난 40년간 태풍 피해액 합계의 로그값

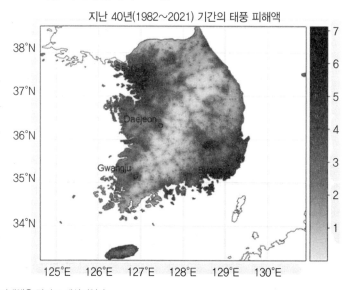

지난 40년(1982~2021) 기간의 태풍 피해액

주: 피해액은 달러로 계산되었다.

작은 인구 밀도로 인해 비교적 낮은 건물들로 이루어진 저층 건물들로 이루어진 시골의 다른 건물 특성을 생각한다면 어찌 보면 당연한 결과이다. 실제로 동일한 방법론으로는 피해액이 10배 이상의 오차가 발생할 수 있으며, 이는 도시와 시골에서의 다른 취약성에 대한 이해가 여전히 부족함을 의미한다. 재해의 피해액 산출에 있어서 도시와 시골의 다른 피해 특성에 대한 이해는 우리가 향후에 풀어나가야 할 과제로 남아있다.

그렇다면 태풍과 같은 자연재해에 적응함에 있어서 실제 우리가 노력하는 것이 효과가 있을까? 앞서 취약성 함수는 태풍이 피해를 주기 시작하는 풍속과 우리 사회가 가진 자산의 반이 태풍 재해 피해로 인해 유실되는 풍속에 따라 우리가 받는 피해가 계산된다고 언급한 바 있다. 이는 도시 내 건물 및 인프라의 특성이 개선되어서 태풍이 피해를 주기 시작하는 풍속과 우리 사회가 가진 자산의 반이 태풍 재해 피해로 인해 유실되는 풍속이 증가하면, 실제 피해액이 감소할 수 있음을 의미한다. 일반적으로 태풍이 피해를 주기 시작하는 풍속은 25.7 ms^{-1}로 계산한다. CLIMADA 재해피해액 계산 모델 결과에 의하면 실제 한국에서 도시 및 건물의 인프라 특성을 개선하여 태풍이 피해를 주기 시작하는 풍속 값을 10% 증가시킬 수 있다면 우리가 받는 태풍 피해액은 34% 감소되며, 17% 증가시킬 수 있다면 피해액을 반 이상으로 감소시킬 수 있다. 이러한 단순한 계산을 통해 우리는 재해에 잘 적응하는 것을 통해 실질적으로 큰 재해피해액 감소를 얻게 될 수 있음을 생각해 볼 수 있다.

그렇다면 우리 사회는 실제로 도시 구조와 기능을 어떻게 개편하고 대비해야 이러한 기후재난의 피해를 줄이고 우리 사회의 지속가능성을 높일 수 있을 것인가라는 진지한 질문에 대한 다양한 연구와 사회적 논의를 시작해야 할 시점이다. 앞서 언급한 것처럼 한국의 건물 수명은 다른 선진국에 비해서 매우 짧다. 자원의 낭비와 환경 보존 측면에서는 나쁜 결과를 만들어낸다고 할 수 있지만, 반대로 생각해 보면 다가올 기후위기 시대에 대비할 수 있는 재건축과 도시 개발을 통해서 도시 전체에 효과적인 적응 대책을 세울 수 있다고 생각해 볼 수 있다.

예를 들어, 재개발을 추진하거나 신도시 개발 등에서 대규모 아파트 단지 건설에 있어서 그동안 한국은 바둑판 형태의 건물 배치를 선호해왔다. 하지만 도시 열섬과 폭염의 발생 피해를 줄이기 위해서 주변 지형과 기후 조건을 고려하여 건물과 녹지의 배치를 새롭게 구현한 나이지리아의 사례를 한국은 참고할 만하다(도표 5.3). 같은 도시를 건설함에 있어서도 건물의 배치 형태, 건축물 재료, 재난에 대비하는 시설물 보강 등으로 우리는 태풍, 가뭄, 폭염의 피해를 감소시킬 수 있는 것이다.

도표 5.3 나이지리아 도시 설계계획. 공식계획(a)과 미기후와 지형을 고려한 새로운 대안(b)

출처: Herz (1987)에 실린 그림을 재가공함.

4. 스마트 도시: 온실가스 배출과 흡수의 과학적 감시

1) 자연기반해법: 숲은 기후 문제해결의 열쇠인가?

"세상에 나쁜 개는 없다"라는 TV 프로그램이 있다. 인간에게 나쁜 행동을 하는 개의 습관을 고치기 위해 아이러니하게도 반려견의 주인을 교육하는 프로그램이다. 반려견에 대한 이야기는 아니지만 적어도 우리에게는 "세상에 나쁜 나무는 없다"라는 확고한 믿음이 있는 것 같다. 언론 보도에서도 잊힐만하면 나무를 많이 심으면 미세먼지가 줄어들고, 폭염이 줄어들며, 기분이 좋아지고, 건강도 좋아진다는 의견을 피력하고, 이를 근거로 다양한 정책들을 내놓는다. 예를 들어 도시에 나무를 많이 심어 미세먼지를 잡는다거나 폭염을 줄인다는 정책이 제시된다.

사실 나무의 구조와 기능은 우리 호모 사피엔스에 미치는 영향과 상관없이 자연에 적응한 것일 것이다. 이런 의미에서 나무는 나무로서의 삶을 진행하고 있는데, 한국에서는 나무를 선한 존재로 신격화하는 경향이 있는 것 같다. 한국 사람들이 언제부터 나무에 대해, "세상에 나쁜 나무는 없다"라는 인식이 생겼는지는 모르겠다. 소나무를 좋아했던 유교 전통의 조상들 때문일까, 아니면 식목일이 만들어지고 60년대 이후 국토 조림사업의 영향이었을까도 싶다.

실제로 숲은 우리에게 휴양시설, 열매 제공, 산사태 방지, 홍수 조절 등등의 다양한 서비스를 제공한다. 그리고 기후위기에 따라 이제는 기온을 낮추고 대기 중 온실가스를 흡수하는 추가적인 기능을 요청하는 자연 기반 해법에 고민이 전 세계에서 이루어지고 있다. 기존 연구 결과에 따르면 숲이 가지는 온도 저감 효과와 탄소흡수 능력은 주변

기후 및 환경에 크게 달라진다. 그렇다면 한국 도시의 숲은 기온의 저
감 효과와 온실가스 흡수 효과는 있는지 알아보고 그러한 과학적 결과
가 가지는 정책적 의미를 알아볼 필요가 있다.

(1) 대규모 아파트 단지에서의 온실가스 배출량

인구가 밀집한 서울의 아파트 단지에서 측정한 이산화탄소 배출량은
전통적으로 잘 알려진 자동차 통행량과의 상관관계를 잘 보여준다. 도
시 내 재개발 주거 구역에 해당하는 서울시 은평구 지역의 이산화탄소
농도와 이산화탄소 배출량은 주변의 교통량이 증가하는 출근 시간대에
최고점에 도달하고(도표 5.4a와 b), 행성 경계층의 성장에 따라 점차
감소하는 추세를 보인다. 이러한 변화는 일반적인 도시에서의 농도 변
화 추세와 비슷하다(Reid and Steyn 1997; Grimmond et al. 2002;
Velasco et al. 2005; Kumar and Nagendra 2015; Crawford et al.
2016; Schmutz et al. 2016; Roth et al. 2017). 일반적인 도시의 계
절별 추세는, 여름철에 생장하는 식생에 의해 이산화탄소가 광합성으
로 흡수되어 농도가 줄고, 겨울에는 이러한 작용이 사라짐과 동시에 도
시 난방 효과로 이산화탄소 배출이 증가하여 농도가 증가한다.

　주목할 만한 점은 겨울철 이산화탄소 농도 증가가 뚜렷하게 나타
나지만, 여름철에 감소 경향은 뚜렷하게 나타나지 않았다. 이산화탄
소 배출량의 경우(도표 5.4b), 봄부터 겨울까지 각 계절별 평균값이
10.3, 7.5, 8.9, 10.9 umol m^{-2} s^{-1}로 나타났고, 각각 여름과 겨울
에 가장 낮은 값과 높은 값이 나타났다. 그러나 이 두 값의 차이가 다
른 도시에서 관측된 연구 결과와 달리 큰 차이가 나타나지 않았는데
(Ward et al. 2015), 이는 관측지 주변의 은평 주거 구역이 지역난방
을 이용해, 겨울철 화석연료 연소에 의한 이산화탄소 배출 효과가 존

재하지 않기 때문으로 보인다. 주중과 주말을 비교해 보면, 다른 양상의 이산화탄소 배출량의 일변화가 나타나는데, 이는 출퇴근의 영향으로 출퇴근 시간에 최고점을 기록하는 주중과 달리 주말에는 출퇴근이 존재하지 않아 최고점이 정오 부근에 하나만 존재하며 전체적으로 교통량이 감소했기 때문으로 보인다(도표 5.4c와 d).

도표 5.4   은평 관측지의 계절별 이산화탄소

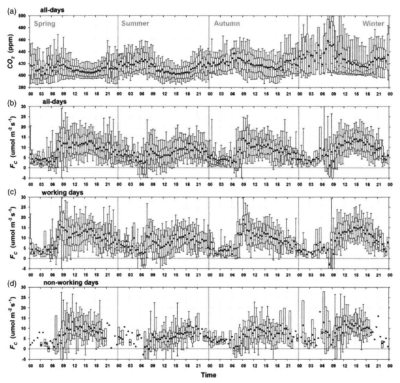

주: (a) 농도 및 (b) 플럭스 일변화와 (c) 주중과 (d) 주말의 일변화(검은색 점은 평균값을 나타내며, 박스는 사분위 간 범위, 선은 5-95 백분위 수에 해당하는 범위를 나타냄)
출처: Hong et al. (2020).

(2) 도시 숲의 역할: 기온 저감과 온실가스 흡수

서울숲은 도시 내 큰 규모의 공원으로, 독특하고 복잡한 피복 특성을 갖는다. 서울숲 공원 관측 지점 주변의 지표 피복은, 불투수층(도로, 빌딩 등)의 비율이 약 14.6%, 식생의 비율은 45.2%, 그리고 공원 내 나지가 14.7%이다. 도심에 위치한 공원의 이산화탄소 플럭스는 일반적인 숲과는 다르게, 건물과 자동차 등에서 배출되는 도심지의 특징과 식물의 광합성 및 호흡 과정에 의한 자연 생태계의 특징이 혼재되어있는 특성을 보인다.

서울숲에서 2013년 6월부터 2015년 5월까지 관측한 자료에 기반해, 이산화탄소의 농도와 흡수량 특징을 살펴보면, 식생의 성장 시기(5월~10월/11월~4월)에 따라, 낮 시간의 월별, 풍향별 CO2 플럭스가 큰 차이를 보인다(도표 5.5). 각 풍향 별로 전체 풍상 측 영역 중 도로를 포함하고 있는 영역에 대한 비율에 따라, 관측된 이산화탄소 교환량의 큰 차이를 보인다. 식생 녹지 면적을 주로 포함하고 있는 동쪽의 경우, 이산화탄소의 교환량이 음수 값을 가지는데, 이는 여름철 낮 시간에 대기 중 이산화탄소가 식생에 의해 흡수되는 양이 더 많다는 것을 의미한다.

반면, 차량으로부터 배출된 이산화탄소가 많은 서쪽이 포함되는 경우, 여름철 낮 시간임에도 불구하고 배출을 의미하는 양수 값을 갖는다. 겨울철의 경우 이러한 지표 피복 간의 차이로 인해 이산화탄소 교환량 차이 더 명확하게 나타난다. 서쪽의 지표 피복의 경우 도로뿐만 아니라 공원 내 위치한 편의 시설을 포함하고 있으며, 건물들에서 난방을 위해 사용하는 화석연료에 의한 빌딩 배출량 값이 포함된다. 이처럼 겨울철 서쪽의 이산화탄소 플럭스의 경우, 도시공원에서의 관측

도표 5.5 서울숲 공원에서 관측한 월별 풍향별 낮 시간 이산화탄소 교환량 결과

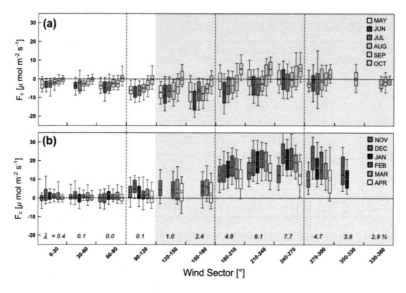

주: (a) 식생의 성장 시기(5~10월)와, (b) 식생의 광합성이 거의 없는 기간(11~4월)을 나타냄. *가로축은 풍
   향을 의미하며, 가로축 위의 값들은 각 풍향별로 도로를 포함하고 있는 영역에 대한 비율을 의미함.
출처: Lee et al. (2021).

값이지만, 도심지에서의 배출 특성을 잘 보여주고 있다.

　도표 5.6은 전 세계 도시 내 식생의 광합성에 의한 이산화탄소 (a)
흡수량과 (b) 교환량을 비교한 결과이다. 가로축은 관측지 주변의 식
생 비율이며, 세계 도시에서의 값과 서울숲(SFP) 값을 비교한 것이다.
결과에서 알 수 있듯이 도시에서 식생 지표 피복이 증가할수록, 식생
의 광합성에 의한 이산화탄소 흡수량이 증가하는 것을 확인할 수 있
다. 마찬가지로 식생 지표 피복이 증가할수록, 각 도시에서 이산화탄
소 교환량이 감소하는 경향이 명확하게 나타난다.

　이렇게 혼재된 이산화탄소 교환량을 지표 피복 정보 및 통계적 기
반 분석을 활용함으로써, 각각의 영향들로 분류하였다. 도표 5.7은 서

도표 5.6 전 세계 도시 식생의 광합성에 의한 (a) 이산화탄소 흡수량과
(b) 이산화탄소 교환량 비교

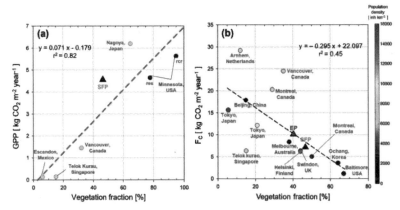

주: 가로축은 식생 비율이며 SFP는 서울숲 공원에서의 값
출처: Lee et al. (2021).

울숲 공원에서의 요소별 월별 이산화탄소 교환량을 나타낸 것이다. 인공적인 관리를 받는 서울숲 공원 내 식생들이 광합성 과정을 통해 흡수하는 연간 이산화탄소 흡수량은 약 $5kg\ m^{-2}$으로, 비슷한 위경도의 자연 숲보다 큰 값을 보였다. 하지만 토양 미생물 호흡 및 나무 자체의 호흡에 의한 이산화탄소 배출량을 고려하면, 서울숲은 이산화탄소의 순 배출원으로 작용하는 특징을 보였는데, 이것은 도심 지역이 주변 지역보다 도시 열섬 효과로 인한 기온이 높고, 서울숲 공원 지역 토양에 다량으로 함유된 유기물의 분해 작용 때문인 것으로 추정한다. 이는 도시 내에 숲을 조성하는 데 있어서 다량의 유기물이 함량이 포함되어 있는 토양을 사용하는 경우 도시의 상대적인 높은 기온으로 인하여 온실가스 배출량이 증가할 수 있음을 의미한다.

도표 5.8은 서울숲 공원에서 관측한 월별 이산화탄소 농도와 하와이 마우나로아, 안면도 배경대기 관측소의 이산화탄소 농도를 나타낸

도표 5.7 서울숲 공원에서의 요소별 월별 이산화탄소 교환량

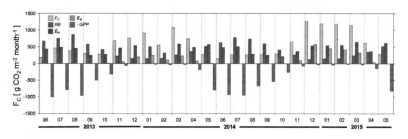

출처: Lee et al. (2021).

그래프이다. 서울숲 공원의 경우, 배경농도를 관측하는 마우나로아나 안면도 사이트와 달리 이산화탄소 농도의 변동성이 더 큰데, 이것은 국지적인 영향에 밀접한 영향을 받기 때문이다. 서울숲 공원은 도심지에 위치하고 있기 때문에, 도시 내의 화학연료 사용으로 인한 이산화탄소 발생으로 인하여, 배경농도보다 더 높은 이산화탄소 값을 갖는다. 또한, 서울숲 공원 사이트의 이산화탄소 농도 값은 관측지 주변의 주요한 지표 피복인 식생들의 영향으로 여름철에는 이산화탄소 뚜렷하게 감소하는 결과를 나타낸다.

도표 5.8 서울숲 공원, 하와이 마우나로아 지구 배경대기 관측소, 안면도 배경대기 관측소의 월별 이산화탄소 농도 변화

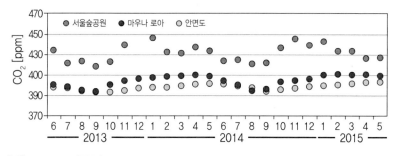

출처: Lee et al. (2021).

도표 5.9　한국 온실가스 배출량 추이 (1990~2021년)

2) 온실가스 배출량의 과학적 감시

기후위기 대응을 위해 전 세계적으로 탄소중립에 관한 논의가 진행되고 있으며, 2015년 채택된 파리협정에서는 산업화 이전 대비 지구 평균 기온의 상승을 2℃보다 현저히 낮은 수준으로 유지하고, 1.5℃ 상승을 억제하는 노력을 목표로 두었다(UNFCCC: United Nations Framework Convention on Climate Change 2015). 이에 따라 유엔기후변화협약(UNFCCC) 당사국은 2년 단위로 국가인벤토리보고서(NIR: National Inventory Report)를 포함하는 격년투명성보고서(BTR: Biennial Transparency Report)를 제출하도록 하였고, 5년 단위로 국가 온실가스 감축 목표 및 국가별 기여방안(NDC: Nationally Determined Contribution)을 수립하여 제출하고 이행하기로 합의하였다. 특히 모든 국가가 차기 기여방안 제출 시 이전 수준보다 진전된 목표를 제시하기로 하였으며, 미국은 2005년 대비 2025년까지 26~28% 감축 목표를 2030년까지 50~52%로 상향 조정하였고, 일본은 2013년 대비 26% 감축 목표를 46%로 상향 조정하는 등 국제사회의 노력이 이루어지고 있다.

　한국 또한 1993년 UNFCCC에 가입하고 기후변화 대응을 위한 국제사회의 노력에 적극적으로 동참하고 있다. 특히 2020년 '2050년 탄소중립' 목표를 선언하였으며, 탄소중립 사회로 이행하고 환경과 경제의 조화로운 발전을 도모하고 있다. 파리 기후협정 등으로 대표되는 국제적 기후변화 대응 노력에 동참하고자 2016년 11월부로 파리협정의 국내 비준을 완료 및 발효하였고, 2030년 '온실가스 배출전망 대비 37% 감축' 목표를 포함한 국가별 기여방안(NDC: Nationally Determined Contribution)을 수립하여 제출하였으며, 2020년에는 기존 BAU(Business As Usual) 방식의 NDC를 절대량 방식으로 수정하여 2017년 대비 2030년 배출량을 24.4% 감축하는 것을 목표로 한 갱신안을 제출하였다. 또한, 2021년 5월 탄소중립위원회를 출범시키며 2050 탄소중립 목표 달성을 위해 2018년 대비 40%를 감축하는 신규 NDC 상향 계획안을 발표하여 유엔에 제출하였다.

이와 같은 장기적인 배출량 감축 목표 도달을 위해서는 과학적이고 정량적인 방법을 통해 보다 정확한 온실가스 배출량 정보를 산출하는 과정이 필수적이다. 기존의 전통적인 배출량 산정 방식으로 얻은 배출정보(온실가스 인벤토리)는 일반적으로 기후변화에 관한 정부 간 협의체(IPCC: Intergovernmental Panel on Climate Change)의 가이드라인(IPCC 2019)에 따른 상향식(bottom-up) 배출량 산정 방식을 따른다. 온실가스 인벤토리는 온실가스의 배출원과 배출량을 체계적으로 구성한 리스트로, 온실가스 인벤토리 산정의 대상이 되는 물질은 교토의정서의 주요 온실가스로 규정된다. 한국에서도 온실가스정보센터를 중심으로 매년 한국의 온실가스 배출량을 보고하고 있는데 경제성장률과 연동되어 배출량이 증가하는 형태를 보이고 있다(도표 5.9).

국가 온실가스 인벤토리는 단순히 온실가스 배출 현황의 확인뿐만 아니라 장기적인 배출량 감축 목표를 설정하고 관련 정책을 수립하기 위한 참고 자료로 활용될 수 있으므로, 신속하면서도 정확하고 신뢰할 수 있는 산출 과정이 매우 중요하다. 국제적인 협력과 가이드라인에도 불구하고 여전히 학계 및 민간 부문과 각국 중앙정부 및 지자체 등 산정 주체별 방법론적/기술적/통계적 한계로 인해 산정된 서로 다른 배출 정보 간에 유의미한 격차가 존재할 수 있다. 기존에 보편적으로 이루어져 온 온실가스 배출량 산출 방식은 통계 정보를 기반으로 한 상향식(bottom-up) 산출 방식이다. 상향식 방법에 기반한 국가 기반 통계자료를 만들기 위해서 많은 노력을 기울이고 있지만, 탄소 시장의 활성화와 함께 기업이나 지방자치단체와 같은 비국가 단체(non-state actor)의 탄소 저감 노력과 탄소 크레딧 확보를 위해서는 현재 국가 온실가스 배출량 정보를 보완할 수 있는 시공간 세분화된 자료 생산과 상향식 방법과는 독립적으로 온실가스 배출량을 산출할 수 있는 방법의 고려가 필요하다.

상향식 배출량 산출 방식은 주거, 산업, 교통 등 각 항목에서 활동 데이터(activity data)와 배출 계수(emission factor)를 기반으로 두 변수의 곱을 통해 배출량을 구하는 방법이며, 통계적인 성격을 지니기 때문에 실제 조사된 표본이 모집단을 대표할 수 있는지에 대한 표본의 대표성 문제와 결측값 대신 추정한 대체 값을 넣어 분석을 진행할 때 생기는 결측값 대체 문제 등 불확실도가 존재한다(Solazzo et al. 2021). 그리고 티어 1(Tier 1)에서 티어 4로 이어지는 방법에 따른 배출 계수의 차이가 존재하며, 배출 계수 특히 통계 조사 과정에서 실재하는 모든 배출/흡수원을 탐지하기 힘든 문제를 가지고 있어, 상향식 산정 방식에 대해 상보적 역할을 기대할 수 있는 새로운 배출량 산출 방식을 통한 온실가스 인벤토리 검증이 요구되고 있다.

특히 전 세계 화석연료 배출량의 60% 이상이 도시에서 발생하기 때문에 기후 완화의 측면에서 도시 수준 배출량 자료가 필요한 상황이다. 많은 도시들이 2050년 전까지 탄소 제로를 선언하였고, 이러한 감축 노력은 과학적이고 객관적으로 모니터링하여 보고해야 한다. 하지만 현재까지는 온실가스 배출량 인벤토리는 국가 수준에서 수행되는데, 유엔기후변화협약(UNFCCC)에 보고되는 이러한 국가별 온실가스 배출량 인벤토리는 보통 1년 이상 현실에 뒤처져 있기 때문에 도시 수준의 화석연료 사용에 따른 온실가스 배출량 자료는 추정하기 어려운 상황이다. 따라서 많은 도시 수준의 완화 노력이 벤치마크를 설정하고 진행 상황을 모니터링할 수 있는 시기적절하고 고품질의 배출량 데이터 부족으로 인해 어려움을 겪고 있는 상황이다.

도시에서 배출되는 온실가스의 상당 부분은 자동차 배출과 건물 냉난방에 사용되는 전기 에너지, 가스 등의 사용에 기인한다. 반대로 도시 내부의 녹지에 의한 온실가스 흡수도 이루어지고 있다. 그동안 국가 단위로 이루어지고 있던 온실가스 배출량은 현재는 지자체 및 기업 단위로 계산하기 위하여 다각적인 노력이 이루어지고 있다. 특히 도시에서 배출되는 온실가스의 양은 지형적 경계, 인벤토리 경계, 그리고 에너지 공급과 관련된 배출량에 따라 도시에서 사용되는 온실가스 배출량을 다루는 스코프(scope) 1에서부터 도시에서의 에너지, 송전 및 냉난방의 결과로 발생하는 온실가스 배출량인 스코프 2와 도시 활동과 관련된 모든 온실가스 배출량을 포함하는 스코프 3으로 구분된다. 하지만 이러한 소비 기반 자료에 기반한 추정 방법은 고품질 에너지 소비 데이터를 확보하고 있는 대도시에 대해서는 좋은 추정치를 제공할 수 있지만, 이러한 자료가 없는 중소규모 도시에는 적용하기 어렵다는 단점이 있다. 이러한 단점을 해결하기 위한 방법 중의 하나가 기존 국가자료를 이용하여 고해상도로 만드는 다운 스케일링과 격자별 배출량 자료, 대기 모델, 그리고 관측자료 기반의 자료 동화 기술을 적용하는 방법 등이 대안이 될 수 있다. 대기 모델과 고정밀 온실가스 농도 관측자료를 활용한 자료동화기술 기반으로 만들어진 온실가스 배출량 지도를 보면 한국 도시 지역에 집중된 온실가스 배출량이 잘 나타나 있다(도표 5.10).

탄소 중립 이행과 온실가스 배출량 감축은 인류에 의해 야기된 기후위기에서 벗어나기 위한 유일한 수단이다. 이와 동시에 적응정책과 효과적으로 진행되어야만 그 효과가 더 크고 빠르게 전파될 수 있다는 것을 이해할 필요가 있다. 특히 기후 재난의 피해가 가장 크게 생길 인구와 사회 인프라가 집중된 도시에서 탄소 제로와 적응정책을 위해 노력을 다하는 것은 점점 더 중요해질 것이다. 도시 열섬과 폭염뿐만 아

도표 5.10　대기모델과 관측자료의 자료동화로 추정한 이산화탄소 배출량

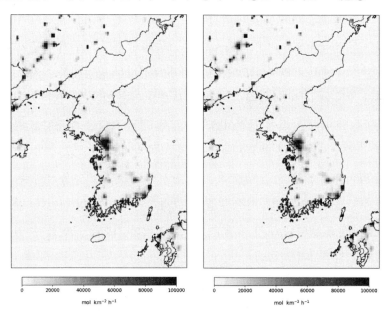

주: 왼쪽은 2019년 1월 26일 오후 1시, 오른쪽은 2019년 1월 27일 오전 3시

니라 홍수, 가뭄 등의 피해를 최소화하는 이러한 노력은 대기 오염도 줄일 수 있는 방법임을 잊으면 안 될 것이다.

5. 결론

요즘 다양한 분야에서 '지속가능성'이란 단어를 많이 사용하고 있다. 지속가능성이란 무엇일까? 이 단어는 '자연은 물려받은 유산이 아니라 후세에서 빌려온 것'이라는 인디언의 격언과 맞닿아 있다. 현재 우리 삶이 우리 후손들의 삶의 질을 떨어뜨리면 안 된다는 뜻이다. 예를 들어, 지금 우리의 생활은 집, 음식, 에너지, 자동차 사용에 이르기까지 화석연료 사용에 크게 의지하고 있다. 이런 생활 방식은 우리의 후손들에게 빚을 지는 행동이라는 지적이 많다. 현재 우리의 생활 방식이 미래의 후손이 사용할 에너지원을 고갈시키고, 공기를 오염시키며, 지구 온난화를 일으켜 미래를 살아갈 그들에게 부담을 주기 때문이다. 이런 의미에서 우리의 삶의 방식을 바꿔야 한다는 공감대가 커지고 있지만, 지금껏 살아온 생활 방식을 바꾸기란 쉽지 않은 일이다. 개인의 욕망을 조절하는 것이 관건이겠으나 부에 대한 욕망을 자극하고 확대하는 우리 사회 구조 때문에 이 또한 쉽사리 이뤄지지 않을 것이다. 이런 의미에서 많은 사람이 모여 사는 도시의 구조와 기능을 바꾸는 일은 우리 삶을 크게 변화시킬 수 있는 효과적인 방법이 될 것이다. 현재 한국에서 진행되는 도시 재개발은 바로 이러한 기회를 구현할 수 있는 중요한 시점이기도 하다.

"훈훈하다"라는 말이 있다. 요즘은 '훈남, 훈녀'처럼 멋지게 생긴 사람을 묘사할 때 주로 쓰이지만, 원래는 따뜻하다는 뜻의 단어이다. 생물학적으로 동물의 크기가 클수록 1분당 뛰는 심장 박동수가 줄어들고, 수명이 길어진다는 법칙이 있다. 이는 동물의 크기가 커질수록 세포 수가 많아지고, 많은 세포가 서로 모여 있으면 에너지 사용의 효율이 높아지기 때문이라고 한다. 도시는 이러한 모습과 매우 비슷한 특징을 가진다. 사람들이 모여 살기 때문에 에너지나 자원 소비의 측면에서 효율적일 수 있다. 하지만 이러한 효율성을 만들고 도시의 기후를 보다 살기 좋게 하는 재개발은 다양한 실험과 고민과 과학적 연구를 통해서 이루어질 수 있다. 무조건 '빨리, 빨리'를 외치고 건물 외관만 신경 쓴다면 놓치게 될 것들이죠. 중요한 것은 우리가 하는 도시 재개발의 효과는 우리가 어떻게 재개발하느냐에 따라 열린 미래를 만들어내리라는 것이다. 우리가 오랫동안 살아가야 할 건물을 다시 짓는 재개발이 우리가 사는 건물의 작은 공간에 한정된 것이 아니라, 우리 마을과 도시 전체, 더 나아가서는 지구 전체를 변하게 할 수 있다는 사실을 알아주셨으면 한다. 그리고 도시 재개발이 단순히 건물이 높아지고 새롭게 된다는 것 외에도 아주 다양한 환경 및 에너지 문제와 연결된다는 것을 잊지 마시길 바란다.

❖ 참고문헌

행정안전부. 『재해연보』. 서울: 행정안전부, 2022.

Aznar-Siguan, G., and D. N. Bresch. CLIMADA v1: a global weather and climate risk assessment platform, Geosci. Model Dev., 12, 3085–3097, https://doi.org/10.5194/gmd-12-3085-2019, 2019

Crawford, B., A. Christen and I. McKendry. "Diurnal course of carbon dioxide mixing ratios in the urban boundary layer in response to surface emissions." *Journal of Applied Meteorology and Climatology* 55 (2016): 507–529.

https://doi.org/10.1175/JAMC-D15-0060.1.

Eberenz, S., S. Lüthi & D. N. Bresch. "Regional tropical cyclone impact functions for globally consistent risk assessments." *Natural Hazards and Earth System Sciences* 21-1 (2021): 399.

Grimmond, C.S.B., T.S. King, F.D. Cropley, D.J. Nowak and C. Souch. "Local-scale luxes of carbon dioxide in urban environments: methodological challenges and results from Chicago." *Environmental Pollution* 116 (2002): 243–254. https://doi.org/10. 1016/S0269-7491(01)00256-1.

Herz, R.K. "Considering climatic factors for urban land use planning in the Sahelian zone." *Energy and Buildings* 11 (1988): 91–101

Hong, J. W., & J. Hong. "Changes in the Seoul metropolitan area urban heat environment with residential redevelopment." *Journal of Applied Meteorology and Climatology* 55-5 (2016): 1091–1106.

Hong, J. W., J. Hong, E. E. Kwon & D. Yoon. "Temporal dynamics of urban heat island correlated with the socio-economic development over the past half-century in Seoul, Korea." *Environmental Pollution* 254 (2019): 112934.

Hong, J. W., J. Hong, E. Lee S. & J. Lee. "Spatial distribution of urban heat island based on local climate zone of automatic weather station in Seoul metropolitan area." Atmosphere, 23-4 (2013): 413–424.

Hong, J. W., S. D. Lee, K. Lee & J. Hong. "Seasonal variations in the surface energy and CO2 flux over a high-rise, high-population, residential urban area in the East Asian monsoon region." *International Journal of Climatology* 40-10 (2020): 4384–4407.

Howard, L. *The climate of London: deduced from meteorological observations made in the metropolis and at various places around it* (Vol. 3). Harvey and Darton, J. and A. Arch, Longman, Hatchard, S. Highley [and] R. Hunter. (1833).

IPCC (Intergovernmental Panel on Climate Change). IPCC 2019 Refinement to the 2006 IPCC Guidelines for National Greenhouse Gas Inventories (Volume 4), 2019.

Kumar, M.K., and S.M.S. Nagendra. "Characteristics of ground level CO2 concentrations over contrasting land uses in a tropical urban environment." *Atmospheric Environment* 115 (2015): 286–294. https://doi.org/10.1016/j. atmosenv.2015.05.044.

Lee, K, J.-W. Hong, J. Kim, S. Jo and J. Hong, "Traces of urban forest in temperature and CO2signals in the East Asian monsoon region." *Atmospheric Chemistry and Physics* 21 (2021): 17833–17853. https://doi.org/10.5194/acp-21-17833-2021

Schmutz, M, R. Vogt, C. Feigenwinter and E. Parlow. "Ten years of eddy covariance measurements in Basel, Switzerland: seasonal and interannual variabilities of urban CO2 mole fraction and flux." *Journal of Geophysical Research: Atmospheres* 121 (2016): 8649–8667. https://doi.org/10.1002/2016JD025063.

Reid, K. H., & D. G. Steyn. "Diurnal variations of boundary-layer carbon dioxide in a coastal city—Observations and comparison with model results." *Atmospheric Environment* 31–18 (1997): 3101–3114.

Roth, M., C. Jansson and E. Velasco. "Multi-year energy balance and carbon dioxide fluxes over a residential neighbourhood in a tropical city." *International Journal of Climatology* 37 (2017): 2679–2698. https://doi.org/10.1002/joc.4873.

Scott, A. A., D. W. Waugh & B. F. Zaitchik. "Reduced Urban Heat Island intensity under warmer conditions." Environmental Research Letters 13–6 (2018): 064003

Solazzo, E., M. Crippa, D. Guizzardi, M. Muntean, M. Choulga & G. Janssens-Maenhout. "Uncertainties in the Emissions Database for Global Atmospheric Research (EDGAR) emission inventory of greenhouse gases." *Atmospheric Chemistry and Physics* 21–7 (2021): 5655–5683.

UNFCCC. Adoption of the Paris Agreement (2015).

Velasco, E., S. Pressley, E. Allwine, H. Westberg and B. Lamb. "Measurements of CO2 fluxes from the Mexico City urban landscape." *Atmospheric Environment* 39 (2005): 7433–7446. https://doi.org/10.1016/j.atmosenv.2005.08.038

Ward, H. C., S. Kotthaus, C.S.B. Grimmond, A. Bjorkegren, M. Wilkinson, W.T.J. Morrison, J.G. Evans, J.I.L. Morison and M. Iarnarino. "Effects of urban density on carbon dioxide exchanges: observations of dense urban, suburban and woodland areas of southern England." *Environmental Pollution* 198 (2015): 186–200. https://doi.org/10.1016/j.envpol.2014.12.031.

Zhao, L., M. Oppenheimer, Q. Zhu, J. W. Baldwin, K. L. Ebi, E. Bou-Zeid, ... & X. Liu. "Interactions between urban heat islands and heat waves." *Environmental research letters* 13–3 (2018): 034003.

기후 위험 인식과 도시 적응 아젠다[*]

이태동

1. 서론

도시는 사람, 경제, 사회 기반 시설, 관리 또는 관리되지 않은 환경 시스템이 촘촘하게 연결되고 밀집한 장소이다. 또한, 기후변화에 크게 영향을 받는 장소인 동시에 이에 대응하기 위한 혁신의 중심지이다(Hughes 2013; Romero-Lankao et al. 2013). 도시들은 기후변화로 인한 홍수, 물 부족, 폭염 등의 위험에 직면해 있다. 도시의 대규모 사회 기반 시설, 증가하는 인구 및 집중된 경제 활동은 기후 위험과 그 영향을 다루기 위한 적응 의제를 필요로 한다(Huq et al. 2007; Romero-

---

[*] 본 연구는 Lee Taedong and Sara Hughes, "Perceptions of Urban Climate Hazards and Their Effects on Adaptation Agendas," *Mitigation and Adaptation Strategies for Global Change* 22-5 (2017): 761-776. 연구를 번역하고 편저서의 의도에 맞게 수정한 결과물임을 밝힌다.

Lankao et al. 2013; Tompkins et al. 2010). 기후 위험(climate hazard)은 '재산, 사회 기반 시설 및 환경 자원에 피해를 줄 수 있는 자연적 또는 인위적인 물리적 사건'을 의미한다IPCC 2012, 5). 기후 변화에 관한 정부 간 협의체(IPCC: Intergovernmental Panel on Climate Change)는 재해 위험을 "취약한 사회적 조건과 상호작용하는 위험한 물리적 사건으로 인해 정상 기능에 심각한 변화가 발생할 가능성"으로 정의했다. 연구의 분석을 뒷받침하는 데이터들에 사용되는 용어에 대한 일관성을 유지하기 위해서, 이 장에서는 기후 위험이라는 용어를 사용한다.

도시가 직면한 다양한 기후 위험에도 불구하고, 모든 도시가 기후 변화 적응 의제를 개발해 온 것은 아니다. 실제로 존재하는 적응 의제는 비교 및 평가가 어려울 만큼 매우 다양하다(Corfee-Morlot et al. 2011; Hunt and Watkiss 2011). 선행 연구에서는 이러한 차이에 대해 기술 자원의 부족, 낮은 제도적 역량, 제한된 재정 및 인적 자원을 포함한 몇 가지 이유를 밝혀왔다(Measham et al. 2011; Roberts 2010; Runhaar et al. 2012). 이전 연구들에서 기후변화 위험에 대한 관심과 인식 또한 적응 성과에 영향을 미칠 수 있음을 시사하기도 했지만 (Lehmann et al. 2015; Moser and Ekstrom 2010), 도시의 기후변화 적응 의제의 동인으로써 지역 의사결정자들이 기후변화를 위험으로 인식 정도를 실증적으로 분석한 연구는 미미했다.

이미 시행 중인 도시 적응 노력을 검토한 문헌이 급증하고 있음에도 불구하고(Hamin and Gurran 2009, Saavedra and Budd 2009, Tanner et al. 2009), 도시 적응 의제의 범위 즉, 도시가 다루기로 선택한 기후변화 위험의 범위와 차이를 유발하는 요인을 조사한 연구는 부족한 실정이다. 기후적응 도전과 기회에 관한 연구들은 주로 질적인 사례 연구를 방법론으로 활용하고 있다(Lehmann et al. 2015; Runhaar et al. 2012; Uittenbroek et al. 2013). 예를 들어, 셰르비닌(Alex de Sherbinin)과 그의 동료들은 리우데자네이루, 상하이, 뭄바이와 같은 세계적인 도시들을 비교하여 기후적응 정책은 재해 대비를 위한 지역 특성적 취약성에 대해 더 나은 이해가 필요하다고 주장했다(Sherbininin et al. 2007). 또한, 버크만(Birkmann et al. 2010)은 9개 도시(보스턴[Boston], 호치민 시[Ho Chi Minh City], 껀터[Can Tho] 등)의 도시 적응 정책을 비교함으로써 도시 기후 위험과 구체적인 적응 방안에 대한 지식과 정책을 연계하는 것이 적응형 도시 거버넌스 및 전략의 개발에 있어서 핵심 쟁점임을 밝혀냈다. 그리고 남반구의 개발도상국들의 도시(남아프리카 공화국의 더반과 에콰도르의 키토)에서 기후적응을 기존의 지속 가능한 개발 의제와 연결하는 것이 적응 의제가 이미 전 도시의 우선순위이자 이니셔티브임을 입증하는 방법임을 밝혔다(Carmin et al. 2012). 이러한 질적 사례 연구는 심층적인 분석을 제공할 수는 있지만, 통계분석을 통해 발견된 일반적인 경향성에 대한 설명은 부족할 수 있다. 이러한 필요를 다루기 위한 첫 번째 단계로서, 본 연구는 지역 간 도시 적응 의제의 범위가 왜 다른지 질문한다. 본 연구의 목적은 도시의 지리적, 사회경제적, 제도적 특성뿐만 아니라 도시 의사결정자들의 기후변화에 대한 인식이 적응 의제의 범위에 미치는 영향을 평가하는 것에 있다. 분석 결과는 도시 적응 의제 범위의 가장 직접적이고 일관된 동인이 기후 위험인식 정도임을 시사한다. 이 연구 결과는 전 세계 도시 지역에서 적응의제를 개발하기 위해서는 도시 기후 위험을 나열 및 발견하는 것뿐만아니라 인식을 향상하는 것이 중요함을 보여준다.

더 나아가, 다양한 기후적응 의제의 동인을 이해하고 비교하는 것이 중요하다. 기후 위험에 대한 인식과 도시 적응 의제의 범위 간 관련성을 확인하는 것은 도시 정부가 적응 정책을 시행하려고 할 때 통찰력을 제공할 수 있다. 도시의 의사결정자들이 '도시가'기후변화 위험을 어떻게 경험하고 인식하는지 대해 이해하지 않는다면, 대응책을 발전시키는 것은 더욱 어려워질 것이다.

2. 도시 적응 의제의 범위

대부분의 도시는 여름철 기온 상승부터 예측 불가능한 물 공급, 질병 문제에 이르기까지 광범위한 기후변화 위험에 직면해 있다(IPCC 2012; National Research Council 2011; Tanner et al. 2009). 이러한 기후변화 위험 중 일부는 새로운 도전을 제기할 것이고, 다른 일부는 기존 정책 및 계획 영역에 불확실성을 더할 것이다. 예를 들어, 세계 주요 도시 지역의 3분의 2가 홍수에 대한 취약성이 증가하고 있으며, 해수면 상승을 사회 기반 시설 및 비상 관리가 필요한 저지대 해안 지대에 위치하고 있다(McGranahan et al. 2007). 마찬가지로, 여름철 기온 상승은 노인, 어린이, 저소득층 등과 같은 취약계층에 대한 공중보건 문제를 특히 악화시킬 것이다.

이러한 기후 위험에 적응하기 위해 도시가 활용할 수 있고, 실제로 활용하는 여러 가지 적응 조치가 있다. 도시 정부는 인프라 개선, 비상 대응 계획, 건축 법규 개정 및 회복 조치 갱신, 국가 정부 프로그램과의 연계 등과 같은 조치를 통해 허리케인, 산사태를 포함한 다양한 극한 기후에 더 나은 더 나은 조치를 취할 수 있다(IPCC 2012). 도시들은 도시 지역 안 공공장소에 옥상녹화와 그늘을 포함하는 녹지공간을 늘려 (어느 정도) 폭염에 대응할 수 있다(Declet-Barreto et al. 2013; Gartland 2008). 도시는 홍수 방어 시설을 개선하고 빗물 포획을 포함한 물 공급을 다양화함으로써 주요 폭풍 사태의 강도와 시기의 변화에 적응할 수 있다(Daigger 2009; Muller 2007). 마지막으로, 기후변화가 질병 발생 및 매개체의 새로운 분포와 시기에 변화를 가져올 때(Patz et al. 2005), 도시들은 교육 캠페인과 의료 서비스에 대한 투자를 통해 이러한 변화들에 대응하는 조치를 취할 수 있다. 적응 조치는 기존 프로그램으로, 혹은 새로운 독립적인 이니셔티브로 소개될 수 있다.

이러한 조치들은 도시 적응 의제를 집합적으로 구성한다. 이 의제는 현재 및 미래의 기후 영향을 줄이는 것을 목표로 하는 기존의 정책 영역(홍수 통제, 열 관련 문제, 도시 계획 등)을 통합하는 데 도움이 된다.[1] 적응 의제는 관련 계획뿐만 아니라 기후적응 영역의 이행과 행동도 포함한다.

대부분의 도시가 직면하는 기후변화 위험의 범위(기온, 강수량, 극한 사태, 질병 매개체의 변화)를 고려할 때, 도시 기후적응 의제의 범위를 결정하는 것은 무엇일까? 도시는 위험 범위에 따라 다양한 대처 방안을 선택할 수 있다. 여기서 기후변화 위험에 대한 의사결정자의 인식은 다양할 수 있으며, 이와 마찬가지로 기후변화에 대한 대응을 형성하는 데 도움이 될 수 있는 도시의 사회경제적, 제도적 특성도 달라질 수 있다. 기후적응 의제의 범위는 기후적응 주류화의 정도에 대한 지표가 될 수 있다(Uittenbroek et al. 2014). 즉, 그 범위는 기존

---

1) 우리의 초점은 도시가 기후적응을 다루기 위해 하는 것의 범위와 접근법이기 때문에 '의제'라는 용어를 고려하거나 해야 할 일의 목록으로 사용한다. '기후적응 의제'라는 용어는 '적응 전략' 또는 '정책'과 혼용될 수 있으며, 이는 체계적인 계획 및 실행에 더욱 중점을 둘 수 있다.

의 정책 영역에서 기후적응의 개념과 실천이 어떻게, 어느 정도로 통합되어 있는지 보여준다.

　의사결정자들 사이의 인식 수준과 기후변화에 대한 대응을 형성하는 도시의 사회경제적, 제도적 특성은 지역 별로 차이가 있을 가능성이 크다. 기존 연구들은 이제 막 지역 의사결정자들의 기후변화 위험 인식의 도시 기후변화 적응 의제에 대한 관계를 이해하기 시작했다. 예를 들어, 전 세계 468개 도시를 대상으로 한 설문조사에서 카민(Carmin et al. 2012)은 79%의 도시가 기후변화로 인한 환경 변화를 인지하고 있으며, 68%의 도시는 적응 계획에 참여하고 있는 것으로 나타났다. 또한, 상세한 적응 의제를 추진하는 도시와 분야별 적응 의제를 추진하는 도시는 각각 18%와 19%에 불과한 것으로 조사됐다. 도시 적응 의제의 사례 연구에서도 도시가 다루고 있는 위험의 수와 유형에 대한 상당한 차이를 보여준다. 예를 들어, 호주 퀸즐랜드 도시들이 채택하고 있는 적응 전략에 대한 검토에서 베이커(Baker et al. 2012)는 도시들이 물의 양과 질, 홍수, 경관 구조, 생태계, 도시 열섬, 해수면 상승, 그리고 산불을 다루는 정도가 상당히 다르다는 것을 관찰하였다. 그러나 아직 도시 기후변화 의제의 범위가 어떻게 달라지는지, 그리고 가장 중요한 이러한 변동의 기초가 되는 요인에 대한 체계적인 이해가 부족하다.

3. 인식된 기후변화 위험의 역할

선행 연구에서는 도시 기후변화 정책 성과를 설명하는 데 있어 정치적, 제도적 요인의 역할을 조사했다. 예를 들어, 한 도시의 제도적, 시민적 역량(Bulkeley and Betsill 2013; Zahran et al. 2008), 정치적 리더십(Lee and Koski 2012), 그리고 이익집단의 압력에 대한 노출(Sharp et al. 2011)은 모두 도시 기후변화 관련 정책의 채택 여부에 영향을 미치는 것으로 나타났다. 증가하는 양적 연구는 도시 기후변화 완화 전략 채택에서의 차이를 설명하는 데 초점을 맞춰왔다(Bart 2011; Krause 2012; Lee and Koski 2014).

그러나 완화 전략은 적응 전략과는 매우 다른 특성을 가지고 있다. 기후변화 완화 전략은 기후변화의 전 세계적 영향을 막거나 줄이는 것을 추구하는 반면, 기후변화 적응 전략은 기후위기가 발생할 가능성이 있는 지역적 환경 변화에 대응하고 조정하는 것을 추구한다. 따라서 완화 및 적응 의제의 동인은 상당한 차이가 있을 것이다.

기존 문헌들은 기후적응 정책의 과정, 동인, 장벽에 대한 개요를 제공하고 있다. 첫 번째 기후적응 단계는 기후 위험, 취약성, 영향에 대한 이해를 수반한다. 두 번째 단계는 정책 결정 과정을 통해 적응 옵션에 대한 계획의 초안 작성을 포함한다. 세 번째 단계에서는 인적, 재정적, 조직적 자원을 기후적응 정책 관리, 실행, 모니터링에 활용한다(Lehmann et al. 2015; Moser and Ekstrom 2010; Uittenbroek et al. 2013). 기후변화 위험에 대한 의사결정자들의 인식은 때때로 도시 적응 의제를 형성하는 초기 요인이다(Tang et al. 2010; Vrolijks and Spatafore 2011; Zimmerman and Faris 2011).

환경적 위험을 경험하거나 인식하는 것은 정책적 문제로서 그 위험의 정치적 중요성을 높일 수 있다(Mullin 2008). 모저(Susanne Moser)와 엑스트롬(Julia Ekstrom)은 기후변화 위험에 대한 인식이 기후적응 문제를 이해하기 위한 첫 단계임을 규명하였다(Moser and Ekstrom 2010). 적응 정책은 이러한 인식 단계 없이 계획, 실행/관리, 모니터링 단계로 진행될 수 없다. 실제로 여러 연구에서 이러한 위험 인식의 부재가 적응 의제의 개발 및 이행에 장애물로 작용할 수 있음을 입증해 왔다(Adger et al. 2005; Lehmann et al. 2015). 그러나 위험 인식의 정도가 적응 행동에 미치는 영향에 관한 이전 연구는, 일부 경우에서는 적응 행동을 유발했지만(Adger et al. 2005; Füssel 2007), 다른 경우에서는 그렇지 않아 결정적이지 않다는 것을 보여준다(McIntosh and Cone 2014). 그 결과, 우리는 위험 인식이 적응 의제 개발에 미치는 영향의 강도와 일관성에 대해 거의 알지 못한다. 본 연구에서는 의사 결정권자가 인지하는 기후변화 위험이 도시 적응 의제의 범위에 미치는 영향의 정도를 파악하고자 하며 긍정적인 관계가 관찰되기를 기대한다. 즉, 의사결정자들이 기후변화가 그들의 공동체에 더 많은 위험을 제기한다고 인식하는 경우, 더 넓은 범위에서 적응 의제를 관찰하기를 기대한다. 반대로 의사결정자들이 기후변화가 그들의 공동체에 미치는 위험이 적다고 인식하는 경우, 더 좁은 범위에서의 적응 의제도 관찰할 수 있을 것으로 기대한다.

4. 데이터와 분석

본 연구는 2012년(CDP 2012) 탄소공개 프로젝트(CDP: Carbon Disclosure Project)에서 실시한 도시 관리자들의 설문조사를 통해 수집한 새로운 데이터 세트를 이용하여 도시 기후변화 적응 의제의 범위에 지각된 기후변화 위험 영향의 정도를 체계적으로 검증한다. CDP는 세계 주요 기업 및 도시들의 탄소 보고 플랫폼(CDP 2012)을 제공하는 비영리 조직이다.

1) 데이터

CDP는 CDP의 시장 협약 프로그램에 등록한 도시 지도자(즉, 시장)에게 초청장과 온라인 보고 계획을 발송한다. 그다음 참여 도시의 기후변화를 다루는 도시 정부 기관은 온실가스(GHG) 배출 및 위험 요소, 완화 및 적응 정책 전략에 관한 공식적인 자기 보고식의 설문지를 작성한다(CDP 2012). 이 데이터에는 검증 과정 없이 자체 보고한 답변이 포함돼 있지만, 시민과 일반인에게 공개돼 신뢰도가 높아질 수 있다. 또 CDP 조사에 응답한 73개 도시 중 최종 데이터 세트에 인식된 기후 위험 및 적응 전략에 대한 정보 두 가지 모두를 제공한 58개 도시를 포함한다. 이 도시들의 표본은 지리적으로 모든 대륙을 대표하고 다양한 규모와 발전 수준을 갖는다.

본 연구에서 사용한 종속변수는 도시 적응 의제 범위를 합성 측정한 것이다. CDP 설문조사는 의사결정자들에게 "기후변화로 인한 도시의 사회 기반 시설, 시민, 기업의 위험을 줄이기 위해 취하는 행동을 설명해달라"고 요구한다. 우리는 답변들을 이 설문조사에 선택지로 포함된 총 24개의 의제 중 이미 마련된 행동들의 총합으로써 적응 의제의 범위 개념을 조작하여 사용했다. 이러한 방식으로, 우리는 모형에서 종속변수로 사용될 수 있는 구간변수를 생성하였다. 보고된 도시 기후적응 의제의 전체 목록은 표 6.3에 기재되어 있다. 분석에 포함된 58개의 도시는[2] 평균적으로 3.7개의 적응 의제를 갖고 있으며, 0개부

---

[2] 아비장(코트디부아르), 아디스아바바(에티오피아), 암스테르담(네덜란드), 애틀란타(미국), 오스틴(미국), 방콕(태국), 바젤(스위스), 베를린(독일), 보고타(콜롬비아), 부에노스아이레스(아르헨티나), 카라카스(베네수엘라), 창원(한국), 시카고(미국), 코펜하겐(덴마크), 덴버(미국), 컬럼비아 특별구(미국), 더블린(아일랜드), 더반(남아공), 함부르크(독일), 헬싱키(핀란드), 카디오바식(이상 튀르키예), 카라치(파키스탄), 라고스(나이지리아), 라스베이거스(미국), 런던(영국), 로스앤

터 13개까지 걸쳐있다. 가장 일반적으로 사용되는 적응 행동은 나무 심기 및 녹지 조성(29개 도시)이며, 홍수 방어(21개 도시) 및 폭우 대응 시스템(19개 도시)이 그 뒤를 잇는다. 경고 및 대피 시스템을 포함한 위기 계획 및 관리 프로그램도 일반적이다(14개도시). 반면, 질병 예방 의제를 채택했다고 보고한 도시는 4곳(서울·모스크바·창원·리우데자네이루)에 그쳤다.

이와 같은 부가적인 방법은 개발과 이해가 쉽지만, 각 적응 행동에 동일한 비중을 부여하고 있어 각 행동의 중요성에 대한 현실을 반영하지 못할 수 있다. 주어진 도시의 적응 의제 범위를 다른 도시와 비교하여 더 잘 이해하기 위해, 각 조치의 표준화된 z 점수를 평균화한 지수 변수 또한 개발하였다(Zahran et al. 2008).[3] 표 6.3에 제시된 값은 유사한 다른 항목에서 산출된 척도로 각 전략의 상관관계 강도를 나타낸다.[4] 예를 들어, 녹지 조성과 폭우 포획은 지수와 상관성이 그다지 높지 않은 기존의 건물 누수 방지와 비교할 때 지수와 상관성이 높다.

젤레스(미국), 멜버른(호주), 마이애미(미국), 모스크바(러시아), 뉴욕(미국), 오리스타(이탈리아), 파리(프랑스), 필라델피아(미국), 피닉스(남아공), 포틀랜드(미국), 리가(라트비아), 리우데자네이루(브라질), 로마(이탈리아), 로테르담(네덜란드), 샌디에이고(미국), 샌프란시스코(미국), 산티아고(칠레), 상파울루(브라질), 서울(한국), 세인트루이스(미국), 시드니(호주), 도쿄(일본), 토론토(캐나다), 밴쿠버(캐나다), 바르샤바(폴란드) 등이다. 표본에 있는 도시들은 C40 도시 기후 리더십 그룹의 회원이자 지구 남·북의 산하 도시들이다. 도시들의 표본은 무작위로 추출되지 않았으므로, 연구 결과는 일반화 경향보다 데이터를 이야기한다.

3) z-점수(또는 표준값)는 점수가 $z-(X-\overline{X})/s$로 계산된 평균과 다른 표준편차 단위의 수로, 여기서 X는 단일 점수, $\overline{X}$는 모든 점수의 평균, s는 점수의 표준편차이다. 여기서 사용되는 기후적응 지수는 대기질 이니셔티브, 음영 공공 공간 같은 모든 적응 정책 요인에 대해 z 점수를 평균 내고, 기후 위험 지수는 더 극심한 가뭄, 더 뜨거운 날씨 같은 모든 위험 요인에 대해 z 점수를 평균 낸다.

4) 항목 간 상관관계(공분산)의 척도를 제공하는 크론바흐 알파(Cronbach's alpha)를 이용하여 이 지수의 신뢰도를 검정하였다. 비교적 높은 항목 간 상관관계(alpha = 0.80)를 발견하여 평균적으로 지수 내 항목들이 양의 공변을 함을 시사한다.

본 연구에서 사용된 주요 독립변수는 지각된 기후 위험이다. CDP 조사 자료를 이용하여, 우리는 인지된 기후변화 위험을 가뭄, 폭염, 비 또는 눈, 폭풍, 해수면 상승의 강도와 빈도를 포함한 19개 차원에서 도시 의사결정자들이 인지한 변화를 이진법으로 나눠 측정한 집합으로 특성화하였다. CDP 조사에서 도시들은 "자신의 도시에서 경험할 것으로 예상되는 기후변화의 영향을 나열하고 설명해달라"는 개방형 질문에 응답했다. 예를 들어, 시카고는 더 더운 날, 더 잦은 폭염, 도시 열섬 효과 증가, 더 빈번하고 강력한 강우, 강우의 계절성 변화, 폭풍 해일의 위험 증가, 큰 폭풍의 빈도 증가 등을 위험으로 규명했다. 표 6.1의 왼쪽 열은 의사결정자들이 파악한 기후변화 위험을 보고하고 있다. 적응 의제 범위에 대한 우리의 통계분석과 유사하게, 우리는 다양한 위험의 표준화된 z 점수의 평균값을 기반으로 부가적인 척도와 인식된 기후변화의 위험 지수를 개발했다.

표 6.1   기후 위험 지수 및 기후적응 지수의 신뢰도 검사

기후 위험 지수 크론바흐 알파, 0.82	도시 개수 (항목 상관관계)	기후적응 지수 크론바흐 알파, 0.80	도시 개수 (항목 상관관계)
더 극심한 가뭄	7 (0.37)	대기질 이니셔티브	7 (0.36)
더 빈번한 가뭄	10 (0.29)	공공장소 및 시장 음영화	3 (0.28)
더 뜨거운 날씨	24 (0.47)	사회 기반 시설 냉각 시스템	5 (0.08)
도시 열섬 증가	23 (0.57)	나무 심기 및 녹지 조성	29 (0.45)
더 뜨거운 여름	18 (0.26)	녹지 지붕	12 (0.41)

계속 ▶▶

기후 위험 지수 크론바흐 알파, 0.82	도시 개수 (항목 상관관계)	기후적응 지수 크론바흐 알파, 0.80	도시 개수 (항목 상관관계)
더 빈번한 폭염	19 (0.48)	백색 지붕	5 (0.31)
더 극심한 폭염	12 (0.53)	취약 계층을 위한 프로젝트	11 (0.46)
더 따뜻한 수온	2 (0.49)	물 이용 감소 교육	10 (0.33)
더 극심한 강우	37 (0.53)	빗물 포획 시스템	19 (0.43)
더 빈번한 강우	8 (0.40)	저수 조경 설계	5 (0.26)
연간 강수량 증가	9 (0.30)	홍수 방어	21 (0.35)
연간 강수량 감소	9 (0.24)	물통: 빗물 포획	6 (0.09)
연간 강설량 감소	6 (0.38)	물 공급의 다양화	6 (0.26)
계절에 따른 강수량의 변화	13 (0.35)	홍수 지역 개발 제한	6 (0.35)
폭풍 해일의 위험 증가	12 (0.24)	누수 시설 유지보수	4 (0.04)
폭풍의 빈도 증가	13 (0.23)	추가 저수지: 물 저장	6 (0.04)
풍속 증가	6 (0.27)	기존 건축물 복고	3 (0.04)
해수면 상승	21 (0.13)	회복 탄력성 대책 형성	11 (0.42)
기타	7 (0.16)	경보 및 대피 시스템	11 (0.33)
		위기대응 및 훈련	15 (0.42)
		토지 개발 보호	12 (0.16)
		전력 소비 절감	6 (0.36)
		질병 예방 대책	4 (0.09)
		지역사회 참여 및 교육	6 (0.41)

표 6.2 인지된 기후 위험 및 적응 의제 채택에서의 상위 10개 도시

인지된 기후 위험 지수		적응 의제 지수	
도쿄	3.01 (19)	파리	1.05 (13)
서울	1.35 (12)	시카고	0.94 (11)
로테르담	1.24 (11)	멜버른	0.80 (11)
라스베이거스	1.05 (11)	모스크바	0.60 (9)
모스크바	0.91 (10)	헬싱키	0.59 (8)
파리	0.79 (9)	오스틴	0.54 (9)
보고타	0.78 (9)	뉴욕	0.53 (9)
시드니	0.74 (10)	피닉스	0.52 (8)
오스틴	0.70 (9)	도쿄	0.41 (8)
카라카스	0.55 (8)	로스앤젤레스	0.38 (7)

참고: 위험 및 의제의 총 개수는 괄호 안에 있음

더 나아가, 표 6.2는 인지된 위험과 적응 의제의 범위 측면에서 상위 10개 도시를 나열하고 있다. 괄호 안의 숫자는 각각 인지된 위험 및 마련된 적응 전략의 수를 보여준다. 예를 들어, 도쿄는 19개의 기후 위험을 파악하고 8개의 기후적응 관련 의제를 가지고 있는데, 이에 반해 파리는 9개의 기후 위험을 인지하고 13개의 적응 의제를 갖고 있다.

지각된 기후변화 위험 외에도 우리는 많은 지리적, 사회경제적, 제도적 변수들을 분석에 포함했다. 문헌 속 위험(및 지리적) 변수에서 또 다른 주요 변수는 도시의 위치이다. 지리적 위치는 기후적응 의제의 범위에 영향을 미치는 중요한 역할을 할 가능성이 있다. 예를 들어, 내륙 도시들은 해수면 상승을 해결할 가능성이 낮다. 이에 반해 해안 도시들은 홍수구역과의 근접성과 해수면 상승으로 인해 기후변화에 더

취약한 것으로 나타났다(Zahran et al. 2008). 따라서 해안선으로부터 50km 이내에 도시가 위치하는지(총 36개 도시)에 대한 2진법의 통계 방법을 사용하여 해안 근접성을 통제하였다.

기후적응 의제의 범위에 영향을 미칠 수 있는 일련의 제도적 변수들도 고려하였다. 첫째는 기후적응 의제 개발과 수행에서 경제적 기회의 여부이다(Mees and Dryessen 2011). 기후변화 적응 의제를 개발하는 것은 비용이 많이 들 수 있지만, 녹색 일자리 및 신사업과 같은 경제적 기회를 제공할 수도 있다(Fankhaeser et al. 2008). 도시 정부가 적응을 경제적 기회를 제시하는 것으로 인식한다면, 이러한 기회를 활용하기 위해서 보다 광범위한 적응 의제를 채택할 가능성이 클 수 있다. 따라서 우리는 긍정적인 응답을 1, 부정적인 응답을 0으로 코딩하여 도시들이 기후변화를 경제적 기회로 생각하는지에 대한 여부를 통제한다(CDP 조사에서 보고된 바와 같이). 대부분의 도시(58개 중 86%인 50개)는 기후변화 적응을 경제적 기회로 생각한다고 응답하였다(표 6.3과 6.4).

둘째, 기후변화 완화 정책을 가진 도시는 기후변화에 대한 제도적 역량과 인적·재정적 자원을 개발할 수 있는 기회를 가졌기 때문에 더 넓은 범위의 적응 의제를 가질 수 있다. 기존 완화 정책의 영향력을 포착하기 위해 각 도시의 완화 대상의 존재에 대한 가변수를 포함하였다. 마찬가지로 국제지방환경구상협의회(ICLEI: International Council for Local Environmental Initiatives)가 개발한 기후보호도시(CCP: Cities for Climate Protection) 프로그램과 같은 지역 간 기후 네트워크의 참여도 기후적응 의제의 범위에 영향을 미칠 수 있다. 지역 간 기후 네트워크에 참여하는 것은 전 세계 도시 간의 학습과 아이디어 공유의 기회를 제공할 수 있다. 지역 간 기후 네트워크에 가입하는 것은 지역 기후 정책 문제에 대한 정치 지도층의 합의를 대변하는 것이기도 하다(Lee and Koski 2012). 정치적 리더십 없이는 시 정부가 네트워크에 참여할 가능성이 작다. 따라서 CCP 회원 자격도 통제 변수로 사용했다.

기존 연구들을 반영하여, 우리는 일련의 사회경제적 변수들도 통제했다. 한 도시의 인구 규모와 1인당 국내총생산(GDP)도 적응 의제의 범위에 영향을 미칠 수 있다. 크고 부유한 도시들은 기후변화 의제를 개발할 수 있는 더 큰 역량을 가질 가능성이 크며, 보호해야 할 이익도 더 많을 수 있다. 따라서 우리는 더 크고 부유한 도시가 더 작고 덜 부유한 도시보다 더 넓은 범위의 적응 의제를 가질 것으로 기대한다. 우리는 인구 규모를 통제하고, 왜곡을 줄이기 위해 세계은행의 로그 데이터로 기록된 도시 인구 데이터를 사용하였다. 그리고 1인당 GDP를 통제하기 위해 세계은행에서 구한 미국 달러 단위의 도시 단위 GDP를 도시 전체 인구로 나눈 값을 참고하였고, 이 역시 로그 데이터로 기록하였다.

선행 연구에서는 도시 차원의 세계화 정도가 도시의 기후변화 참여에 영향을 미치는 것으로 나타났다(Lee 2013). 글로벌 도시들은 국제 협의 및 회의를 통한 확산의 중심지로서 기후 거버넌스의 새로운 아이디어와 정책, 기술을 공유하는 공간이 된다. 우리는 도시 수준의 세계화 정도를 도시에 위치한 초국가적 금융 서비스 기업의 수로 측정하였다. 이러한 측정은 세계화된 경제에서 글로벌 도시들이 중심적인 역할을 한다는 사실을 반영한다(Sassen 1991). 다국적 금융, 보험, 법률 서비스, 마케팅, 회계 기업 같은 초국가적 금융 서비스 기업의 수를 변환하기 위해 우리는 0(글로벌 도시로서의 증거 없음)부터 5(가장 선진적인 글로벌 도시)까지의 서열 척도를 사용하였다. 또한, 국내 정치 및 경제에서 수도는 중추적인 역할을 하는 경우가 많다(Reccien et al. 2014). 이는 수도가 기후변화를 다루고, 더 광범위한 적응 의제를 개발하는 데 있어 리더가 될 가능성을 높일 수 있다. 따라서 수도 상황에 대한 가변수를 포함하였는데, 1은 수도를 나타내고 0은 그렇지 않은 경우를 나타낸다.

표 6.3 변수 및 설명 통계의 간략한 설명

	설명 및 조작화(출처)	평균(범위; 표준편차)
종속변수: 적응 의제	1) 적응 전략의 부가적인 개수: 도시 열(녹지 공간, 녹지 지붕, 공공장소의 그늘), 도시의 물(폭우, 홍수 방어, 빗물, 물 공급), 계획(위기 관리, 건물 관리), 질병 예방(CDP)	3.68 (0–13; 3.33)
	2) 적응 전략의 개수에 대한 표준화된 점수 (지표)	−0.01 (−0.41−1.05; 0.37)
독립변수: 위험 요인	1) 인식된 기후 위험의 부가적인 개수: 가뭄, 더 뜨거운 날씨, 열섬, 더 뜨거운 여름, 폭염, 물 온도, 강우, 강설, 폭풍 해일, 해수면 (CDP)	5.05 (0–19; 3.67)
	2) 기후 위험의 개수에 대한 표준화된 점수 (지표)	0.04 (−0.77−3.01; 0.67)
해안 도시	도시가 해안지역에 위치하는지 여부 (도시 경계로부터 50km 이내)/ 1은 항구 도시; 0은 내륙 도시	0.62 (0−1; 0.48)
경제적 기회	인지된 기후의 경제적 기회 (CDP)	0.86 (0−1; 0.34)
감축 목표	GHG 감축 목표의 존재	0.72 (0−1; 0.45)
CCP 가입	ICLEI CCP 가입/ 1은 가입됨; 0은 가입 안 됨	0.55 (0−1; 0.50)

계속 ▶▶

표 6.3 계속

	설명 및 조작화(출처)	평균(범위; 표준편차)
수도	도시가 국가 수도인지 여부/ 1은 수도; 0은 수도 아님 (미국 중앙정보국 팩트북(CIA Factbook))	0.48 (0–1; 0.50)
글로벌 도시	도시 금융 서비스 기업의 수를 5(가장 금융적으로 세계화된 도시)에서 0(금융적 세계화의 증거 없음) 사이의 서열 척도로 변환된 횟수	2.06 (0–5; 1.54)
인구(In)	천 단위의 도시 인구 (세계은행(World Bank))	14.1 (5.3–16.7; 1.7)
1인당 GDP(In)	도시별 1인당 GDP(미국 달러) (세계은행(World Bank))	9.09 (5.1–11.8; 1.43)
부속서 I 국가	교토의정서하에 부속서 I 국가에 위치한 도시/ 1은 부속서 I 국가; 0은 부속서 I 국가가 아님 (유엔(UN) 기후변화협약)	0.74 (0–1; 0.44)

　　마지막으로, 국가 정책 환경 역시 도시가 기후변화에 대응할 수 있는 유인책과 기회를 형성할 수 있다. 온실가스 감축을 위한 국제 협약인 유엔 기후변화 협약 교토 의정서 부속서 I 국가들의 관할 하에 있는 도시들도 기후변화 의제를 자체적으로 개발할 가능성이 더 커질 수 있다. 따라서 우리는 한 도시가 부속서 I 국가에 속해 있는지에 대한 여부를 통제하기 위해 가변수를 사용하였다.

2) 분석

적응 의제의 동인을 평가하기 위해 횡단면 다변량 회귀 분석을 실시하였다. 모델 1은 인식된 기후 위험의 가산수를 핵심 독립변수로 하고, 적응 전략의 가산 수를 종속변수로 하며 최소 제곱(OLS) 회귀 분석을 사용하였다.[5] 모델 2는 OLS 회귀 분석뿐만 아니라 지각된 기후 위험 지수와 적응 의제 지수를 각각 주요 독립변수와 주요 종속변수로 활용하였다. 두 모델에서 지각된 기후 위험은 적응 의제의 범위와 긍정적으로 상당히 연관되어 있다. 도시 적응 의제 범위에 대한 일관되고 의미 있는 유일한 동인은 의사결정자가 인식하는 기후변화 위험의 정도이다. 계수의 해석이 비교적 쉬운 모델 1에서 인지된 기후 위험의 1단위 증가는 평균적으로 적응 의제의 범위에서 0.54단위 증가와 관련이 있다.

제도적, 사회경제적 변수는 적응 의제의 범위와 유의한 관련성이 없다. 이러한 예상치 못한 발견은 부분적으로 표본 도시들의 비교적 높은 수준의 제도적 발전과 기후변화에 대한 이전의 참여를 반영할 수 있다. 예를 들어, CDP 조사에 응답한 도시의 약 86%는 기후변화를 경제적 기회로 여기고 있다. 또한, 약 72%의 도시가 기후 완화 목표를 설정하고 있으며, 대부분의 도시가 CCP 회원국이다.

이에 반해 도시들이 채택한 적응 의제의 수에서 상당한 차이(표준편차 3.40, 평균 3.55)가 존재한다. 인구 규모(로그화 됨, 5.3~16.7 범위), 1인당 GDP(로그화 됨, 5.1~11.8 범위)와 같은 변수는 가변적이지만, 도시 적응 의제의 범위를 충분히 예측하지 못한다. 심지어 연안 입지라 하더라도 적응 의제의 범위와 유의미한 연관성을 보이지 않는

---

5) 또 다른 강건성 검사로 음이항 분석과 동일한 독립변수 및 종속변수를 수행했다. 이 경우 종속변수가 계수인 점을 감안할 때, 음이항 분석을 사용하는 것이 사건이 독립적이고 일정한 발생률을 가진다고 가정하지 않기 때문에 유용하다 (King 1998). 음이항 분석의 계수와 표준오차는 우리의 두 모델과 유사한 패턴을 보인다. 분석 결과는 요청 시 제공할 수 있다.

표 6.4 기후 위험 인식, 제도, 사회경제적 요소와 적응 의제의 관계 회귀분석 결과

	모델 1 (OLS)	모델 2 (지표, OLS)
위험		
기후 위험 인식	0.54 (0.10)**	0.31 (0.06)**
해안 도시	0.61 (0.81)	0.07 (0.09)
제도		
경제적 기회	−0.97 (1.20)	−0.14 (0.14)
감축 목표	0.16 (0.90)	0.01 (0.10)
CCP 가입	0.52 (0.90)	0.05 (0.10)
사회경제적		
세계 도시	0.05 (0.32)	0.02 (0.04)
인구(In)	0.13 (0.33)	0.01 (0.03)
1인당 GDP(In)	0.44 (0.41)	0.07 (0.06)
수도	−0.67 (0.83)	−0.07 (0.09)
국가 수준		
부속서 I 국가	−0.40 (1.15)	−0.04 (0.13)
R^2	0.45	0.41
N	58	58

참고: 표준오차는 괄호 안에 있음
**$P < 0.01$; *$P < 0.05$

다. 해안 입지와 기후 위험으로 인식하는 해수면 상승 간의 상관계수
는 0.49로 36개 해안 도시 중 19개 도시에서 해수면 상승을 기후 위험
으로 인식하고 있다. 해수면 상승을 위험으로 보는 해안 도시의 비율은
58%(36개 도시 중 21개), 해수면 상승을 위험으로 보는 전체 도시의
비율은 36%(58개 도시 중 21개)이다. 연안 입지와 적응 의제 지수 간

의 상관관계는 훨씬 낮다(0.16). 더 나아가, 17개 연안 도시는 그러한 위험 인식이 없다고 보고한다. 이는 도시의 물리적 위치보다는 기후변화 위험 인식이 더 중요할 수 있음을 시사한다. 또한, 해안 도시에서도 해수면 상승이 적응 의제에 영향을 미치는 여러 기후 위험 중 하나임을 반영한다. 많은 통제 변수들의 영향력 부족은 완화 정책과 적응 정책이 매우 다른 동인을 가지고 있음을 보여줄 수 있으며, 도시의 적응 정책 성과를 촉진하는 요인들에 대한 더 깊은 이해가 필요함을 시사한다.

도표 6.1은 이원 그래프와 선형 회귀를 이용하여 위험 인식과 적응 의제 간의 관계를 나타낸다. 시드니, 로테르담, 카라카스, 마이애미 등 대부분의 도시는 위험 인식과 적응 범위에서 양의 선형 위에 있거나 그 근처에 위치한다. 예를 들어, 로테르담이 이번 조사에서 나열한 기후 위험은 증가된 가뭄 빈도, 더 더운 날, 열섬 영향, 폭염, 따뜻

도표 6.1 인지된 기후 위험 및 적응 의제의 범위(상관관계 선형 회귀 및 산점도)

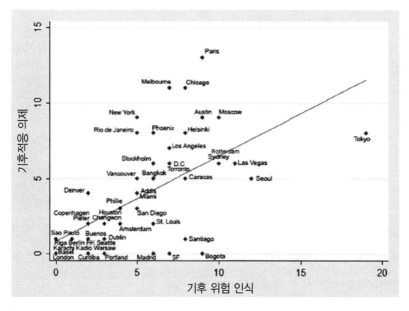

한 물, 집중 강우, 계절별 강우 변화, 폭풍 해일, 폭풍 빈도, 해수면 상승을 포함한다. 이러한 문제를 대처하기 위해 적응 의제의 범위는 녹지, 녹지 지붕, 풍수해 포획, 저수 조경 설계, 홍수 방어, 추가 저수지, 회복탄력적 건물을 포함한다. 로테르담 기후 방탄 계획(Rotterdam 2010)에서 언급한 바와 같이, 적응 의제는 지리적 위치(델타 도시)와 관련된 기후 위험을 반영하여 물과 관련된 조치에 더 초점을 맞춘다. 그러나 그래프는 더 광범위한 적응 의제로 이어지는 것보다 인지된 위험의 일반적인 패턴에 반드시 부합하지 않는 도시를 식별하는 데도 도움이 된다. 예를 들어, 도쿄는 여러 기후 위험을 파악하고 있지만, 상대적으로 적은 수의 적응 전략을 채택해 왔다. 샌프란시스코, 보고타, 산티아고 같은 일부 다른 도시들은 적응보다는 기후 완화 정책에 초점을 맞출 수 있어, 보고된 위험과 적응 의제 범위는 상대적으로 제한적일 가능성이 크다. 마찬가지로 1인당 GDP는 도시 적응 의제의 범위에 대한 중요한 예측 변수는 아니었지만, 자카르타, 산티아고, 쿠리치바와 같은 개발도상국의 일부 도시는 더 적은 수의 인지된 기후 위험과 적응 전략들을 나열했다. 그 대신에, 파리, 시카고, 멜버른은 인지된 기후 위험과 적응 의제 범위 간 비교적 선형적인 관계를 보인다.

5. 논의

도시는 기후변화의 위험과 정책 혁신에 있어 중요한 장소이다(Broto and Bulkeley 2013; Lee et al. 2014). 특정 도시들이 기후변화 해결을 위해 취하고 있는 행동에 대한 이해는 증가하고 있지만, 도시 기후변화 적응 의제의 동인과 장벽에 대한 체계적이고 포괄적인 이해는 부족하다. 본 연구는 도시 기후변화 적응 의제 범위의 차이와 이러한 변화의 기저에 있는 요인들을 분석하였다. 전 세계 58개 도시의 적응 의제에 대한 본 연구의 분석은 준비된 적응 의제가 없는 도시부터 최대 13개의 적응 의제가 있는 도시까지 그 범위가 매우 다양함을 보여주었다. 그러나 CDP 조사에서 제시된 가능한 적응 행동을 모두 채택한 도시는 없었다. 또한, 이러한 차이를 설명하는 데 있어 지각된 기후변화 위험의 역할과 도시의 지리적, 제도적, 사회경제적 특성의 역할을 살펴보았다. 우리의 연구 결과는 도시 기후변화 적응 의제의 범위에 일관성 있게 영향을 미치는 요인은 오직 의사결정자들이 그들의 도시와 관련이 있다고 인식하는 기후변화 위험의 개수라는 것을 보여준다. 따라서 조치의 규모는 위험 인식의 정도와 일치하는 경향이 있으며, 의사결정자가 더 많은 위험을 인식할 때 그들은 이에 대응하여 더 많은 수의 적응 의제를 채택할 가능성이 있다.

우리의 분석에서 도시의 사회경제적, 제도적 특징은 적응 의제의 차이를 설명하는 데 크게 기여하지 못했다. 이는 앞서 언급한 바와 같이 사회경제적, 제도적 변수들의 차이의 정도가 낮기 때문일 수 있다. 그러나 이 또한 인구 규모와 부를 포함한 여러 차원에서 차이가 있었기 때문에 상황을 충분히 설명하지는 못한다. 대안적인 설명으로 도시의 사회경제적, 제도적 특성은 기후변화 전략 채택을 전반적으로 예측하는 데는 도움이 되지만(Lee 2013; Westerhoff et al. 2011), 적응 의제 범위의 차이를 잘 설명하지 못한다. 대신, 의제의 내용과 초점 영역은 의사결정자들이 대응하고 인식하고 있는 환경 조건의 반영일 수 있다.

적응 의제를 마련하는 것은 지역 의사결정자들의 입장에서 기후변화 적응에 대한 최소한의 약속을 반영하는 것이다. 향후 연구에서는 객관적인 기후변화 위험 자료와 정책적 세부 사항을 이용하여 이러한 일련의 의제의 적합성과 적절성을 평가해야 한다. 기후변화 위험에 대한 본 연구의 데이터는 의사결정자 인식의 반영이며, 그들의 위치에 대한 실제 기후변화 예측(Weber 2010) 또는 장소 기반 취약성(Sherbinin et al. 2007)을 반영할 수도, 반영하지 않을 수도 있기 때문이다. 추가적인 연구는 분석될 도시의 수를 늘려 세계 도시의 의사결정자들 사이에서 지각된 기후변화 위험과 관찰된 기후변화 위험 간의 관계를 탐구해야 한다. 또한, 우리는 기후변화 적응 의제의 범위를 측정하고 있지만, 기존 정책 영역과 지역 계획에 대한 적응 의제의 실행을 평가하지는 못하고 있다(Sharma and Tomar 2010). 핵심 정책 지침과 함께 도시 적응 의제와 재난 대응, 공중보건, 물, 공원 관리 등을 위한 도시 계획 전략의 교차점을 조사하는 것은 도시 적응 전략을 이해하고 실행을 개선하는 데 도움이 될 것이다(Anguelovski et al. 2014). 이를 통한 기후 인식과 정책 개발 간의 조화는 시민들의 지지를 확보할 가능성이 높다(Vignola et al. 2013).

방법론적으로 자기 보고식 조사 자료의 통계분석은 장점과 한계가 있다. 먼저, 도시 정부가 공식적으로 응답한 설문지를 분석함으로써 이들 정부가 기후 위험을 어떻게 인식하고 있는지 뿐만 아니라 실제로 어떻게 대응하고 있는지 살펴볼 수 있다. 기후 위험 인식과 적응 의제 범위의 차이를 묘사하는 것은 기술 자료 분석의 장점이다. 두 번째, 회귀분석은 제도적, 사회경제적 공변인을 통제하면서 적응 범위에 대한 동인의 가설을 검정할 수 있다. 그러나, 표본을 임의로 추출하지 않으면 결과를 일반화할 수 없다. 나아가 기존 사례 연구에서 파악한 정책 기업가와 대중 압력의 존재 등과 같은 자료의 부족은 잠재적인 누락변수 편향을 야기할 수 있다. 추가적인 연구는 적응 의제의 범위에 영향을 미칠 수 있는 변수뿐만 아니라 표본의 수를 증가시킬 필요가 있다.

6. 기후 위험에 대응하기 위한 적응 정책

본 연구는 도시 기후변화 적응의 범위가 상당 부분 의사결정자들의 기후 위험 인식이 영향을 미치는 것에 대해 보여준다. 본 연구 결과는 전 세계의 도시 및 시역 석응 전략에 몇 가지 시사점을 갖는다. 도시에서 기후변화 적응 정책 과정은 기후 위험에 대한 인식에서 시작한다. 기후 위험에 대한 인식 단계 없이는 도시 관할지역의 기후변화로 인한 부정적 영향을 관리하기 위해 재정적, 조직적, 인적 자원을 동원하는 것이 어렵다(Runhaar et al. 2012). 이는 도시 기후변화 적응을 더 잘 지원하고 촉진하는 데 관심이 있는 사람들에게 유용한 시사점을 제공한다. 선행 연구에서는 도시 적응 정책의 근간이 되는 리더십, 제도, 경쟁적인 계획 의제를 포함한 지역 환경 문제의 중요성을 입증하였다(Heltberg et al. 2012; Measham et al. 2011). 본 연구 결과는 지역 의사결정자들이 기후변화로 인해 도시가 직면하는 위험을 인식하는 능력을 높이는 교육, 봉사 활동 및 연구 활동이 기후변화에 대한 도시의 준비성을 증진시킬 수 있음을 보여준다. 이는 지역 차원에서 기후변화 위험 요인을 파악하고 소통하기 위한 과학적 연구를 규명하려는 노력이 도시 기후적응 의제의 범위를 확대할 수 있음을 시사한다. 그러나 적응 의제는 궁극적으로 효과적인 이행 계획을 필요로 한다(이태동 2023).

본 논문에서는 또한 전 세계 규모의 적응 전략을 제시한다. C40(Cities Climate leadership group), ICLEI, 아시아 도시 기후변화 회복력 네트워크와 같은 많은 초국가적 도시 네트워크뿐만 아니라, 세계은행(World Bank), 경제협력개발기구(OECD)와 같은 국제기구들이 도시의 기후 준비와 회복을 위해 노력하고 있다. 도시들의 도시 적응 의제

이행의 어려움을 해결하고 상징적인 의제 개발까지 도달할 수 있도록 도시 적응을 위한 협력적이면서 통합된 제도적 장치의 개발이 필요하다. 전 세계적으로 도시 적응 전략의 규모 확장과 대폭적인 팽창을 위해 이러한 국제기구들은 기후 위험에 대해 강화된 인식의 잠재력을 인식해야 한다. 기후적응 인프라에 대한 국가 정책과 투자를 촉진하기 위해서는 가장 먼저 특정 문제에 대한 인식이 필요하다. 주류화된 적응 방안과 함께 국제기구뿐만 아니라 국가 정부 및 지방은 글로벌 도시 기후 협력을 위한 도시 지역 간 및 전역에서 적응 의제를 촉진하기 위해 기후 위험 인식 및 관련 연구를 전략적으로 활용할 수 있다.

❖ 참고문헌

Adge, W. Neil, Nigel W. Arnell and Emma L. Tompkins. "Successful Adaptation to Climate Change Across Scales." *Global Environmental Change* 15 (April 2005).

Anguelovski, I, E. Chu and J. Carmin. "Variations in approaches to urban climate adaptation: Experiences and experimentation from the global South." *Global Environmental Change* 27 (June 2014).

Baker, I, A. Peterson, G. Brown and C. McAlpine. "Local Government Response to the Impacts of Climate Change: An Evaluation of Local Climate Adaptation Plans." *Landscape and Urban Planning* 107 (June 2012).

Bart, I. "Municipal emissions trading: reducing transport emissions through cap-and-trade." *Climate Policy* 11 (June 2011).

Birkmann, J., M. Garschagen, F. Kraas and N. Quang. "Adaptive urban governance: new challenges for the second generation of urban adaptation strategies to climate change." *Sustainable Science* 5 (June 2010).

Broto, V. C. and H. Bulkeley. "A Survey of Urban Climate Change Experiment in 100 Cities." *Global Environmental Change* 23 (September 2012).

Bulkeley, H., and M. Betsill. "Revisiting the Urban Politics of Climate Change." *Environmental Politics* 22 (February 2013).

Carmin, J., I. Anguelovski and D. Roberts. "Urban Climate Adaptation in the Global South: Planning in an Emerging Policy Domain." *Journal of Planning Education and Research* 32 (January 2012).

Carmin, J, N. Nadkarni and C. Rhie. "Progress and Challenges in Urban Climate Adaptation Planning: Results of a Global." Cambridge: MIT, 2012.

CDP. "Measurement for Management: CDP Cities 2012 Global Report" Carbon Disclosure Project, London (2012).

Corfee-Morlot J, Cochran I, Hallegatte S, Teasdale P-J. "Multilevel Risk Governance and Urban Adaptation." Policy Climatic Change 104 (December 2011).

Daigger GT. "Evolving Urban Water and Residuals Management Paradigms: Water Reclamation and Reuse, Decentralization, and Resource Recovery Water." *Environment Research* 81 (August 2009).

Declet-Barreto, J., A. J. Brazel, C. A. Martin, W. T. Chow and S. L. Harlan. "Creating the Park Cool Island in an Inner-City Neighborhood: Heat Mitigation Strategy for Phoenix, AZ." *Urban Ecosystems* 16 (December 2013).

Fankhaeser, S., F. Sehilleier and N. Stern. "Climate change, innovation and jobs." *Climate Policy* 8 (June 2008).

Füssel, H. "Adaptation planning for climate change: concepts, assessment approaches, and key lessons." *Sustainable Science* 2 (August 2007).

Gartland, L. "Heat Islands: Understanding and Mitigating Heat in Urban Areas." Earthscan, London and Sterling, VA (May 2008).

Hamin, E. M., and N. Gurran. "Urban Form and Climate Change: Balancing Adaptation and Mitigation in the U.S. and Australia." *Habitat International* 33 (November 2009).

Heltberg, R., H. Gitay and R. Prabhu. "Community-based adaptation: lessons from a grant competition." *Climate Policy* 12 (August 2012).

Hughes, S. "Justice in Urban Climate Change Adaptation: Criteria and Application to Delhi." *Ecology and Society* 18 (December 2013).

Hunt, A, and P. Watkiss. "Climate Change Impacts and Adaptation in Cities: A Review of the Literature." *Climatic Change* 104 (December2011).

Huq, S., S. Kovats, H. Reid and D. Satterthwaite. "Reducing Risks to Cities from Disaster and Climate Change." *Environment and Urbanization* 19 (April 2007).

IPCC. *Managing the Risks of Extreme Events and Disasters to Advance Climate Change Adaptation.* Cambridge: Cambridge University Press, 2012.

King, G. *Unifying Political Methodology: The Likelihood Theory of Statistical Inference.* Ann Arbor: University of Michigan Press, 1998.

Krause, R. M. "An Assessment of the Impact that Participation in Local Climate Networks has on Cities' Implementation of Climate, Energy, and Transportation." *Policies Review of Policy Research* 29 (August 2012).

Lee, T. "Global Cities and Transnational Climate Change Networks." *Global*

Environmental Politics 13 (February 2013).

Lee, T., and C. Koski. "Building Green: Local Political Leadership Addressing Climate Change." *Review of Policy Research* 29 (August 2012).

_____. "Mitigating Global Warming in Global Cities: Participation and Climate Change Policies of C40 Cities." *Journal of Comparative Policy Analysis* 16 (August 2014).

Lee, T., T. Lee and Y. Lee. "An Experiment for Urban Energy Autonomy in Seoul: The One Less Nuclear Power Plant Policy." *Energy Policy* 74 (September 2014).

Lehmann, P., M. Brenck, O. Gebhardt, S. Schaller and E. Süßbauer. "Barriers and Opportunities for Urban Adaptation Planning: Analytical Framework and Evidence from Cities in Latin America and Germany." *Mitigation and Adaptation Strategies for Global Change* 1–23 (June 2015).

McGranahan, G., D. Balk and B. Anderson. "The rising tide: Assessing the risks of climate change and human settlements in low elevation coastal zone." *Environment & Urbanization* 19 (April, 2007).

McIntosh, N., and J. Cone. "Responding to the Effects of Coastal Climate Change: Results of a National Sea Grant Survey." Sea Grant Oregon, Corvallis, OR (2014).

Measham, T. G., B. L. Preston, T. F. Smith, C. Brooke, R. Gorddard, G. Withycombe and C. Morrison. "Adapting to climate change through local municipal planning: barriers and challenges." *Mitigation and Adaptation Strategies for Global Change* 16 (May 2011).

Mees, H-LP. and P. P. J. Driessen. "Adaptation to climate change in urban areas: Climate-greening London." Rotterdam, and Toronto Climate Law 2 (January 2011).

Moser, S. C., and J. A. Ekstrom. "A Framework to Diagnose Barriers to Climate Change Adaptation." Proceedings of the National Academy of Sciences of the United States of America 107 (Decenber 2010).

Muller, M. "Adapting to Climate Change Water Management for Urban Resilience." *Environment and Urbanization* 19 (2007).

_____. "The Conditional Effect of Specialized Governance on Public Policy." *American Journal of Political Science* 52 (January 2008).

National Research Council. *America's Climate Choices* (The National Academies Press, Washington, D.C., 2011).

Patz, J. A., D. Campbell-Lendrum, T. Holloway, J. A. Foley. "Impact of Regional Climate Change on Human Health." *Nature* 438 (November 2005).

Reckien, D., et al. "Climate change response in Europe: what's the reality? Analysis of adaptation and mitigation plans from 200 urban areas in 11 countries." *Climatic Change* 122 (November 2014).

Roberts, D. "Prioritizing Climate Change Adaptation and Local Level Resilience in Durban, South Africa." *Environment and Urbanization* 22 (October 2010).

Romero-Lankao, P., S. Hughes, A. Rosas-Huerta, R. Borquez and D. Gnatz. "Urban Institutional Response Capacity for Climate Change: An Examination of Construction and Pathways in Mexico City and Santiago." *Environment and Planning C, Government and Policy* 31 (January 2013).

Rotterdam. "Rotterdam Climate Proof: Adaptation Program 2010" Rotterdam City Government, Rotterdam (2010).

Runhaar, H., H. Mees, A. Wardekker, Jvd Sluijs, P. P. J. Driessen. "Adaptation to climate change-related risks in Dutch urban areas: stimuli and barriers Regional." *Environmental Change* 12 (February 2012).

Saavedra, C. and W. W. Budd. "Climate Change and Environmental Planning: Working to Building Community Resilience and Adaptive Capacity in Washington State, USA." *Habitat International* 33 (November 2009).

Sassen, S. *The Global City: New York, London, Tokyo.* Princeton: Princeton University Press, 1991.

Sharma, D., and S. Tomar. "Mainstreaming Climate Change Adaptation in Indian Cities." *Environment and Urbanization* 22 (October 2010).

Sharp, E. B., D. M. Daley and M. S. Lynch. "Understanding Local Adoption and Implementation of Climate Change Mitigation Policy." *Urban Affairs Review* 47 (December 2011).

Sherbinin, D. A., A. Schiller and A. Pulsipher. "The vulnerability of global cities to climate hazards" *Environment and Urbanization* 19 (2007).

Tang, Z., Samuel D. Brody, Courtney E. Quinn, Liang Chang and Ting Wei. "Moving from Agenda to Action: Evaluating Local Climate Change Action Plans." *Journal of Environmental Planning and Management* 53 (January 2010).

Tanner, T., T. Mitchel, E. Polack, B. Guenther. "Urban Governance for Adaptation: Assessing Climate Change Resilience in Ten Asian Cities" *IDS Working Paper* 315 (May 2009).

Tompkins, E. L., W. N. Adger, E. Boyd, S. Nicholson-Cole, K. Weaterhead and N. W. Arnell. "Observed Adaption to Climate Change: UK Evidence of Transition to a Well-adapting Society." *Global Environmental Change* 20 (October 2010).

Uittenbroek, C. J., L. B. Janssen-Jansen, H. A. C. Runhaar. "Mainstreaming climate adaptation into urban planning: overcoming barriers, seizing opportunities and evaluating the results in two Dutch case studies." *Regional Environmental Change* 13 (September 2013).

Uittenbroek, C. J., L. B. Janssen-Jansen, T. J. M. Spit, W. G. M. Salet and H.

A. C. Runhaar. "Political commitment in organising municipal responses to climate adaptation: the dedicated approach versus the mainstreaming approach." *Environmental Politics* 23 (May 2014).

UNDP/UNEP. "Mainstreaming Climate Change Adaptation into Development Planning: A Guide for Practitioners" UNDP/UNEP, Nairobi (2011).

Vignola, R., S. Klinsky, J. Tam, T. McDaniels. "Public perception, knowledge and policy support for mitigation and adaption to Climate Change in Costa Rica: Comparisons with North American and European studies." *Mitigation and Adaptation Strategies for Global Change* 18 (March 2013).

Vrolijks, L., A. Spatafore, A. S. Mittal. Comparative Research on the Adaptation Strategies of Ten Urban Climate Plans In: Otto-Zimmermann K (ed) Resilient Cities: Cities and Adaptation to Climate Change Proceedings of the Global Forum (2010, 2011).

Weber EU. "What Shapes Perceptions of Climate Change?." Wiley Interdisciplinary Reviews: Climate Change Wiley Interdisciplinary Reviews: Climate Change 1:332–342(2010).

Westerhoff, L., E. C. H. Keskitalo and S. Juloha. "Capacities across scales: local to national adaptation policy in four European countries." *Climate Policy* 11 (June 2011).

Zahran, S., H. Grover, S. D. Brody and A. Vedlitz. "Risk, stress, and capacity: explaining metropolitan commitment to climate protection." *Urban Affairs Review* 43 (March 2008).

Zimmerman, R., and C. Faris. "Climate Change Mitigation and Adaptation in North American Cities." *Current Opinion in Environmental Sustainability* 3 (May 2011).

이태동. 『기후변화와 도시: 감축과 적응』. 서울: 명인문화사, 2023.

7장

지역 언론과 기후변화 인식[*]

김정현

기후변화의 지역적 영향을 강조하는 것은 기후변화에 대한 대중의 인식과 참여를 높이는 효과적인 방법으로 알려져 왔다. 본 연구는 지역 정보를 전달하는데 특화된 지역 언론의 특성을 바탕으로 본 연구는 지역 언론이 기후변화가 지역사회에 미치는 영향을 효과적으로 전달하고, 미국의 공화당원 등 기후변화 대응에 회의적인 태도를 가진 인구 집단의 인식을 제고하는 역할을 수행할 수 있다고 주장한다. 이와 같은 이론적 주장을 검증하기 위한 방법으로 본 연구는 미국 루이지애나 주의 사례를 활용한다. 먼저 루이지애나 주의 기후변화를 다룬 지역 언론과 전국 언론의 보도를 비교한 콘텐츠 분석 결과, 지역 신문사가

---

[*] 이 장의 연구는 Andrews, Talbot M., Cana Kim, and Jeong Hyun Kim. "News from Home: How Local Media Shapes Climate Change Attitudes." *Public Opinion Quarterly* 87, no. 4 (2023): 863–886. 논문을 번역하고 편저서의 의도에 맞게 수정한 결과물임을 밝힌다.

전국 신문사에 비해 기후변화 보도 시 지역적 영향을 강조하는 경향을 일관되게 보여주는 것으로 나타났다. 그 다음 루이지애나 주민을 대상으로 실시한 설문 실험은 공화당 성향 유권자들이 루이지애나의 기후 영향에 관한 기사가 지역 신문에서 보도되었을 때 이를 더 정확하고 자신의 주에 더 밀접한 관련을 갖는 내용이라고 평가하였으며, 기후 문제에 대해 더 많은 관심을 갖게 되고 기후변화 완화를 위한 행동을 취하고자 하는 의지가 높아진 것으로 나타났다. 이러한 결과는 기후 커뮤니케이션 연구에 중요한 시사점을 제시한다.

1. 서론

기후변화 대응을 위한 개별 국가의 정부와 국제사회의 제도적 노력이 범사회적 변화로 이어지기 위해서는 기후변화에 대한 대중적 인식을 제고하는 것이 필수적이다. 그러나 기후변화에 대한 대중의 인식을 높이고 대응정책에 대한 참여를 도모하는 일은 매우 어려운 과제이기도 하다. 기후변화의 영향은 기온, 강우, 습도, 자연재해 등 다각적인 형태로 나타나며, 전 지구적으로 광범위하게 분산되어 나타난다. 때문에 폭염, 이상 강우 등 여러 기후변화 현상이 세계 전역에서 빈번하게 발생함에도 불구하고 많은 시민들은 여전히 기후변화를 자신이 속한 지역사회나 일상생활과 무관한 것으로 인식하는 경향이 있다(Leiserowitz 2006). 결과적으로 이는 정부의 기후변화 대응정책, 특히 고비용의 대응정책에 대한 낮은 지지도로 이어지곤 한다(Egan and Mullin 2017; Gifford 2011; Lorenzoni et al. 2007).

기후 커뮤니케이션 학자들은 기후변화에 대한 대중의 인식과 참여를 높이기 위한 다양한 방안을 연구해왔으며, 이 중 기후변화의 국지적 영향을 강조하는 전략의 유효성을 밝힌 바 있다. 기후변화의 전 지구적 영향보다는 개인이 속한 지역이나 지역사회에 즉각적으로 미치는 영향을 강조하는 것이 기후변화에 대한 대중적 인식, 특히 기후위기에 대한 인식을 높이는 데 특히 효과적일 수 있다는 것이다(Scannell and Gifford 2013; Wiest et al. 2015). 이러한 논리에 착안하여 이 장의 연구는 기후변화에 대한 정보의 출처가 대중의 기후변화 인식에 미치는 영향을 살펴본다. 본 연구는 대중이 기후변화가 자신의 일상과 자신이 속한 지역사회에 미치는 즉각적 영향을 제대로 인지하는 데는 그 정보의 신뢰성이 크게 작용하게 되고, 때문에 그와 같은 유형의 정보를 다루는 데 최적화된 지역 언론의 중요도가 커질 것이라는 이론적 예측을 제시한다. 지역 언론은 중앙 언론에 비해 해당 지역의 이슈 보도에 있어 전문성을 갖추고 있으며 지역 사회 구성원들로부터 상대적으로 높은 신뢰를 받는다. 이러한 지역 언론의 특성을 바탕으로 본 연구는 지역 언론이 기후변화가 지역사회에 미치는 영향을 효과적으로 전달하고, 미국의 공화당원 등 기후변화 대응에 회의적인 태도를 가진 인구 집단의 인식을 제고하는 역할을 수행할 수 있다고 주장한다.

이와 같은 이론적 주장을 검증하기 위한 방법으로 본 연구는 미국 루이지애나주의 사례를 활용한다. 루이지애나주는 멕시코만에 면한 그 특성에 기인하여 집중 강우 등의 기상이변과 허리케인 등 자연재해의 위험이 최근 크게 증가한 지역이다. 그럼에도 불구하고 최근 설문조사에 따르면 루이지애나 주민의 기후변화에 대한 대중의 위기 인식은 미국의 다른 주에 비해 낮은 것으로 나타났다. 이와 같은 사례는 기후변화의 지역적 영향을 경험하는 것만으로는 기후변화에 대한 인식을 형성하기에 충분하지 않으며, 기후변화의 영향에 대한 설득력 있는 커뮤니케이션이 수반되어야 함을 잘 보여준다. 때문에 루이지애나주는 기후 커뮤니케이션이 기후변화 태도에 미치는 영향을 검증하기에 중요한 사례가 될 수 있다(Marlon et al. 2021).

본 연구는 먼저 루이지애나주에서의 기후변화 현상을 보도한 지역 언론과 전국 언론 기사를 대상으로 콘텐츠 분석을 실시하였다. 이러한 분석 결과 지역 신문사가 전국 신문사에 비해 기후변화 보도 시 지역적 영향을 강조하는 경향을 일관되게 보여주는 것으로 나타났다. 그다음 루이지애나 주민을 대상으로 실시한 설문 실험을 통해 시민들이 기후변화의 영향에 대한 정보가 지역 언론 혹은 전국 언론에서 보도되었는지에 따라 기후변화 인식의 변화가 다르게 나타나는지 검증하였다. 실험 결과, 공화당 성향 유권자들이 루이지애나의 기후 영향에 관한 기사가 지역 신문에서 보도되었을 때 이를 더 정확하고 자신의 주에 더 밀접한 관련을 갖는 내용이라고 평가하였다. 또한, 기후 문제를 지역 언론에서 보도하였을 때 같은 내용이 전국 언론에서 보도되었을 때보다 기후 문제에 대해 더 많은 관심을 갖게 되고 기후변화 완화를 위한 행동을 취하고자 하는 의지가 높아진 것으로 나타났다. 이러한 결과는 기후 커뮤니케이션 연구에 중요한 시사점을 제시한다.

나아가 본 연구의 결과는 미국 내 정치적 양극화의 영향으로 기후변화 역시 점차 당파적 이슈로 간주되는 정치적 환경 속에서 지역 언론이 당파 간 분열을 완충할 수 있는 역할을 수행할 수 있음을 보여준다. 미국 정치에서 기후변화 이슈는 당파 간 입장 차이가 크지 않은 이슈였으나 지난 몇 년간 발생한 정치 환경의 변화는 정치인과 언론, 유권자 모두 기후변화를 당파적 이슈로 인식하도록 변화시켰다(Egan & Mulin 2017; Merkley & Stecula 2018; Tesler 2018). 특히 오바마와 트럼프 행정부 당시 정치인과 언론이 탄광 및 시추 산업에 종사하는 백인 노동자를 환경 정책의 피해자로, 반면에 유색인종은 기후 변화의 피해자로 묘사하는 인종 차별적 수사를 자주 사용하였고, 이러한 기후변화에 대한 이분법적 개념화는 환경 정의(Environmental Justice) 운동의 부상에 따라 더욱 극심해졌다(Benegal and Holman 2021; Chanin 2018). 또한, 루이지애나주와 같이 기후변화에 가장 취약한 지역일수록 공화당에 일관되게 투표하는 성향을 고려할 때, 당파성이 주민의 기후변화 인식과 나아가 정부의 기후변화에 대한 정책적 대응에 미치는 파급효과가 상당하다고 할 수 있다. 본 연구의 결과는 이러한 기후변화 이슈를 둘러싼 심각한 당파적 분열에도 불구하고 지역 언론을 통하여 기후 문제를 보도하는 경우 당파적 유권자의 기후변화 인식을 개선하고 기후변화에 대한 회의적 시각을 완화할 수 있음을 시사한다.

2. 언론은 기후변화를 어떻게 보도하는가

언론매체가 기후변화에 대한 정보를 제공하는 방식은 기후변화에 대한 대중의 인식을 형성하는 데 매우 중요하게 작용한다(Abeles 2021; Merkley and Stecula 2021; Van Boven 외. 2018). 일반 시민들이 기후변화에 대해 갖는 인식과 태도는 일반적으로 기후 과학에 대한 논문이나 기후변화에 관한 정부 간 협의체(IPCC) 보고서가 아니라 언론 혹은 정치인의 메시지에 강하게 반응하기 때문이다(Brulle et al. 2012; Carmichael et al. 2017; Merkley and Stecula 2021). 뉴스 미디어가 보유한 의제 설정과 특정 의제를 프레임할 수 있는 능력은 어떤 기후 정보가 일반 시민에게 얼마나 전달되는지는 물론 정보의 편향성 정도를 결정짓고, 이는 대중의 기후변화 인식과 대응정책 참여 수준에 지대한 영향을 미친다(Carmichael and Brulle 2017; Stecula and Merkley 2019).

기후 커뮤니케이션 기존 연구에 따르면 언론 매체의 당파적, 이념적 성향에 따라 기후변화 보도의 양상이 매우 상이하게 나타난다(Akerlof et al. 2012; Feldman et al. 2012). 예를 들어, 『폭스 뉴스(*Fox News Channel*)』와 『월스트리트 저널(*The Wall Street Journal*)』과 같은 미국 내 보수 성향의 뉴스 매체는 기후변화의 피해를 축소시키는 보도 프레임을 주로 사용하는 경향이 있는 반면(Stecula and Merkley 2019), MSNBC와 같은 진보 성향의 뉴스 매체는 기후변화에 대해 보다 수용적인 견해를 제시하고 적극적인 대응의 중요성을 강조한다(Akerlof et al. 2012; Feldman et al. 2012).

또한, 기후변화에 대한 최근의 언론 보도는 당파적 양극화를 악화시키는 방향으로 진행되고 있다. 멀켈리와 스테큐라(Merkeley and Stecula 2021)의 연구에 따르면 민주당 정치인들은 공화당 정치인에 비해 언론 인터뷰 등에서 기후변화에 대해 훨씬 더 자주 이야기하며, 이렇듯 민주당 정치인들이 보내는 지속적이고 강력한 환경보호와 기후변화 대응 메시지는 공화당 지지 유권자들 사이에서 상대 정당 정치인에 대한 거부 반응, 즉 '태도적 반발(attitudinal backlash)'을 일으켜 기후변화에 대한 회의론을 부추길 수 있다(Merkley and Stecula 2021, 1453).

위에서 살펴본 바와 같이, 기존 연구에서는 언론 매체의 이념에 따라 기후변화 보도 양상이 유의미한 차이를 갖는지를 주목하였다. 그러나 지역 언론과 전국 언론이 보이는 기후변화 보도의 차이에 대한 관심은 상대적으로 적었다. 본 연구에서는 지역 언론이 지역 차원의 기후 정보를 제공하는 데 특화되어 있다는 점에 착안하여(Howarth and Anderson 2019), 지역 언론이 실제로 기후변화의 지역적 영향의 맥락에서 기후변화를 보도할 가능성이 더 높은지, 나아가 사람들이 지역 매체가 제공하는 지역 영향에 대한 정보에 더 민감하게 반응하는지 여부를 검증한다. 또한 본 연구는 지역 언론이 민주당보다 기후변화에 대해 훨씬 더 회의적인 것으로 알려진 공화당 유권자들의 기후 태도를 어떻게 변화시킬 것인지에 초점을 맞추고자 한다(Tesler 2018).

3. 지역 언론과 기후변화 커뮤니케이션

오늘날의 중앙화된 언론 환경은 많은 사람들로 하여금 지역 언론보다는 전국 언론을 통해 뉴스를 접하도록 한다. 그러나 여전히 지방 선거, 지역사회의 행사 등 지역에 특화된 정보를 얻기 위해서는 지역 언론 매체를 활용하는 경향이 있다. 실제로 기존 정치학 연구에 따르면 시민들은 지역 정부의 정책이나 지방 선거 캠페인에 관한 많은 정보를 지역 뉴스를 통해 수집하며(Graber and Dunaway 2017; Hayes and Lawless 2015), 이는 유권자의 정치참여는 물론 민주적 책임성을 향상시킬 수 있다(Althaus and Trautman 2008; Schulhofer-Wohl and Garrido 2013). 예를 들어, 홉킨스와 페팅길(Hopkins and Pettingill 2018)은 미국의 시장 선거 데이터를 활용하여 도시의 지역 언론사가 탄탄할수록 그 지역의 경제적 지표를 시민들에게 효과적으로 전달할 수 있고, 이는 시장 선거에서의 회고적 경제 투표 성향을 강화시킴을 입증한 바 있다.

비슷한 맥락에서 지역 언론은 지역의 특성과 주민의 관심사에 특화된 정보를 제공함으로써 특정 정책 영역에 대한 사람들의 관심을 제고할 수 있다. 지역의 신문사와 TV 방송국에서 일하는 기자 및 편집국의 언론인들은 일반적으로 자신이 근무하는 지역 사회에 대해 깊이 이해하고 있기 때문에 지역의 이슈에 대한 수준 높은 정보를 제공할 수 있다(Hood 2007). 이러한 논의를 바탕으로 우리는 기후변화 보도에 있어서도 지역 언론이 전국 언론보다 지역화(localized)된 프레임을 더 자주 사용하여 지역 특화된 정보를 제공할 것이라는 예상을 도출할 수 있다.

또한, 사람들은 당파성과 정치 이념에 지나치게 치중한 전국 언론에 비해 지역 언론의 보도를 상대적으로 덜 편향적이라고 인식하는 경향이 있다. 이는 특히 미국 사회에서 강하게 나타나는 경향으로, 최근 여론조사에 따르면 미국인의 대다수는 지역 언론이 지역 사회와 밀접한 연관이 있다고 보며 지역 언론사가 지역 사회와 소통하는 능력을 높게 평가하였다(퓨 리서치센터). 또한, 기존 연구에 따르면 미국인들은 전국 뉴스보다 지역 뉴스 기관의 보도를 더 신뢰하는 경향을 보이며(Kaniss 1991; Knight Foundation 2019), 정치적 양극화로 인해 당파 간 정쟁이 심화됨에 따라 지역 언론과 전국 언론 간의 이러한 신뢰도 격차가 더욱 증가하고 있다(Guess et al. 2018). 기후변화 이슈 보도에 있어 지역 언론을 전국 언론보다 덜 편향적이라 인식하며, 이로 인해 지역언론의 기후변화 보도를 상대적으로 더 신뢰하는 경향은 본 연구의 분석 대상인 공화당 성향 유권자에게 더 강하게 나타나리라 본다. 이러한 유권자 집단에서 전국 언론 중 MSNBC, 『뉴욕타임스(The New York Times)』 등 진보적 언론사에서 파생하는 친-기후변화 메시지를 거부하는 경향이 나타나기 때문이다(Merkley and Steucla 2021). 이는 곧, 공화당 성향 유권자들은 기후변화에 대한 메시지가 지역 언론에서 보도되었을 때 동일한 메시지가 전국 언론에서 보도될 때보다 더 높은 수용성을 보일 수 있음을 의미한다. 이에 따라 본 연구는 다음과 같은 가설을 제시한다.

가설 1: 공화당 유권자들은 지역 언론이 다루는 기후 관련 정보를 전국 언론이 다루는 동일한 정보보다 더 긍정적으로 평가할 것이다.

이러한 신뢰도의 차이는 개인이 기후변화에 갖는 인식, 나아가 기후변화 영역에서의 행태의 차이로 발전할 수 있다. 많은 정치학 기존 연구는 개인의 당파성은 동기화된 추론(motivated reasoning) 현상으로 이어지고 이는 곧 공화당 성향의 유권자들이 기후변화를 부정하는 경향으로 나타날 수 있음을 밝힌 바 있다. 동기화된 추론은 사람들은 기후변화에 대한 인식을 형성하는 데 있어서도 자신이 견지해 온 기존의 인식을 강화시키는 방향을 추구함을 의미한다(Taber and Lodge 2006). 특히 기후변화와 같이 전문 지식을 요하고 복잡한 이슈의 경우 대중은 개인의 의견을 형성하는 데에도 소속 정당의 대표적 입장을 따르는 경향이 있으며(Bayes and Druckman 2021; Brulle et al. 2012), 이로 인해 기후변화에 대한 여론은 소속 정당에 따라 분열되곤 한다(Egan and Mullin 2017). 실제로 기존의 경험적 연구에 따르면 공화당 소속 유권자들은 같은 정당의 정치인들이 기후변화를 부정하는 메시지를 전달할 때 이에 동조하여 기후변화를 부정할 가능성이 더 높으며(Brulle et al. 2012; Carmichael and Brulle 2017; Merkley and Stecula 2021), 상대 당의 지도자들이 기후변화에 대한 적극적 대응 입장을 표명할 때 기후변화를 부정하는 경향이 강하게 나타난다(Merkley and Stecula 2021).

그러나 당파성에 따른 동기화된 추론만이 기후 정보에 대한 수용성을 결정짓는 것은 아니다. 개인은 정책에 대한 선호와 태도를 결정할 때 정확성의 동기(accuracy motivation), 즉 올바른 의견을 형성하려는 욕구 역시 강하게 보유하고 있기 때문이다(Taber and Lodge 2006). 이러한 정확성 동기는 사람들로 하여금 자신이 신뢰할 수 있는 출처의 정보를 받아들이고 그렇지 않은 경우 정보를 거부하는 성향을 보이도록 한다(Bullock 2009; Gerber and Green 1999). 따라서 기후변화에 대한 당파적 양극화는 동기화된 추론뿐만 아니라, 기후변화의 정도와 위험에 대해 신뢰할 만한 정보를 얻고자 하는 노력의 결과라고 보는 것이 타당하다(Bayes and Druckman 2021; Druckman and McGrath 2019).

이러한 논의를 바탕으로 본 연구는 개인이 기후변화에 대한 정보를 수용하는 데 있어 출처의 신뢰도가 크게 작용하리라 예상한다. 이러한 주장과 일관되게, 기존 연구는 사람들이 뉴스에서 기상이변을 기후변화 탓으로 돌릴 때 일반적으로 그러한 메시지를 수용하지만, 이와 같은 정보가 신뢰도가 낮은 뉴스 매체에서 보도되는 경우에는 기상이변과 기후변화 간의 연관성에 회의적인 태도를 보임을 밝힌 바 있다(Osaka and Bellamy 2020) 이러한 논의를 종합할 때, 공화당 성향 유권자들은 지역 언론에 대해 상대적으로 높은 신뢰도를 보이기에(Guess et al. 2018) 기후변화에 대한 정보가 지역 언론에서 전달될 때 기후변화에 대해 더 민감하게 반응할 것이며, 이는 기후변화 대응 행동에도 영향을 미치리라 예상한다.

가설 2: 공화당원들은 전국 언론에 비해 지역 언론에서 기후 정보를 다룰 때 기후변화에 대한 우려도가 높아지고 기후변화 대응 행동을 취할 의향이 더 높아질 것이다.

4. 지역 언론과 전국 언론의 기후변화 보도 양상 비교: 루이지애나 주의 사례

미국 루이지애나주는 언론이 공공 기후 커뮤니케이션에 미치는 영향을 연구하기에 매우 적절한 사례이다. 루이지애나주, 특히 멕시코만 남동부 지역은 미국에서 기후변화의 영향에 가장 취약한 지역 중 하나이다. 루이지애나주 해안 지역의 해수면 상승률은 세계에서 가장 높은 수준이며(Jankowski et al. 2017) 이는 습지 손실, 생태계 교란 및 주민 이주 등 재난 예방과 구호를 위한 천문학적 비용을 초래하고 지역 사회에 막대한 피해를 가져올 수 있다(Gotham 2016). 이렇듯 기후변화에 가장 취약한 주에 살고 있음에도 불구하고 루이지애나 주민들의 기후변화에 인식이나 기후변화 대응 행동 참여도는 미국 내 다른 주의 주민들에 비해 낮은 편이다. 최근 한 여론조사에서는 루이지애나 주민들의 기후변화에 대한 우려와 정부의 기후변화 정책에 대한 지지도가 미국 전체 평균보다 더 낮게 나타나기도 했다(Marlon et al. 2021).

지역 언론이 주민의 기후변화 인식에 미치는 영향을 연구하기 위해 이 장에서는 먼저 콘텐츠 분석을 통해 루이지애나의 기후변화 양상을 보도하는 데 있어 지역 언론사와 전국 언론사가 유의미한 차이를 나타냈는지를 살펴본다. 분석 대상으로는 전국 언론 3개와 지역지 4개를 설정했다. 이 중 전국 매체로는 『USA 투데이(*USA Today*)』, 『뉴욕타임스(*The New York Times*)』, 『워싱턴포스트(*The Washington Post*)』를 활용하였다. 『USA 투데이』는 전국적으로 발행 부수가 많은 신문사라는 점에서, 『뉴욕타임스』와 『워싱턴포스트』는 독자층은 적지만 미국에서 가장 영향력 있고 여론을 선도하는 언론사라는 점에서 분석 대상에 포함시켰다(Eyck and Williment 2003; Priest and Eyck 2003). 다음으로 지역 언론으로는 루이지애나에서 가장 많이 발행되는 두 개의 지역 일간지인 『애드보킷 뉴올리언스(*Advocate NO*)』와 『애드보킷 배턴루지 (*Advocate BR*)』를 분석 대상으로 삼았다. 두 매체의 주간 평균 발행 부수는 2021년 기준 각각 약 77,565부, 36,685부로 두 신문사의 발행 부수를 합치면 루이지애나 주 전체 일간지의 67%를 차지한다. 추가로 지역 내 오랫동안 영향력을 행사한 『갬빗 뉴올리언스(*Gambit NO*)』와 『뉴올리언스 시티 비즈니스(*NO City Business*)』라는 두 개의 주간 신문도 포함시켰다. 갬빗 NO는 루이지애나에서 가장 많이 발행되는 주간 신문 (주당 3,600부)이기도 하다(루이지애나 언론협회).

　위와 같은 언론사에서 2010년 1월 1일부터 2020년 12월 31일 사이에 게재된 기사 중 제목과 리드 섹션에 "루이지애나"와 "기후변화"를 모두 포함하는 총 158개의 기사가 분석 대상에 포함되었다. 이후 각 기사에 대해 기사의 어조, 주제, 프레임 유형 등 주요 특성을 분류하는 작업을 실시하였다. 먼저 기사의 '어조'는 긍정/부정/중립으로 분류하였다. 다음 '주제' 변수는 루이지애나에서의 기후변화를 보도하는 데 있어 어떤 주제에 초점을 맞추었는지에 대한 변수로, 환경, 경제/산업, 시민사회/공동체, 정치/입법/예산, 공중보건/복지 , 복합적 주제 그리고 해당 항목 없음의 7가지 유형으로 분류하였다. 마지막으로, 이 장의 이론적 예측과 밀접한 연관이 있는 '지역'이라는 변수는 이진(binary) 변수로, 기사가 지역화된 프레임을 사용했는지의 여부를 나타낸다. 콘텐츠 분석 시, 이진 변수의 경우에는 t-검정을, 범주형 변수의 경우 피어슨의 카이제곱 검정을 사용하였으며, 그 결과를 표 7.1에 요약하였다.

　위와 같은 결과에서 가장 중요한 것은 지역화된 프레임이 전국 신문보다 지역 신문에서 더 자주 사용된다는 것이다. 분석 대상 중 전국

표 7.1 콘텐츠 분석 결과

변수	카테고리	전국 언론(%)	지역 언론(%)	$x2$	p-값
어조				4.392	0.111
	긍정적	4 (8.5)	25 (22.5)		
	부정적	22 (46.8)	46 (41.5)		
	중립	21 (44.7)	40 (36.0)		
주제				15.105	0.020
	환경	3 (6.4)	18 (16.2)		
	경제/산업	2 (4.3)	12 (10.8)		
	시민 사회/커뮤니티	8 (17.0)	20 (18.0)		
	정치/입법/예산	11 (23.4)	26 (23.4)		
	공중 보건/웰빙	6 (12.8)	1 (0.9)		
	복합적 주제	16 (34.0)	33 (29.8)		
	해당 항목 없음	1 (2.1)	1 (0.9)		
로컬		25 (53.2)	84 (75.7)		0.009
총 기사 수		47	111		

언론 기사 중 약 47%가 루이지애나의 기후변화를 미국 전체, 혹은 전 세계적 맥락으로 확대해서 다룬 반면, 지역 언론은 기사 중 약 76%를 기후변화의 지역적 측면에 주목하여 다루었다. 이는 지역 뉴스 매체가 지역의 이해관계와 관련된 정보를 전달하는 데 있어 전국 매체를 능가한다는 이론적 기대치를 입증하는 결과이다. 추가적으로, 본 연구의 콘텐츠 분석은 주제 변수에서 통계적 차이를 나타냈다. 지역 신문의 기사는 기후변화의 환경적 측면(16%)과 경제적 측면(11%)을 공중 보건 및 복지(1%)보다 더 자주 다루는 경향이 있는 반면, 전국 언론은 기후변화와 관련된 환경(6%)이나 경제 문제(4%)보다 공중 보건 관련 측면(13%)을 더 자주 다는 것으로 나타났다.

5. 루이지애나 주민 대상 설문 실험

우리의 다음 가설은 사람들이 지역 언론에서 제공하는 기후변화 관련 정보를 더 신뢰하고 그 결과 기후변화에 대한 관심과 대응 행동을 취하고자 하는 의향이 높아질 것이라 예상한다. 본 연구는 루이지애나 주민을 대상으로 한 설문 실험(survey experiment)을 통해 이를 검증하였다. 이와 같은 설문 실험은 설문조사 대상자를 무작위로 통제 혹은 실험처치 집단으로 나누고, 통제집단은 지역 언론에서 제공하는 기후변화의 지역적 영향에 대한 기사를, 처치집단은 전국언론에서 제공하는 같은 내용의 기사를 읽고 평가하도록 하였다. 그런 다음 응답자들이 지역 출처의 정보를 더 신뢰하는지, 기후변화 문제에 대해 더 우려하는지, 그리고 기후 대응을 위한 행동에 참여할 의향이 있는지 물어보았다.

설문 실험은 2022년 5월 퀄트릭스(Qualtrics)에서 모집한 루이지애나 거주민 2,032명을 대상으로 실시되었다. 이 실험은 2×2 요인 설계를 사용하여 총 4개의 실험 조건을 가진다. 첫 번째 요인은 신문 유형에 대한 것으로, 지역과 전국 언론 조건으로 나뉜다. 지역 언론 조건에서는 정보의 출처가 루이지애나 지역 신문사인 『애드보킷』이고 전국 언론 조건에서는 그 출처가 『USA 투데이』 혹은 『뉴욕타임스』로 설정되었다. 두 번째 요인은 기사 주제로, 기후 재난 조건과 중립적 주제 조건으로 나뉜다. 기후 재난 조건에서는 응답자들에게 루이지애나에서 발생한 기상이변의 잠재적 영향과 이러한 재난에 대비하는 방법에 초점을 맞춘 기사가 제시되었다. 중립적 주제 조건에서는 루이지애나 주립대 미식축구 팀이 오번 대학에 패했다는, 기후변화와 관련 없는 중립적 주제의 기사를 제시하였다. 기사를 읽은 후, 응답자들은 기사의 정확성과 기사 내용이 루이지애나와 연관된 정도에 대해 평가하였다. 이후 4점 척도로 측정한 기후변화의 심각성에 대한 인식 및 기후변화의 영향을 줄이기 위한 행동에 참여할 의향이 있는지에 대해서도 물어보았다.

앞서 우리는 기후변화에 대한 태도와 기후변화 정보에 대한 수용성에서 당파적 분열이 심하다는 점을 고려할 때, 공화당원들이 지역 미디어 상황에 특히 민감하게 반응할 것이라는 가설을 세운 바 있다. 이러한 이론적 예측을 검증하기 위해 설문 참여인원 중 공화당 지지 그룹과 비(非)공화당 지지 그룹에서의 지역 언론에 대한 실험 처치 효과를 별도로 추정하는 분석을 수행하였다. 표 7.2는 응답자의 지지 정당별 실험 조건, 즉 공화당 성향 유권자 집단과 비 공화당 성향 유권자집단 (민주당 성향 및 무소속 유권자 포함) 별 각 실험 조건 배정 인원을 보여준다.

도표 7.1은 해당 설문 실험 결과를 그래프로 보여주고 있다. 먼저 기사에 대한 평가를 살펴보면, 공화당원들은 지역 언론에서 보도한 기

표 7.2 소속 정당 별 실험 조건 배정 인원

	비공화당원	강력한 공화당원	약한 공화당	공화당원 합계
지역언론, 기후	243	147	126	273
『USA 투데이』, 기후	219	172	112	284
『뉴욕타임스』, 기후	247	154	108	262
지역 언론, 중립	156	57	44	101
『USA 투데이』, 중립	125	77	45	122
합계	990	607	435	1,042

도표 7.1 지역 언론이 기후변화 인식에 미치는 영향

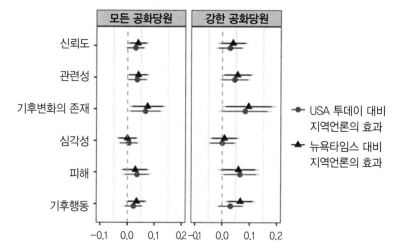

참고: 그래프 상의 점은 전국 언론과 비교한 지역 언론의 실험처치 효과에 대한 OLS 회귀분석 추정치를 가리키며, 실선은 95% 신뢰구간을 나타낸다.

후변화 뉴스를 전국 언론에서 보도한 것보다 더 신뢰할만하고 루이지애나에게 더 연관있는 정보로 인식하는 것으로 나타났다. 이는 우리의 가설 1과 일치하는 결과이다. 지역 언론사에서 보도한 기후변화 기사를 읽은 공화당원들은 뉴욕 타임즈에서 보도한 같은 내용의 기사를 읽은 공화당원보다 해당 내용의 기사의 신뢰도를 3.9%포인트 더 높게 평가하였다. 마찬가지로 지역 신문 조건의 공화당원들은 뉴욕 타임스와 USA 투데이 조건의 공화당원들보다 기사의 관련성을 각각 4.0 포인트와 3.6%포인트 더 높게 평가했다(p-값: 0.0605 및 0.0845). 또한 지역 언론은 전국 언론에 비해 공화당원의 기후변화 인식을 높이는 데 효과적인 것으로 나타났다. 지역 언론 조건의 공화당원들은 '뉴욕 타임스'나 'USA 투데이' 조건의 공화당원들보다 기후변화의 존재를 믿을 가능성이 더 높은 것으로 나타났다(각각 9.6%포인트와 8.4%포인

트 차이).

　지역 언론의 기후 행동 동원에 대한 효과는 공화당에 강한 정당 소속감을 가진 설문 참여자들 사이에서 가장 뚜렷하게 나타났으며, USA 투데이보다 뉴욕타임스와 비교했을 때 더 분명하게 드러났다. 지역 언론 조건에 배정된 강한 공화당원들은 뉴욕 타임스에 배정된 경우보다 기후변화의 영향을 완화하기 위한 행동을 취할 의향이 6.7%포인트 더 높게 나타났다(p-값 〈0.05). 이는 우리의 두 번째 가설을 입증하는 결과이다.

6. 결론 및 논의

이 장에서 우리는 기후변화에 대한 대중의 인식을 제공하고 이념과 정파를 초월한 기후변화 대응 행동을 이끌어내는 데 있어 지역 언론의 역할을 조명한다. 지역 언론이 정치 정보 습득 및 정치참여에 갖는 긍정적 효과를 보여준 기존 정치학 연구를 바탕으로 우리는 지역 언론의 기후 보도가 기후변화 정보를 받아들이기 거부하며 기후변화 대응 행동을 취할 의향이 가장 낮은 사람들의 기후변화 인식을 변화시킬 수 있음을 이론화하였으며, 이를 루이지애나 주민 대상 설문 실험을 통해 경험적으로 입증하였다.

　다만 본 연구는 신문이라는 인쇄 매체의 영향에 초점을 맞추었다는 점에서 그 결과의 설명력이 제한적일 수 있음을 유의해야 한다. 많은 사람들에게 텔레비전이 정보의 주요 출처로 작용하는 경우가 많기 때문이다(Shearer 2020; Wells et al. 2021). 지역 방송국에서 보도하는 TV 뉴스 역시 지역 신문과 비슷한 효과를 낼지는 추후 연구를 통해 추가적으로 검증해야할 것이다.

이 장의 연구는 미국의 루이지애나 주를 사례로 활용하였으나 그 결과의 함의는 한국 등 다른 국가에도 보편적으로 적용될 수 있다. 다만 한국의 경우 지역 언론이 활성화된 미국에 비교하여 지역 언론의 기반이 약하다. 일례로 한국언론진흥재단의 2021 언론수용자조사에 따르면, 한국에서 현재 지역일간지의 시장점유율은 10.7퍼센트에 그치고 있다. 이 장의 연구는 기후변화 대응과 같이 대중의 적극적인 행동을 이끌어내기 어려운 이슈에서 지역 언론이 전국 언론에 비해 더 주요한 역할을 수행함을 보여준다. 이러한 결과는 지방의 정보환경 개선 및 지역 정치에 대한 관심 제고뿐 만 아니라 기후변화에 대한 국민적 대응을 위해서도 한국 지역 언론의 활성화를 위한 적극적 노력이 수반되어야 함을 시사한다.

❖ 참고문헌

Abeles, Adina. "Highlighting Similarities between Political Parties Reduced Perceived Disagreement on Global Warming." *Political Communication* (2021): 1-22.

Althaus, Scott L., and Todd C. Trautman. "The impact of television market size on voter turnout in American elections." *American Politics Research* 36-6 (2008): 824-56.

Bayes, Robin, and James N. Druckman. "Motivated reasoning and climate change." *Current Opinion in Behavioral Sciences* 42 (2021): 27-35.

Benegal, Salil, and Mirya R. Holman. "Racial Prejudice, Education, and Views of Climate Change." *Social Science Quarterly* 102-4 (2021): 1907-1919.

Brulle, Robert J., Jason Carmichael and J. Craig Jenkins. "Shifting public opinion on climate change: an empirical assessment of factors influencing concern over climate change in the US, 2002-2010." *Climatic change* 114-2 (2012): 169-188.

Bullock, John G. "Partisan bias and the Bayesian ideal in the study of public opinion." *The Journal of Politics* 71–3 (2009): 1109–1124.

Carmichael, Jason T., and Robert J. Brulle. "Elite cues, media coverage, and public concern: an integrated path analysis of public opinion on climate change, 2001–2013." *Environmental Politics* 26–2 (2017): 232–252.

Carmichael, Jason T., Robert J. Brulle and Joanna K. Huxster. "The great divide: understanding the role of media and other drivers of the partisan divide in public concern over climate change in the USA, 2001–2014." *Climatic Change* 141–4 (2017): 599–612.

Chanin, Jesse. "The effect of symbolic racism on environmental concern and environmental action." *Environmental Sociology* 4–4 (2018): 457–469.

Druckman, James N., and Mary C. McGrath. "The evidence for motivated reasoning in climate change preference formation." *Nature Climate Change* 9–2 (2019): 111–119.

Egan, Patrick J., and Megan Mullin. "Climate change: US public opinion." *Annual Review of Political Science* 20 (2017): 209–227.

Eyck, Toby Ten, and Melissa Williment. "The National Media and Things Genetic: Coverage in the New York Times (1971–2001) and the Washington Post (1977–2001)." *Science Communication* 25–2 (2003): 129–152.

Feldman, Lauren, Edward W. Maibach, Connie Roser-Renouf and Anthony Leiserowitz. "Climate on cable: The nature and impact of global warming coverage on Fox News, CNN, and MSNBC." *The International Journal of Press/Politics* 17–1 (2012): 3–31.

Gerber, Alan, and Donald Green. "Misperceptions about perceptual bias." *Annual review of political science* 2–1 (1999): 189–210.

Gifford, Robert. "The dragons of inaction: psychological barriers that limit climate change mitigation and adaptation."*American psychologist* 66–4 (2011): 290.

Gotham, Kevin Fox. "Coastal restoration as contested terrain: Climate change and the political economy of risk reduction in Louisiana." In *Sociological Forum*. Vol. 31 Wiley Online Library (2016): 787–806.

Graber, Doris A., and Johanna Dunaway. *Mass media and American politics.* New York: CQ Press, 2017.

Guess, Andrew, Brendan Nyhan and Jason Reifler. "All Media Trust Is Local." (2018).

Hayes, Danny, and Jennifer L. Lawless. "As local news goes, so goes citizen engagement: Media, knowledge, and participation in US House Elections." *The Journal of Politics* 77–2 (2015): 447–462

Hood, Lee. "Radio reverb: The impact of 'local'news reimported to its own community." *Journal of Broadcasting & Electronic Media* 51–1 (2007): 1–19.

Hopkins, Daniel J., and Lindsay M. Pettingill. "Retrospective voting in big-city US mayoral elections." *Political Science Research and Methods* 6–4 (2018): 697–714.

Jankowski, Krista L., Torbjörn E. Törnqvist and Anjali M. Fernandes. "Vulnerability of Louisiana's coastal wetlands to present-day rates of relative sea-level rise." *Nature Communications* 8–1 (2017): 1–7.

Kaniss, Phyllis. *Making local news.* IL: University of Chicago Press, 1991.

Knight Foundation. State of Public Trust in Local News. Technical report Knight Foundation (2019).

Leiserowitz, Anthony. "Climate change risk perception and policy preferences: The role of affect, imagery, and values." *Climatic change* 77 1–2 (2006): 45–72.

Lorenzoni, Irene, Sophie Nicholson-Cole and Lorraine Whitmarsh. "Barriers perceived to engaging with climate change among the UK public and their policy implications." *Global environmental change* 17 3–4 (2007): 445–59.

Marlon, Jennifer, Liz Neyens, Martial Jefferson, Peter Howel, Mildenberger Matto and Anthony Leiserowitz. "Yale Climate Opinion Maps 2021." (2021). https://climatecommunication.yale.edu/visualizations-data/ycom-us/

Merkeley, Eric, and Dominik A. Stecula. "Party cues in the news: Democratic elites, Republican backlash, and the dynamics of climate skepticism." *British Journal of Political Science* 51–4 (2021): 1439–1456.

Osaka, Shannon, and Rob Bellamy. "Natural variability or climate change? Stakeholder and citizen perceptions of extreme event attribution." *Global Environmental Change* 62 (2020): 102070.

Priest, Susanna Hornig, and Toby Ten Eyck. "News Coverage of Biotechnology Debates." *Society* 40–6 (2003): 29–34.

Scannell, Leila, and Robert Gifford. "Personally relevant climate change: The role of place attachment and local versus global message framing in engagement." *Environment and Behavior* 45–1 (2013): 60–85.

Schulhofer-Wohl, Sam, and Miguel Garrido. "Do newspapers matter? Short-run and long-run evidence from the closure of The Cincinnati Post." *Journal of Media Economics* 26–2 (2013): 60–81.

Shearer, Elisa. "Social media outpaces print newspapers in the U.S. as a news source." (2020). https://www.pewresearch.org/fact-tank/2018/12/10/social-media-outpaces-print-newspapers-in-the-u-s-as-a-news-source/

Stecula, Dominik A., and Eric Merkley. "Framing climate change: economics, ideology, and uncertainty in American news media content from 1988 to 2014." *Frontiers in Communication* 4–6 (2019).

Taber, Charles S., and Milton Lodge. "Motivated skepticism in the evaluation of political beliefs." *American journal of political science* 50–3 (2006): 755–769.

Tesler, Michael. "Elite domination of public doubts about climate change (not evolution)." *Political Communication* 35-2 (2018): 306-326.

Van Boven, Leaf, Phillip J. Ehret and David K. Sherman. "Psychological barriers to bipartisan public support for climate policy." *Perspectives on Psychological Science* 13-4 (2018): 492-507.

Wells, Chris, Lewis A. Friedland, Ceri Hughes, Dhavan V. Shah, Jiyoun Suk and Michael W. Wagner. "News media use, talk networks, and anti-elitism across geographic location: Evidence from Wisconsin." *The International Journal of Press/Politics* 26-2 (2021): 438-463.

Wiest, Sara L., Leigh Raymond and Rosalee A. Clawson. "Framing, partisan predispositions, and public opinion on climate change." *Global environmental change* 31 (2015): 187-198.

온라인
퓨 리서치센터 https://www.journalism.org/2019/03/26/for-local-news-americans-embrace-digital-but-still-want-strong-community-connection/)

루이지애나 언론협회 https://www.lapress.com/resources/media_directory/members/)

기후위기 문제해결을 위한
교육의 역할과 과제

성정희

1. 서론

화석연료에 기반을 둔 산업혁명은 인류에게 물질적 혜택과 사회적 변화와 번영을 가져다주었지만 그 대신에 19세기 280~290ppm대였던 대기 중 이산화탄소 농도가 1990년대 초반 이미 그 농도가 20%가량 높아짐에 따라 역설적으로 인류의 미래를 위협하는 가장 중요한 요인이 되었다. 1980년대 후반부터 과학계에서 기후변화와 관련된 연구와 이슈들이 점차 늘어나게 되었고, 특히 1988년에는 유엔환경계획(UNEP: United Nations Environment Programme)과 세계기상기구(WMO: World Meteorological Organization)가 공동으로 기후변화와 관련된 국제적인 정책 협의체로서 기후변화에 관한 정부간 패널(IPCC: Intergovernmental Panel on Climate Change)을 설립하게 되었다. 1992년에는 브라질의 리우데자네이루에서 열린 환경 및 개발에 관한 유엔회의(UNCED: United Nations Conference on Environment and Development)에서 기후변화와 생물다양성 보호 등에 관한 국제협약인 유엔기후변화협약(UNFCCC: United Nations Framework Convention on Climate Change)이 채택되었다. 그리고 1997년 교토에서 열린 제3차 유엔기후변화협약 당사국총회(COP3)에서 최초로 당사국 간의 구속력 있는 협정인 교토의정서가 맺어졌다. 교토의정서는 1990년 배출량 대비 평균 5.2%의 온실가스를 2008~2012년 기간 동안 감축하도록 규정했다. 모든 협약국이 감축 의무를 지켜야 하는 것은 아니고 부속서1(Annex 1)에 속한 국가에만 온실가스 감축 의무를 부여했다. 그러나 온실가스 주요 배출국인 미국, 일본, 캐나다 등은 교토의정서를 탈퇴해서 실효성을 기대할 수 없게 되었다.

2000년대 이후에는 기후변화의 심각성과 그 영향에 대한 인식이 더욱 높아졌다. 2015년 제21차 유엔기후변화협약 당사국총회(COP21)에서 선진국과 개발도상국 구분 없이 역사상 처음으로 195개 모든 국가가 참여하여 파리협정(Paris Agreement)을 채택하였다. 당사국 모두가 온실가스 감축 의무를 이행하여 전 세계의 온도상승 폭을 2℃까지 억제하는 공통의 목표를 설정하게 되었다. 이후 2018년 인천 송도에서 개최한 제48차 IPCC 총회에서 「지구온난화 1.5도 특별보고서」가 최종 승인되며 산업화 이전 대비 온도상승 폭이 1.5℃를 넘지 않도록 노력하는 추가 목표를 세운 바 있다. 이러한 노력들은 지구온난화와 기후변화에 대한 국제적 관심을 높이고, 그 중요성을 부각시키는 데 기여했다. 유엔환경계획(UNEP)은 '파리협정이 제시한 산업화 대비 지구 기온 상승 1.5도 목표치'와 '각국의 온실가스 감축량 목표에 따른 지구 기온 상승 예상치'의 격차(gap)를 산정하는 '배출량 격차 보고서'를 매년 내고 있다.

그러나 이와 같이 기후위기에 대한 국제사회의 노력이 진행되고 있음에도 여전히 유엔환경계획(UNEP)이 펴낸 '2023년 (온실가스) 배출량 격차 보고서'(Emissions Gap report 2023)에서 세계 온실가스 배출량(도표 8.1)이 줄기는커녕 오히려 늘어나면서 온난화가 인간이 통제할 수 있는 임계점을 넘어서고 있다고 밝혔다. 현재 각국의 기후변화 대응 추세대로면 세기말까지 지구 온도가 섭씨 2.5~2.9℃ 올라 지구 온난화가 한계점을 훨씬 넘어설 것으로 전망했다.

최근 한국의 온실가스 배출 감소는 코로나(COVID19)와 전 세계적인 경기둔화로 인한 온실가스 다배출 업종인 철강 및 석유화학 부문의 생산량 감소가 산업 부문 배출량(전년 대비 6.2% 감소)에 영향을 미친 것으로 나타났다. 그러나 2021년 전 세계 탄소배출은 전년 대비 오히려 증가했다(도표 8.2). 2030 국가 온실가스 감축목표(NDC) 달성(2018년 배출량 대비 40% 감축)을 위해서는 여전히 전 분야의 온실가스 감축 노력을 더욱 강화하여야 할 필요성이 제기되었다. 이와 같이

도표 8.1   세계 온실가스 배출량 추이, 1990~2022년

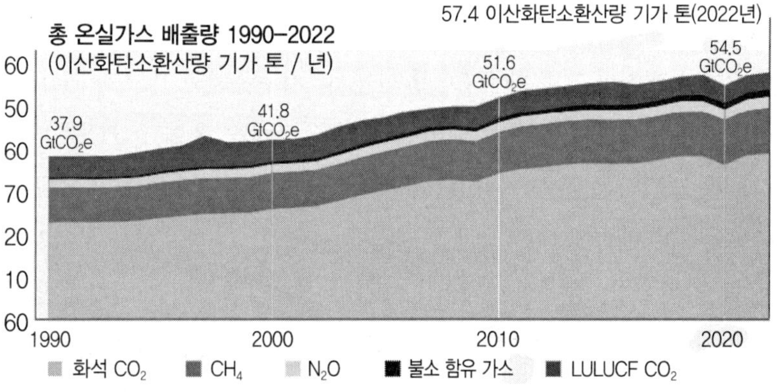

출처: UNEP, Emissions Gap Report 2023.

도표 8.2　2010년 이후 한국 국가 온실가스 배출량 추이

출처: 온실가스종합정보센터, 2021년 국가 온실가스 잠정배출량 공개.

국제적인 합의에 따라 목표를 설정하고 각국의 이행사항을 지속적으로 점검함에도 불구하고, 기후위기는 심화하고 있으며, 감축목표는 여전히 달성될 수 있는 목표가 될지 현재로서는 회의적이다.

목표를 달성하지 못하는 경우는 목표가 너무 높게 설정되어 있거나 아니면 목표를 달성할 의지, 수단과 방법이 적절하지 못할 경우일 것이다. 유럽의 40년간(1990~2030) 50%, 미국의 25년간 (2005~2030) 약 50%, 일본의 17년간(2013~2030) 46% 감축과 비교하면 한국의 경우 12년 만에 2030년 탄소배출량을 2018년 대비 40% 감축하겠다는 것은 대단히 도전적인 목표다. 전문가들조차 불가능하다는 의견이 많았음에도 우리 정부는 40%라는 감축목표를 그대로 유지하기로 결정했다. 여기에는 기후위기라는 문제 자체의 중요성도 있지만, 세계 경제질서의 변화로 우리가 겪게 될 고통이 더 클 수도 있다는 현실적인 이유에서도 절박한 대응이 필요하기 때문이다.

기후위기 대응을 위해 전 세계 국가가 합의하여 파리협정이 체결되었으므로 여기서는 더 이상 감축목표의 수준을 논의하지는 않겠다. 우리가 지금까지 해온 목표 달성을 위한 의지, 수단과 방법이 적절하였

는지를 반성해야 할 필요가 있다.

기후변화가 인류의 경제, 사회활동에 많은 영향을 끼치고 있다. 경제성장과 환경적 의사결정의 대결 구도로 시민들의 기후 행동을 설명하려는 시도는 더 이상 적절해 보이지 않는다. 사이먼 스틸(Simon Stiell, 유엔 기후변화 사무총장)은 기후변화로 인한 손해, 재난관리, 재건 비용이 경제성장을 상쇄하거나 능가하게 됨으로써 각 국가는 향후 지속가능성을 고려하여 온실가스 배출관리를 해야 할 것이라고 경고한다(UN Climate Change News 2024).

이미 기후변화의 문제는 전 세계적으로 시급히 해결해야 할 가장 중요한 의제이다. 현재 기후변화보다는 위기의 심각성을 강조하는 기후위기라는 표현이 사용되고 있지만, 기후변화라는 용어는 이미 우리 사회에서 익숙한 보편적 용어로 자리를 잡고 있다. 그만큼 기후변화의 문제는 보편적 문제가 되었다. 실제 한국의 일반인들을 대상으로 한 설문조사에서 기후변화문제에 대한 인식은 높은 것으로 나타났다. 그렇지만 높은 인식이 긍정적 태도로 이어지고 이것이 기후위기에 대응하기 위한 행동으로 이어지지는 않는다. 어떻게 하면 모든 사람들이 기후위기의 심각성을 일상생활에서 받아들이고 적극적인 기후행동가가 되어 기후위기 문제를 해결하는 데 동참하게 할 수 있는지에 대한 연구와 노력이 필요하다.

2002년 요하네스버그에서 개최된 '지속가능발전 세계정상회의'에서 지속가능발전을 환경 보호, 경제발전, 사회 발전이라는 상호의존적인 세 측면을 종합적으로 고려하는 21세기 인류의 보편적인 발전 전략으로 선포하였으며, 2015년 UN 총회에서는 이러한 지속가능발전의 구체적 실행 목표인 17개의 지속가능발전목표(SDGs: Sustainable Development Goals)를 채택하였다. 17개 지속가능발전목표(SDGs)

는 분야별로 '빈곤, 식량/농업, 보건/건강, 교육, 젠더, 물/위생, 에너지, 노동/경제, 산업, 불평등, 주거, 소비/생산, 기후변화, 해양, 육상 생태계' 등의 15개 주제와 2개의 이행 기제 관련 목표(거버넌스, 이행 수단/글로벌 파트너십)로 설정되어 있다. 기후변화에 대한 대응도 17개 지속가능발전목표(SDGs) 중 하나이다.

앞서 지속가능발전목표(SDGs)의 달성을 위해서는 다른 어떠한 방법보다도 교육의 역할을 강조하였고 이에 따라 2002년 유엔은 지속가능발전교육 10년(UN Decade on Education for Sustainable Development 2005−2014, UN DESD)을 선포하였고, 이후 국제 실천 프로그램(GAP: Global Action Programme on ESD, 2015−2019)에 이어 새로운 실천 프로그램인 '지속가능발전교육 2030(ESD for 2030, 2020−2030)'가 유엔 총회에서 승인되어 추진 중이다. 특히 교육은 지속가능발전목표(SDG4)의 핵심 요소이자, 여타 모든 지속가능발전목표(SDGs) 달성의 핵심 수단으로서 널리 인식되고 있다.

지속가능발전교육은 세계적 도전과제에 대처하기 위해 보다 건강하고 공정하고 환경적으로 지속가능한 사회를 위한 행동에 필요한 지식, 능력, 가치를 증진하는 것을 목표로 하는 교육이다. 마찬가지로 기후변화 교육은 기후변화의 원인을 이해하고, 올바른 정보에 바탕을 둔 결정을 내리고, 적절한 행동을 취할 수 있도록 도울 뿐만 아니라, 보다 지속가능한 생활방식과 녹색 경제, 그리고 지속가능하고 기후변화에 유연하게 대처할 수 있는 사회로 전환하는데 필요한 가치관과 능력을 길러 주는 핵심적 역할을 한다.

기후위기에 대응하기 위해서는 보다 강력한 국제적 법제도와 더불어 친환경 기술에 대한 더 많은 재정지원을 통해 국제 공조가 반드시 이루어져야 하지만, 우리가 생각하고 행동하는 방식, 즉 우리의 태도와 행동의 변화가 없이는 달성될 수 없는 목표이다. 그리고 기후위기에 대한 대응은 개인에서부터 국가 나아가 전 지구적인 노력이 없이는 달성이 불가능한 목표이며, 일회적인 대응이 아니라 일상에서의 지속적인 노력이 필요하다. 그러므로 단발적이고 어느 한 분야의 노력만으로는 달성할 수 없는 한계를 가지고 있다. 지속적이며, 모두가 동참하고, 행동하게 하는 것은 결국 외부적인 동기 요인보다는 내적 동기 요인이 효과적이다. 교육은 내적 동기 유발을 위한 효과적인 수단이다. 유네스코는 그동안 인류가 기후변화에 적응하고 완화시키는 데 무엇보다 교육의 역할이 중요함을 강조해 왔다. 교육은 사람들에게 기술과 역량을 제공할 뿐 아니라, 개개인의 가치와 태도, 행동의 변화를 만들어냄으로써 보다 지속가능한 사회를 만드는 데 중요한 역할을 하기 때문이다. 기후위기의 심각성을 일상생활에서 받아들이고, 머리로 이해하는 기후변화가 아니라 적극적인 행위자로의 역할을 할 수 있는 교육적 수단과 방법에 대한 연구가 필요하다.

2. 기후변화 문제가 해결되기 힘든 이유

지금까지의 이러한 전 지구적인 노력에도 불구하고 여전히 기후위기는 심화되고 있으며, 탄소중립은 왜 달성하기 힘든 도전적인 목표가 되었을까? 왜 인간은 핵전쟁의 위기는 두려워하면서 그에 필적할 만큼 위협적인 기후위기에는 소극적으로 대응하는 것일까?

기후변화의 위험성은 현재 많은 사람들이 인지하고 있다. 1990년 1차 IPCC 보고서가 나온 이후 2023년 제6차 보고서가 발표되기까지 이미 많은 과학적 증거들과 전문가들의 경고가 쏟아져 나오고 있다.

IPCC 보고서는 지금은 전문가들뿐만 아니라 관련 산업계나 공무원들도 관심을 가지고 보는 주요 참고문헌이 되었다. 그런데 이미 1912년 8월 14일자 '로드니 앤 오타마테아 타임스(Rodney and Otamatea Times)'에 최신 과학 연구 동향을 전하는 단신 기사로 기후변화의 문제를 다루고 있었으며, 그 위험성을 경고했다(도표 8.3).

과학계에서는 기후변화에 대한 수 많은 증거들과 그에 따른 위험을 경고하고 있음에도 불구하고 왜 사람들은 위험에 대해 반응을 하지 않

도표 8.3 화석연료 사용이 기후에 미치는 영향에 대한 1912년도 기사

THE RODNEY AND OTAMATEA TiMES, WEDNESDAY. AUGUST 14 1912.

Science Notes and News.

◆

COAL CONSUMPTION AFFECT-ING CLIMATE.

The furnaces of the world are now burning about 2,000,000,000 tons of coal a year. When this is burned, uniting with oxygen, it adds about 7,000,000,000 tons of carbon dioxide to the atmosphere yearly. This tends to make the air a more effective blanket for the earth and to raise its temperature. The effect may be considerable in a few centuries.

출처: Rodney and Otamatea Times, (1912.8.14)

는 것일까? 사람들이 통상적으로 위험을 인지하고 대응하기 위한 행동을 취하는 방식이 다르기 때문이다. 사람들이 위험을 느끼는 것은 객관적인 사실이나 현실이 아니라 느낌에 따라 판단하고 행동하는데, 그런데 그 느낌이 다를 경우도 많다는 것이다. 또한, 사람들은 위험에 대한 인지적 편견을 가지고 있다. 예를 들어 사람들은 교통사고로 사망하는 사망자가 비행기 사고로 인한 사망자 수보다도 훨씬 더 많지만, 비행기 사고에 대한 위험을 더 크게 느낀다. 드물지만 더 크고 거대한 사고에 대해 더 큰 위험을 느낀다. 그리고 흔하고 친숙한 대상은 덜 위험하다고 생각한다. 실제 유괴자는 모르는 사람보다는 아는 사람이 더 많다고 한다. 흡연으로 인한 사망자가 더 많음에도 불구하고 흡연의 위험은 자신이 끊을 수 있는 대상으로 느껴서 과소평가하고 테러는 희박한데도 훨씬 더 위험이 크다고 느끼는 것처럼 통제가능한 것은 안전하다고 느낀다.

기후위기의 경고가 안 먹히는 이유도 기후는 늘 일상적인 대상이고, 기후변화의 주범으로 지목되고 있는 이산화탄소는 독가스처럼 치명적인 기체가 아니라 무색무취의 안전한 물질이기 때문에 위협적으로 느끼지 않는다. 이현승(2020)의 연구에 의하면 위험 수용자가 물리적으로 존재하는 위해에 대한 관찰이라고 여기는 많은 것들이 사실은 과학적 지식에 의해 확인되고, 미디어를 포함한 정부, 시민단체, 기업 같은 위험을 둘러싼 다양한 공중들이 선택한 특정한 언어와 상징 속에서 구성된 현실이라는 것을 의미한다. 이와 같이 위험은 존재론적 보편성을 띠지만 인식론적 특수성으로 인해 사회적으로 구성된다. 우리가 접하는 기후변화의 위험성에 대한 정보는 직접 관찰에 의해 얻어진 것이 아니라 과학적 지식으로 얻은 진 위험 정보이며, 미디어를 통해 얻은 진 위험 인식이다. 기후변화, 기후적응과 같은 개념도 다양한 사회, 문화적 맥락에 의해 구성된다는 점에서 객관적인 개념(concept)이라기보다는 개인이 가진 기존 지식이나 경험에 따라 다르게 형성된 주관적 개념(conception)이다. 그리고 사람들은 객관적인 사실이 아니라 느낌에 따라 행동하므로 이렇게 형성된 기후위기의 위험은 사람마다 다른 행동반응으로 나타날 수밖에 없을 것이며, 그렇다면 기후위기를 사람들이 위기로 느끼고 대응 행동으로 이끌어내기 위한 전략도 지금까지 과학적 증거에 근거한 교육만으로는 해결하기 힘들 것이다.

기후위기의 문제가 해결되기 힘든 두 번째 이유는 위험을 초래한 행동을 한 시간과 기후위기의 위험 결과가 나타나는 시간 사이에 시차가 있다는 점이다. 환경 문제는 선택과 결과에 시차가 존재하는 문제인 '시점 간 선택'의 속성을 갖는다. 최근 기후위기에 대한 인식이 확산되고 있으나, 기후변화가 시급하게 해결되어야 하는 문제로 생각하기보다는 장기적으로 해결되어야 하는 문제로 인식되고 있다. 그리고 사람들이 기후변화라는 위험에 즉각적인 반응보다는 시간적으로 해결할 시간적 여유가 있다고 생각하게 하는 것도 기후위기에 대한 즉각적인 행동을 이끌어내기 어려운 요소로 작용한다. 사람에게 주어진 시간은 제한적이지만, 평소에는 시간이 무한한 것처럼 생각하며 행동한다. 죽음 등의 시간의 유한성 인식은 현재의 행복이나 감정 상태를 중요하게 여기는 경향을 보이게 하는 등 의사결정에 다양한 영향을 미친다(Fredrickson & Carstensen 1990). 이에 따라, 우리에게는 기후위기에 대응할 남은 시간이 별로 없다는 시간의 유한성을 인식시켜서 즉각적인 행동 반응을 일으키는 것도 하나의 방법이 될 수 있을 것이다(박수진 2021).

2024년 2월 26일 텍사스지역에서 발생한 산불은 3주가 넘어서야 진압되었다. 산불의 피해 면적은 총 107만 8,086에이커(약 4,363㎢)

로 파악되었다. 서울시(약 605㎢)의 약 7배가 넘는 면적이 불에 탔다. 규모만 놓고 보면 미국 역사상 2번째의 대규모 산불이다. 산불로 인해 총 2명이 사망하였고, 건물 약 500채가 파손되었으며, 최소 5,000여 명의 주민이 대피했다고 주 정부는 밝혔다. 텍사스 산림청은 해당 화재가 전선 스파크에서 일어난 것으로 결론을 내렸고, 이미 피해 지역 주민들은 전력 기업을 상대로 책임을 묻는 손해배상 소송을 제기하였다.

한편, 텍사스 A&M대학 대기과학과의 존 닐슨-개먼 교수는 『뉴욕타임스(NYT)』에 이번 대형 산불의 원인으로 기후변화를 지목했다. 그는 "고온·저습·강풍 등 3개 조건이 맞물렸기 때문에 산불이 급속도로 확대된 것"이라고 밝혔다. 실제로 스모크하우스 크리크 화재 첫 발화 지역 인근 도시인 에머릴로는 당일 낮 최고기온이 27.8℃였다. 이는 예년 낮 최고기온 평균치인 12.2℃의 2배를 웃돈 것이다. 텍사스주는 1975년 이래 10년마다 평균기온 0.34℃씩 오르고 있다.

대부분의 피해 지역 주민들은 이 대형 산불의 원인을 기후변화보다는 송전선에서 튄 불꽃, 즉 스파크가 산불의 원인으로 지목하고 있다. 그 외 최근 발생한 캘리포니아, 콜로라도 하와이 등 대형 산불의 발화 원인으로 송전탑 스파크가 지목되며 관련 에너지 기업들은 파산에 직면하기도 하였다. 미 퍼시픽노스웨스트국립연구소(PNNL)의 유틸리티 전문가인 케빈 슈나이더 박사는 송전선 지하 매설 작업, 송전선 인근 가지치기 작업 등 전력망 개선에는 막대한 비용이 필요하며 "이 막대한 비용 청구는 기업에게는 전례가 없는 일"이라고 강조하였다. 이와 관련해 기후적응을 위해 정부가 도로, 수자원, 대중노선 등 공공부문 개선에 상당한 비용을 투입하고 있지만 "전력망 내 기후적응 노력은 정부가 아닌 유틸리티 기업들이 주도하고 있다"는 점을 짚었다. 그러면서 "화재에 대해 책임 당사자인 유틸리티 기업으로부터 손해배상을 받을 수 있지만 결국, 이 비용들은 일반 주민들의 호주머니에서 나온 것을 의미한다"고 덧붙였다(그린비즈 기사 참조).

이와 같이 대부분의 사람들은 이러한 대형 산불의 원인을 기후변화보다는 특정 기업의 관리부실로 인한 송전탑 스파크로 지목한다는 점이다. 이러한 점은 기후변화로 인한 재난의 위험이 급증하고 있는 현실에도 불구하고 재난의 원인은 다른 것이 되어버림으로써 문제의 본질을 외면하는 결과를 가져온다. 이와 같이 사람들이 생각하는 기후위기는 아주 시급하지도 않으며, 개인적인 문제라기보다는 사회적인 문제이며, 기후적응도 개인보다는 사회적 적응 대책이 중요하다고 생각한다는 점이다.

기후변화 전문 비영리 기관인 'COIN(Climate Outreach and Information Network)'의 공동 창립자인 조지 마셜(George Marshall)은 사람들이 기후변화를 부정하는 심리를 분석하였다. 그가 쓴 '기후변화의 심리학'에서는 다음과 같이 기후변화를 외면할 수밖에 없는 근본적인 질문을 던지고 있다(조지 마셜 2018).

- 기후변화는 복잡하고 생소하며, 천천히 움직이고 눈에 보이지 않는 데다 세대 간에 영향을 미친다.
- 기후변화에 대처하려면 먼 미래에 일어날, 크지만 불확실한 손실을 줄이기 위해 확실한 단기 비용과 생활 수준 하락을 감수해야 하기 때문이다.
- 기후변화는 우리가 안락하고 가족의 안전에 필요하다고 여겨왔던 생활양식을 갑자기 위협한 것이라고 말한다. 무해하다고 생각한 이산화탄소 기체가 갑자기 위험한 물질이 되었으며, 공공재를 할당하는 문제에 대해 동의를 이끌어내야 하기 때문이다.
- 기후변화는 해를 끼칠 명확한 의도를 지닌 외부의 적이 일으킨 문

제가 아니다. 우리 모두가 일상에서 배출한 온실가스가 직접적인 원인이며, 모두의 책임인 것이다.

- 기후변화를 받아들이지 않는 이유는 기후변화가 유발하는 불안과 그것이 요구하는 근본적인 변화를 피하고 싶기 때문이다. 사람들은 죽음의 공포가 있으며 이를 외면하고 싶은 심리와 같다. 평소 기후변화를 의식하는 사람이 얼마나 될까? 기후변화를 믿는 사람 중에도 이를 절박한 위협으로 느끼는 이는 많지 않다. 인간의 정보 처리 시스템은 이성적 뇌와 감정적 뇌로 나뉜다. 이성적 뇌는 과학적 사실과 데이터를 처리한다. 증거를 평가해 중대한 문제가 있다는 사실을 인식하지만 행동에 박차를 가하지는 않는다. 감정적 뇌는 위험을 인식한다. 하지만 장기간에 걸친 불분명한 위협에는 적절하게 대처하지 못한다. 따라서 기후변화가 위협임을 '알면서'도 위협으로 '느끼지'는 않는다.

이와 같이 기후 과학자들은 사람들이 기후변화를 외면하거나 부정하는 이유가 과학적 증거들을 충분히 이해하지 못하기 때문이며, 따라서 더욱 명확한 과학적 증거나 데이터를 찾아 들이밀면 사람들이 그것을 스펀지처럼 흡수하여 기후변화에 대한 확고한 믿음을 갖게 되리라 생각한다. 그러나 조지 마셜은 사람의 심리를 이해하지 못하는 기후 과학자들의 이러한 태도가 오히려 사람들이 기후변화를 외면하게 만드는 요인이 된다고 지적한다. 그러므로 기후변화에 대한 행동을 촉구하려면 충분한 과학적 증거와 데이터를 확보하는 동시에 긴급성, 근접성, 사회적 의미, 이야기, 경험에서 나온 비유 등의 도구를 활용하여 사람의 감정을 끌어들이고 자극하는 형태로 그러한 증거와 데이터를 변환할 수 있어야 한다고 조언한다.

기후변화는 외부의 적이 일으킨 문제가 아니다. 우리 모두가 온실가스를 배출해 기후변화에 직접적 원인을 주고 있으므로 개개인에게 책임이 있다. 이런 도덕적 난관에 개인의 무력감이 더해져 기후변화 문제를 외면하는 방어기제가 작동한다. 기후변화에 대처하기 위해서는 새로운 저감기술이나 저장기술의 개발과 배출 규제 등 정책적 노력을 넘어서 모두의 행동이 필요한 이유이다. 인류는 감정적 뇌에 호소할 담론과 문화 양식을 만들고 지속적 대응이 가능하도록 사회제도를 정비해 위협에 대처하는 능력을 갖추고 있으며, 집단행동에 나서는 강력한 추진력도 있다. 조지 마셜은 기후변화를 단순한 현상 유지 차원이 아니라 더 공정하고 평등한 세상을 만들어가는 차원에서 다뤄야 한다고 주장한다. 경쟁적 가치가 아니라 협력적 가치를 모색하고 기후변화를 위한 행동에 자부심을 느껴야 한다고 말한다. 교육에서도 지금까지 과학적 사실에 근거한 위협에서 벗어난 새로운 접근법이 필요해 보인다.

3. 기후변화 교육의 목적과 목표 – 행동의 변화: 개인적, 집단적 행동을 취하는 것

기후변화(적응) 교육은 환경교육과 지속가능발전교육에 그 뿌리를 두고 있다.

환경교육이라는 용어는 1948년 파리 국제자연보존연맹(IUCN)회의에서 프릿차드(Thomas Pritchard)는 자연과학과 사회과학을 접목하려는 교육적인 시도가 필요하다고 주장하면서 그것을 '환경교육'(Environment Education)이라고 부르자고 제안한 이후부터 쓰이기 시작하였다. 이후 환경교육은 다양한 국제회의를 통하여 정의되고 발전되어 왔다. '국제자연보존연맹'(IUCN)이 UNESCO 지원으로 미국에서 개최한 '학교 교육과정에서의 환경교육에 관한 국제 실무 회의'(1970), 스웨덴의 스톡홀름에서 개최된 '인간 환경에 관한 유엔회의'(1972), 구유고슬라비아의 수도인 베오그라드에서 개최된 '국제환경교육회의'(1975), 구소련의 트빌리시에서 UNESCO-UNEP 주관으로 개최된 '환경교육에 관한 정부간 회의'(1977) 등을 들 수 있다. 이 시기에는 세계적 조직을 갖춘 민간 환경 단체(그린 피스, 시에라 클럽, 지구의 벗 인터내셔널, 로마 클럽 등)가 조직·출범하여 매우 활발한 활동을 전개함으로써 세계 수준에서의 환경교육 풍토를 조성하였다. 1960년대까지는 자연학습, 1970년대에는 야외교육, 자원이용교육, 인구교육 중심으로 이루어졌으며, 1980년대에는 세계화 교육, 가치교육, 1990년대에는 환경문제의 해결을 위해 행동하는 시민교육, 2000년대에는 지속가능성 교육, 지속가능발전교육을 중시하는 경향을 띠면서 진화·발전해 오고 있다.

1970년 유네스코와 국제자연보존연맹은 다음과 같이 환경교육을 정의하고 있다.

"환경교육은 환경의사결정과 환경의 질에 관한 행동을 스스로 공식화하는 것을 포함하며, 인간과 문화, 그리고 생물리학적 환경의 상호연관성을 이해하고 인식하는데 필요한 태도, 기술을 개발하기 위해 가치를 인지하고 그 개념을 명확히 하는 과정으로 정의된다."

1975년 베오그라드에서 개최된 국제환경교육회의에서 채택된 베오그라드 헌장에서 제시한 환경교육의 목적은 "환경 그리고 환경과 연관한 문제에 대한 인류의 이해와 관심을 증진하며, 현재의 문제와 앞으로 발생할 문제의 해결책에 대한 개인적이며 공동체적인 지식과 기능, 태도, 동기 그리고 헌신을 지향하는 것이다"라고 환경교육의 목적을 처음으로 밝혔다.

1977년 UNESCO와 UNEP가 공동으로 조직한 세계 최초의 환경교육에 관한 정부간 회의에서 채택된 트빌리시 선언(The Tbilisi Declaration)은 한국은 물론 전 세계 환경교육에 큰 영향을 주고 있다 (UNEP 1978). 이 선언문에는 환경교육의 정의, 목적 및 목표에 대한 공식적인 합의 내용이 담겨져 있다.

2019년 환경교육북미협회(NAAEE: North American Association for Environmental Education)에서 발간한 학교 환경교육가이드라인에 의하면 '환경교육은 개인, 기관 및 사회가 환경에 대해서 더 잘 배우고, 환경을 탐구하는 기능을 개발하며, 환경을 돌보기 위해 필요한 정보에 근거한 결정을 내리도록 돕는 과정이다.' 라고 정의하고 있다. 환경교육은 개인의 삶과 사회를 변화시키는 힘을 가지며, 필요한 지식과 정보를 제공하여 영감을 주며, 실천행동을 촉구한다. 환경교육은 보다 건강하고, 시민들의 참여가 높은 지역사회를 만드는 핵심 수단이다.

한국은 「환경교육의 활성화 및 지원에 관한 법률」 제2조에서 다음과 같이 정의하고 있다.

요약해 보면 환경교육의 목적은 환경적으로 소양있는 시민을 개발하고 책임있는 환경행동을 증진시키는 것이다. 많은 환경교육자들이

글상자 8.1   환경교육의 정의

환경교육이란 국민이 환경의 중요성을 이해하고 환경을 보전하고 개선하는데 필요한 지식, 기능, 태도, 가치관 등을 갖추어 환경의 보전 및 개선을 실천하도록 하는 교육

출처: 「환경교육의 활성화 및 지원에 관한 법률」 제2조

환경교육의 목적(Goals)

- 도시와 농촌지역의 경제, 사회, 정치, 생태적 상호의존성에 대한 분명한 인식을 증진시키고

- 모든 사람이 환경을 보호하고 개선하는데 필요한 지식, 가치, 태도, 책임, 기능 등을 얻을 기회를 제공하며

- 개인, 집단, 사회전체가 환경지향의 새로운 행동 양식을 계발하는 데 있다.

환경교육의 목표(objectives)

- 인식(awareness): 개인과 사회가 환경과 관련된 문제에 대한 인식과 감수성을 갖도록 한다.

- 지식(knowledge): 개인과 사회가 환경과 환경과 관련된 다양한 문제를 경험하고 기본적인 이해를 갖도록 한다.

- 태도(attitude): 개인과 사회가 환경에 대한 가치와 관심을 가지고 환경 개선과 보호 활동에 적극적으로 참여할 동기를 갖도록 한다.

- 기능(skills): 개인과 사회가 환경문제를 확인하고 해결할 수 있는 기능을 갖도록 한다.

- 참여(participation): 개인과 사회가 환경문제해결에 대한 다양한 차원에서 적극적으로 참여할 기회를 제공한다.

환경행동의 중요성에 대해 공감하고 있다(최돈형 2005). 이후 많은 환경교육프로그램들이 지식-태도-행동 모형에 근거하여 개발되었다. 그러나 이러한 노력에도 불구하고 전 지구적으로 환경 상태가 개선되지 않고 악화되고 있다는 점이다. 환경행동에 영향을 주는 요인들을 좀 더 분석할 필요가 있다.

한편 일상생활에서 만나는 문제들은 겉으로 드러난 것과 달리 매우 복잡한 원인들이 실타래처럼 얽혀있다. 예를 들어 2003년 수단 다르푸르에서 22만 명이 죽고, 220만 명 난민 발생하였다. 2007년 유엔은 "기후변화가 북아프리카 수단의 다르푸르분쟁을 발생시킨 주요 원인이다."라고 발표했다. 이 전쟁은 가뭄으로 인해 식량 가격이 높아졌고, 경작가능한 토지가 눈에 띄게 줄어들었다. 이로 인해 토지와 초원을 차지하기 위한 수단과 남수단 간 갈등이 심화하여 발생한 것이다. 환경문제는 독립적으로 존재하는 문제가 아니라 인구, 식량, 에너지, 인권 등이 관련된 복잡성을 띤 문제이다. 환경문제의 일반적인 속성은 지리-공간적으로 오염 및 파괴물질이 전이되고 사회- 간적으로 경제, 과학기술, 문화, 정치 등 제반 분야들이 그 원인과 해결이라는 면에서 서로 연결되어 있으며, 시간적으로 세대를 걸쳐 누적적으로 전이된다는 점에 있다.

환경문제를 연구하는 대다수 학자들은 기존의 이론 및 제도적 장치들이 환경문제를 해결하지 못한 이유로 이것이 다른 영역 및 제도들

글상자 8.3 다르푸르: 최초의 기후변화 갈등

"우리는 거의 항상 편의적으로 다르푸르분쟁을 아랍 민병대와 흑인 반군 및 농민들이 대립하는 민족적 갈등으로 군사적, 정치적 논의를 해 오고 있는데, 하지만 그 뿌리를 살펴보면, 보다 복잡한 역학관계를 발견할 수 있습니다. 다양한 사회적, 정치적 원인들 속에서, 다르푸르분쟁은 적어도 부분적으로는 기후변화에서 비롯된, 생태학적 위기로 시작되었습니다."

2007년 반기문 유엔사무총장

과 관련지어 생각하지 못하고 고립되고 분열되었던 점을 지적한다. 그러므로 기후변화를 포함한 환경위기를 벗어나기 위해서는 환경과 인간, 환경을 구성하는 여러 요소들 간의 조화가 필요하며, 이를 위해서 새로운 차원의 교육이 절실히 요구되었다. 이는 환경교육에서 지속가능발전교육으로 패러다임이 전환하는 계기가 되었다(박태윤, 성정희 2007).

지속가능발전 개념의 정의는 1987년 환경과 개발에 관한 세계위원회(World Commission on Environment and Development)에서 제출한 '우리 공동의 미래(Our Common Future)'를 통해서이다. "지속가능발전은 미래세대의 필요를 충족시킬 수 있는 능력을 저해하지 않으면서 현세대의 요구를 충족시키는 발전"으로 정의하고 있다. 이처럼 초창기 지속가능발전 개념은 환경파괴를 동반하는 개발이 더 이상 장기적이고 지속가능한 발전을 가져오지 못한다는 문제의식에서 출발하였다. 이후 지속가능발전은 환경보호, 경제발전, 사회발전이라는 상호의존적인 세 측면을 종합적으로 고려하는 21세기 인류의 보편적인 발전 전략을 함축하는 핵심 개념으로 받아들여지고 있다. 2015년 UN 총회에서는 이러한 지속가능발전을 위한 구체적 목표인 '지속가능발전목표(SDGs)'를 채택하였다. 17개의 목표 중 기후행동이 포함되어 있다.

지속가능발전은 인류가 지향하는 공통의 목표이며, 유엔은 이러한 목표를 달성하기 위한 수단으로서 교육을 강조하고 있다. 2002년 제57차 유엔총회에서 유엔 지속가능발전교육 10년(UN DESD)을 선언하고 유네스코는 2005년 제33차 유네스코 총회에서 DESD 국제이행계획을 승인하였다. 지속가능발전의 궁극적 목적은 교육을 통한 지속가능한 사회를 만드는 것이다. 지속가능발전에 대해서 가르치는 것도

도표 8.4   지속가능발전목표와 지속가능발전교육 2030의 연계

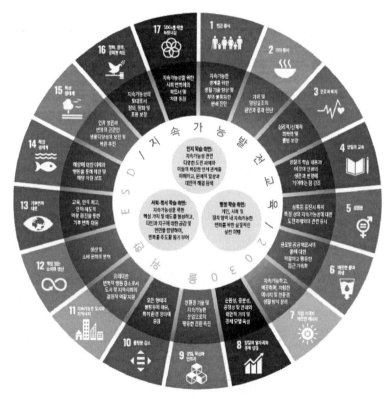

출처: 유네스코한국위원회 번역. 지속가능발전교육(ESD) 로드맵 (2021).

중요하지만 더 중요한 것은 지속가능발전을 가능하게 하는 역량을 기르는 일이다. 이를 위해서 지속가능발전교육은 환경적, 사회적, 경제적 지식, 관점에 대한 이해뿐만 아니라 그에 포함된 가치와 실천 방법을 포함하고 있다.

지속가능발전교육 2030은 상호 연계된 17개 SDGs의 달성에 있어 교육의 역할을 강조하는 것이다. 유엔 총회 결의안 74/233(2019)에서는 국가들에게 자국 내 ESD 이행 강화를 촉구할 것을 강조한 반면, 유엔 총회 결의안 72/222(2017)는 ESD를 'SDG 4번 목표의 필수 요소이자 다른 모든 SDGs의 핵심 원동력'으로 명시하고 있다 (유네스코 한국위원회 번역 2021). 17개의 지속가능발전목표(SDGs) 중 하나인 기후변화 대응을 위해서도 교육의 역할이 강조되고 있다. 기후변화 교육도 지속가능교육의 맥락에서 다루어져야 할 것이다. 기후변화(적응)교육도 탄소중립이라는 사회적 요구를 해결하기 위한 역할을 강조하며, 이를 구체적으로 달성하기 위한 지극히 목적 지향적인 교육이다.

기후변화교육은 2000년대 이후 본격적으로 사용되고 있다. 2021년 한국은 『교육기본법』(법률 제18456호)일부 개정을 통해 기후변화, 물 문제, 에너지, 생태계 파괴 등 미래의 환경 및 사회적 변화에 적극

글상자 8.5 기후변화교육의 정의

기후변화교육은 기후변화의 현상과 원리, 원인과 영향, 완화와 저감 등의 대응방식을 이해하고, 이를 바탕으로 지구 기후변화문제해결을 위한 바람직한 의사결정에 참여할 수 있는 '기후소양'을 갖춘 시민을 양성하는 환경교육의 접근 방식이다.

출처: 환경교육포털, 환경교육용어사전

적으로 대응하고, 인간과 자연의 공존과 지속가능한 삶을 위한 교육 기반으로 '기후변화환경교육' 조항을 신설하였다.

제22조의2(기후변화환경교육) 국가와 지방자치단체는 모든 국민이 기후변화 등에 대응하기 위하여 생태전환교육을 받을 수 있도록 필요한 시책을 수립·실시하여야 한다. [본조신설 2021. 9. 24.]

기후변화(적응) 교육의 목적 역시 기후변화(적응)에 대한 기본적인 이해와 책임 있는 기후행동을 증진시키는 것이다. 기후변화(적응) 교육은 강조하고자 하는 교육내용을 제외하고는 환경교육과 지속가능발전교육이 추구하는 목적과 목표의 방향과 일치하므로 환경교육과 지속가능발전교육에서 적용해 온 교육 방법론을 적용할 수 있을 것이다.

많은 환경교육자와 지속가능발전교육자들이 문제해결을 위한 지식과 기능의 사용을 가능하게 하는 환경윤리나 환경적 소양이 요구되어진다는 점에 대해 하딘(Hardin), 코먼디(Kormondy) 등과 의견이 일치한다고 밝히고 있다. 또한, 차일드리스와 워트(Childress & Wert 1976), 헝거포드, 페이튼과 윌크(Hungerford, Peyton & Wilke 1980), 위센메이어와 루바(Wisenmayer & Rubba 1985)는 환경행동이 환경교육의 궁극적 목적이라는 유사한 입장을 취하고 있다(Hungerford 2009).

환경 소양(Environmental Literacy)은 인간과 환경의 상호작용을 이해하고, 환경시스템에 관한 지식을 갖추며, 환경의 질 개선을 위한 태도를 가지고 능동적으로 참여하는 능력을 뜻하고, 환경지식을 가지고 인지적, 정서적 성향인 환경정서를 바탕으로 다양한 맥락에서 적용 가능한 환경실천 전략을 보유하고 있는 이를 환경소양을 갖춘 사람이라고 칭한다(학교환경교육정보센터 사이트 참조).

그런데 많은 환경교육자들이 환경행동의 중요성에 대해 공감하고 있지만, 소수의 교육자들만이 행동과 관련된 수업을 교육과정에 포함시키고 있다. 대부분의 교수 전략과 방법은 생태학적 기초와 환경자원의 인식을 강조하는 환경 인식 모델에 기초하였다.

1980년대와 1990년대에 걸쳐 환경교육 분야에서는 환경 태도 습득과 환경 행동 습득의 관계가 많은 연구와 논쟁의 주제였다(Hines, Hungerford, Tomera 1987). 1970년대에 시작된 환경 교육의 초기 모델들은, 첫째, 긍정적인 태도는 긍정적인 행동으로 이어지고(Burgess, Harrison, Filius 1998; Kollmuss & Agyeman 2002) 둘째, 긍정적인 행동은 궁극적인 환경교육의 목표였다(Hungerford & Peyton 1976; Hungerford & Volk 1990). 그러나 이후 지속적인 연구를 통해 환경 태도가 행동으로 이어진다는 선형모델에 대한 불신을 의구심이 생겨났다(Buttel 1987; Scott & Willits 1984; Tarrant & Cordell 1997; Wallace, Paulson, Lord, & Bond 2005). 그러나 이러한 환경 태도-행동 선형모델 개념은 수그러들었지만, 교육과정의 궁극적인 목표로서 환경 행동의 습득에 대한 인식은 환경교육계에서 강하게 유지되어 왔다(Eilam & Trop 2012).

환경에 대한 지식과 태도가 환경행동에 영향을 끼친다는 것에 대해서는 연구자들 사이에서 어느 정도 의견일치가 있지만, 이러한 변인들 사이의 정확한 관계는 거의 알려지지 않았다. 지식이 환경적 소양의 중요한 요소이지만, 책임있는 환경행동의 충분한 선행조건은 아니라고 언급했다(Hungerford & Volk 1990). 이텔슨 외(Ittelson, Proshansky, Rivlin, & Winkel 1974)는 "환경에 대한 태도는 환경 행동에 영향을 미치나 이러한 태도의 성향이나 형성에 대해서는 거의 알려진 바가 없다"고 설명하고 있다. 2012~2017년 국민환경의식조사 통합자료를 활용하여 한국 국민의 환경인식 변화를 살펴보고, 친환경행동에 대한 태도 및 환경실천과 개인·사회적 특성 간의 상관성을 환경지식-환경의식(환경중요도, 환경태도)-환경행동 가설을 구조방정식 모형을 적용하여 검증한 연구에서도 환경정보-환경중요도-환경실천 및 환경중요도-환경태도-환경실천 경로가 주요 연결고리로 확인되었으나, 환경의식과 친환경행동 간에는 여전히 간극이 존재하는 것으로 파악되었다(안소은, 오치옥, 윤태경 2021).

그럼에도 불구하고 환경적으로 소양이 있는 시민을 양성하기 위한 교육적 노력은 일반적으로 인지적 영역(지식), 정의적 영역(태도), 행동 간에 선형적 관계가 존재한다는 가정에 기초하고 있다. 따라서, 환경교육 프로그램은 흔히 생태학이나 환경에 대한 지식과 인식을 제공하고, 이것이 요구되는 태도를 이끌어내고 궁극적으로는 환경적으로 윤리적 행동을 하게 할 것으로 가정하고 있다(Peyton & Miller 1980). 1960년대 이후, 지식-태도-행동(KAB) 모형에 근거한 수많은 환경교육 프로그램들이 개발되었고 수행되었다. 만약 이러한 지식-태도-행동(KAB) 모형이 타당하다면 인류의 친환경적 행동에 의해 지구 환경문제들이 줄어들었어야 할 것이다. 그러나 환경문제는 줄어들지 않았다. 지구 환경 상태는 개선되지 않고 오히려 대부분 지역에서는 실제 악화되고 있다.

기후변화(적응)교육도 마찬가지이다. 기후변화 문제의 심각성이 대두될 때마다 많은 교육프로그램들이 개발되고 적용되었지만, 상황은 악화되고 있으며, 전 세계 국가들이 합의한 목표를 달성하기에는 더 많은 노력이 요구된다.

기후변화(적응)교육의 목적이 책임있는 기후행동이라면 이 목표를 달성하기 위한 수단에 대한 연구가 필요하다. 그렇다면 개인과 집단의 행동변화에 영향을 미치는 요인을 파악하는 것이 선행되어야 할 것이다. 즉 기후변화 소양(climate change literacy)은 기후에 대한 사람의 영향, 사람과 사회에 대한 기후의 영향 등에 대한 이해를 뜻하며 (U.S. Global Change Research Program 2009), 기후변화에 대한 지식, 태도, 개인적 관심, 행동 등의 측면을 가진다(이봉우, 이세연, 조헌국 2021). 기후변화 교육에 대한 국제 연구 동향을 살펴보면 지식에 국한하지 않고 인식이나 태도 역시 함께 중요하게 고려되고 있다. 기후변화를 주제어로 한 계량 서지분석(scientometrics) 결과를 살펴보면 지식, 개념(conceptions)과 인식(perceptions) 등의 주제어가 종종 발견된다(이봉우와 조헌국 2020).

개인이 기후위기에 대응하고 개선하기 위한 행동을 하기 위해서는 먼저 문제를 정확히 깨닫는 것이 선행되어야 한다. 그런데 기후위기의 문제를 해결하기 위해서는 다른 환경문제와 마찬가지로 이 문제가 단순히 환경과학적 문제가 아니라 사회, 경제적 맥락에서의 쟁점들을 포함하고 있기 때문에 어려움이 있다. 이러한 쟁점은 개인이 행동을 하게 하는 하나의 원인이 되거나 기폭제가 되기도 한다. 기후행동에 영향을 주는 것은 어떤 기후변화(적응)의 쟁점에 대해 개인이 가지는 신념과 가치가 영향을 준다고 볼 수 있다.

그런데 기후변화(적응)교육, 환경교육, 지속가능발전교육에서도 관련된 쟁점에 대해서 다루고 있지만 목표 수준이 인식 변화에 머무르고 그 쟁점의 해결을 위한 과정까지 나아가지 못한 경우가 많았다. 행동변화가 궁극적 교육의 목적이라면 교육도 쟁점에 대한 인식과 지식 이상으로 문제해결에 참여하는 실천 역량을 개발하는 것을 포함해야 할 것이다.

그리고 기후변화(적응) 교육은 단지 학생이나 일부 사람들에게만 필요한 교육이 되어서는 달성하기 힘들고 모든 사람이 교육의 대상이 되어야 한다는 것이다. 이를 위해서는 기존의 학교 중심을 넘어서 비형식, 무형식 교육과 함께 하는 교육협력체제를 말들어야 할 것이며, 또한 교육이 전통적인 지식과 이해 영역의 목표를 넘어 행동에 이를 수 있는 교육이 되어야 한다는 점에서 도전적인 교육목표이다.

교육은 정치, 문화, 사회, 심리, 철학 등 외부세계와 다양하게 결합하면서 세계를 운용하는 강력한 작동 기제 중의 하나로서 영향력과 파급력을 발휘해 왔다. 교육의 외재적 가치가 다방면에서 발현되면서 인류는 수없이 많은 성취를 이룩하였다. 장상호는 교육의 외재적 가치는 교육이 그 내재가치를 제외하고도 여타의 세계에 공헌할 수 있는 일종의 부가가치라고 할 수 있으며, 그 양으로 치면 외재적 가치가 내재적 가치를 훨씬 능가한다고 하였다. 교육의 외재적 가치는 인류를 더욱 풍족하고 풍요로운 삶으로 이끌어 온 원동력이었다(임효진, 이두곤 2016)는 점을 강조하고 있다. 기후변화 교육은 개인적 노력에 더해 사회 집단적 노력이 필요하며, 협력적 가치를 모색하고 기후변화를 위한 행동에 자부심을 느낄 수 있도록 공동체의 행동으로 승화되어야 할 것이다.

4. 기후행동을 위한 교육방안과 과제

기후변화 교육의 궁극적 목표는 기후소양을 갖추어 기후위기를 극복할 수 있는 개인적, 사회 집단적 행동의 변화를 목표로 한다. 이를 위해 우리는 무엇을 어떻게 교육해야 할 것인지 그리고 이를 위해 필요한 교육지원에 대해 다시 생각해 볼 필요가 있다. 기후변화 교육을 위한 학습환경의 변혁이 요구된다.

기후변화 대응을 위한 유의미한 변화와 변혁적 행동은 지역사회에

> 변혁은 무엇보다도 특정 수준의 해체를 필요로 하며, 사람들이 현 상태의 안전이나 사고, 행동 또는 생활의 "일반적인" 방식을 벗어나는 것을 선택하는 것과 같은 것이다. 그것은 용기, 끈기, 결단력을 필요로 하며, 사람이나 상황에 따라 정도는 다를 수 있지만, 개인적인 신념, 통찰력 또는 옳은 것에 대한 단순한 느낌에서 비롯된다.
>
> 출처: 지속가능발전교육 2030 이행 체계, 단락 4.2

서 일어날 가능성이 가장 높다. 학습자와 사람들은 지역 차원의 일상생활에서 기후변화 대응을 위한 행동을 해야 한다. 또한 이러한 노력을 함께 할 파트너도 역시 지역사회에서 찾아야 한다.

UN지속가능발전교육 10년(DESD)의 원활한 추진을 위해 UN 산하고등교육기관인 UN대학은 지속가능발전교육지역전문센터(Regional Centers of Expertise on ESD, 이하 RCE)를 지정하여 지역의 지속가능발전교육의 거점으로 활동할 수 있도록 계획을 세웠다(UNU-IAS Concept Paper 2005). 2023년 현재 전 세계 177개 도시가 지정되어 있으며, 한국에서는 2005년 통영RCE가 세계 8번째, 국내 첫 번째 RCE로 지정받았으며, 현재 총 7개(통영RCE / 인천RCE / 울주RCE / 인제RCE / 창원RCE / 도봉RCE / 광명RCE)가 지정받아서 활동하고 있다.

기후변화 교육도 지속가능발전교육과 마찬가지로 지역적 차원에서 다양한 분야와의 통합, 서로 다른 이해관계자들 간의 원활한 의사소통과 조정을 통한 협력, 관련 최신의 정보와 지혜를 쉽게 얻고, 이해할수 있도록 하는 등의 역할을 할 지역 수준의 교육플랫폼이 필요하다. 기후변화 교육은 사회구성원 모두에 대한 평생학습이 되어야 하며, 이를 위해 지역사회에서 가용한 교육적 자원들을 모아 형식, 비형식, 무형식 교육협력 체제(도표 8.5)를 만들어야 할 것이다. 그리고 지역 수준의 실천을 할 수 있는 우리 삶의 공간이 교육장이 되어야 할 것이다. 이를 위해 실천 영역에서 필요한 다양한 이해관계자를 참여시키고 협력 네트워크를 만들고 지원해야 할 것이다.

그런데 기후변화 문제에 대한 중요성과 심각성에도 불구하고, 학교에서의 기후변화와 관련된 교육과 실천은 폭넓게 이뤄지지 않고 있다. 2015 개정 교육과정을 살펴보면 다양한 해양이나 기상 현상들을 다루고 있지만 기후변화로 인한 다양한 피해나 증상, 원인과 대응 및 대처방안 등 구체적인 실천은 거의 다루지 않고 있다(신원섭 등 2020). 그리고 기후변화 교육과 관련된 국제 연구의 동향을 분석한 이봉우와 조현국(2020)의 연구에 의하면 기후변화 교육에 대한 연구는 2000년대 중후반 이후 본격적으로 이뤄졌음을 알 수 있다. 이는 기후변화의 문제가 국제사회에서 활발히 논의되기 시작한 것이 1990년대 초반인 것에 비해 교육에 대한 연구는 다소 늦었다는 것을 알 수 있었다. 한국의 기후변화 교육 연구도 2010년대 초반에서야 본격적으로 수행되었다. 기후변화 교육분야의 연구 논문이 게재된 학술지 분석 연구를 통해 기

도표 8.5 형식, 비형식, 무형식 교육 협력체계

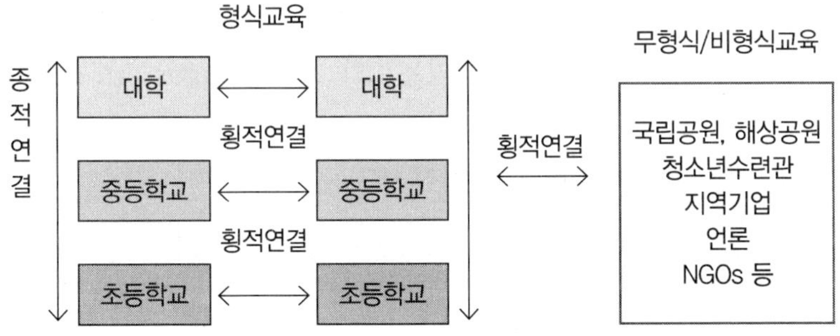

8장 기후위기 문제해결을 위한 교육의 역할과 과제 233

후변화교육은 주로 환경교육 및 과학교육의 특정 학술지에서 높은 비중을 차지하고 있었다. 기후변화 교육의 주제가 과학과 환경에 대한 인식과 이해에 초점을 두고 있다는 것을 추론해 볼 수 있다. 저자가 작성한 논문의 주제어 및 제목에서 사용된 단어를 중심으로 워드클라우드 분석에서 유추할 수 있는 것도 기후변화의 원인과 결과에 대한 지식, 개념, 인식을 분석한 결과가 많다는 것을 알 수 있다. 그중에서도 지식이 가장 연결 중심성이 높은 키워드로 나타났다. 이는 현재까지 기후변화 교육의 대부분이 실질적인 행동 요구보다는 지식을 기반으로 하는 연구에 머물고 있다는 의미이다. 기후변화 교육의 교육적 실천 및 일상생활과 밀접한 연계를 위해서는 구체적인 맥락과 연결될 필요가 있다.

기후변화 교육이 개인과 집단으로 하여금 적극적인 기후행동 변화를 목표로 하고 있으므로 이러한 행동변화를 촉진하는 요인 분석과 그에 따른 교수학습 방법의 개선이 필요하다. 기존의 지식-인식/태도-행동 변화 모형(KAB 모형)에 근거한 환경교육프로그램의 적용에도 불구하고 여전히 환경문제가 해결되지 못한 점을 비판적으로 분석할 필요가 있다.

위와 같은 전통적인 행동변화모형에 대해 많은 환경 교육분야의 학자들 사이에 논란들이 있었고, 수정·보완되어 왔다. 하인스(Hines 1987)가 개발한 책임있는 환경행동(REB: Responsible Environmental Behavior) 모형을 바탕으로 헝거포드와 볼크(Hungerford & Volk

도표 8.6 행동변화 체계에 대한 전통적 사고

출처: Hungerford and Volk (1990).

1990)가 행동흐름도(Behavior flow chart) 또는 환경 행동 모형을 개발하였다. 이는 행동 흐름도에 제시된 여러 변인들이 환경 행동으로 이끌어 나가기까지 갖추어야 할 요인들을 구체적으로 나열하고 있다.

그리고 환경 쟁점과 행동에 대한 조사 및 평가(IEEIA: Investigating and Evaluating Environmental Issues and Actions) 프로그램은 행동흐름도 또는 환경 행동 모형을 바탕으로 개발된 것이다. 위와 같이 여러 모형연구를 거쳐 보완되어 제시된 환경 쟁점과 행동에 대한 조사 및 평가(IEEIA) 프로그램은 학습자가 주어진 환경문제의 쟁점을 파악하고 해결방안을 모색하는 활동을 자발적으로 할 수 있게 하는 모형으로써, 환경에 대한 인식 및 감수성을 갖추게 하고 책임 있는 환경 행동으로 이끎으로 환경 수업의 질을 향상시킬 수 있다고 설명하고 있다. 그런데 이러한 활동을 수행하기 위해서는 지역사회의 환경문제라고 인식하는 정서적 유대 관계가 먼저 성립되어야 한다고 설명하고 있다. 이와 같이 행동변화를 유발하기 위한 교수-학습에서 이론적, 처방

도표 8.7 행태계통도: 환경친화적인 시민형태 관련 대·소 변수들

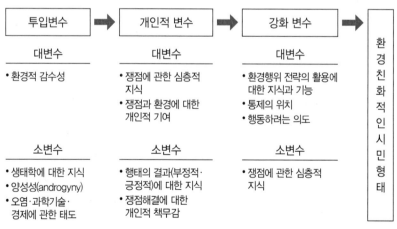

출처: Hungerford and Volk (1990).

적 논의들이 계속되고 있다.

기후행동의 변화를 이끌어내기 위해서는 기후변화의 특성을 반영하여 행태 요인 분석이 이루어져야 할 것이다.

기후변화를 가깝게 느끼도록 만들려면, 기후변화가 지금 여기에서 일어나고 있는 문제라는 사실을 강조해야 한다. 사람들은 일반적으로 미래보다는 과거에서 상실감을 느끼며, 사람들은 현재 환경의 질을 향상시킬 때보다 손상된 환경의 질을 복구할 때 더욱 동기가 부여된다고 한다. 따라서 기후변화 교육에서 기후변화로 인한 피해와 그에 대한 대응으로서의 기후적응을 강조할 필요가 있을 것으로 보인다.

그리고 사람의 태도에 주로 영향을 미치는 것은 그들이 알고 신뢰하는 사람들의 관점이다. 이러한 신념을 만들어 낼 수 있는 가장 좋은 방법은 신뢰할 수 있는 내부 전달자가 장기적 준비에 관한 대화를 시작할 수 있도록 정보를 제공하는 것이다. 기후변화는 단순히 현상을 유지하는 차원이 아니라 더 공정하고 평등한 세상을 만들어가는 차원에서 다뤄져야 한다. 기후변화의 담론은 사회적 합의에 의해 형성되고 가까운 사람들을 통해서 전달된다. 사람들은 과학이 아닌 담론에 반응하므로, 인식 가능한 행위자와 동기, 원인, 결과라는 원칙에 따라 담론을 준비해야 한다. 사람들은 가장 흥미진진한 담론에 이끌린다는 사실에 주목할 필요가 있다.

예를 들어 선거전략에서 프레임을 어떻게 설정하느냐에 따라 선거의 판세가 달라지는 것을 많이 경험한다. 마찬가지로 우리는 프레임을 통해 기후변화를 해석한다. 프레임은 우리의 관심을 유도하지만 이해를 제한한다. 즉 프레임 밖에 있는 의미를 배제하거나 무시하거나 무시하도록 만든다. 기후변화를 환경문제로 위협이나 기회의 양자택일 구도로 그 의미를 제한하는 프레임 때문에 기후변화 문제를 외면하게 된다. 프레임은 논쟁의 대상을 규정하므로 제한된 프레임은 잘못된 논의로 이어질 수 있다. 인지언어학자인 조지 레이코프는 절대 상대방의 프레임에 휘말리지 말라고 조언한다. 예를 들어 저탄소 경제가 일자리를 창출한다는 주장은 고탄소 경제가 더 많은 일자를 창출할 수 있다는 증서에 의해 부너질 수 있다. 그리고 자칫하면 우리가 제안하는 프레임과 해결책에 의해 규정되어 버릴 수 있으며, 때로는 별로 중요하지 않은 일회적 문제해결에 매몰되기 쉽다. 그러므로 우리는 기후문제 해결이라는 공동의 목적을 중심으로 사람을 모을 수 있는 협력의 담론을 만들어 나가며, 기후변화 문제와 관련된 다양한 이해 관계자들의 지속적인 검토가 가능한 교육 방법이 필요하다.

사람들은 기후변화는 가치의 변화를 요구한다고 말할 때 그 말은 하나같이 다른 사람들이 그들의 가치를 바꿔야 한다는 것을 의미한다. 그런데 우리는 사실 올바른 가치를 가지고 있는데 그 올바른 가치에 기후변화 문제를 담아내지 못한다는 사실이다. 어떻게 하면 경쟁적 가치가 아닌 협력적 가치를 가장 잘 작동시킬 수 있을 것인가를 모색해야 한다. 반대로 개인적 이기심에 호소하여 사람을 동기부여하려는 시도는 성공할 가능성이 낮다. 기후변화의 해결책을 친구와 이웃, 동료들에게 느끼는 연대감과 결부시키는 것이 훨씬 더 효과적인 방법이다. 사람들은 어떤 행동이 그들의 정체성과 소속감을 강화시켜 줄 때 가장 잘 동기가 부여된다. 기후변화를 고립된 지적활동으로 여기지 말고 사람들이 의심과 두려움을 공유할 수 있고 서로의 헌신에 의지할 수 있는 신념공동체를 만들어야 한다. 기후변화는 과학인 동시에 신념이다. 기후변화에 대해 알아도 믿고 행동하지 않을 가능성도 있다는 점도 충분히 가능한 일이다. 신념은 기후변화를 도덕의 틀안에 통합시키고 행동에 나서도록 하기 위해 반드시 필요한 과정이다. 신념은 맹신은 아니라 열린 마음을 유지해야 한다. 타당한 관점을 찾는 노력이 필요하다.

기후변화 교육이 실생활에서 친근한 주제로 실질적인 기후행동으로 이끌어 내기 위해서는 개인이 아니라 신념공동체를 만들어 정체성과 소속감을 높이고 열린마음으로 다양한 관점들을 검토하고 논의할 수 있는 교육 플랫폼이 필요하다.

그런 의미에서 리빙랩은 우리가 살아가는 삶과 환경을 실험실로 설정하고 공동의 문제에 대한 해법을 찾아보려는 시도인데 이러한 시도를 기후변화 교육에 활용할 수 있다.

'리빙랩(LivingLab)'이란, 말 그대로 살아있는 실험실이라는 뜻으로서 지역이 가지고 있는 문제를 다양한 이해관계자를 포함한 최종 사용자들이 공동 작업을 통해 해결책을 공동 창조(co-creation)하는 혁신적인 문제해결 방식이다. 여러 가지 다양한 방식으로 리빙랩이 운영될 수 있지만, 예를 들어 주민들이 문제를 제기하면 지역의 대학이나 연구소에서 이 문제의 해결에 참여하게 되고, 이들과 그 지역의 행정기관, 그리고 각종 사회활동 단체 등 다양한 행위자들이 결합하여 문제해결을 끌어내게 된다. 리빙랩은 사람들이 문제를 제기하고 아이디어를 공유할 수 있는 개방형 플랫폼으로 지속가능발전교육을 이행하기 위한 유네스코의 지역전문가센터(RCE: Regional Centers of Expertise)와 유사하다. 앞서 기후변화 교육이 어려운 이유는 기후변화를 현재의 문제로 인식하지 않는다는 것이다. 또한, 사람의 태도에 주로 영향을 미치는 것은 그들이 알고 신뢰하는 사람들의 관점이 중요하며. 이러한 신념을 만들어 낼 수 있는 가장 좋은 방법은 신뢰할 수 있는 내부 전달자가 장기적 준비에 관한 대화를 시작할 수 있도록 정보를 제공하는 것인데 리빙랩 교육을 통해 기후변화를 지역의 문제로 설정하고, 외부의 논의가 아닌 공동체 내부의 논의와 협력을 통해 해결방안을 공동 창조하고 검증함으로써 실질적인 행동과 참여를 이끌어낼 수 있는 장점이 있다. 리빙랩을 지역공동체 기반 기후변화 대응을 위한 교육플랫폼으로 활용할 수 있을 것이다.

❖ 참고문헌

그린비즈. "서울 면적 7배 태운 美 텍사스 산불 원인은 '전선 스파크'…유틸리티 기업 대상 소송 ↑." 2024.3.11. https://greenium.kr/news-articleview-greenbiz-economy-climatelitigation-utility-wildfire-xcel-energy-texas-california-bankruptcy/

박수진. "시간의 유한성 인식이 아동의 시간지각과 기후변화대응환경행동의도에 미치는 영향." (사) 한국환경교육학회 상반기 학술대회 자료집 (2021): 71–72.

박태윤, 성정희. "지속가능발전교육을 위한 교사 지침서." 유네스코한국위원회 & 통영RCE (2007).

신원섭, 전예름, 신동훈. "2015 개정 초·중등 교육과정에서 기후변화 교육내용 분석." 『에너지기후변화교육』 10–2 (2020): 121–129.

안소은, 오치옥, 윤태경. "우리나라 국민의 환경인식, 환경태도, 환경실천 현황 및 구조적 관계성 분석: 국민환경의식조사를 중심으로." 『환경정책』 29–1 (2021): 47–75.

유네스코 한국위원회 번역(2021). "지속가능발전교육(ESD) 로드맵." https://unesdoc.unesco.org/ark:/48223/pf0000374802

유네스코. "유엔 지속가능발전교육10년 국제 이행계획 초안." (2004).

이봉우, 이세연, 조헌국. "기후변화 소양 측정을 위한 기후변화 교육 관련 국제 연구 문헌 분석." 『에너지기후변화교육』 11–1 (2021): 79–94.

이봉우, 조헌국. "상세 서지분석을 이용한 기후변화 교육 관련 연구 동향 분석." 『에너지기후변화교육』 10–2 (2020): 99–109.

이현승. "위험 프로모션 기사에 대한 설득 의도 인지가 수용자의 위험 대응 행동 의도에 미치는 영향." 국내박사학위논문 이화여자대학교 대학원 (2020) .

임효진, 이두곤. "교육의 내재적 가치 관점에서 지속가능발전교육의 교육적 고찰과 발전 방향 연구." 『환경교육』 29–4 (2016): 384–399.

조지 마셜 지음. 이은경 옮김. 『기후변화의 심리학: 우리는 왜 기후변화를 외면하는가』. 서울:갈마바람, 2018.

학교환경교육정보센터. https://seeic.kr/content/160.do

Burgess, J., C. Harrison and P. Filius. "Environmental communication and the cultural politics of environmental citizenship." *Environ. Plan. A* 30 (1998): 1445−1460.

Buttel, F. H. "New directions in environmental sociology." *Annu. Rev. Sociol.* 13 (1987): 465−488.

Childress, R. B., & J. Wert. "Challenges for Environmental Education Planners." *The Journal of Environmental Education* 7−4 (1976): 2−6. https://doi.org/ 10.1080/00958964.1976.9941539

Culen, Gerald R., Harold R. Hungerford, Audrey N. Tomera, Daniel J. Sivek, Michael Harrington & Michael Squillo. "A Comparison of Environmental Perceptions and Behaviors of Five Discrete Populations." *The Journal of Environmental Education*, 17−3 (1986): 23−32.

Eilam, E., & T. Trop. "Environmental Attitudes and Environmental Behavior-Which Is the Horse and Which Is the Cart?." *Sustainability* (April 2012): 2210−2246; doi:10.3390/su4092210

Fredrickson, B. L., & L. L. Carstensen. "Choosing social partners: how old age and anticipated endings make people more selective." *Psychology and aging* 5−3 (1990): 335.

Hines, J. M., H. R. Hungerford, A. N. Tomera. "Analysis and synthesis of research on responsible environmental behavior: A meta-analysis." *J. Environ. Educ.* 18 (1987): 1−8.

Hungerford, H. R. "Environmental Education(EE) for the 21st Century: Where Have We Been? Where Are We Now? Where Are We Headed?" *The Journal of Environmental Education* 41−1 (2009): 1−6. https://doi.org/10.1080/ 00958960903206773

Hungerford, H. R., & T. Volk. "Changing learner behavior through environmental education." *The Journal of Environmental Education* 21−3 (1990): 8−21.

Hungerford, H., R. B. Peyton & R. J. Wilke. "Goals for Curriculum Development in Environmental Education." *The Journal of Environmental Education* 11−3 (1980): 42−47. https://doi.org/10.1080/00958964.1980.9941381

Hungerford, Harold R., William J. Bluhm and Trudi L. Volk 지음. 최돈형 편역. 『환경교육학입문』. 서울: 원미사, 2005. (원저명: Essential Readings in Environmental Education. 2001)

IPCC, 2018: Summary for Policymakers. In: Global Warming of 1.5℃. An IPCC Special Report on the impacts of global warming of 1.5℃ above pre-industrial levels and related global greenhouse gas emission pathways, in the context of strengthening the global response to the threat of climate change, sustainable development, and efforts to eradicate poverty [Masson-Delmotte, V., P. Zhai, H.-O. Portner, D. Roberts, J. Skea, P.R. Shukla, A. Pirani, W. Moufouma-Okia, C. Pean, R. Pidcock, S. Connors, J.B.R. Matthews,

Y. Chen, X. Zhou, M.I. Gomis, E. Lonnoy, T. Maycock, M. Tignor, and T. Waterfield (eds.)]. World Meteorological Organization, Geneva, Switzerland, 32 pp.

Ittelson, W., H. Proshansky, L. Rivlin & G. Winkel. *An Introduction to Environmental Psychology.* New York: Holt, Rinehart and Winston, 1974.

Kollmuss, A. & J. Agyeman. "Mind the gap: Why do people act environmentally and what are the barriers to pro-environmental behavior?" *Environ. Educ. Res.* 8 (2002): 239–260.

NAAEE. "K-12 Environmental Education: Guidelines for Excellence." (2019). https://dg56ycbvljkqr.cloudfront.net/sites/default/files/eepro-post-files/k-12_ee_guidelines_for_excellence_2019_4.pdf

Peyton, R. B. & B. A. Miller. "Developing an internal locus of control as a prerequisite to environmental action taking." *In Current Issues VI: The Yearbook of Environmental Education and Environmental Studies.* Edited by A. B. Sacks. Columbus, Ohio: Clearinghouse for Science, Mathematics, and Environmental Education, 1980.

Sara Pe'er, Daphne Goldman & Bela Yavetz. "Environmental Literacy in Teacher Training: Attitudes, Knowledge, and Environmental Behavior of Beginning Students." *The Journal of Environmental Education* 39–1 (2007): 45–59, DOI: 10.3200/JOEE.39.1.45–59

Scott, D., & F. K. Willits. "Environmental attitudes and behavior: A Pennsylvania survey." *Environ. Behav.* 26 (1984): 239–260

Tarrant, M.A., & H. K. Cordell. "The effect of respondent characteristics on general environmental attitude-behavior correspondence." *Environ. Behav.* 29 (1997): 618–637.

U.S. Global Change Research Program. "The U.S. Climate Change Science Program For FY 2009." (2009). https://downloads.globalchange.gov/ocp/ocp2009/ocp2009.pdf

UN Climate Change News. "Building Support for More Ambitious National Climate Action Plans." 14 March 2024. https://unfccc.int/news/building-support-for-more-ambitious-national-climate-action-plans

UNEP. Intergovernmental Conference on Environmental Education, Tbilisi, USSR, 14–26 October 1977: final report (1978).

UNESCO. Education for Sustainable Development – A Roadmap (2020).

UNESCO. Intergovernmental Conference on Environmental Education: Tbilisi (USSR), 14–26 October 1977. Final Report; UNESCO: Paris, France. (1978).

UNESCO. United Nations Decade of Education for Sustainable Development 2005–2014. Draft Implementation Scheme (2007).

United Nations Environment Programme, Emissions Gap Report 2023: Broken Record – Temperatures hit new highs, yet world fails to cut emissions (again). [online]. Available: https://wedocs.unep.org/20.500.11822/43922. (검색일: 2024년 7월 24일)

Wallace, D. S., R. M. Paulson, C. G. Lord & C. F. Bond. "Which behaviors do attitudes predict? Meta-analyzing the effects of social pressure and perceived difficulty." *Rev. Gen. Psychol.* 9 (2005): 214–227.

Wiesenmayer, R. L., & P.A. Rubba. "The Effects of STS Issue Investigation and Action Instruction Versus Traditional Life Science Instruction on Seventh Grade Students' Citizenship Behaviors." *Journal of Science Education and Technology* 8 (1999)" 137–144. https://doi.org/10.1023/A:1018609000338

기업의 기후적응

박영주, 조희진

1. 서론

연일 기후변화의 심각성을 경고하는 언론 보도가 이어지고 있을 정도로 최근 기후변화가 중요한 화두이다. 더 큰 문제는 기후변화로 인해 특정 지역에 가뭄, 폭우 등 상반되는 극한 기상 현상이 동시에 발생하고 있다는 사실이다. 일례로 중국 남부 지역은 2023년, 극한 가뭄을 경험하던 곳이었는데 2024년 4월, 100년 만에 기록적인 폭우가 쏟아지면서 4명이 사망하고 10명이 실종됐다 (『YTN』 2024년 4월 23일 자). 중국뿐 아니라 한국의 남부 지역도 2023년 초반, 200일이 넘는 최장 가뭄에 시달렸지만 불과 3개월 뒤 역대 가장 많은 712.3mm의 기록적인 폭우로 50여 명의 인명 피해가 발생했다(『연합뉴스 TV』 2024년 4월 30일 자). 가뭄과 폭우가 반복되면서 물 관리가 쉽지 않다 보니, OECD(경제협력개발기구)는 한국을 '물 스트레스' 국가로 분류하기도 했다. 연간 1인당 사용 가능한 수자원량이 한국은 1,453t을 기록하여 전 세계 153개국 중 129위를 차지했기 때문이다(『조선일보』 2024년 3월 5일 자). 물은 식량 생산, 전력 생성 등 삶을 영위하는데 필수적인 자원이기도 하지만 에너지, 반도체, 제조업 등 기업에게도 없어서는 안 될 중요한 자원이다. 그러다 보니 이제는 '물 안보(water security)' 관점의 논의가 확대되고 있다. 1995년, 세계은행(World Bank) 이스마엘 세라겔딘(Ismail Serageldin) 전(前) 부총재의 "20세기는 석유를 위한 전쟁이 발생했다면 21세기는 기후변화로 희소해진 물을 위한 전쟁이 발생할지도 모른다"는 경고가 점차 현실화되고 있는 것이다 (Hinrich foundation 2020, 20).

실제 글로벌 파운드리 업계 시장 점유율 1위인 대만의 TSMC는 2021년에만 대만 가뭄과 말레이시아 홍수로 큰 피해를 입었다. 2021년, 대만이 56년 만에 최악의 가뭄을 경험하면서 물을 사용해야만 하는 TSMC의 반도체 생산이 지연됨에 따라 애플, 테슬라 등 고객사들의 제품 생산에도 차질을 빚었다. 같은 해, 말레이시아에서 역사상 최악의 홍수로 동남아시아의 주요 항구인 클랑(Klang)이 폐쇄됨에 따라 TSMC가 피해를 입기도 했다. 말레이시아 공장에서 포장한 TSMC 반도체가 클랑 항구를 거쳐 미국의 고객사에 공급되어야 하는데 클랑 항구 폐쇄로 TSMC 반도체가 운송되지 못하면서 고객사인 미국의 자동차 제조업체 공장 가동이 전면 중단된 것이다(자본시장연구원 2023).

이처럼 가뭄, 홍수, 폭우 등 극한 기상 현상의 발생은 기업을 넘어, 글로벌 공급망의 생존까지도 위협할 수 있기 때문에 국가 차원의 대비를 넘어 기업들도 기후 리스크를 줄이기 위한 만반의 대비가 필요하다. 하지만 기업들은 실제로 피해를 경험하지 않는 이상 극한 기상 현상의 심각성이나 기후 리스크 대비의 필요성을 크게 느끼지 못하고 있다. 자연재해 대비는 국가나 지역사회에서 해야 하는 공공의 이슈로 인식하는 경향이 높은 듯하다. 하지만 극한 기상 현상이 점차 빈번해 지고 있고 그 강도가 이전과 비교할 수 없을 정도로 거세지고 있기 때문에 기후 리스크가 한 번 발생하면 기업의 피해도 걷잡을 수 없이 커질 수 있다. 기후 리스크에 철저히 대비하여 비즈니스 연속성을 확보하고 회복탄력성을 높이는 것은 기후 리스크에 따른 기업의 자산을 보존하여 기업 가치 하락을 미연에 방지할 수 있다. 따라서 본 연구에서는 국가, 지역사회 차원을 넘어 기업에서도 기후 리스크에 대한 대비, 즉, 기후적응이 필요하다는 관점을 제공하고자 한다. 이를 위해 기업에서 기후적응에 주목해야 하는 이유를 살펴보고 국제사회, 투자·금융계, 정부의 요구 사항 및 통신, 반도체, 에너지 계열 등 글로벌 선진 기업 사례를 통해 우리 기업들의 기후적응 전략 수립에 필요한 방향을 알아보도록 한다.

2. 기업이 기후적응에 주목해야 하는 이유

왜 기업이 기후적응에 주목해야 할까? 한국 기업들이 기후변화로부터 안전하지 않음을 보여주는 실질적인 근거들과 피해 사례들을 통해 기후적응의 중요성을 확인해 보자.

1) 기후변화는 피할 수 없는 현실

WMO(세계기상기구)의 '2023년 세계 기후 현황 보고서'에 따르면, 2023 년은 산업화 이전 대비 전 지구 평균 표면 온도의 1.45℃ 상승으로 174

년 만에 기온이 최고로 높은 한 해였다. 이는 산업화 이전 대비 1.5℃ 이하로 지구 온도 상승을 억제할 것을 명시한 2015년 파리협정 목표를 유명무실하게 만들 수 있다. 그러다 보니, UN 사무총장 안토니오 구테흐스(Antonio Manuel de Oliveira Guterres)도 "2023년은 새로운 기록을 쓰는 차원을 넘어 기록을 부수는 것에 가까웠다"고 기후변화의 심각성을 경고했다(Business Post 2024년 3월 20일 자). WEF(세계경제포럼) 역시 2024년 기준, 2년 후 그리고 10년 후 인류가 직면한 가장 큰 위협으로 기상이변을 꼽았다(WEF 2024). 이제는 기후변화를 넘어, 기후위기의 시대에 살고 있다고 해도 과언이 아니다.

그럼, 한국은 기후위기로부터 안전할까? 보통 한국은 중위도에 위치하고 있어 기후변화의 영향이 크지 않을 것이라고 생각한다. 통념과는 달리, 한국의 온난화 속도가 전 세계 평균보다 빠른 것으로 나타났다. 과거(1912년~1940년) 대비 최근(1991년~2020년), 전 세계 연평균 기온이 1.09℃ 상승한 반면, 한국의 연평균 기온은 1.6℃가 상승한 것이다. 또한, 일 최고 기온이 33℃ 이상인 폭염 일수가 1970년대 8.3일에서 2010년대 14일로 68% 증가해 한국의 온난화 정도가 최근 들어 더 심각해지고 있음을 알 수 있다. 이상기온의 증가는 태풍, 극한 호우 등 자연재해의 발생 빈도나 강도를 높인다. 실제 한반도를 지나는 태풍의 개수가 1980년부터 2020년 사이에 평균 2.6개 증가했고 연간 최대 강도도 평균 약 31% 증가했다. 시간당 50mm 이상의 극한 호우 일수도 과거(1973년~1997년) 9일이었던 것에 비해 최근(1998년~2022년), 16.8일로 약 86%가 증가했다(대한민국 관계부처 합동 2023년 6월; 『중앙일보』 2022년 9월 26일 자). 이러한 변화들은 중위도에 위치한 한국도 기후위기로부터 결코 안전하지 않음을 시사한다.

2) 기후변화에 취약한 한국 기업들

태풍, 홍수, 폭염 등 극단적인 기상이변 현상들은 시민의 생명을 앗아가고 국가 경제력을 무너뜨리는 것을 넘어, 기업에게도 다양한 리스크를 유발한다. 특히, 한국은 제조업 중심으로 산업 구조가 형성되어 있어 기업의 기후 리스크가 더욱 크다. 2019년 기준, 독일, 일본, 미국, 프랑스, 영국 등 G5의 GDP(국내총생산) 대비 제조업 비중 평균이 14.4%인 반면, 한국은 28.4%로 G5보다 2배가량 높다. 한국 내부의 산업 구조를 보더라도 2022년 기준, 전체 산업 매출액 8,772조 원 중 제조업의 매출액 비중이 28.5%로 가장 높다(통계청 2022). 제조업의 경우 원자재 조달, 부품 생산, 완성품 생산, 물류·운송에 이르는 복잡한 밸류체인을 가지고 있어, 자연재해가 한 번 발생하면 피해 기업의 생산 공정이 중단되는 것을 넘어, 공급망 전체에 리스크가 전이되는 부정적 연쇄효과가 크다.

대표적으로 2022년 발생한 태풍 힌남노로 인해 포스코의 포항제철소가 창립 이래 처음으로 셧다운 된 사례를 들 수 있다. 시간당 110mm의 기록적인 폭우가 쏟아지면서 포항제철소의 전력 공급이 중단되는 사태가 벌어진 것이다. 이로 인해 제철소 내부의 기계 및 전기 설비 약 62,600대가 심각한 피해를 입었다. 복구에만 약 140만 명의 인력이 동원되었고 약 135일의 기간이 소요되었다. 포항제철소는 연 1,500만 톤의 철강재를 생산하여 포스코 제품의 약 45%를 공급하고 있기 때문에 태풍 힌남노가 포스코에 미친 재정적 타격도 만만치 않았다. 태풍 힌남노로 2021년 기준, 포스코 매출 39조 9,209억 원의 3.4%에 해당하는 약 1조 3,400억 원의 매출 손실을 입었다(포스코홀딩스 2022). 문제는 포항제철소의 셧다운으로 철강 가격이 상승하면서 한국지엠, 르노코리아자동차, 쌍용자동차 등의 완성차업계와 조선업계에 큰 타격을 주는 등 밸류체인 전반에 피해를 야기했다는 사실이다(『메트로서울』 2022년 9월 21일 자).

또한, 한국은 수출입에 의존하는 경제 구조를 가지고 있기 때문에 교역국의 기후위험이 글로벌 공급망을 따라 한국 기업에게로 전이될 가능성이 크다(한국은행 금융안정국 2023년 2월). 2021년에 발생한 미국 텍사스 한파로 삼성전자의 오스틴 반도체 공장이 셧다운되면서 약 4,000억 원의 손실을 입게 된 사례가 대표적이다. 다른 국가의 물리적 기후위험이 우리 기업의 심각한 리스크를 유발할 수 있는 것이다(*Yonhap News* 29 April 2021).

따라서 기후 리스크에 대비하기 위해 기업뿐 아니라 밸류체인 전반, 더 나아가서는 수출입 경로에 있는 국가들의 기후위험까지 선제적으로 파악하는 것이 중요하다.

3. 기업의 기후적응 현실

2015년 파리협정 이후, 산업화 이전 대비 1.5℃ 이하로 지구 온도 상승을 억제하기 위해 전 세계가 '2050 탄소 중립'을 목표로 온실가스 감축과 에너지 전환에 몰두해 왔다. 하지만 앞에서 살펴본 것처럼 2023년에 이미 산업화 이전 대비 전 지구 평균 온도가 1.45℃ 상승하면서 지구 온도 상승을 늦추기 위한 온실가스 감축 노력과 지구 온도 상승을 염두에 둔 기후적응 대책을 함께 고려하는 것이 더욱 절실해졌다. 기후변화로 인한 피해가 사회 전반에 걸쳐 발생함에 따라 국제사회를 필두로 기후변화 완화(Mitigation)와 기후적응(Adaptation)의 통합적

도표 9.1 기후변화 완화와 기후적응의 통합적 접근

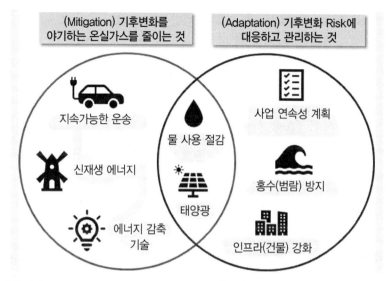

출처: Rabinowitz, Dahodwala, Baur and Delgado (2023), p. 3.

접근방식을 강조하고 있다. UN 사무총장 안토니오 구테흐스가 거듭 강조한 바와 같이 "기후변화 완화와 기후적응은 동등한 투입과 긴급성을 가지고 추진되어야 한다"는 메시지가 기후적응의 중요성을 잘 보여준다(유엔글로벌콤팩트 2022년 11월 7일).

포스코, 삼성전자의 사례에서 보듯이, 홍수, 폭염, 폭설, 산불 등의 극단적인 기상이변은 사회뿐 아니라, 기업의 물리적 리스크(예: 생산시설 손상)를 야기하여 기업의 재무적 성과 및 자산 가치에 영향을 미친다. 이는 기업의 지속가능성에도 영향을 미치므로 기후적응에 크게 관심을 보이지 않던 기업가들도 점차 기후적응의 중요성을 인지하기 시작했다. NVIDIA는 대화형 고해상도 시뮬레이션으로 기후 및 날씨 예측을 가속화하는 개방형 플랫폼 Earth-2를 개발하는 등 기후 리스크에 대비할 수 있는 기술개발에 박차를 가하고 있다. NVIDIA CEO

젠슨 황(Jensen Huang)은 2023년 지구 가시화 엔진(EVE: Earth Visualization Engines)을 위한 베를린 정상회담(Berlin Summit) 키노트 스피치에서 "기후변화 대응에 있어서 온실가스 감축(완화)만으로는 충분하지 않고, 기후변화에 적응하는 전략도 필요하다"고 강조한 바 있다(엔비디아 디벨로퍼 2024년 4월 12일).

하지만 NVIDIA 등 일부 기업들을 제외하면 기후 리스크를 심각하게 인지하고 있는 기업들이 아직까지 많지는 않다. 2023년 1월, S&P 글로벌 6,416개 기업들을 대상으로 설문조사한 결과, 기후변화에 따른 물리적 리스크에 대응할 계획을 갖고 있는 기업이 20%에 불과한 것으로 나타났다(S&P Global 2023). 국내의 상황도 마찬가지이다. 2021년 5월부터 7월까지 한국에너지공단에서 총 1,255개 기업을 대상으로 '산업계 기후변화 적응대책 인식도'를 조사한 결과, 195개 응답 기업 중 78개(40%) 기업이 기후적응 대책을 수립하고 있지 않은

도표 9.2 S&P 글로벌 6,416개 기업의 기후적응 계획 수립 여부   (단위: 개)

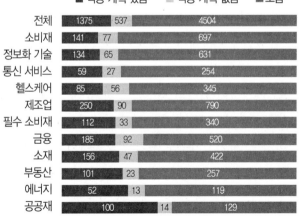

출처: S&P Global (2023).

것으로 나타났다. 기업 규모별로 보면, 대기업 30%, 중견기업 39%, 중소기업 49.1%가 기후적응 대책을 마련하고 있지 않았다(『한겨레』 2022년 9월 29일 자). 이는 기업 규모가 작을수록 언제 발생할지 모르는 기후 리스크에 적극적으로 투자하지 않음을 시사한다.

기후변화가 기업에 미치는 영향을 고려할 때 기후변화에 대한 정확한 이해와 기후 리스크를 줄이기 위한 사전 대비가 필요함에도 그동안 기업들은 기후변화를 완화하는 온실가스 감축에 초점을 맞춰왔다.

왜 기후적응에 대한 기업들의 인식이 낮을까? 첫째, 물리적 리스크 측정 및 물리적 리스크 발생에 따른 경제적 피해 규모를 사전에 파악하기 어렵기 때문이다. 이에, 기후변화에 따른 물리적 리스크가 기업 또는 금융 자산의 가격에 충분히 반영되지 못하고 있다(정신동 2022). 또한, 측정을 제대로 하려면 명확한 목표 설정이 가능해야 하나 기후적응은 아직 발생하지 않은 기후 리스크를 사전에 대비하는 것이므로 목표를 정량화하기가 어렵다. 반면 기후변화 완화(Mitigation)를 위한 온실가스 배출량 감축 노력은 수치화가 가능하기 때문에 목표 설정이 훨씬 수월하다. 온실가스 감축에 투자한 만큼 성과도 가시적으로 드러나므로 많은 기업들이 기후변화 완화(Mitigation)에 초점을 맞춰 경영 전략을 설정해 왔다. 이에, 현재 초기 단계이기는 하지만 국제사회를 중심으로 기후변화에 따른 물리적 리스크를 측정하고 경제적 영향을 분석하는 시도가 진행되고 있다.

둘째, 기후적응과 관련된 명확한 평가 기준이나 정책, 인센티브가 부족하다. 이를 개선하기 위해 최근 G20 산하 금융안정위원회(FSB, 2021년 7월)와 바젤은행감독위원회(BCBS, 2021년 4월), 기후 관련 재무 정보 공개 태스크포스(TCFD: Task Force on Climate-related Financial Disclosures, 2021년 6월) 등에서 기후 리스크 측정 로드맵과 기준을 제시하였다(정신동 2022). 2024년에는 미국 SEC(증권거래위원회)에서 기업들의 기후변화에 따른 물리적 리스크와 재무적 영향 공시를 의무화하는 기후공시규정을 통과시키기도 했다.

기후적응에 대한 측정 및 유인체계가 분명하지 않은 상황임에도 불구하고 기후변화는 이미 진행 중이고 이로 인한 기업들의 경제적 리스크가 작지 않음을 앞선 포스코나 삼성전자의 사례를 통해 확인한 바 있다. 기후변화에 적응하지 못한 기업들은 자연재해가 발생했을 때 비즈니스를 원 상태로 복구시키기 위한 비용뿐 아니라 고객사들에게 피해를 입힌 비용, 기업의 파손된 시설물로 피해를 입은 시민들을 구제하기 위한 비용 등 많은 예산이 소요될 수 있다. 이때 기업의 예금 인출이나 대출의 증가로 은행 등 금융시장에도 적잖은 충격이 가해진다. 또한, 기후 리스크가 발생했을 때 제대로 대처하지 못한 기업들은 고객들로부터 평판이 낮아지는 리스크도 감수해야 한다. 이처럼 기후 리스크가 기업의 물리적 리스크를 유발하는 것에 그치는 것이 아니라 시장 리스크와 평판 리스크를 야기한다는 점을 유념해야 한다. 따라서 기업들은 기후 리스크 관리 및 재해 대응계획을 강화하여 기후변화의 위험을 최소화할 필요가 있다.

4. 기업의 기후적응에 대한 대내외 요구 사항

그럼, 기업들은 기후적응을 위해 어떤 것들을 준비해야 할까? 이 장에서는 기업의 기후적응에 대한 대내외 요구 사항들을 살펴봄으로써 기업들이 기후적응 전략을 준비하는데 필요한 초석을 제공하고자 한다.

1) 국제사회: 리스크 감소, 비즈니스 기회 창출, 다자간 협력

기후적응이라는 단어 자체는 1990년에 발간된 IPCC 제1차 보고서에서 처음으로 언급되었으나 구체적인 개념은 2001년에 발간된 IPCC 제3차 보고서에서 등장했다. 그러면서 2001년 유엔기후변화협약(UNFCCC: United Nations Framework Convention on Climate Change)의 제7차 마라케시 당사국총회(COP: Conference of Parties)[1]를 통해 개도국의 적응 지원을 강조하는 차원에서 기후적응이 논의되었다. 이후 2009년에 개최된 제15차 코펜하겐 당사국총회(COP 15)에서 녹색기후기금 등 개도국의 적응 지원을 위한 자금 조성 논의가 진행되었다. 그러다 2015년에 개최된 제21차 당사국총회인 파리협정(COP 21)을 통해 선진국만이 아닌 모든 당사국이 온실가스 감축과 기후적응 노력을 병행하기로 합의하면서 적응 논의가 확대되기 시작했다. 하지만 이 시기에 국가별 온실가스 감축 노력의 이행 정도를 평가하는 전 지구적 이행점검(GST: Global Stocktake)이 시행되면서 전 세계가 온실가스 감축에 집중하는 경향을 보였다.

본격적으로 기후적응 논의가 진전되기 시작한 것은 2021년 제26차 글래스고 당사국총회(COP 26) 때부터이다. 국가별 기후적응 이행 수준을 구체적으로 논의하기 위한 글로벌 적응 목표(GGA: Global Goal on Adaptation) 프로그램의 출범으로 기후적응에 대한 국가들의 관심이 높아지는 계기를 마련하였다. 2022년 제27차 샤름엘셰이크 당사국총회(COP 27)에서는 회복력 강화, 적응역량 향상, 기후 취약성 감소를 위한 GGA 목표 달성 프레임워크가 논의되었고, 2023년 제28

---

1) 당사국 총회(COP)는 매년 회원국을 소집하여 기후변화 대응의 의지와 책임을 표명하고 기후 관련 정책을 평가해 온 국제 기후 정상회의를 의미한다.

차 두바이 당사국총회(COP 28)에서 GGA의 일환으로 UAE(아랍에미리트) 기후회복력 체계(UAE Framework for Climate Resilience) 내용이 합의되었다. UAE 기후회복력 체계에는 식량, 수자원, 보건, 생태계(생물다양성) 등 부문별 목표치와 위험성 평가, 계획, 이행, 평가 등 정책주기별 목표치가 반영되어 있다. 향후 2년 동안 기후적응 목표의 이행 수준을 구체적으로 측정, 평가하기 위한 지표 및 방식을 작업할 예정이라고 한다(환경부 2022년 3월; 한국무역협회 2023).

2021년을 기점으로 개도국의 기후적응을 위한 재정 지원 확보에서 모든 국가의 기후적응 이행 수준을 평가하는 방향으로 기후적응에 관

표 9.1 UAE 기후회복력 체계의 주요 내용

구분	내용
부문별 목표	– 수자원, 식량, 보건, 생태계(생물다양성) 등 목표치 제시 1. 기후변화로 인한 물 부족을 줄이고 물 관련 위험의 기후 탄력성 향상 2. 기후탄력성을 갖춘 식량 및 농업 생산·공급·유통 달성 3. 기후변화에 따른 건강 영향을 최소화하는 회복탄력적 의료 서비스 촉진 4. 생태계와 생물다양성에 대한 기후영향 감소 노력
정책 주기별 목표	– 위험성 평가, 계획, 이행, 평가별 목표 제시 1. (영향-위험성·취약성 평가) 2030년까지 기후변화로 인한 영향 및 위험도 평가 결과를 국가적응계획에 반영 2. (계획) 2030년까지 모든 당사국의 국가적응계획 및 전략 마련 (생태계, 인간, 지역사회 포괄) 3. (이행) 2030년까지 동 계획의 이행과 이를 통한 주요 기후위험의 사회경제적 영향 감소 4. (모니터링 및 평가) 2030년까지 모니터링 및 평가 시스템 구축과 제도적 역량 마련

출처: 국가녹색기술연구소 (2024).

한 논의가 점차 구체화됨에 따라 국가별로 실질적인 기후적응 전략을 마련하는 것이 중요해지고 있다. 이는 향후 국가 차원에서 기술과 자원을 보유한 기업들에게 기후적응 참여를 유도할 가능성이 높아질 수 있음을 시사한다.

국제사회에서 기후적응 논의가 구체화됨에 따라 세계 각국의 정상, 국제기구 수장, 재계 및 금융계 최고경영자들이 모여 세계 경제를 논하는 WEF에서도 기업들이 정부, 국제기구와 함께 기후적응에 동참해야 한다는 논의를 담은 보고서를 발간하기 시작했다. 2023년에 발간된 "기후변화 적응을 위한 비즈니스 전략(Accelerating Business Action on Climate Change Adaptation)" 보고서를 살펴보면, 기후 리스크가 기업의 운영과 밸류체인 전반에 직간접적으로 영향을 미치기 때문에 기업의 비즈니스 리스크를 줄이기 위해 기후적응이 필요함을 강조한다. 동시에 제품이나 서비스 개발을 통해 기후 리스크를 기

도표 9.3 기후변화가 기업에 미치는 영향

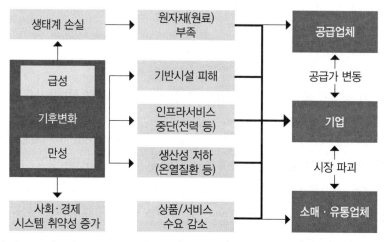

출처: WEF (2023), p. 8 재구성.

기업의 기후적응을 위한 전략 및 행동 지침

Value to Biz	Risk 감소	• 기후 Risk 영향 평가 및 대응 계획 마련 • Value Chain(협력업체, 지역사회)과 공조
	Opportunity 창출	• 기업, 지역사회, 생태계 적응에 도움 되는 상품, 서비스 개발 • 완화(Mitigation), 효율성, 지속 가능성에 기여하는 적응 기회 추진
Value to Society	지역사회 및 생태계 보호	• 기후적응을 촉진하는 다양한 이해관계자 노력에 동참 • 지역사회, 생태계 회복 위한 프로젝트 추진

기업의 지속가능성 확보

출처: WEF (2023), p. 8 재구성.

업의 새로운 비즈니스 기회로 전환할 수 있음도 제안한다. 마지막으로 정부, 비정부기구, 지역사회와 협력하여 적응 전략을 수립하고 실행해야 함을 강조한다. 이처럼 WEF는 기업의 기후적응 전략 및 행동 지침을 리스크 관리, 비즈니스 기회 창출, 다자간 협력의 세 가지 관점에서 제시함으로써 기업들의 기후적응 목표 및 계획 수립의 방향성을 제공하고 있다(WEF 2023).

2) 투자·금융계: 기후 리스크 분석 및 재무 영향 평가

온난화에 따른 각종 자연재해의 증가는 기업의 리스크를 야기함은 물론 실물경제 및 금융권에 부정적인 영향을 미친다(Batten 2018). 자연재해에 따른 물리적 피해를 보상하기 위한 보험사의 지급금 증가와 물리적 피해 복구를 위한 기업의 예금 인출 및 대출 증가로 금융권의 유동성을 약화시키기 때문이다. 홍수, 폭염, 폭설, 가뭄 등 자연재해의 발생 강도가 거세지면서 농축수산물 등 생물다양성이 감소함에 따라 해당 자원을 주로 사용하는 기업들의 비즈니스 리스크도 높아진다. 또한, 건설업, 제조업 등 실외 노동 작업이 많은 기업들은 폭염, 폭설 등의 자연재해가 근로자들의 노동 생산성을 저하시켜 기업의 생산 비용 상승 및 수익 감소를 야기한다. 이상의 내용들은 기후 리스크가 기업의 신용 리스크와 시장 리스크로 이어질 수 있는 이유를 잘 보여준다(한국은행 2021년 10월).

따라서 투자·금융계는 금융시장의 안정을 위해 기후적응의 필요성을 절실히 체감하면서 기업들로 하여금 기후변화의 위험을 파악하고 그에 따른 재무적 영향을 관리하도록 요구하고 있다. 금융안전위원회(FSB, Financial Stability Board)가 2015년 TCFD를 설립하고 2017년 TCFD 공시 권고안을 발표한 것이 그 시작이다. TCFD는 크게 거버넌스, 전략, 위험관리, 지표와 감축 목표로 구성되어 있는데 그 중 기후적응과 관련된 내용은 급성 기후 리스크와 만성 기후 리스크에 따른 기업의 재무적 영향을 분석하는 '전략'과 연결된다.

TCFD는 기업들의 기후 재무 영향을 자율적으로 공시하도록 하는 반면, 2025년부터 적용될 IFRS(International Financial Reporting

도표 9.5 기후변화 물리적 리스크의 금융시스템 파급경로

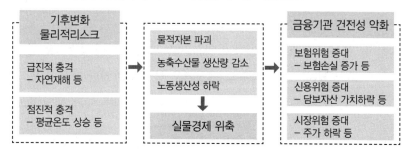

출처: (한국은행 2021년 10월), p. 10.

Standards, 국제회계기준 재단) 산하 ISSB(International Sustainability Standards Board, 국제 지속가능성 보고 기준)는 기업가치 평가에 중대한 영향을 미치는 기후 재무 영향을 반드시 공시하도록 요구하고 있다. 한국은 ISSB 기준에 기반하여 2026년 이후부터 자산 2조 원 이상의 상장사를 대상으로 기후 재무 영향을 포함한 지속가능성 보고 기준 공시를 의무화하는 계획을 가지고 있다. 또한, 2026년부터 EU에서 사업을 영위하는 기업[2]들을 대상으로 기후 재무 영향을 포함한 지속가능성 보고인 ESRS(European Sustainability Reporting Standards)가 의무화될 예정이다. ISSB와 ESRS의 기후재무 영향 공시는 TCFD의 프레임워크를 준용하고 있기는 하지만 자율 공시가 아닌 의무 공시라는 점에서 기업의 기후 리스크 관리가 더 중요해지고 있음을 알 수 있다. 특히, 기후적응 관련 내용도 ISSB와 ESRS에서 TCFD 프레임 워크보다 더 분명하게 강조하고 있다. ISSB에서는 완화 및 적응을 위한 현재와 미래의 노력, 기후위험 완화 또는 적응을 위한 목표 설정 등을 공시할 것을 요구하고 있다. ESRS는 기후적응 관련 정책을 명기하고, 기후적응을 위해 할당된 자원 및 적응 조치로 절감되는 예상비용 등을 공개하도록 하고 있어 물리적 리스크에 따른 재무적 영향의 공시 내용이 TCFD 프레임워크보다 더 확대되었음을 알 수 있다.

미국 SEC도 기후변화에 대응하는 새로운 공시 의무화 규정을 2024 년 3월에 최종 채택했다. 이 규정은 허리케인, 토네이도, 홍수, 가뭄, 산불 등 물리적 리스크로 인한 기업의 재무적 영향을 중점적으로 공시하도록 하고 있다. 특히, 극한의 이상기후 현상으로 인한 자본 비용 및 손실이 세전 이익 또는 손실의 1% 이상일 경우, 기업들에게 해당 정보

---

2) 매출 0.4억 유로, 자산 0.2억 유로, 종업원 250인 기준 중 2개 이상의 기준을 충족하는 기업.

를 공시하도록 의무화함으로써 기업의 물리적 리스크에 대한 금융기관 및 투자자들의 정보 접근성이 높아지게 되었다. 이와 함께 기후 회복 탄력성과 적응을 위한 펀드 및 상장지수펀드(ETF: Exchage Traded Fund) 개발이 활성화됨에 따라 기후적응 기술을 보유한 기업들에 대한 투자 기회도 증가할 것으로 보인다(삼성증권 2024년 3월 14일 자).

한국은 한국은행을 비롯한 금융계를 중심으로 기후 리스크에 대응하기 위한 전략 수립에 나서고 있다. 그 일환으로 2022년 금융감독원에서 기후리스크 관리 지침서를 발간했는데 이는 금융회사들이 기후 리스크를 체계적으로 관리하고 금융 부문의 회복력을 강화하기 위해 마련된 것이다. 금융회사들이 자금 운영과 투자에서 발생할 수 있는 기후 리스크를 식별, 분석하고, 이에 대응하기 위한 전략을 개발함으로써 기업들의 기후 리스크 관리를 간접적으로 유도하고자 한다(한국은행 2021년 10월).

이처럼 투자·금융계에서는 기업의 기후 리스크를 명확히 파악하고 그에 따른 재무적 영향을 의무적으로 공시할 것을 요구하고 있어 기업의 기후 리스크 관리 및 적응 계획 수립이 점차 중요해질 것으로 예상된다.

3) 정부: 재난 피해를 최소화하기 위한 기업의 기후적응 역량 강화

한국 정부는 2008년 12월, 국가 차원의 '국가 기후변화 적응 종합계획'을 최초로 수립했다. 이에 기반하여 2010년 10월, 장기 비전 달성을 위한 '국가 기후변화 적응 대책('11~'15)'이 수립되었다. 이후 2015년 12월, 중장기 및 단기 비전과 목표를 차등화한 '제2차 국가 기후변화 적응 대책('16~'20)'이 발표되었다. 이때까지만 해도 정부 또는 지방자치단체 중심의 기후적응 대책이 주를 이루었으나 공공의 노력만으로는 한계가 있다 보니 2020년 12월, 국민, 지자체, 시민사회, 산업계 등 모든 적응 주체와의 협력을 강조한 '제3차 국가 기후변화 적응 대책('21~'25)'이 마련되었다. 지속가능한 자연 및 산업계 경쟁력 강화를 위해 모든 적응 주체와의 협력을 강조한 제3차 적응대책이 발표되기는 했으나 정작 산업계의 참여는 저조했다. 기업이 필요로 하는 기후적응 데이터가 부족하고 산업·금융계의 기후위기 대응이 여전히 온실가스 감축에 편중되어 있었기 때문이다. 이에, 기업을 포함한 사회 전반의 적응 인프라를 강화하고 현장에 적용할 수 있는 실행계획으로 보강하여 2023년 '제3차 국가 기후위기 적응 강화 대책('23~'25)'을 수립하였다. 특히, 산업계의 자발적 참여를 유도하기 위해 산업별로 다양한 리스크에 적용 가능한 수요자 맞춤형 정보를 제공하고, 금융권을 위한 기후리스크 관리 지침서를 마련하는 등의 전략을 마련했다(대한민국 관계부처 합동 2023년 6월). 이로써 정부는 국가의 기후적응 역량 강화를 위해 기업들도 자발적으로 기후적응에 참여할 수 있도록 기본 토대를 제공하고 있다.

더 나아가 정부는 기후 리스크 평가 시스템을 제공하여 기업들이 자발적으로 기후변화의 물리적, 경제적 영향을 식별하고 대응할 수 있도록 지원하고 있다. 환경부와 한국환경연구원은 기후변화 리스크 평가 시스템인 CRAS(Climate change Risk Assessment System)를 2012년에 개발하여 기업 스스로 다양한 기후 시나리오 하에서 기후변화의 잠재적 리스크를 식별, 분석, 평가하고 기후적응 계획을 수립하는데 필요한 정보를 제공하고 있다(한국환경연구원 "국가기후위기적응정보포털" 참조). 산업부 산하의 한국에너지공단은 산업별 기후변화 적응 도구(ICAT: Industrial Climate Change Adaptation Tool)를 개발하여 기업들의 기후 취약성을 줄이기 위한 적응대책을 안내하고 있다. 총 7단계를 거치는데 가장 먼저 ICAT에 기업의 위치와 조달, 제조, 물류 등 가치사슬에 기반한 기업 유형을 선택한다. 그 후 기후 시나리오와 평가 기간을 선택하면 기업이 위치한 지역에서 가장 취약한 기후 요소(태풍, 홍수 등)가 도출된다. 이 기후 요소를 기반으로 가치사슬별로 발생할 수 있는 리스크(예: 조달-야외 적재 원료 손상 또는 품질 저하, 물류: 도로 봉쇄 등 도로, 물류 문제 발생으로 인한 제품 배송 지연 등)들을 선택한 후 해당 리스크가 사업장에 영향을 미치는 정도(비용 및 생산성 손실)와 리스크의 발생 빈도(발생가능성)를 기준으로 사업장의 리스크를 평가하게 된다. 다음으로 비전 및 전략, 인력 및 조직, 자원관리, 공정관리, 방재 및 안전 차원에서 기업이 실시하고 있는 적응 활동을 평가한다. 사업장의 리스크 평가결과와 적응 수준 평가결과에 기반한 종합 점수를 기준으로 기후 리스크가 가장 높은 1등급부터 5등급까지의 리스크 목록들이 도출된다. 마지막으로 리스크 목록별로 해당 리스크를 예방하거나 저감할 수 있는 대표적인 적응대책을 안내하고 평가 보고서 생성을 통해 기업의 적응 진단 이력을 관리한다(한국에너지공단 2022). CRAS와 ICAT는 정부가 기업들의 기후적응 역량을 강화하는데 필요한 가이드라인을 제공하고 있음을 잘

도표 9.6 ICAT의 평가 단계

Step 1	Step 2	Step 3	Step 4	Step 5	Step 6	Step 7
기업사항	취약성 조회	리스크 평가	적응수준 평가	평가결과 확인	적응대책 확인	결과제출

출처: 한국에너지공단 (2022), p. 4.

보여주는 사례이다.

　지금까지 기업들이 자발적으로 기후 리스크를 관리하고 대응할 수 있게 유도하는 정부의 움직임을 살펴봤다. 그럼, 기업의 기후적응을 규제하는 움직임은 없을까? 자연재해는 천재지변에 해당하기 때문에 법으로 기업의 기후 리스크 관리를 규제하는 것은 사실상 어렵다. 하지만 기후 리스크가 빈번해지면서 극단적인 작업환경에서의 근로로 얻게 되는 질병이나 사고가 증가함에 따라 작업장의 안전 및 보건 관리와 기후 리스크를 연결시키는 움직임이 두드러지고 있다. 예를 들어, 근로자 50인 이상의 사업장을 대상으로 2022년 1월부터 시행 중인 중대재해처벌법[3]에서 규정하는 중대산업재해와 중대시민재해에 기후 리스크와 연결된 내용들이 일부 존재한다. 폭염에 노출된 장소에서의 작업으로 사망자가 1명 이상 발생하거나 6개월 이상의 치료가 필요한 부상자가 2명 이상 발생하거나 1년 이내에 질병자 3명 이상이 발생한 경우 중대산업재해에 해당하여 사업주 또는 경영책임자가 처벌을 받을 수 있다(고용노동부 2021). 또한 공중이용시설 또는 공중교통수단의 설계, 설치, 제조, 관리상의 결함 및 이용자의 부주의와 자연재난이 중첩적으로 작용하여 사망자가 1명 이상 발생하거나 동일한 사고로 2개월 이상의 치료가 필요한 부상자가 10명 이상 발생하거나 동일한 원인으로 3개월 이상의 치료가 필요한 질병자가 10명 이상 발생했을 때 중대시민재해에 해당하여 사업주 또는 경영책임자가 처벌을 받을 수 있다(국토교통부 2021). 자연재난으로 기업의 시설물이 훼손되어 길 가던 시민이 사망하거나 부상자 등이 발생했을 때 시설물의 관리상 결함이 증명되면 중대시민재해로 인정하여 기업의 책임을 부

---

3) 2024년 1월부터 50인 미만 사업장까지 확대 적용

과하는 것이다.

중대재해처벌법이 기업의 기후적응을 규제하는 것이라면, 2008년에 제정된 기업재해경감법(재해경감을 위한 기업의 자율활동 지원에 관한 법률)은 기업의 기후적응을 촉진시키기 위한 인센티브를 제공하는 것이라 볼 수 있다. 기업재해경감법에 의하면, 태풍 등의 재난으로 기업활동이 중단되지 않고 안정적으로 유지될 수 있도록 재난 피해를 최소화하기 위한 전략계획, 경감계획, 사업연속성확보계획, 대응계획 및 복구계획 등 재해경감활동계획을 우수하게 수립, 시행한 기업들에게 행정부장관 명의의 '재해경감 우수기업' 인증을 수여하고 있다. 인증 기업에게는 보험료 할인, 세제 지원의 혜택을 제공함과 동시에 인증 기업 중 중소기업에 한해 자금 지원, 공공조달 가산점 부여 등의 인센티브까지 제공하고 있다.[4] 이러한 움직임은 기업들이 기후 리스크에 대비하여 시설물, 인프라를 강화하고 근로자들에게 안전한 작업환경을 제공하는 등 사업 연속성 확보 차원에서 방재 안전 측면의 기후적응이 중요해지고 있음을 시사한다.

종합해 보면, WEF 등의 국제사회에서는 기업에게 비즈니스 리스크 감소, 새로운 비즈니스 기회 창출, 다자간 협력이라는 큰 틀의 관점에서 기후적응을 바라볼 것을 요구하고 있으며 투자·금융계에서는 금융시장 안정을 위해 기업의 기후 리스크와 재무적 영향을 분석, 관리할 것을 요구하고 있다. 한국 정부는 기업들이 기후적응에 자발적으로 참여하도록 다양한 기제들을 마련하고 있으며 특히, 방재 안전 측면과 결부시켜 기업이 기후 리스크에 노출되는 것을 사전에 대비하여 재난 피해를 최소화할 것을 요구하고 있다.

---

4) 재해경감을 위한 기업의 자율활동 지원에 관한 법률(약칭: 기업재해경감법)

5. 글로벌 선진 사례를 통해 본 기업의 기후적응 방법

기업 경영에서 기후 리스크 대응은 위험 관리를 넘어 지속가능경영의 실현과 기업 가치 도모에 중추적인 역할을 한다. 그럼, 기업들은 기후적응을 어떻게 실현하면 좋을까? 통신, 반도체, 에너지 계열의 글로벌 기업 사례와 지진 등 재난 피해 경험이 많은 일본 기업들의 기후 리스크 대응 전략을 바탕으로 국내 기업들이 적용할 수 있는 기후적응 방법을 알아보도록 하자.

1) AT&T: 기후 리스크 모니터링 도구 개발 및 재해 복구 전담 조직 구성

미국의 통신회사 AT&T는 2021년 8월 26일에 발생한 4등급 허리케인 아이다(IDA)로 루이지애나 지역의 네트워크가 피해를 입었다. 이러한 피해를 다시 겪지 않기 위해 AT&T는 기상학자들로 구성된 기상운영센터(Weather Operations Center)를 신설하여 기상 정보를 자체적으로 분석, 예측하는 기능을 내재화하였다. 이에, 2022년 9월, 허리케인 이안(IAN)으로 플로리다 등 연안 지역에 기록적인 홍수가 발생했을 때 AT&T는 IAN의 경로를 사전에 추적해 리스크를 줄일 수 있었다.

특히, AT&T의 기상운영센터는 미국 연방에너지국 소속의 기초과학, 에너지 전문 연구기관인 아르곤 국립연구소와 협업하여 통신 네트워크, 장비 등 인프라 자산에 미치는 물리적 위험과 잠재적 영향을 예측하고 시각화하는 기후변화 분석 도구(CCAT: Climate Change Analysis Tool)를 자체 구축했다. AT&T는 인프라 자산 관리, 통신 네트워크 강화, 네트워크 장비 투자, 재해 복구 자원 확보 등 주요 사안을 결정하는데 CCAT에서 도출된 데이터 정보를 활용하고 있다. 예를 들어, 기후 회복탄력성팀(Climate Resilience Team)은 CCAT를 활용하여 기후 리스크가 통신 인프라에 미치는 잠재적 영향을 분석한 결과를 주요 사업 단위 파트너에게 전달하여 회복탄력성 전략을 수립하고 있다(AT&T "Connecting for a More Resilient Tomorrow" 참조). 2022년 11월부터는 미국연방재난관리청(FEMA) 등과 협업하여 CCAT 정보를 기후 리스크 및 회복탄력성 포탈(ClimRR: Climate Risk and Resilience Portal)을 통해 무료로 오픈하고 있다. 포털에서 획득한 고품질, 고해상도의 기후 데이터를 지역사회의 기후위기 예측 및 적응, 복원력 계획을 수립하는 데 활용하기도 하며 사용자의 목적에 따라 필요한 정보를 재구성할 수도 있다(ClimRR 참조).

AT&T는 재해 복구 전담 조직도 비교적 일찍부터 갖추고 있었다. 네트워크 재해복구(NDR: Network Disaster Recovery) 조직은 재해 지역을 연결하는 통신망의 신속한 복구를 목표로 1992년에 출범하였

도표 9.7 AT&T 기후 리스크 및 회복탄력성 포탈(ClimRR)

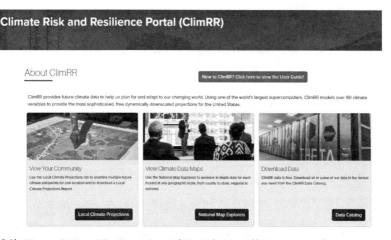

출처: Climate Risk and Resilience Portal (ClimRR), https://climrr.anl.gov/

다. 최근까지 총 11억 달러를 투자하여 재해 지역 내 무선 서비스를 지원하기 위한 이동식 기지국을 200개 이상 파견하고 네트워크 복구를 위한 휴대용 위성 통신을 100개 이상 배치했다. 또한, 15,500개 이상의 휴대용 발전기를 설치하여 지역 대피소에서 고객들이 기기를 충전할 수 있도록 지원하고 있다. 이를 통해 산불, 허리케인, 토네이도, 폭풍 등 다양한 재난에 대응해 오고 있으며 보다 신속한 재해 복구를 위해 연간 약 80회의 현장 복구 훈련을 실시하고 있다(AT&T "Network Disaster Recovery" 참조).

AT&T는 통신 산업이 갖는 공공재적 특성을 활용하여 기후 리스크 모니터링 도구인 CCAT를 누구나 이용할 수 있게 오픈하고 재해 복구에 전력을 다하고 있음을 확인할 수 있다. 특히, 지역사회와 함께 기후 리스크에 대비하는 AT&T의 노력은 이해관계자들로부터 신뢰를 확보하는 계기를 마련할 수 있다는 점에서 시사하는 바가 크다.

2) TSMC: 공급망 전체의 기후 영향 분석 및 기후적응 표준 개발

대만의 반도체회사 TSMC(Taiwan Semiconductor Manufacturing Company)는 앞에서 살펴본 것처럼 2021년, 대만의 기록적인 가뭄과 말레이시아의 홍수로 반도체 생산과 공급에 차질을 겪은 바 있다. 그러다 보니, 밸류체인의 기후 리스크를 선제적으로 파악하는데 초점을 두고 있다. 10년 후 1,419개 지역에 위치한 1,390개의 TSMC 밸류체인이 홍수, 가뭄, 폭염, 산사태(Mudslide, Landslide), 강풍, 해수면 상승 등 7가지 기후 리스크에 영향을 받을 확률을 분석한 것이 그 예이다. 모든 밸류체인의 기후 리스크를 분석하고 있는 사례를 국내 기업들에게서는 거의 찾아볼 수 없기에 더욱 주목할 필요가 있다.

또한, TSMC는 밸류체인의 기후 리스크 대응 및 관리를 위한 기후 리스크 적응 표준(Climate Risk Adaptative Standards)까지 개발했다. 예를 들어, 홍수에 대비하기 위해 '주요 공급업체 대상으로 잠재적인 홍수 위험을 평가하고 감독할 것', '잠재적인 홍수 위험 지역에 위치한 공장을 대상으로 비상 훈련을 실시하고 차벽을 설치할 것' 등의

표 9.2 TSMC의 밸류체인별 기후 리스크 영향 분석 결과

유형 (개수)	시나리오	Risk 유형						
		홍수	가뭄	폭염	산사태 (Mudslide)	산사태 (Landslide)	강풍	해수면 상승
TSMC 시설 (28)	SSP1-2.6	0	25	3.6	0	0	0	0
	SSP5-8.5	3.6	35.7	3.6	0	0	0	0
직접 원료 조달 (61)	SSP1-2.6	1.6	3.3	3.3	0	0	0	0
	SSP5-8.5	18	4.9	3.3	0	0	0	0
장비(156)	SSP1-2.6	0.6	5.1	9	0	5.2	0	0
	SSP5-8.5	5.1	7.7	9	0	5.2	0	0
Fab 시설 (128)	SSP1-2.6	3.9	14.8	7.8	1.5	0	0	0
	SSP5-8.5	3.9	18.8	7.8	0	0	0	0
간접 원료 조달(880)	SSP1-2.6	4.8	10.2	1.5	0.6	1.3	0	0.1
	SSP5-8.5	10.8	19.1	2	0.6	1.3	0	0.1
부품(166)	SSP1-2.6	3.0	10.3	3	0	1.8	0	0
	SSP5-8.5	4.2	11.5	3	0	1.8	0	0

* SSP1-2.6: 저탄소 시나리오(온실가스를 현저히 감축하여 2070년경 탄소중립에 이르는 시나리오), SSP5-8.5: 고탄소 시나리오(현재 수준과 유사하여 온실가스 배출을 지속하는 시나리오)
* SSP(Shared Socioeconomic Pathways, 공통 사회경제 경로)
출처: TSMC (2022), p. 17.

표준을 마련하고 있다. 가뭄 대비를 위해서는 '회사 내 구성원들의 물 절약을 촉진하고 제조 과정에서의 물 재활용률을 높일 것', '비상시 물 공급량의 20%를 제공할 수 있는 물탱크 및 예비 공급원을 준비할 것' 등의 표준을, 강풍 대비를 위해서는 '보퍼트 풍력 17도(최상 등급)까지 강풍에 견딜 수 있도록 실외시설을 강화할 것' 등의 표준을 제공하고 있다. 이처럼 TSMC는 기후 리스크에 철저히 대비하여 2022년, 생산 중단 제로를 달성하기도 했다.

무엇보다 TSMC는 대량의 물을 사용해야 하는 산업 특성상 '물'에 특화된 기후적응 전략을 구체적으로 수립하고 있었다. 2023년, TSMC는 물 부족으로 인한 워터리스크 증가 가능성 때문에 스웨덴 금융그룹 노르디아가 운영하는 글로벌 기후·환경 펀드의 투자 대상에서 제외당하기도 했다(『비즈니스 포스트』 2023년 9월 13일 자). 이를 극복하기 위해 TSMC는 △ 물 사용량 감소 △ 폐수 재활용 설비 증가 △ 물 재사용률 상승 △ 폐수 방류량 감축 등 4가지 기본 원칙과 수자원의 수급처 다변화, 효율성 관리, 재활용 등 3가지 관리 프로세스를 통합, 운영하고 있다. 중장기적으로는 물 인프라 등에 투자함으로써 물 사용량보다 더 많은 물을 자연으로 내보내 지역사회와 함께 물을 사용하는 'Water Positive(워터 포지티브)'를 실현하고자 한다.

이상과 같이, TSMC가 시행하고 있는 기후 리스크 분석 및 구체적인 적응 전략들은 밸류체인이 전방위적으로 형성되어 있고 워터리스크가 큰 반도체 기업들에게 시사하는 바가 크다.

3) Enel: 회복탄력성을 높이기 위한 기후적응 비전 설정과 4R 체계 구축

이탈리아의 에너지 기업 Enel은 'Adaptation: a climate-proof future (기후적응: 기후방탄미래)'라는 기후적응계획을 2022년부터 수립하기 시작했다. 기후 리스크에 대응하고 비즈니스의 회복탄력성을 확보하는 것을 넘어, 기후적응을 통해 모든 이해관계자에게 도움이 되는 상품 및 서비스를 개발하여 새로운 기회를 창출하는 것을 목적으로 한다. 이를 위해 개별 자산들을 대상으로 기후 위험을 평가하고 기후적응의 관점을 고려하여 투자 등 중요한 의사결정을 진행하고 있다.

표 9.3 Enel의 4R 전략

구분	내용
위험 예방 (Risk prevention)	• 목적: 기후 리스크에 따른 자산의 손상 가능성과 영향을 최소화하는 것 • 내용: 다양한 기후 리스크를 예방하기 위해 유지보수를 시행하고 인프라를 강화하는 것
준비 (Readiness)	• 목적: 잠재적인 중대한 기후 리스크에 대비하는 것 • 내용: 조기에 기후 리스크를 감지할 수 있는 능력을 향상시키는 것과 비즈니스 중단에 신속하게 대응할 수 있도록 자원을 효율적으로 조직화하는 것
대응 (Response)	• 목적: 실제 비상 상황에서의 운영 전략을 배치하는 것 • 내용: 극단적인 기후 리스크에 대응할 능력을 향상시키고 이에 필요한 자원을 동원하는 것, 백업 시스템을 활용하여 전력 공급을 효과적으로 복구하는 것
회복 (Recovery)	• 목적: 극단적인 기후 리스크로 가동이 중단된 자산을 가능한 한 빨리 정상복구하는 것 • 내용: 다운타임의 최소화, 서비스를 복원시키기 위한 노력

출처: Enel (2023), p. 66.

특히, Enel은 극단적인 기후 리스크에 대응하고 자산의 회복탄력성을 높이기 위해 위험 예방(Risk Prevention), 준비(Readiness), 대응(Response), 회복(Recovery)의 '4R' 전략을 채택하여 기후 리스크에 강한 회사를 만드는데 박차를 가하고 있다(Enel 2023).

Enel의 사례를 통해 우리 기업들이 기후적응에 특화된 전략을 수립하는데 필요한 시사점을 얻을 수 있다.

4) 일본 기업: 기후 리스크와 연계한 사업 연속성 및 회복탄력성 전략의 내재화

일본 기업들은 2011년 동일본 대지진 등 대규모 재난 피해 경험에 기반하여 기후 리스크 대응 전략을 강화해 왔다. 이는 크게 네 가지로 요약된다. 첫째, 일본 기업들은 지속가능성을 높이기 위해 기후 리스크와 연계하여 글로벌 공급망을 재구성하고 있다. 일본의 전기회사 NEC는 재해 발생 시 생산 거점을 유연하게 전환할 수 있는 'Global One Factory(글로벌 원 팩토리)' 시스템을 구축하였다. 이는 특정 지역이나 공장에 국한되지 않고 전 세계 어디에서나 생산 활동을 지속할 수 있도록 설계되어 기업의 재해 대응력 및 지속가능성을 제고하는데 기여한다. 둘째, 자연재해나 기후변화에 의한 사업 중단을 최소화하기 위해 사업 연속성 계획(BCP, Business Continuity Plan)을 강화하고 있다. 이는 생산 공정의 유연성 확보, 대체 생산 기지의 설정, 비상시 공급망 대응 계획 등을 포함한다. 셋째, 태풍, 수해 등 다양한 재해에 대비할 수 있는 전사 차원의 조직문화가 정착되어 있다. 대표적으로 일본의 최대 주택건설업체인 다이와하우스는 '자연재해에 강한 기업'을 지속가능성의 핵심 과제로 설정해 왔다. 이를 위해 전체 부서가 ① 종업원의 안전 확보, ② 정보시스템 백업 체계화, ③ 고객 지원체제 강화, ④ 생산 판매 기능 유지, ⑤ 그룹 전체 기능 유지, ⑥ 고객의 장기 리스크를 고려한 개발 체제 확립을 목표로 BCMS(Business Continuity Management System, 사업 연속성 관리 시스템)를 실천하고 매년 이

도표 9.8 NEC Global One Factory의 구현 요소

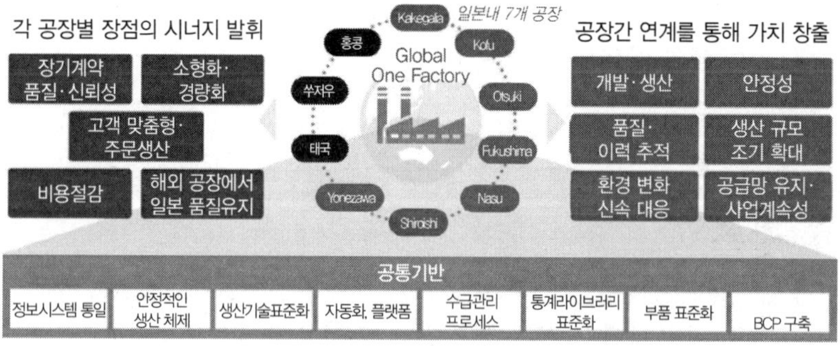

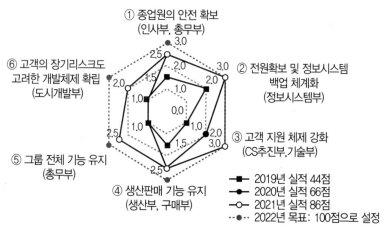

출처: 포스코경영연구원 (2024), p. 8.

도표 9.9 다이와하우스의 BCMS 체계 구축 및 평가 결과

출처: 포스코경영연구원 (2024), p. 8.

행 수준을 평가하고 있다. 넷째, 재해 복구 경험과 사업 회복 역량을 기업의 브랜드 파워와 연결하여 추가적인 비즈니스 기회를 창출하고 있다. 재난 복구 역량을 고객으로부터 신뢰를 쌓고 이들과의 관계를 강화하는 수단으로 활용하고 있는 것이다(포스코경영연구원 2024).

이와 같이, 일본 기업들은 기후 리스크도 지진과 같은 대규모 재해와 동일한 파급효과를 지닌다는 위기 의식을 바탕으로 기후 리스크와 연계한 사업 연속성 및 회복탄력성 전략을 조직 내에 체화시켜 기후적응을 실현하고 있음을 알 수 있다.

6. 결론

지금까지 기업에서 기후적응이 필요한 이유와 국제사회, 투자·금융계, 정부가 기업에게 요구하는 기후적응 내용을 살펴보고 글로벌 선진 기업 사례들이 기후 리스크에 대응하는 구체적인 전략 및 방법들을 확인했다. 특히, 본 연구에서 살펴본 글로벌 기업들은 기후 리스크의 심각성을 인지하고 기후적응을 비즈니스의 연속성 및 회복탄력성을 높이기 위한 전략에 연계시키는 등 미래지향적 관점을 견지하고 있다는 점에서 시사하는 바가 크다. 기후적응이 아직 발생하지 않은 사고에 대응하는 것이라는 점에서 단기적으로는 매몰비용처럼 느껴질 수 있지만 점차 강도가 거세지는 기후 리스크에 선제적으로 대비함으로써 미래의 비즈니스 리스크를 줄이고 경쟁 우위를 확보할 수 있다는 점에서 중요하기 때문이다. 이는 기업에게 닥칠 모든 리스크에 선제적으로 대비하고 투자하는 '준비된 기업'으로서 이해관계자들로부터 신뢰를 확보하는 계기를 마련할 수 있으므로 그 의미가 크다.

이를 위해서는 무엇보다 C-Level(최상위 의사 결정권자)에서 기후 적응을 중요하게 인식하고 기후 리스크를 줄이는 방향으로 의사결정이 가능한 거버넌스가 만들어져야 한다. 전 세계 225개 이상의 기업으로 구성된 지속가능발전을 위한 세계기업협의회(World Business Council for Sustainable Development, WBCSD)가 2024년 4월 발표한 보고서[5]에서 기업 내 거버넌스, 전략 체계 등에 기후적응이 유기적으로 통합되기 위한 C-Level의 역할을 제시한다. CEO(최고경영자)는 조직 전반에 걸쳐 기후변화에 대응하기 위한 회복탄력성 강화 전략을 주도하고 CFO(재무책임자)는 기업의 재무 건전성을 유지하면서 기후변화에 따른 위험과 기회를 재무 전략에 통합할 것을 강조한다. COO(운영책임자)는 조직의 일상적인 운영과 공급망 관리에 기후적응을 연계하여 기후변화의 영향을 최소화하는 전략을 구축하고 CRO(위험관리 책임자)는 기후 리스크를 식별, 평가, 관리하는 책임을 져야 함을 제안한다.

WEF(2023)가 포브스 글로벌(Forbes Global) 2,000개 기업 중 시총 상위 100개 기업을 조사한 결과에 따르면, 이들 기업의 기후 리스크로 인한 재무적 영향이 연간 매출액의 10%, 시장가치의 4%에 달하는 것으로 나타났다.[6] 따라서 기후적응을 비즈니스 리스크를 줄이고 기업 가치를 높이는 경영 전략 차원에서 접근할 필요가 있다. 더 나아가서는 기후 리스크를 기업의 비즈니스 기회로 전환시켜 새로운 가치 창출의 계기를 마련할 필요도 있다. WEF(2024)는 인공지능(AI), 사물인터넷(IoT), 지구 관측 및 고급 컴퓨팅 등의 최신 기술을 활용하

---

5) WBCSD. "Business Leaders Guide to Climate Adaptation and Resilience," 2024.
6) WEF. "Accelerating Business Action on Climate Change Adaptation," 2023.

여 기후 리스크에 회복탄력적인 인프라 및 글로벌 공급망, 첨단 조기 경보 시스템 등을 구축할 수 있다고 강조한다.[7] 블룸버그(Bloomberg 2021)는 기후적응 시장이 향후 5년 내 연간 2조 달러의 가치가 있을 것으로 추정할 정도로 기후적응이 미래에 유망한 비즈니스 먹거리가 될 수 있다고 평가한다.[8] 우리 기업들도 기후적응을 비즈니스 리스크를 줄이는 전략적 접근에 더해 비즈니스 모델과 연계하여 새로운 시장을 개척하는 등 블루오션 시프트의 기회로 활용해 보자.

---

7) WEF. "Innovation and Adaptation in the Climate Crisis." 2024.
8) "Investors Bet Climate Adaptation Will Soon Be Profitable" 『Bloomberg』. 2021년 11월 17일 .

❖ 참고문헌

Batten, S. "Climate Change and the Macroeconomy: a Critical Review." Bank of England. *BOE Working Paper* 706 (2018).
Enel. "Sustainability Report 2022." (2023).
Hinrich foundation. "Visualizing Asia's Water Dilemma." (2023).
Rabinowitz, Hannah S., Sophia Dahodwala, Sophie Baur and Alison Delgado. "Availability of state-level climate change projection resources for use in site-level risk assessment." *Frontiers in Environmental Science* 11 (2023).
S&P Global. "Adaptation planning is the next step for companies to prepare for climate risk." (2023).
TSMC. "TCFD Report." (2022).
WBCSD. "Business Leaders Guide to Climate Adaptation and Resilience." (2024).
WEF. "Accelerating Business Action on Climate Change Adaptation." (2023).
WEF. "Innovation and Adaptation in the Climate Crisis." (2024).
WEF. "The Global Risks Report." (2024).
고용노동부. "중대재해처벌법 해설-중대산업재해." (2021).
국가녹색기술연구소. "제28차 유엔기후변화협약 당사국총회(COP28) 결과 및 시사점." 『Greenovation I&I』 창간호 (2024).
국토교통부. "중대재해처벌법 해설-중대시민재해." (2021).

대한민국 관계부처 합동. "제3차 국가 기후위기 적응 강화대책." (2023. 06).

삼성증권. "미국 증권위원회의 기후 공시 의무화 규정에 따른 영향." (2024년 3월 14일).

엔비디아 디벨로퍼. "생성형 AI가 NVIDIA Earth-2를 통해 기후 과학 기술을 강화하는 방법." (2024년 4월 12일).

유엔글로벌콤팩트. "COP27: 기후변화에 대해 민간 부문이 취할 수 있는 핵심 행동." (2022년 11월 07일).

자본시장연구원. "기후리스크와 자산가격의 관계에 대한 조사 및 분석." 조사보고서 23-01 (2023).

정신동. "기후 재난 물리적 리스크 대응 어떻게." DBR 336호 (2022년 1월).

통계청. "전국사업체조사 자료." (2022).

포스코경영연구원. "일본 기업의 기후 리스크 대응 전략." (2024).

포스코홀딩스. "기업시민보고서." (2022).

한국무역협회. "제28차 유엔기후변화협약 당사국총회(COP28) 주요 성과 및 시사점." *Trade Brief* 21호 (2023년 12월).

한국에너지공단. "2022 산업부문 기후변화 적응 가이드라인." (2022).

한국은행 금융안정국. "기후변화 물리적리스크가 글로벌가치사슬을 통해 국내 거시경제에 미치는 영향." (2023년 02월).

한국은행. "기후변화와 한국은행의 대응방향." (2021년 10월).

환경부. "파리협정 함께보기." (2022년 03월).

언론사

Bloomberg. "Investors Bet Climate Adaptation Will Soon Be Profitable." 17 November 2021.

Business Post. "세계기상기구 2023년 기후보고서 발간, '관측기록 역사상 최악의 해'." 2024년 3월 20일.

『Yonhap News』. "Samsung suffers more than 300 bln-won loss due to monthlong Texas chip shutdown." 29 April 29 2021.

『YTN』. "중국 남부 '100년 만에 큰 홍수'…4명 사망·10명 실종." 2024년 4월 23일.

『메트로서울』. "태풍 '힌남노' 후폭풍…車·조선업계 포스코발 리스크 부담 가중." 2022년 9월 21일.

『비즈니스 포스트』. "TSMC도 '워터리스크'로 투자 못 받는다, ESG보다 중요한 기준으로 급부상." 2023년 9월 13일.

『연합뉴스 TV』. "가뭄 뒤 홍수·88년 만의 열대야…올 해도 극한 기상 우려." 2024년 4월 30일.

『조선일보』. "반도체 산업 2030년엔 지금보다 물 3배 더 써." 2024년 3월 5일.

『중앙일보』. "한반도 더 세게 때리는 태풍…뜨거운 바다, 발생지 밀어올렸다." 2022년 9월 26일.

『한겨레』. "기업 1255곳에 물어봤다, '기후변화 대책' 세웠는지." 2022년 9월 29일.

사이트

AT&T. "Connecting for a More Resilient Tomorrow." https://about.att.com/csr/home/environment/climate-resilience.html

AT&T. "Network Disaster Recovery." https://about.att.com/pages/disaster-recovery/network-recovery

Climate Risk and Resilience Portal (ClimRR), https://climrr.anl.gov/

Enel, "Beyond Reporting 2022." https://beyondreporting.enel.com/rfa/group-strategy-and-risk-management/risk-management

한국환경연구원. "국가기후위기적응정보포털." https://kaccc.kei.re.kr/portal/

10장

기후적응기술의 역할과 전망

김은아

자연재해 및 사회 전반에 미치는 피해를 감소시키기 위해 전통적인 정책영역에서는 기후영향평가와 기후적응대책을 마련하였고, 최근에는 이러한 정책영역에서 기술이 기여할 부분들을 인지하기 시작하였다. 기후변화로 인하여 발생하는 자연재해를 비롯한 사회 곳곳의 피해들은 기술이 발전하면 얼마나 줄어들 수 있을까? 디지털 기술은 자연재해 예측과 피해 최소화를 위한 정보 제공에 기여하고 있으며, 이러한 기술은 기후적응력 향상뿐만 아니라 경제적인 부가가치를 생산하는 요소기술로도 부각되고 있다. 이에 따라 기후적응기술에서의 국가 간의 경쟁은 초기 단계이지만 극한 기후현상이 심화됨에 따라 경제적, 안보적 요소가 강화될 가능성이 있다. 아직까지 기술 성숙도가 낮고 자금조달의 어려움, 정치적·사회적 장벽, 기술개발 거버넌스 문제 등 다양한 도전 과제가 존재하며, 이를 극복하기 위해서는 국제협력·투자, 기술전수, 이해관계자 참여형 거버넌스 구축이 필요하다. 이러한 과제를 해결함으로써 기후적응기술은 미래에 더욱 경제적 이익과 사회적 정의를 증진시킬 수 있을 것으로 기대한다.

1. 서론

기후변화는 현재와 미래 사회가 직면하는 가장 큰 메가트랜드이자 도전이다. 전 세계적으로 발생하는 이상기후 현상, 해수면 상승, 생물다양성 감소로 인하여 발생하는 2차적인 피해까지 고려하면 그 영향 범위가 전 세계 사람들의 삶이라고 할 수 있을 정도로 크다. 이러한 상황에서 기후적응기술은 인류의 지속가능한 미래를 위한 필수 요소로 볼 수 있다. 기후변화 기술이라고 하면 일반적으로 탄소배출을 저감하여 기후변화의 수준을 몇 도 이하로 낮추는 목적에 기여하는 '완화' 기술을 떠올리게 된다. 그러나 기후변화는 이미 되돌릴 수 없는 심각한 수준으로 진행되고 있어 기후변화의 피해를 최소화하고 이익을 극대화하는 기후변화 '적응'기술 또한 기후변화 기술의 중요한 부분을 차지한다. 자연재난 발생을 예측하고 그 피해를 최소화하는 데에 필요한 기술과 같이 전통적인 풍수피해 저감 기술뿐만 아니라 기상재난이 공업용수나 전력 공급을 중단하는 등의 산업시설 운영상의 리스크 저감에 필요한 산업공학적 요소 또한 존재한다. 또한, 데이터·인공지능(AI) 기술과 같은 디지털 기술 고도화에 따라 적응 정보서비스 영역에 대한 관심이 증가하고 있다.

1) 기후적응기술의 영역

그동안 기후변화 적응대책이라고 하는 것은 주로 지자체를 중심으로 기상재난, 폭염 등과 같이 기후변화와 밀접하게 닿아있는 영역에서 피해를 저감하기 위한 조치로 치수(治水) 또는 대민 서비스 성격에 가까웠다. 따라서 기후적응 기술의 필요성에 대한 인식은 아직은 비주류에 속한다. 그러나 한국은 2022년 과학기술정보통신부 고시로 기후변화 대응 기술을 크게 온실가스 감축과 기후변화 적응기술로 구분하여 적응 부문 기술을 세분화하여 제시하였고, 그 중요성에 대한 인식이 점차 높아지고 있다.

도표 10.1에서 볼 수 있듯이 기후변화로 인해 발생하는 1차적인 영향(극한 기상 현상, 기상재난, 해수면 상승 등)이 발생하는 것을 막기는 어려우나 그것으로부터 파생하여 인간과 사회에 영향을 미치는 2차, 3차 이상의 영향은 기술적, 정책적 대비로 그 피해를 줄일 수 있다. 그러한 이유에서 기후변화 적응기술이 적용되는 영역이 방대하며, 이러한 방대한 영역에 기후변화 영향이 미치지 않기 위해서는 특히 파급효과가 큰 영향 영역에서의 대응력 강화가 중요하다.

도표 10.1　기후변화 영향 사슬 모식도

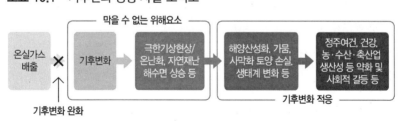

출처: 김은아 (2022).

표 10.1　적응기술 목적별 구분 및 세부 구성 요소

적응기술 구분	세부 분류
Ⓐ 기후변화 원인, 현상 관측조사, 예측	기후변화 감시 및 진단 기술
	기후변화 예측 기술
Ⓑ 기후변화 영향 조사·분석·진단	기후변화 영향(건강, 물, 국토·연안, 농수산, 생태계, 산업 등) 평가 기술
	기후변화 취약성(영향 영역, 계층, 지역) 및 위험성(위해성, 노출성, 취약성) 평가 기술
Ⓒ 기후변화 피해 저감, 사전예방 등 기후변화 적응역량 강화 및 기후탄력성 강화 기술	건강 부문 기술
	물 부문 기술
	국토·연안 부문 기술
	농축수산 부문 기술
	산림·생태계 부문 기술
	산업·에너지 부문 기술
Ⓓ 정책 및 기술 효과 분석·평가 기술	적응조치의 효과평가 기술
	기후변화 적응기반 기술

출처: 김은아 (2023), 과학기술정보통신부 고시 제2022-55호 내용을 편집, 정리함.

2) 국내외 기술개발 관련 정책

유엔기후변화협약 적응위원회(UNFCCC Adaptation Committee 2022)는 기후변화 적응력 및 회복력 강화를 위한 기술에 관한 보고서를 발표하였는데, 크게 (1) 기존 기술의 활용, (2) 혁신적 기술개발, (3) 기술 식별 및 채택 관련 내용으로 주요 내용을 구분할 수 있다. 기후적응 기술이 현대 사회에서 개발되는 기술과 차별되는 점은 다양한 지역에 최적화되어 전통으로 내려오는 지혜의 영역과 긴밀하게 연결되어있다는 것이다. 예를 들어 홍수에 대비하여 기둥 위에 주택을 건설하거나 편차가 심한 강수량에 대응하여 그에 적합한 관개수로를 구축하는 것 등이 그에 해당한다. 여기에 디지털 기술로 대표되는 혁신기술 요소는 기존의 기술의 효율을 높이거나 지속가능성을 높이는 데에 기여할 수 있다. 인공지능(AI)은 과거로부터 현재까지 축적되고 변화하는 정보에 기반하여 최적 솔루션을 제공할 수 있다는 점에서 진화하는 적응 개념과 본질적으로 통하는 면이 많다. 따라서 이러한 최첨단 기술을 보유한 국가로부터 기술이 필요한 개발도상국으로의 기술 전수는 전 지구적 기후적응력 향상에 중요한 기후 행동이 될 수 있다.

다른 한편, 기후적응기술은 기술 자체의 내용뿐만 아니라 적응 이슈를 어떻게 정의하고 그에 필요한 기술을 식별, 적용하는 과정이 기술 적용 효과를 결정하는 데에 있어서 결정적인 역할을 한다는 특징이 있다. 그러한 이유에서 특정 정책과 규제 환경, 자연환경 등의 여건을 고려하고 이해관계자의 참여 속에서 기술을 채택하는 과정이 중요하게 다뤄질 필요가 있다.

유엔기후변화협약 적응위원회(2022) 보고서는 특히 우선순위가 높은 기술영역을 (1) 농업, (2) 수자원, (3) 인프라 및 정착지(특히 연안지역)로 정의하고 기술개발에 요구되는 내용을 정리하여 보여주었으며, 표 10.2는 각각의 우선순위 영역에서 다뤄진 기술 요소를 정리한 결과이다.

중국 생태환경부의 '국가 기후변화 적응전략 2035'(2022)는 기후변화에 따른 국가의 취약성 증가와 공공 보건 리스크 증가에 대응하기 위하여 모니터링 및 평가 기능을 강화하는 내용을 담고 있다. 이 전략은 식량안보를 중요하게 다루고 있는데, 기후변화에 따라 식물대가 북쪽으로 이동함에 따라 더 높은 수확량과 강한 스트레스 저항력을 가진 작물로의 전환을 통해 농업을 최적화할 필요성을 지적하였다. 이와 더

표 10.2 우선순위가 높은 적응기술 세부 분류 및 내용

적응기술 구분	세부 분류	기술 내용
농업	생명공학	유전적으로 개량된 작물 품종
	에너지 및 물 효율성	태양광 펌프, 풍력에너지 사용, 효율적인 관개 기술
	토양 관리 및 복구	보존농업, 토지 이용계획, 토양 관리, 토양 침식 방지, 악화된 토양 복구
	디지털 농업	정밀농업 및 정보 보급을 위한 디지털 솔루션, GIS 맵핑, 작물 모델링
	조직 및 역량강화	시장 기반 도구를 활용한 기술활용 강화, 투자 접근성 개선, 농업 기술 교육
수자원	수자원 관리 인프라	측우 관측소, 빗물 시스템, 시추공, 댐 및 저수지 개발
	정보 및 분석 기술	컴퓨터 모델, 기상 레이더, 물흐름 모니터링용 센서 및 데이터 관리 플랫폼
	물 수확 및 보유	식수의 담수화 등 물 수확/보유/재생/재사용 지원
	조직 및 역량강화	유역기반 토지 이용을 위한 위원회 설립, 유역 통합 관리계획, 물절약 시스템 홍보 캠페인
	융합 기술	농업 및 기타 부문을 지원하기 위한 물 기술
연안	연안 인프라	분리된 방파제, 배수 인프라, 구루인, 해안벽 및 간선제, 기타 연안 보호 장벽, 고위험 구조물 재배치 및 재건축, 연안 인프라 복원력 강화
	자연기반/하이브리드 해결책	생태계 기반 구조물(예: 맹그로브 식재) 건설
	위험 평가	해수면 상승 예측 시스템, 취약성 및 위험 지도 업데이트
	조직 및 역량강화	기후 복원력 투자 증진, 연안 생태계보호 관련 대중 인식 제고, 연구·관리 및 모니터링 강화를 위한 거버넌스 구축

출처: 유엔기후변화협약 적응위원회(2022) 내용에 기반하여 정리함.

불어 공급망, 금융부문, 에너지 부문의 위험 관리 능력을 중국의 기후
변화 대응의 핵심 요소로 규정하였다. 또한, 예보·조기경보, 모니터
링, 영향·위험 평가, 재해 예방·완화 역량을 강화하는 내용으로 자연
생태계와 경제·사회 시스템 전반에서 자연기반 해법과 디지털 기술의
역할을 강조하였는데, 2035년까지 중국은 극단적인 기상 사건에 대
한 모니터링 및 조기 경보 시스템을 향상시키고, 주요 프로젝트에 기
후를 중요한 환경영향 평가 내용으로 포함시키는 계획을 가지고 있다
(Asian Development Bank 2022).

미국 국토안보부는 재난 대응력을 높이는 물관리 인프라 등의 기술
개발 필요성을 인식하고 있어 과학기술 정책으로 보험 및 경제적 위
험분담 솔루션, 자가 치유 물질과 센서를 통한 기후적응 및 회복력을
최적화하는 기술개발 계획을 발표하였다(Department of Homeland
Security 2024). 2021년에 통과된 인프라 투자 및 일자리법은 홍수,
산불, 해수면 상승 등 기후변화로 인한 자연재해 문제에 대비하여 도
로, 교량, 해안선보호 및 홍수 방지 시설 등 기반 시설의 복원력을 강
화하는 프로젝트에 투자하는 내용을 포함하고 있다. 이와 유사하게
2022년 통과한 인플레이션 감축법은 주로 에너지 부문의 보조금 내용
을 다루고 있으나 기후 예보, 해안·도서 지역 보전·복원, 산림, 생물
다양성 등의 영역을 지원하는 내용으로 기후변화 적응 이슈가 일부 포
함되어있다.

2. 기후적응기술 적용 사례

기후적응기술은 인간에게 미치는 기후변화 영향을 저감하고 생태환경과 인간의 회복력을 강화하는 목적의 기술로 기후변화 영향이 심화됨에 따라 빠르게 진화하고 있다. 이러한 기술은 자연재해 피해 예방, 농업생산성 증가, 도시계획에 이르기까지 기후변화의 즉각적이고 장기적인 영향에 대처하는 데에 광범위하게 관여할 수 있다. 과거 홍수와 가뭄 피해를 저감하는 데에 활용하였던 치수 관련 기술 외에 최근 들어 특히 필요성이 증가하고 있는 기술을 활용한 사례(World Economic Forum, 2023)를 아래에 소개한다.

1) 산불 탐지 및 관리

선진국에서의 기후변화 피해 사례로 최근 크게 이슈화된 것은 산불이며, 그에 따라 피해를 저감하기 위한 기술개발 및 관련 스타트업이 빠르게 성장하고 있다. 미국의 파노 AI(Pano AI)는 인공지능(AI)를 이용하여 연기와 불을 스캔하는 파노라마 탐지 솔루션을 개발했으며, 지금까지 미국과 호주에서 사용되고 있다. 독일의 드라이어드(Dryad)는 산불 피해를 최소화하기 위하여 산불 발생 초기 단계에 탐지가 가능한 태양광 센서 네트워크 기술을 보유하고 있는데, 미국, 유럽, 캐나다, 아시아 등 많은 국가에서 관심을 가지고 있다. 다른 한편, 미국의 바이브란트플래닛(Vibrant Planet)은 산불 위험을 낮추고 산불 발생 후 복원을 지원하는 산림관리 운영체제인 랜드탠더(Land Tender)를 개발하였다.

2) 스마트 농업

영국의 알카마(Alkama)는 '토양 내 공장'이라는 공법을 개발하였는데, 이는 토양 미생물을 활용하여 기존의 비료, 살충제, 살균제 없이 친환경적으로 높은 작물 생산성을 얻을 수 있다. 이 방법을 사용하는 경우 토양에 탄소를 포집하는 효과도 얻을 수 있어 기후변화 적응과 완화 두 마리의 토끼를 잡는 기술이다. 가나의 아마티(AMAATI)는 건조한 환경에서도 재배할 수 있으면서 영양이 풍부한 '포니오' 곡물을 취약계층(땅이 없는 아프리카 농촌 여성)이 재배, 가공, 판매할 수 있도록 지원하는 사회적 기업이다. 미국의 아미니(AMINI)는 아프리카 소작농에게 위성, AI, 기계학습을 활용하여 환경 및 작물 데이터를 지원하며, 이를 통하여 작물 재배, 보험 업무에 도움을 준다. 인도의 케이티(Kheyti)는 모듈형 비닐하우스를 개발하여 지역 환경에 적합한 방식으로 적은 양의 물과 자원을 사용하여 높은 작물 생산성을 거두고 있다. 영국의 모아기술(moa Technology)은 안전하고 효과적인 제초제를 작물별로 검색할 수 있는 플랫폼을 개발하였다. 이외에도 다양한 스마트 농업 기술을 활용한 사업 예가 다수 존재하며, 이들은 생물학, 데이터 기술 등을 융합하여 제약 조건의 환경을 극복하고 농업 생산성을 향상함으로써 특히 소작농 농업의 지속가능성을 향상시키는 데에 기여한다는 공통점이 있다. 이와 더불어 드론과 위성을 활용한 정밀농업은 효율적인 물 사용, 해충관리, 작물 배치 등을 통하여 농업의 기후 적응 능력을 향상하는 데에 활용될 수 있다.

이상의 기후적응 기술은 인공의 구조물 및 조치를 통하여 적응력을 향상시키고 경제적 이익을 극대화하는 데에 활용했다면, 아래의 두 영역은 전통적으로 기술의 영역이라고 인식되지 않았던 대안적인 방법을 활용하여 기후적응력을 향상시킨 예에 해당한다.

3) 지속가능한 도시계획

도시에서 기후변화로 인한 위험을 줄이고 삶의 질을 향상시키면서 성
장동력을 확보하기 위하여 개별 지역의 도시계획에 기후적응 전략이
수립될 필요가 있다. 자연기반해법(Nature-based Solutions)은 자
연구조물을 활용하여 인간의 기후적응능력을 향상시키면서 생물다양
성을 개선시키는 데에 도움을 줄 수 있다. 세계자연보전연맹(IUCN)
은 자연기반해법을 자연환경 또는 변형된 생태계를 보호, 지속가능
하게 관리 및 복원하기 위한 조치로 정의했는데(Cohen-Shacham et
al. 2019), 이를 통하여 인간의 웰빙과 생물다양성 혜택을 기대할 수
있다고 보았다. 맥킨지는 15가지 잠재적인 적응 영역을 식별했는데
(Boland et al. 2021) 기반시설 개조와 같은 적극적인 개입이 필요한
영역과 거리 옆 나무심기 및 물절약과 같이 개인의 생활 안에서 소소
하게 실천할 수 있는 조치를 포함하였다.

4) 해안선 보호 및 관리

세계자연보전연맹은 맹그로브 복원 프로젝트를 통하여 토양 침식으로
부터 해안선을 보호하고 식량안보를 강화하고자 한다. 이러한 배경에
서 벨리즈,[1] 지부티,[2] 인도는 맹그로브 복원 프로젝트를 진행한 바 있
다. 다른 한편, 자연보존협회(TNC)는 델타(Deltares USA)와 함께 플

---

1) 중앙아메리카 동쪽 해안에 위치한 한반도 면적의 10%가량의 크기의 국가
2) 홍해를 접하고 있는 아프리카 국가

로리다에서 기후변화로 인한 해안 폭풍과 해수면 상승 취약성이 높은 지역의 회복력 강화를 위한 전략을 수립하였다. 이 전략은 습지, 해변, 맹그로브, 산호초 및 굴 암초와 같이 자연 구조물을 이용하여 연안 지역의 태풍피해와 해수면 상승으로 인한 피해를 저감하는 것을 주요 골자로 한다. 이러한 노력은 위의 지속가능한 도시계획에서 언급한 자연기반해법에 속한 방법을 사용하였다는 공통점을 가지고 있다.

3. 기후적응기술 개발 현황

기후적응기술은 변화하는 환경으로 인한 피해를 완화하는 사회문제 해결 목적을 가진다는 점에서 경쟁적인 요소가 없을 것 같으나 적응력 향상이 경제적인 이익을 가져오는 데에 기여한다는 점에서, 그리고 기후변화로 인해 희소해질 것으로 전망되는 생물자원에 대한 공급력 안정성을 확보한다는 점에서 경제 및 안보 요소가 강화될 여지가 있다. 아직까지 경쟁이 가열되지 않은 시기로 볼 수 있으나 초기에 시장을 선도하는 국가가 이후 큰 경제적 이익과 국제사회에서의 영향력을 높일 수 있으므로 향후 경쟁적인 요소가 가시화될 가능성이 높다.

1) 기후적응기술에 관한 국가 간 경쟁

최근 10년(2013~2022년) 주요국(중국, 미국, 일본, 유럽, 한국)을 대상으로 출원된 기후적응기술 특허 중 잠재적인 시장가치가 있다고 판단되어 특허 권리가 이전된 9,566건을 분석한 결과(도표 10.2) 미국 주도에서 중국 주도로 넘어가고 있음을 확인하였다. 2013년에는 미국이 출원한 특허가 전체 적응기술 특허의 90%로 압도적인 비중을 차지했으나 최근 3년(2020~2022년)에 중국이 최우선 출원한 특허의 비중이 87%에 달하였다. 중국은 인구 증가, 경제성장 등과 더불어 식량 수요가 증가함에 따라 식량안보를 국가안보의 핵심 요소 중에 하나로 보고 식량안보를 강화하기 위한 해외 투자를 포함하여 전방위적인 노력을 투입해오고 있으며, 유전자 편집과 생명공학 기술, 스마트 농업 기술, 수자원 관리, 토양 관리와 보존농업, 식량 저장 및 보존 기술 등의 기술 영역뿐만 아니라 해외 농업 투자를 통하여 식량 공급망 접근성을 높여왔다.

그러나 기후변화 적응 분야에서 2006~2010년 사이 미국을 대상국으로 한 특허 건수 대비 피인용 수가 다른 기후변화 기술 분야에 비해 압도적으로 높은 수준(박성준 외 2022)으로, 특허의 질적 수준을 감안했을 때에 해당 분야의 기술이 2010년 이전에 미국 시장에서 선점되었을 수 있다.

도표 10.2에서 분석한 기후적응기술 특허를 기후변화 영향 영역으로 구분하여 주요 5개국의 출원 비중을 분석한 결과(표 10.3) 중국의

도표 10.2 국가별 기후변화 적응기술 권리 이전 출원 건수 변화

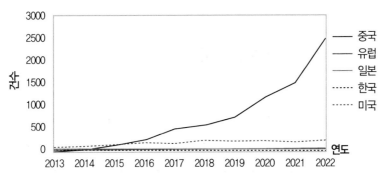

출처: 김은아 (2023).

표 10.3 기후변화 영향 영역별 특허 권리가 이전된 출원 건의 출원국가 비중(2013~2022년 누적)

영향 영역별 기술 구분	최우선(최초) 출원 비중(%)				
	중국	미국	유럽	일본	한국
건강	65	29	3.5	1.6	0.5
물	83	15	0.2	1.4	0.6
국토·연안	85	13	1.0	0.6	0.3
농축수산	87	10	1.0	0.9	0.7
산업·에너지	80	17	1.5	1.2	0.1
전체	79	17	1.6	1.2	0.5

출처: 김은아 (2023).

출원 비중이 전 영역에서 높으며, 그 뒤를 미국이 따르고 있다. 한국은 전체로 놓고 보면 0.5%에 불과한데, 이는 기후적응 기술에서 한국의 영향력이 매우 낮을 가능성을 시사한다.

　기후변화 적응 영역에서 가치가 높은 기술 특허는 완화 기술에 비하여 전반적으로 낮은 증가폭을 보이고 있으나(Dechezleprêtre et al. 2020) 잠재적 시장가치가 있는 특허 규모는 점진적으로 증가하고 있는 추세이며 특히 국토·연안, 물(수자원 관리 등) 부문에서의 증가율이 타 영역에 비해 빠르게 증가하였다(표 10.4). 반면, 인간의 생존과 직결된 건강, 농축수산과 같은 영향 영역에서의 증가율은 상대적으로 낮았는데, 이는 해당 영역의 기술 성숙도가 높아 신규 기술이 많이 등장하지 않거나 시장가치가 높은 기술로 주목도가 상대적으로 떨어지고 있을 가능성을 시사한다.

　한편, 디지털 기술은 다양한 영역에서 그 효과를 보여줄 수 있는데,

표 10.4 기후변화 영향 영역별 권리가 이전된 출원 건의 연평균 증가율
(2013~2020년) 단위: %

영향 영역별 기술 구분	연평균 증가율(%)
건강	2.6
물	17.0
국토·연안	22.0
농축수산	4.6
산업·에너지	9.2
전체	8.0

기후변화 대응에서도 기대되는 바가 크다. 퀀텀 컴퓨팅 기술은 또한 떠오르는 미래 기술로, 현재 선진국을 중심으로 경쟁이 치열한 분야이다. 퀀텀 컴퓨팅 기술은 특히 복잡한 문제를 빠르게 해결하는 것에 활용도가 높아 기후 모델의 정확도와 해상도를 높이며, 작물의 유전적 특성을 분석하고 작물 수확량을 최적화하는 시뮬레이션에 활용하는 등 다양한 데이터 분석 및 최적 솔루션 도출에 잠재가치가 높다.

2) 결과 못지않게 중요한 과정

기후적응기술은 별도로 존재하기보다는 기존에 다양한 부처에서 개발 중인 요소기술을 기후변화 적응 수요에 맞춰 재해석하고, 혁신기술을 활용하여 보다 효과적이고 지속가능한 솔루션을 도출하는 과정을 통해서 정의될 필요가 있다. 따라서 이러한 문제를 규정하고 적합한 기술을 모색 및 해석하는 과정이 필수적인데, 이는 기술을 개발하는 연구자 독자적으로 수행하는 것은 불가능하며 지역의 문제를 잘 이해하

고 문제를 겪고 있는 당사자 및 관계자와의 상호작용이 필요하다(도표 10.3). 이렇게 사회문제해결형 기술개발 과정에서는 관련 부처, 지방자치단체, 연구기관, 시민사회, 기업 등 다양한 이해관계자들이 협의체를 구성하여 공동의 문제 인식 및 해결방안 모색에 참여하는 것이 중요하다. 또한, 기술개발 초기 단계에서부터 기업의 참여를 유도함으로써 비즈니스 기회의 발굴과 기술개발 성과의 신속한 확산을 촉진할 수 있는 혁신생태계 조성이 가능하다.

이러한 이해관계자 참여형 기술개발을 구현하는 모델(Scott 2015)로 리빙랩(Living Lab)이 있다. 리빙랩은 사용자 중심의 혁신과 개발을 위해 실제 기술이 구현되는 환경에서 기술, 제품, 서비스를 테스트하는 접근법이다. 이 방법을 활용한 해외 사례를 예시로 아래에 소개하였다.

도표 10.3   기후변화 영향 대응 지자체 적응정책 수립·이행 단계에 대응하는
적응기술 요소

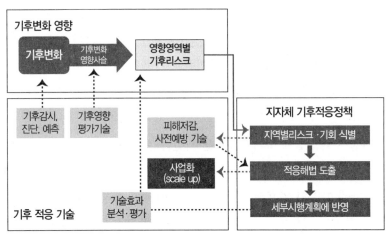

출처: 김은아 (2023).

(1) 암스테르담의 아이체인지(I-Change) 프로젝트

아이체인지 프로젝트는 유럽을 중심으로 추진하고 있는 리빙랩 프로젝트로, 환경보전과 기후변화 대응의 주요 주체로서 시민과 시민사회를 설정하고 그들의 참여에 기반하여 행동변화를 이끌어내는 시도를 하고 있다. 네덜란드 암스테르담에서는 기후행동, 극한 기상현상 대응, 에너지 소비 부문을 다룬다. 암스테르담에 위치한 24개 야외 기상관측소에서 관측 결과를 수집하고, 폭염이 인간의 건강에 미치는 영향을 연구하며, 기후변화와 도시화가 여름철 실내온도에 어떤 영향을 미치는지 조사하였다.

(2) 바르셀로나의 어반랩

바르셀로나에 위치한 어반랩(Urban Lab)은 2008년에 시작한 프로젝트로 엘 포블레노우(El Poblenou) 구역에서 진행하였다. 주로 중소기업의 혁신 실험장으로 활용되었는데, 스마트 조명, 효율적인 폐기물 관리 등을 포함한다. 기후적응에 특화된 리빙랩은 아니나 바르셀로나 시민의 삶의 질을 향상시키고 지속가능성을 증가시키기 위한 광범위한 시도 중 열섬현상을 저감하기위한 녹지공간 형성을 한 사례가 존재한다. 본 리빙랩은 민간의 제품 및 서비스를 직접 테스트하는 장으로 활용했다는 점이 특징적이다.

　이상의 리빙랩에서 기후적응을 해결하는 기술은 정해져 있지 않다. 따라서 문제를 어떻게 정의하고 해결에 활용할 수 있는 기반기술의 발전속도에 따라서 기후적응기술 영역은 빠르게 확장되거나 변화할 수 있다. 그렇기 때문에 이러한 성격의 기술개발 로드맵을 도출하기 위해서는 전통적인 기술 분류체계와 기술 성숙도에 기반한 선형적 발전방향을 가정하기보다 유연하고 포괄적인 접근 방식이 요구된다.

4. 기후적응기술 영향평가 방법

어떤 기술이 발전하기 위해서는 투자가 필요하며, 이러한 투자를 결정하는 의사결정권자는 이 기술이 왜 필요한지 그리고 어떠한 효과가 얼마나 클지에 대한 정보를 알고 싶어 한다. 기후적응 기술의 경우 기술이 필요한 이유에 대해서는 비교적 쉽게 설명할 수 있지만, 그 효과, 즉 기후적응의 결과 정량적으로 얼마만큼의 효과를 가져올 수 있을지는 다소 불분명하다. 이는 기후적응 효과는 기후변화 및 그 피해 규모와 직결되는데 이 영역은 불확실성을 가지고 있으며, 적응의 결과 발생하는 사회·환경·경제적 부수적인 편익의 범위를 어떻게 설정할 것인지에 대한 방법론이 정립되어있지 않다.

이렇듯 기후적응기술 영향평가의 어려움은 해당 기술개발이 본질적으로 사회문제해결형 연구개발(R&D)의 성격을 가지고 있기 때문이다. 사회문제해결형 연구개발은 문제 정의에서부터 기술 해석, 연구개발, 기술 적용 및 확산, 성과 평가에 이르기까지의 사회문제해결 전주기 단계에서 순수과학 연구와는 다른 목적성과 접근방식을 가지고 수행된다. 여기서 기술개발의 성과는 기초연구개발 성과와 같이 수치화된 성능목표 달성과 같이 객관적이고 명료하지 않을 수 있으며, 기술개발 목표를 어떻게 설정하느냐에 따라서 평가 방법과 결과가 크게 달라질 수 있다. 아래는 기후적응기술이 실제 적용되었을 때 환경·경제·사회적으로 어떠한 영향을 가져올 수 있는지의 관점에서 기술 영향평가가 어떻게 진행될 수 있는지를 개괄적으로 설명한다.

1) 기후적응기술의 환경·경제·사회 영향

기후적응기술은 본질적으로 기후변화에 따라 취약한 환경을 가지고 있는 지역사회에 큰 피해를 주는 문제, 즉 지역사회의 문제를 해결하는 것을 목적으로 한다. 따라서 이러한 목적성을 가지고 개발된 기술의 성과는 단순히 기술 자체의 성능에 관한 정량적 목표를 넘어서 기후변화의 부정적 영향을 저감하고 긍정적 영향을 확대하는 관점에서 다각적으로 평가될 필요가 있다. 아래 기술영향 평가 방법론은 다양한 기후적응기술 영향을 평가하는 데에 활용할 수 있는 대표적인 예이다.

(1) 비용-편익 분석

기술 적용 결과의 경제적 효과를 분석하는 대표적인 방법론으로 비용-편익 분석 방법론(cost-benefit analysis)이 있다(de Bruin et al, 2009; Li et al, 2019). 이 방법은 주로 특정 기술을 적용하는 타당성이 있는지를 확인하기 위한 목적으로 사용된다. 예를 들어 해안선 보호 목적을 위한 맹그로브 활용 전략의 경우 맹그로브 조성에 소요되는 비용과 이로 인해 예방된 홍수 피해 비용의 차이를 비교함으로써 전략 실행의 순이익을 산출하고, 정책 당국뿐만 아니라 대중을 설득하는 데에 확실한 근거자료로 활용될 수 있다는 장점이 있다. 그러나 이 방법은 경제적인 편익 외의 금전적 가치로 환산하기 어려운 다양한 환경적, 사회적 영향을 종합적으로 고려하기 어렵다는 한계가 존재한다. 따라서 이 방법은 최적의 기후적응기술을 결정하기 위한 초기 기술 스크리닝에 활용하고 이후 보완적인 방법론을 적용하여 특정 지역의 여건에 적합한 기술을 선정하는 것이 합리적이다.

(2) 다중 기준 분석

다중 기준 분석(multi-criteria analysis, Munaretto et al. 2014)은
경제적, 환경적, 사회적 측면에서 발생하는 다양한 영향을 고려하는
방법으로, 각 기준에 가중치를 부여하여 종합적인 평가를 진행한다.
이 방법은 기후적응과 같이 지역사회의 환경 및 여건 등 고려해야 할
항목이 다양하고 복잡한 경우 적합하다. 예를 들어 자연기반 해법을
재개발이 예정된 주택지역에 적용하는 경우 홍수 피해 저감효과를 비
롯하여 생태계 서비스 증진, 사회적 복지 향상과 같이 긍정적인 편익
과 함께 주택용지로 사용될 수 있는 면적이 감소됨으로써 원주민의 경
제적 편익이 상대적으로 감소하는 효과를 동시에 고려할 필요가 있으
며, 이 경우 각각의 요소에 가중치를 부여하여 자연기반 해법이 도입
되는 경우 기대되는 총 편익을 분석할 수 있다. 단, 이 방법을 사용하
는 경우 우선순위를 도출하는 데 참여하는 집단의 구성에 따라 결과가
큰 차이를 보일 수 있으므로 이해관계자를 성공적으로 설득하기 위해
서는 다중 기준을 도출하고, 우선순위를 정량화하는 과정에 대한 합의
가 선행될 필요가 있다.

(3) 시나리오 분석

시나리오 분석(scenario analysis, Stewart et al. 2015)은 미래 기후
변화 시나리오 및 사회경제적 발전 시나리오 등을 종합한 다양한 시나
리오에 기반하여 적응기술의 효과를 평가하는 방법이다. 시나리오 분
석은 잠재적인 기후변화 영향이 경제, 사회, 환경적으로 얼마만큼의
리스크를 초래할 것인지를 추산하는 데에 활용될 수 있으며, 이는 비
용-편익 분석의 가이드라인 수치로 이용될 수 있다. 다른 한편, 다중

기준 분석시에 시나리오별 다양한 기후변화 영향을 제시함으로써 가중치를 도출하는 근거자료로 활용될 수 있다. 이렇게 시나리오 분석은 위의 비용-편익 분석과 다중 기준 분석과 연계될 수 있는 부분이 있는데, 이들 분석 방법이 미래 시나리오 제공을 필요조건으로 하지 않는다는 점에서 구별될 수 있다.

이상의 기후적응 기술의 영향평가 방법은 기후변화 시나리오의 불확실성과 기술-영향 간의 직접적 연결이 어려운 영향 영역이 존재한다는 점에서 공통점을 발견할 수 있다.

(4) 생애주기 평가

이상의 세 방법론이 기술이 적용되기 이전의 생애에 대한 고려가 없는 반면 기술의 생애주기 평가(life cycle assessment, Soust-Verdaguer et al. 2016)는 기술이 매개된 업스트림과 다운스트림 과정 전체가 환경에 미치는 영향을 평가한다. 생애주기 평가 방법론은 목적이 환경영향에 집중되어있다는 점에서 기후적응 영향의 사회, 경제적인 측면을 다루지 못한다는 한계점이 있으나 다양한 환경영향을 정량적으로 산정할 수 있다는 점에서 활용가치가 크다. 예를 들어 드론과 위성을 사용하여 산불을 조기에 감지하는 기술의 전체 생애주기에 걸쳐 발생하는 온실가스 배출량, 자원 사용량, 오염물질 배출량 등을 센서를 활용한 조기감지 기술에서 발생하는 환경영향과 상대비교하여 환경적 지속가능성이 높은 기술을 식별하는데 활용할 수 있다.

5. 기후적응기술의 도전 과제와 미래전망

기후적응기술은 기후변화 영향에서 취약한 지역에서 특히 필요로 하며, 선진국과 개발도상국을 가리지 않고 전 세계에서 기술수요가 증가할 것으로 전망된다. 한편, 기후적응기술은 선진국의 기후변화 영향을 완화하는 목적의 혁신 및 산업화에도 기여하는 것만큼이나 기후변화 취약성이 높은 개발도상국을 대상으로 기후정의를 실현하는 목적 실현에도 기여할 수 있어야 한다. 그러나 해수면 상승 등으로 기후 취약성이 높은 개발도상국의 경우 기술력과 투자 규모가 필요 수준에 미치지 못하고 있다. 이러한 이유로 기후위기를 이미 겪고 있는 개발도상국은 선진국으로부터의 기술 전수 및 시설 투자 등에 의존할 수밖에 없는 상황이다. 이렇게 특정 국가의 기후적응기술 발전은 전 세계 기후적응 문제를 해결을 약속하지 못하는데, 기술개발 전략 외에 이러한 도전 과제를 해결할 수 있는 국제협력 메커니즘이 중요한 과제이다.

1) 도전 과제

(1) 기술적 장벽

기후적응기술은 국가 간 경쟁이 치열한 분야는 아니며, 아직 혁신이라고 불릴 만한 적응기술이 개발되지는 않은 상황이다. 예를 들어 가뭄과 이상기온에 적응력이 높으면서 인체에 무해한 작물을 개발하는 것은 유전자공학 기술의 발전이 뒷받침되어야 가능하며, 해양산성화에 따른 해양 생태계 파괴를 저감하기 위한 해양 알칼리화, 산호초 복원 기술 등은 그 효과 측면에서 한계가 명확하다. 이러한 기술이 개발되기까지 수익이 발생하지 않더라도 지속적인 투자가 필요한데, 이는 다음에 이어지는 자금조달의 어려움과 연결된 이슈이다.

(2) 자금조달의 어려움

기후적응기술의 구현은 기존 인프라와 시스템의 대규모 수정이나 전환이 필요할 수 있으며, 주민 이주 등과 같이 막대한 비용이 수반되기도 한다. 유엔환경계획(UNEP 2022)은 적응 갭 보고서(Adaptation Gap Report 2022)에서 적응에 필요한 자금 규모와 현재(2022년)까지 조달한 자금 규모 간의 큰 격차를 보고하였는데, 유엔기후변화협약(UNFCCC) 당사국의 84%가 적응을 위한 국가 단위의 계획, 전략, 법률 및 정책을 수립하였으나 이것을 실행하기 위한 자금조달은 미흡한 것으로 평가했다. 특히 개발도상국에 지원되고 있는 적응 자금은 현재의 5~10배가 필요하며, 앞으로 기후변화 영향이 커짐에 따라 그 격차가 더욱 벌어질 것으로 전망하였다.

(3) 정치적/사회적 장벽

기후적응기술의 적용과 확산 과정에서 사회적 수용성을 확보하는 것 또한 중요한 단계이다. 특히 새로운 기술이나 인프라가 기존의 지역사회의 문화적 가치를 훼손하고 생업활동을 방해할 가능성이 있는 경우 지역사회에서의 저항을 피할 수 없다. 이는 기술이 기후적응력을 향상한다는 효과만으로 진정한 해결책이 될 수 없음을 시사한다. 따라서 기후적응기술을 적용하기 전 사회적, 경제적, 문화적 맥락에서 폭넓게 고민을 할 필요가 있다.

앞서 설명한 바와 같이 기후적응기술 개발은 궁극적으로 기후위기 환경에의 적응력과 회복력을 강화하는 목적의 '사회문제해결형' 기술

개발의 성격을 가지므로 기술 적용 과정에서 마주할 수 있는 정치적, 사회적 장벽을 우회하기 위해서는 전통적인 학제 중심의 기술개발 방식이 아닌 관련 부처, 지자체, 연구기관, 시민사회, 기업이 협의체를 구성하여 문제해결의 핵심이 되는 기술을 식별하고 기업과 지역이 성과를 확산시키는 방식의 기술개발 전략 및 확산 추진체계가 정립될 필요가 있다.

(4) 비효율적 기술개발 추진 및 이행 거버넌스

국내에서 기후적응기술 개발 추진 주체는 과학기술정보통신부를 중심으로 형성되어있으며, 기후변화대응 기술개발 기본계획이 주요 골자를 이룬다. 그러나 적응기술에 관한 법률이 여러 부처에 걸쳐 존재하고 지자체 정책과도 밀접한 연관이 있음을 고려할 때, 적응력 향상을 목적으로 하는 협력 거버넌스가 제도화될 필요가 있다. 이는 보건, 물, 국토·연안 등 기후변화 영향 영역에 해당하는 부처 및 지자체가 기술개발 수요를 명확히 하고, 전문가 그룹과의 논의를 통해 원천 기술개발에 필요한 정보를 공유하는 등 상호 보완체계를 구축함으로써 실현될 수 있을 것이다.

2) 중장기 이슈와 전망

(1) 기후변화 영향 시나리오

기후적응기술의 미래전망을 이야기하기 위해서는 기후적응의 미래와 현황부터 살펴보는 것이 순서일 것이다. 기후변화가 모든 영역에 미치는 영향에 대해서 기술하는 것은 지면 한계로 불가능하여 가장 직접적으로 영향을 주는 기온과 강수량 변화 전망을 여기에 정리하였다 (도표 10.4). 고탄소 시나리오(SSP5-8.5)에서 한반도 평균기온은 21 세기 전반기에 이미 1.5℃ 마지노선을 넘게 되며, 지속가능 시나리오 (SSP1-2.6)와의 차이는 세기말로 갈수록 몇 배에 달하는 수준으로 크게 증폭되는 것으로 전망되었다. 평균기온 변화 폭은 시기와 시나리오를 불문하고 전 지구적 변화보다 한반도의 변화가 크게 나타났으며, 지역 범위를 더욱 좁히는 경우 그 증가 폭이 더 크게 나타날 것으로 예측되어 한반도의 기후변화 취약지역에 대한 대비가 철저하게 이루어질 필요가 있음을 알 수 있다. 강수량 변화는 세기말로 갈수록, 고탄소 시나리오 결과가 가시적으로 나타나는데, 여기서 기후재난의 경우 단기간에 집중되는 호우로 인한 피해가 크므로 연평균 강수량의 변화뿐만 아니라 연간 발생하는 호우의 집중도에 주목할 필요가 있다.

이러한 기후변화 시나리오에 적응하기 위하여 전 세계 84%의 국가가 국가 수준의 적응계획을 제도화(UNEP 2022)하였다. 한편, 개발도상국이 수혜하는 국제 기후적응 재정의 규모(2020년 286억 달러) 및 전체 기후재정에서 차지하는 비율(34%)이 증가 추세에 있으나 적응에

도표 10.4 기후변화 시나리오별 한반도 평균기온(℃) 및 강수량(mm) 변화 전망

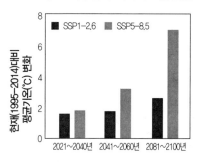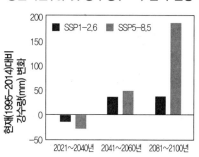

출처: 기상청 (2022), p. 11. 데이터에 기반하여 시각화함.

필요한 재정 규모인 연간 2,020억 달러[3](UNEP 2022)[4]과 약 10배 차이가 존재한다. 지금까지 행해진 기후변화 적응 노력 시도(action)와 그것이 리스크 저감 목적성을 가지는 경우의 비중, 그리고 각각의 시도가 평균적으로 어느 수준의 투자를 통하여 진행되었는지를 분석한 결과(도표 10.5) 주로 환경보호, 농업/산림/수산업, 수자원 등과 같이 일반적인 환경보전 및 보건 목적의 노력 빈도와 재정투입 총량이 컸으며, 리스크 저감 목적성이 높았던 재난대응의 노력의 경우 건당 재정투입의 규모는 컸으나 전체 규모에서 차지하는 비중은 환경보전 및 보

도표 10.5 기후변화 적응 노력(y축), 부문별 적응 노력 중 위험저감 목적성이 명시적으로 나타난 건수 비중(x축), 건당 평균 재정투입(원 크기)

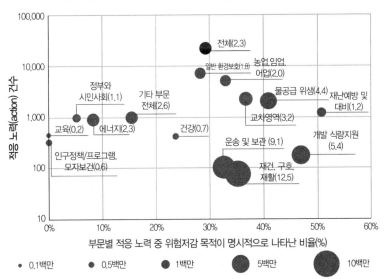

출처: UNEP (2022), p. 32: OECD (2022) 데이터에 기반하여 분석된 결과를 재인용, 번역함.

---

3) 2021~2030년을 분석 대상으로 하였으며, 2020년 화폐가치를 기준으로 산정함.
4) UNFCCC (2022) Developing Countries Adaptation Finance Needs: Insights from Domestic Adaptation Plans [Manuscriptin preparation]을 재인용함.

건에 비해 상대적으로 저조했다. 기후위험이 세기말까지 심각하게 지속될 것으로 전망됨에 따라 지금까지 재정투입이 저조하였던 사회영역(교육, 인구, 에너지, 시민사회, 건강 등)에 전반적으로 적응 목적의 재정지원이 증가하고, 기후 리스크가 큰 재난대응 영역에서 대규모 재정투입이 불가피할 것으로 전망된다.

(2) 경제적 이익 창출 기회를 제공하는 기술개발

그동안 기후적응기술의 상용화가 충분히 이루어지지 않고 시장에서의 관심을 받지 못한 이유에는 기후적응 시장에 대한 이해부족, 약한 정책 프레임워크, 리스크 위험을 줄이고 투자횟수 시간을 단축하는데 필요한 적절한 금융메커니즘이 부족한 것(UNFCCC 2019)에서 찾을 수 있다. 기존의 기후적응 활동이 주로 중앙 또는 지역정부의 공공서비스 영역에 가까워 민간의 투자 필요성이 낮았던 것도 하나의 이유가 될 수 있다.

그러나, 기후적응기술은 기후변화로 인해 발생하는 불가피한 영향으로부터 보호하는 일차적인 기능이 있으며, 효과적인 기술이 가져오는 경제적인 편익은 새로운 산업 분야 또는 일자리로 연결될 수 있는 가능성을 시사한다. 지속가능한 농업 기술, 기후방어(climate-proof) 스마트시티 구현 기술은 미래 산업으로서 가치가 높다. 따라서 기후적응기술에 선제적으로 투자를 한 기업과 국가는 앞으로의 경쟁에서 비교우위를 점할 수 있을 것이다.

기후적응 관련 최첨단 기술(도표 10.6)의 종류는 주로 데이터, 정보통신 기술로 선진국이 전략적으로 대규모 투자를 통하여 발전시켜온 영역이다. 기후적응기술 전반에서 고영향 특허는 주로 선진국에서 출원되었으며(Dechezleprêtre et al. 2020) 최첨단 기술 수준이 향상됨

도표 10.6 기후적응 관련 최첨단 기술 (a) 분류, (b) 지역 분포

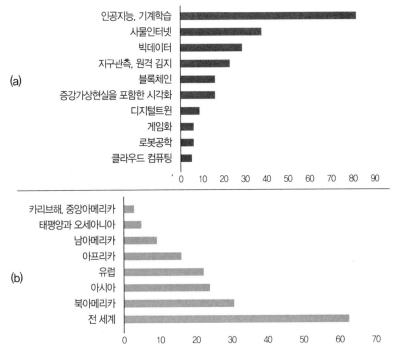

출처: UNFCCC (2022) p. 34. 그래프를 번역함.

에 따라 기후적응기술 혁신 또한 선진국 주도로 진행될 가능성이 높다.

(3) 정의로운 사회전환

기후변화 영향은 고르게 분포되지 않으며, 선진국 또는 소비가 집중되어있는 국가에서 배출한 온실가스의 결과가 개발대상국과 일부 취약지역 및 인구에 큰 타격을 줄 수 있다. 이러한 이유로 기후정의 차원에서 개발도상국의 기후적응에 필요한 재원을 선진국이 중심이 되어 부담을 해야한다는 원칙적인 개념에 대해서는 공감대가 형성되었다. 금전적 지원 외에 기후적응기술이 저렴하고 지속가능한 방식으로 취약

지역 및 인구에 제공될 수 있다면 피해 규모를 줄이는 데에 기여를 하고, 결과적으로 기후정의를 구현하는 데에 촉진제 역할을 할 수 있을 것이다. 따라서 기후적응기술은 기술력이 높은 기업과 국가의 경제적 이득을 가져다줌과 동시에 전 지구적 형평성을 증진시키는 데에 기여할 수 있다.

이상의 경제적 이익 창출 및 정의로운 사회전환에 기여하는 기후적응기술 개발 및 전달은 국제협력 및 파트너십 메커니즘을 통하여 이루어질 수 있다. 따라서 기술의 효용성을 극대화하기 위해서는 기술전수(technology transfer)와 공동연구 등이 활발하게 이루어질 필요가 있으며, 기후기금이 확대되는 미래에 이러한 국가 간의 협력이 확대되고 중요성이 커질 것으로 전망된다.

(4) 기술로 해결하지 못하는 문제들

이상에서 기술한 바와 같이 기술이 경제적 이익과 기후정의를 가져오는 데 도움이 되는 것은 사실이나 기술이 모든 것을 해결하는 것은 불가능하다. 적응의 주체인 지역과 주민의 역량강화 및 시설 투자가 전제되어있어야 하며, 여기에는 정치적인 관심과 제도적 뒷받침과 같이 비기술적 적응 전략이 요구된다. 또한, 비가역적인 생물다양성 손실의 경우 기술적 복원은 어려울 수 있다. 한편, 우크라이나 전쟁과 같이 비기후적 요인은 기후적인 요소와 결합하여 글로벌 식량공급 불안정성을 극대화할 수 있음을 목격하였다. 따라서, 기후적응기술의 중요성이 점진적으로 확대되는 추세에서 글로벌 단위에서 기후정치 여건 변화 및 전쟁과 같은 돌발변수 발생 여부, 그리고 로컬 단위에서 생물다양성을 파괴하는 개발압력 및 지역 환경정치 상황 등과 같은 기술 밖의 요인에 따라 중요성이 부각되는 영역의 변동성이 클 것으로 예상한다.

6. 피해 예방과 혁신 동력으로서 기후적응기술

지금까지 기후변화에 대응하기 위한 기후적응기술의 영역, 특징, 역할, 도전과제 등을 조망하고 미래전망에 대하여 논의하였다. 기후적응기술은 기후변화로 인한 자연재해 및 사회적 피해를 최소화하고, 이익을 극대화하는 데 중요한 역할을 한다. 이에 해당하는 기술영역은 최근에서야 세분화된 부문으로 인식되기 시작되었는데 목적성에 따라 (1) 기후변화 관측조사 및 예측, (2) 기후변화 영향 조사·분석·진단, (4) 기후변화 피해저감 및 사전예방, (4) 정책 및 기술효과 분석·평가 구분된다. 이러한 기술이 적용된 사례로 최근 관심이 높아졌던 사례로 산불 탐지 및 관리, 스마트 농업, 지속가능한 도시계획, 해안선 보호 및 관리가 제시되었고, 이를 통해 디지털 기술의 기후적응 목적에 다양한 활용 가능성을 확인하였다.

기후적응기술에 관한 국가 간 경쟁은 아직 초기 단계이나 향후 극한기후현상이 심화되고 피해가 커짐에 따라 경제적, 안보적 요소가 강화될 여지가 있다고 진단하였다. 국가별 특허 분석결과 여타 기술영역과 마찬가지로 중국의 빠른 양적 성장과 한국의 영향력이 부진함을 확인하였다. 한편, 기후적응기술의 사회문제해결형 R&D 특징때문에 기술 내용 그 자체도 중요하지만, 그 효과 또는 영향이 기술을 평가하는 기준이 될 필요가 있으며, 그 과정에서 이해관계자의 참여가 중요함을 시사하였다. 기술 영향을 평가하는 방법으로 비용-편익 분석, 다중 기준 분석, 시나리오 분석, 생애주기 평가 등 다양하게 제시되었으며 각각의 한계점이 존재하되 상호보완적으로 환경적, 경제적, 사회적 영향을 다각도로 평가할 수 있음을 확인하였다.

지금까지 개발된 기후적응기술의 도전 과제로 기술적 장벽, 자금조달의 어려움, 정치적·사회적 장벽, 비효율적인 기술개발 추진 및 이행 거버넌스 문제가 제기되었는데, 이러한 도전 과제를 극복하고 전 지구적인 회복력을 증진시키는 데에 기여하기 위해서는 국제적 협력 및 투자, 기술 전수, 이해관계자 참여형 거버넌스 구축 등이 필요하다. 기후적응기술이 성숙되고 투자와 협력이 활성화되는 미래 시나리오에서 해당 기술은 지금보다 경제적 이익 및 일자리를 창출하는 역할이 강화되고 글로벌 수준의 정의로운 사회로의 전환에 기여할 수 있을 것으로 전망하였다.

❖ 참고문헌

Asian Development Bank. "Climate change adaptation strategy of the People's Republic of China." (November 2022).

Boland, Brodie, Elizabeth Charcheknko, Stefan Knupfer, Shivika Sahdev, Neuni Farhad, Snigdha Garg and Rachel Huxley. "Focused adaptation: a strategic approach to climate adaptation in cities." *McKinsey Sustainability* (July 2021).

Cohen-Shacham, E., A. Andrade, J. Dalton, N. Dudley, M. Jones, C. Kumar et al. "Core Principles for Successfully Implementing and Upscaling Nature-Based Solutions." *Environ. Sci.* Pol. 98 (August 2019): 20−29.

Dechezleprêtre, A., S. Fankhauser, M. Glachant, J. Stoever & S. Touboul. *Invention and global diffusion of technologies for climate change adaptation: A patent analysis.* Doctoral dissertation, The World Bank (2020).

Department of Homeland Security, "Climate Adaptation and Resilience." https://www.dhs.gov/science-and-technology/climate-adaptation-and-resilience (검색일: 2024.04.12.)

Li, H. C., Kuo, S. Y. Chen, W. B., & L. Y. Lin. "Benefit analysis of flood adaptation under climate change scenario." *Natural Hazards* 95−3 (February 2019): 547−568.

de Bruin, K., R., B. Dellink, A. Ruijs, L. Bolwidt, A. van Buuren, J. Graveland & E. C. Van Ierland. "Adapting to climate change in The Netherlands: an inventory of climate adaptation options and ranking of alternatives" *Climatic change* 95 (July 2009): 23–45 .

Munaretto, S., Siciliano, G., & Turvani, M. E. "Integrating adaptive governance and participatory multicriteria methods: a framework for climate adaptation governance" *Ecology and Society,* 19(2) (June 2014).

Scott, T. "Does collaboration make any difference? Linking collaborative governance to environmental outcomes" *Journal of Policy Analysis and Management,* 34(3), 537–566 (June 2015).

Soust-Verdaguer, B., C. Llatas & A. García-Martínez. "Simplification in life cycle assessment of single-family houses: A review of recent developments." *Building and Environment* 103 (July 2016): 215–227

Stewart, M. G. "Climate change risks and climate adaptation engineering for built infrastructure." *Life-Cycle of Structural Systems: Design, Assessment, Maintenance and Management* (2015): 89–108.

United Nations Environment Programme. Adaptation Gap Report 2022: Too Little, Too Slow climate adaptation failure puts world at risk Nairobi. (November 2022).

UNFCCC. "Opportunities and options for adaptation finance, including in relation to the private sector." (October 2019).

UNFCCC Adaptation Committee. "Technologies for adaptation: innovation, priorities and needs in agriculture, water resources and coastal zones, advanced version." (November 2022).

World Economic Forum. "12 climate-smart technologies that could transform the way we grow food." (October 2023).

International Union for Conservation of Nature. "Mangrove restoration: offering two-for-one solutions to climate change." (January 2017).

기상청. 『2022 기후변화 시나리오 활용 사례집』. 서울: 기상청, December 2022.

김은아. "기후변화 5대 영향 영역과 적응입법 아젠더." 『국가미래전략 Insight』 43호 (April 2022).

김은아. "기후변화 적응력 향상을 위한 기술개발 전략과 추진체계." 『Futures Brief』 23–11호 (July 2023).

박성준, 김은아, 안세진, 조해인. 『기후변화 대응과 공급망 전략』. 국회미래연구원 연구보고서 22–20호 (December 2022).

중국 생태환경부. *National Climate Change Adaptation Strategy 2035* (English translation) (August 2022).

11장

중국의 기후적응 국가전략과 국제협력

이재영

2022년 중국정부가 발표한 '국가기후적응 전략 2035'는 기후적응형 도시 건설뿐만 아니라 2035년까지 '기후적응형 사회' 건설을 강조하고 있다. 이는 정부, 기업, 커뮤니티 및 시민의 집단행동과 적극적인 참여가 중요하고, 기후적응형 도시 건설의 각 단계에서 감시경보 및 위험 관리, 식량안보 강화, 수자원 관리, 생물다양성 보호, 위성기술 및 인공지능, 빅데이터의 첨단기술 활용, 기후변화가 인간 건강에 미치는 부정적인 영향의 발견 및 축소 같은 중점 영역과 예방 및 마지노선 사유가 강화되었다. 구체적으로 이 전략은 기후적응을 자연생태 시스템과 경제사회 시스템의 위험 식별과 관리를 강화하고 기후변화가 초래한 불리한 영향과 잠재한 위험을 줄이는 것으로 정의하고 있다. 특히 전략은 "능동적 적응·예방 위주, 과학적 적응·자연 환경 순응, 체계적 적응·중점 부각, 협동 적응·연동된 공동 관리"를 원칙으로 제시하고 있다. 하지만 이 전략의 한계는 중앙-지방, 부처, 사회 간 통합된 조정 부족, 사회의 인식과 능력 결여, 감축과 적응 정책의 충돌 및 균형 부족 등이다. 마지막으로 중국의 기후적응 관련 국제협력은 일대일로와 개도국의 글로벌 사우스에 대한 남남협력을 중심으로 생물다양성 보호 및 인프라 건설 분야에 집중되고 있다.

1. 서론

2024년 4월 18일부터 중국 남부지방 광둥성 일대에 폭우가 내리기 시작했고, 22일에는 주강 지류인 베이장(北江)에 백 년 만의 대홍수가 발생했다. 특히 이번 홍수로 광둥성 북부 지역이 산사태 등 큰 타격을 입었고, 4명 사망과 10명 실종 등 인명 피해와 함께 116만 가구가 정전, 11만 명의 이재민, 2만 5800명이 비상 대피소로 대피했다(新华网 2024.4.22.). 27일에는 광저우시 바이윈구에 토네이도가 불어오고 골프공 크기의 우박이 하늘에서 쏟아지면서 그 여파로 5명이 사망하고, 33명이 부상을 당하는 인명 피해가 발생했다. 토네이도의 이동 경로는 1.7km, 반경은 280m에 약 4분 동안 영향을 미쳤다(财新网 2024.4.28.).

한편 중국 주요 도시들에서는 기후변화로 인한 지반 침하 현상이 심각해지고 해수면이 상승하면서 빠르게 가라앉고 있다는 연구 결과가 국제 학술지 '사이언스'에 실렸다. 중국 과학자 60명이 참가한 연구팀이 중국의 베이징, 광저우, 상하이 등 주요 도시 82곳 지표면 데이터를 위성 레이더를 통해 분석한 결과, 매년 3mm 이상 가라앉는 도시면적이 약 45%(10mm 이상은 그중 16%)이고, 2120년까지 중국 영토의 22~26%가 해수면보다 낮아진다고 밝혔다. 지반 침하의 주요 이유는 중국의 급속한 도시화가 초래한 지하수의 과도한 사용과 고층 빌딩의 급속한 증가로 인한 도시 무게의 증가이다(Zurui 2024). 이러한 해수면 상승과 지반 침하로 인해 중국정부는 기후적응 정책에 더 많은 예산과 인력을 투입할 필요가 있다.

한 전문가에 따르면 지금 중국에서 추진되고 있는 적응 전략과 기후변화와 싸우기 위한 적응 탄력 계획은 모두 정확하지 않은데, 그 이유는 바로 지반 침하 요인을 그러한 전략과 계획에 중요한 요인으로 포함하지 않았기 때문이라는 것이다. 이 연구의 한가지 한계는 다음 100년간 지반 침하의 속도를 상수로 설정한 점이다. 이러한 속도는 인간 활동에 따라 변할 수 있기 때문에 상수가 아니라 변수라는 것이다 (*The New York Times*, 20-21 April 2024).

중국의 도시화는 2019년 60%를 넘었는데 만약 도시화가 더 빠른 속도로 진행되고 선진국의 도시화율 수준인 70% 이상이 된다면, 인간

도표 11.1 중국의 도시 지반 침하 패턴 비교(중위 속도와 5분위 속도)

출처: Zurui (2024).

활동 특히 지하수를 더 과도하게 사용하고 고층 빌딩들도 더 많이 들어서게 될 것이다. 이러한 인간 활동의 변화에 따라 중국의 지반 침하 속도는 더 빨라질 것이다. 지반 침하 속도를 낮추기 위해 지하수 사용을 줄이는 것도 한계가 있다. 중국 대부분 도시는 지하수 오염과 자원 부족 문제를 겪고 있어 지반 침하를 막기 위해 안 그래도 부족한 지하수 자원 사용을 급격히 줄 일 수는 없기 때문이다.

중국의 기후위험 지수는 상승 추세에 있었고, 특히 2022년 고온과 가뭄 위험 지수는 1961년 이래 최고치에 도달했다. 중국의 응급관리부에 따르면 2024년 5월은 특히 극한 호우가 증대되고 더 강해지며, 남방과 서북 지역 등 국지적인 지질 재해위험이 크다고 밝혔다. 동북과 서남 등 일부 지역 산림 화재 위험이 크고, 윈난성 등 가뭄이 더 심해질 것이다. 내몽고 중서부와 서북부 지역은 모래 먼지 폭풍 위험이 크고, 동북과 서남, 남북 일부 지역에 농업 재해위험이 크다(新华网 2024.5.1.).

1901~2022년 중국 지표면 평균 온도는 10년마다 0.16℃ 상승했고, 이는 같은 시기 전 세계 평균 온도 상승 수준보다 높았다. 2022년 중국 지표면의 평균 최고 온도는 평년보다 0.92℃ 높았고, 이는 20세

도표 11.2 1961~2022년 중국 기후위험 지수 변화

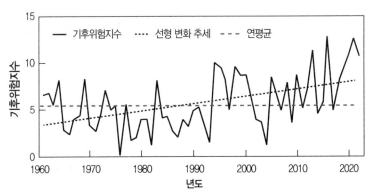

도표 11.3 1901~2022년 중국 지표면 연평균 기온 편차

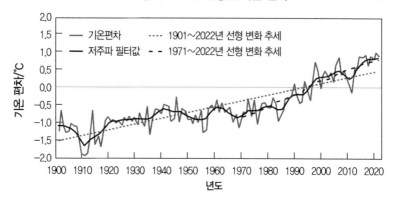

기 초 이래 가장 따뜻했던 세 차례 시기 가운데 하나였다.[1]

　1961~2022년 중국의 극단 고온 현상 발생 빈도가 점차 높아지는

도표 11.4 1961~2022년 중국 극단적 고온 사건 발생 빈도　　　(단위: 빈도수)

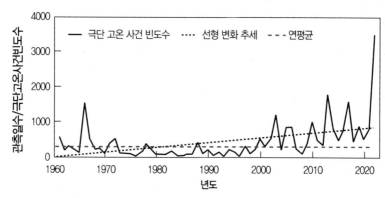

---

1) 1950년대부터 전 세계 평균 온도 상승 속도는 10년마다 0.15℃ 상승했지만, 중국은 1951년부터 2020년까지 0.26℃ 증가했다. https://www.gov.cn/zhengce/zhengceku/2022-06/14/5695555/files/9ce4e0a942ff4000a8a68b84b2fd791b.pdf

추세였는데, 특히 2022년 극단 고온 현상은 기상관측일 기준 3,501일 발생했고, 이는 1961년 관측 이래 가장 많은 수치였다. 그중 충칭의 베이베이(北碚) 45℃, 후베이의 주산(竹山) 44.6℃ 등 총 366일이 역사적 최고 기온을 넘었다.

1961~2022년 중국의 평균 연 강수량과 극단적인 일 강수량 사건 빈도도 모두 증가 추세였는데, 평균 10년마다 18일 관측일 수가 증가했다. 중국의 누적 폭우 관측일 수는 증가 추세에 있었고, 평균 10년마다 4.2% 상승했다.

이러한 극단적 강수와 고온 사건을 포함해 매년 발생하는 극단적 날씨 기후사건으로 인한 평균 경제손실은 약 3천억 위안에 이르는 것으로 추산되고 있다(经济日报 2023/9/4). 중국기상재해연감과 중국기상공보에 의하면, 2004~2022년 중국의 기상재해에서 연평균 2.83억 명이 재난을 당한다고 발표했다(中国环境报 2024/1/12). 특히 기후변화의 영향을 많이 받는 지역 가운데 저장성의 경우 2009~2018년 기상 및 해양 재해로 인한 경제손실이 저장성 GDP의 0.25-2.5%

도표 11.5 1961~2022년 중국 연 누적 폭우 관측일 수 합계 (단위: 관측일 수)

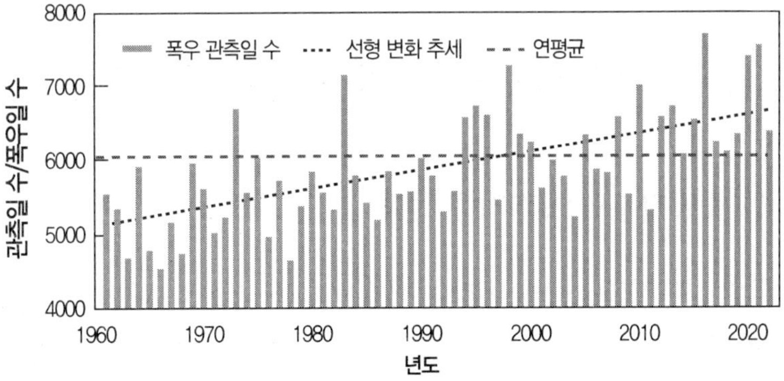

출처: 中国气象局 (2023).

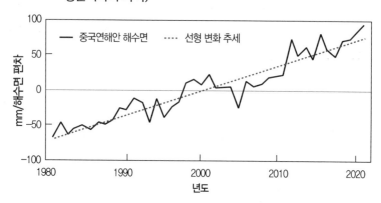

도표 11.6 1980~2022년 중국 연해안 해수면 편차(1993~2011년 평균치와의 차이)

나 차지했다(中国新闻网 2020/7/3).

1980~2022년 중국 연해안 해수면 변화는 상승이 가속화되는 추세이고, 상승 속도는 연간 3.5mm였다. 1993~2022년 중국 연해안 해수면 상승 속도는 연간 4mm로, 같은 시기 전 세계 평균 수준(3.4mm)을 훨씬 웃돌았다. 특히 2022년 중국 연해안 해수면은 1993~2011년 평균치보다 94mm나 상승했고, 1980년 이래 가장 높았다.

2. 중국의 기후적응 국가전략: 중앙과 지방 전략

1) 중앙정부의 기후적응 전략

중국의 기후적응 전략이 국가 차원에서 처음 언급된 것은 2007년 발표된 '국가 기후변화 대응 방안'에서 농업 적응능력, 임업 적응능력, 수자원 적응능력, 해안 지대와 해수면 등을 강조한 것이다. 그리고

2010년 발표된 12차 5개년 계획이었다. 이 문건에서 "농업, 임업, 수자원 등 중점 영역과 연해 지역 및 생태 취약지역에서 기후변화 적응 수준을 높일 것"을 강조했다.[2] 2013년에 '국가기후변화 적응 전략'이 처음으로 발표됐고, 응급 관리체계, 감시경보, 적응 자금, 과학기술 등 중점 분야에서 2014~2020년 적응 목표와 임무를 제시했다. 2014년 중국은 '국가 기후변화 대응 계획(2014-2020)'을 세워 적응능력 평가 종합 지표 체계와 관리 감독 고과 체계를 만들었다. 2022년 마침내 '국가기후변화적응전략 2035(国家适应气候变化战略 2035)'가 출시되었다.

2013년 국가전략과 2022년 국가전략의 차이점은 우선 주무 부처가 발전개혁위원회에서 생태환경부로 변했다는 것이다. 과거 발전개혁위원회가 다른 거시 정책과의 연계성과 정합성을 중시하면서 추진하던 기후적응 국가전략이 생태환경부 주도로 추진된다는 것은, 기후와 환경에만 더 전문화하여 집중하겠다는 의미이다. 전략 작성에 참여한 부서도 2013년 9개 부서에서 2022년 17개로 2배 가까이 늘었다. 특히 새로 추가된 부처는 생태환경부, 과학기술부, 자연자원부, 문화관광부, 위생건강위원회, 응급부, 인민은행, 중국과학원, 에너지국이다. 이는 중국의 적응 전략 추진체계가 과학기술, 문화관광, 위생 건강, 긴급 대응, 금융, 에너지 등 더 전문화되면서 부처 간 더 강력한 조정 기제와 더 빈번한 소통이 필요하다는 의미이다.[3]

따라서 생태환경부가 국가전략 실시 업무를 앞장서서 지휘 조정

2) 国家发展改革委, 财政部, 住房城乡建设部, 交通运输部, 水利部, 农业部, 林业局, 气象局, 海洋局, 2013. 11.18, "关于印发国家适应气候变化战略的通知" https://www.ndrc.gov.cn/xxgk/zcfb/tz/201312/t20131209_963985.html
3) 국가 기구 개혁 이후 설립된 자연자원부, 생태환경부, 응급관리부, 농업 농촌부 등은 기후변화 적응 업무와 밀접한 관련이 있다(武占云 2021, 567).

하고, 관련 부처와 지방이 적응 행동을 강화하도록 조정을 추동한다. 2017년부터 생태환경부는 유관 부처와 함께 녹색 방패(綠盾) 특별행동을 시행하여, 자연 보호지를 점거하고 파괴하는 생태환경 위법 행위를 엄격하게 조사하고, 문제의 개선과 생태 회복을 추진했다. 2021년 말까지 국가급 자연보호구역 중점 생태 환경 문제의 개선 완성률은 94.7%에 도달했고, 그중 17개 성의 달성률은 95%에 이르렀다(法治日報, 2022/11/30).

그리고 2013년 전략은 11차 5개년 계획과 12차 5개년 계획 등과 함께 추진되었고, 2022년 전략은 '14차 5개년 계획 및 2035년 청사진'과 함께 진행된다. 그뿐만 아니라 2022년 전략이 2013년 전략에 비해 더 강조하는 점은 이제 도시적응 전략뿐만 아니라 2035년까지 '기후적응형 사회' 건설이 필요하다는 것이다. 이는 정부, 기업, 사구(커뮤니티) 및 시민의 집단행동이 필요하고, 이는 도시 건설의 각 단계와 연관되어 있으며, 도시의 중점 업종과 영역을 충분히 고려해야 한다는 것이다. 그리고 2022년 전략은 감시경보와 위험 관리를 단독 장으로 서술하여 강조하고 있다는 점이 2013년 전략과 다르다(中国环境报 2022/7/10). 마지막으로 2022년 전략이 이전과 다른 점은 예방과 마지노선 사유가 강화되었다는 것이다(法制日報 2022/6/24).

다른 한편 2013년 전략은 기후적응의 지역 구조를 크게 도시화 지역, 농업발전 지역, 생태 안전 지역으로 기후변화 영향과 치중하는 적응 임무에 따라 구분했다. 반면 2022년 전략은 기후변화와 자연조건뿐만 아니라 경제사회 발전 상황까지 고려하여 아래 표와 같이 중점 전략 지역별로 차별화된 정책을 제시했다. 이는 기후적응 정책이 단순히 환경정책을 넘어 중점 구역 발전 전략과 긴밀히 연계시키겠다는 중앙의 의지가 드러난 것으로 볼 수 있다.

표 11.1 국가기후적응 전략 2035의 중점 전략 지역정책

중점 전략 지역	주요 기후적응정책
징진지(京津冀)	수자원 관리, 기후 수용력, 환경 용량 등 심화, 인구 이동 혹은 재배치, 취수용수 총량 적색선 조기경보체제, 해수 담수화 산업 발전, 극한 기후 사건의 감시 및 경보 강화
웨강아오대만구 (粤港澳大湾区, 광둥성, 홍콩, 마카오)	실시간 폭염 모니터링 강화, 인구별 한계치 폭염 경보 발령, 기후 민감 질환 전파 위험 감시경보 강화, 도시 녹화공간 건설, 도시습지, 녹지, 수역의 열섬 완화 효과 제고, 재해 협의회, 정보 교환, 공동 처리 메커니즘 개선, 해수면 상승과 해양 재해의 감시경보, 응급 대처 시너지 강화
창강 삼각주 (长三角)	해양보호지 건설 강화, 방조제 보강공사, 해수면 상승과 수몰 방지와 염수 역류 방지, 기후변화 위험 모니터링과 기후 거버넌스 기술 디지털 플랫폼 구축, 고온 폭염과 기후 민감 질병 모니터링 응급 대응 플랫폼 보충
창강 경제벨트 (长江经济带)	창강 유역의 생태환경의 질 개선, 자연 복원 위주로 수계연결, 퇴경 퇴양림 산림과 습지 복원 등 중요 생태계 보전 및 복원사업 총괄 추진
황하 유역(流域)	절수와 물 통제 행동 전면 시행, 상류 지역 수원함양 보호 강화, 생태 보호 복구와 건설공사 추진, 기후변화위험감시경보 강화, 지역 위험의 정밀 평가, 중점 생태 기능구와 저개발 지역 생태건설 추진

출처: 生态环境部 외 (2022).

구체적으로 〈국가기후변화적응전략 2035〉는 기후적응을 자연생태 시스템과 경제사회 시스템의 위험 식별과 관리 강화, 조정 조치 추진, 유리한 요인의 충분한 이용과 불리한 요인의 대비를 통해 기후변화가 초래한 불리한 영향과 잠재한 위험을 줄이는 것으로 정의하고 있다. 특히 이 전략은 "능동적 적응·예방 위주, 과학적 적응·자연 환경 순응,

체계적 적응·중점 부각, 협동 적응·연동된 공동 관리" 견지를 기본원칙으로 제시했다. 단계별 주요 목표로 우선 2025년까지 기후적응 정책체계와 체제 기제를 기본적으로 형성한다. 그리고 기후변화와 극단적 기후사건 모니터링·조기경보 능력을 지속해서 강화하고,[4] 기후변화의 불리한 영향과 위험 평가 수준을 유효하게 향상시키며, 기후 관련 재해 방지 체계와 방지능력 현대화에서 중대한 진전을 이룬다.

2030년까지 기후변화적응 정책체계와 체제·기제를 기본적으로 완성하고, 기후변화 관측·예측, 영향 평가, 위험 관리체계를 기본적으로 형성하며, 기후 관련 중대 위험 대비와 재해 방지능력을 현저히 향상시킨다. 각 분야와 지역의 기후변화적응 행동을 전면적으로 전개하여, 자연생태계와 경제·사회 시스템의 기후 취약성을 현저히 감소시킨다. 사회 전반에 기후변화적응 이념을 널리 보급하고, 기후변화 적응 기술체계와 표준체계를 기본적으로 형성하며, 기후적응형 사회 건설의 단계적 성과를 도출한다.

2035년까지 기후변화 모니터링·조기경보 능력이 국제 선진 수준에 도달하고, 기후위험 관리와 예방체계가 기본적으로 성숙단계로 진입하고, 기후 관련 중(重)·특대 재해위험을 효과적으로 예방·통제한다. 기후변화 적응 기술체계와 표준체계를 더욱 완성한다. 다음으로 사회 전체의 기후변화 적응능력을 현저히 향상시켜 기후적응형 사회를 구축한다.[5]

---

3) 국가 기구 개혁 이후 설립된 자연자원부, 생태환경부, 응급관리부, 농업 농촌부 등은 기후변화 적응 업무와 밀접한 관련이 있다(武占云 2021, 567).
4) 2013년 발표된 전략에서도 중국 기후적응 정책의 문제점 가운데 재해 감시경보 능력의 부족을 지적했다.
5) 生态环境部, 发展改革委, 科技部, 财政部, 自然资源部, 住房城乡建设部, 交通运输部, 水利部, 农业农村部, 文化和旅游部, 卫生健康委, 应急部, 人民银行, 中科院, 气象局, 能源局, 林草局, 2022.5.10., "国家适应气候变化战略 2035,"

특히 중국정부가 중시하는 것은 이러한 적응 정책에 첨단기술을 적극 활용하는 것이다. 기후변화 데이터 센터 체계 건설을 추진하고, 여러 대기층과 인류 활동을 포함하는 빅데이터 공유 플랫폼을 건설하며, 기후변화와 사회경제 영향 데이터의 연동 및 상호 사용하는 것이다(中国环境报 2022/7/10).

식량안보와 농업 방면에 세 가지의 기후적응 특별행동을 추진한다. 우선 농업 기후변화 적응 기술 시범구를 전개한다. 농업 첨단기술 산업 시범구와 현대 농업 과학기술 기지 등을 국가가 건설하고, 기후 스마트 농업 시범 구역도 구축한다. 이것은 기후 스마트형 농작물 종자 기술 등을 화북 지역과 동북 지역의 식량 주산지에 기지를 건설하는 것이다. 마지막으로 기후 우호형 저탄소 농산물 인증을 전개한다. 고부가가치의 경제 작물을 선택해 기후 우호형 저탄소 농산물 인증 시범으로 정한다. 그뿐만 아니라 기후변화 건강 적응 특별 활동도 추진해 시범 구역을 도시, 농촌, 사구, 중점 장소로 확대한다. 그리고 기후변화 적응 국토 공간 구축을 위해, 농업 공간은 농업 생산의 기후변화 적응능력 향상 중점으로 국가 식량안보와 중요 농산물 공급을 보장한다. 생태 공간은 생태 환경 보호와 생물다양성 강화, 생태 제품 공급 제공을 중점으로 국가 생태 안전을 수호한다. 정책 수단은 재정 금융 지원 정책, 녹색 금융 시장 혁신(채권, 보험 등 금융 상품, 펀드), 기후 투융자 보장 체계이다.[6]

2024년 양회에서 발표한 중앙과 지방의 예산 초안 보고에서 기후 적응과 관련된 예산 지출은 다음과 같다. 2024년 예산 중 수질 오염

https://www.gov.cn/zhengce/zhengceku/2022-06/14/5695555/files/9ce4e0a942ff4000a8a68b84b2fd791b.pdf

6) https://www.gov.cn/zhengce/zhengceku/2022-06/14/5695555/files/9ce4e0a942ff4000a8a68b84b2fd791b.pdf

방지와 물 관리 자금 267억 위안, 토양 관리 자금 44억 위안, 농촌 환경 단속 자금 40억 위안, 생태 기능구 교부세가 1,121억 위안이었다.[7] 2022년 재정 지출 보고에서도 중점 생태기능구 교부금의 연 성장률이 9.6%로 높다고 강조했다. 2023년 예산 중 수자원 관리 자금은 257억 위안으로 전년 대비 20억 위안 증가했고, 생태기능구 교부금 1,091억 위안, 99억 위안이 증가했다.[8] 특히 구역 발전과 신형 도시화에 대한 교부금이 총 1,770억 위안임을 감안할 때 기후적응 관련 예산은 절대 적지 않았고, 매년 증가세에 있다고 평가할 수 있다.

기후적응의 유효한 정책 수단인 기후 투융자 보장에 있어 중국정부는 시범지역을 추진하고 있다. 이러한 지역의 정책 효과를 평가하기 위한 지표를 제시했는데, 그중 기후적응과 관련된 것은 기후 재해 연도 경제손실(가중치 0.03, 정량 평가 단위 %), 감축 및 적응 융자 균형도(가중치 0.05, 정량 평가 단위 %) 등이었다. 하지만 평가 결과는 정부 정치 업적 고과 내용에는 포함되지 않고 시범 지방이 관련 업무를 이행하고 추동하도록 유도하는 데 중점을 둔다.[9] 이러한 수단은 여전히 유용하지만 정부 재정에 비해 강제성이 크지 않고, 특히 정치 업적 고과 내용에 들어가지 않아 다른 수단에 비해 당분간 활성화 가능성이 작다.

---

7) 新华社, 2024.3.13., "关于2023年中央和地方预算执行情况与2024年中央和地方预算草案的报告" https://www.gov.cn/yaowen/liebiao/202403/content_6939289.htm

8) 新华社, 2023.3.15., "关于2022年中央和地方预算执行情况与2023年中央和地方预算草案的报告" https://www.gov.cn/xinwen/2023-03/15/content_5746960.htm

9) 生态环境部办公厅, 国家发展和改革委员会办公厅, 工业和信息化部办公厅, 住房和城乡建设部办公厅, 中国人民银行办公厅, 国务院国有资产监督管理委员会办公厅, 国家机关事务管理局办公室, 国家金融监督管理总局办公厅, 中国证券监督管理委员会办公厅, 2024.4.25., "气候投融资试点成效评估方案," https://www.mee.gov.cn/xxgk2018/xxgk/xxgk05/202404/t20240429_1072040.html

2) 지방정부의 기후적응 전략

지방정부 기후적응 전략에서 가장 중요한 기후 감시경보 중 지질 재해 감시경보 체계는 전국 현, 향, 촌, 조의 4급 집단 감시경보 체계를 완비하고, 지질 재해 기상 경보 업무를 전개하며, 중간과 높은 수준의 위험이 쉽게 발생하는 지역 경보를 모두 갖추는 것을 초보적으로 실현했다. 수자원 관리 제도 시행에서는 성, 시, 현의 3급 행정 구역 용수 총량과 강도 통제 지표 체계를 구축하여 불합리한 용수 수요를 억제한다. 2035년까지 지급 이상의 도시에 기후적응형 도시 건설을 전면적으로 전개하고, 현 정부 소재지와 현급시 도시 구역 및 특대 진의 단점을 보완하기 위한 특별행동을 추진한다.[10)

2013년 기후적응 전략에서 중점 임무 발표 이후 지방정부의 다양한 정책 실험이 진행되고 있다. 예를 들어 상하이시의 '도시 기초설비 극단적 날씨 기후사건 예방 적응 시범지역 프로젝트', 광둥성의 시와 원난성의 농촌에서 '재해 응급 시스템 건설 프로젝트', 허베이성 도시의 '물 시스템 프로젝트', 지린성의 '식량 주산지역 흑토 보호 프로젝트', 헤이룽장성에서 '기후변화의 유리한 요인의 농업 이용 프로젝트', 네이멍구의 '표준 초원 목축업 발전 프로젝트', 장시의 포양(鄱阳)에서 '호수자원 보호 프로젝트', 신장에서 '해빙형 홍수 재해 종합 방지 프로젝트', 하이난성의 '생태 회복과 해양 재해 응급 프로젝트', 쓰촨성의 '산림 보호와 경영 프로젝트', 닝샤의 '생태 이민 프로젝트', 광시의 '석막화(石漠化) 방지 프로젝트', 충칭시의 '인체 건강 예방 통제 체계 건설 프로젝트' 등이다.[11) 이처럼 중국의 지방정부는 기후적응의 다양한 분

---

10) https://www.gov.cn/zhengce/zhengceku/2022-06/14/5695555/files/9ce4e0a942ff4000a8a68b84b2fd791b.pdf

11) https://www.ndrc.gov.cn/xxgk/zcfb/tz/201312/t20131209_963985.html

표 11.2 지방 정부 기후변화 적응 행동 방안 중점 임무 및 성과·한계

지방정부	중점 임무(주관 부처)	성과 혹은 한계(취약성)
쓰촨성 (23.4.19)	복수의 대기권 및 요소 기반 모니터링 실시(과학기술청, 자연자원청 등), 중점 지역 적응 경로 차별화 탐색(성 발전개혁위, 과학기술청 등),	1966~2020년 찬시평원 지역 빙하 면적 593㎢에서 462㎢로 축소, 고온 지속 날씨, 극단 강수 등 극단 기후사건과 자연재해 빈도 증가
지린성 (23.9.25)	위성 레이다 등 선진 관측 기술 활용(각 시현급 정부, 기상국), 성, 시, 현 3급 응급 물자 비축 창고 설비 건설(응급관리청)	서부 모래바람과 가뭄, 중부 홍수, 동부 수토 유실 심각, 중부 흑토 보호, 동부 천연림 보호, 서부 강과 호수 연결 프로젝트 효과 부각,
푸젠성 (23.12.13)	기후변화 및 온실가스 관측 네트워크 건설, 디지털 수리(물) 체계 구축, 고효율 생태 농업의 적극적 개발, 건강 위험 평가 경보 전개	고표준 농경지 810만 무, 수토 유지율 92.79%, 산림복개율 65.12%, 적응 관련 부처의 직능 분산, 조정 연동 기제 부족,
후베이성 (23.12.13)	기후, 자연생태, 경제사회의 3개 시스템 빅데이터 공유 플랫폼 건설(기상국), 퇴화생태계 회복(자연자원청),	산림 복개율 42%, 수토 유지율 83%, 고표준 농경지 4412만 무, 극단 고온, 가뭄, 홍수 재해위험의 증대로 식량 작물 생산과 품질 위협
안후이성 (23.12.14)	생태환경 일체화 회복(자연자원청 등), 농업재해모니터링 경보 및 호응 기제 완비, 식량 생산 과정 기상 재해 정밀화 경보 능력 강화(농업농촌청 등),	창강, 화이허 등 주요 하류 수문 및 수자원 변동폭 증가, 물 공급 보장 및 물 생태 안전 도전 가중, 농업 생산 불안정성 증가, 식량안보 위협
톈진시 (23.12.14)	행정수장 책임제 핵심의 시, 구, 향진 홍수 예방책임제(수무국), 자연생태계보호 감독체계 완비, "녹색 방패" 지속 전개(계획자원국 등), 기상+건강 의료+서비스의 신모델(위생건강위원회)	1961년 이래 기온상승속도 0.38도/10년, 1980−2022 해수면 상승 속도 연 4.0mm, 극단기후사건 발생 빈도와 강도 증가, 수자원 부족 상황 지속

계속 ▶▶

지방정부	중점 임무(주관 부처)	성과 혹은 한계(취약성)
닝샤 (23.12.26)	육지 생태시스템 종합 모니터링 체계 건설(자연자원청 등), 구, 시, 현 삼급 자연재해위험도 및 종합위험구획(응급청 등)	도시 열섬현상 부각, 가뭄, 지질 재해, 산림초원 재해, 병충해 돌발성, 이상성, 예측불가능성 증가, 생물다양성 압력, 농업구 수자원 부족
산시성 (23.12.31)	세분화된 경제사회시스템 기상관측(기상국), 기후변화 적응형 식량안보 체계(농업농촌청, 과학기술청 등), 기후 민감 질병 모니터링경보 예방(위건위, 기상국 등),	기상 정보화 수준 제고, 국가급 기상관측 데이터 전달 속도 분급에서 초급으로 향상, 성시 간, 지급시 사이 모니터링 시스템 정보 연계와 공유 부족
산둥성 (24.1.8)	습지 생태시스템 적응능력 강화(자연자원청), 절수형 사회 전면 추진(수리청, 공업정보화청 등), 건축 및 도시인프라 적응능력 제고(주택도농건설청), 응급 의료 구제 능력 개선(위생건강위원회)	성, 시, 현, 향 4급 응급구조 체계 및 플랫폼 건설, 재해성 날씨 모니터링경보 능력 강화, 생물다양성 하락, 고온 및 극단강수의 빈번한 발생으로 대도시 열섬효과 강화와 홍수침수 재해로 인한 인프라 손실
베이징시 (24.2.7)	기능구의 적응 중점 명확화(구정부 및 경제기술개발구관리위원회), 인공지능 활용 생태시스템 종합 모니터링 재해 경보 강화(생태환경국 등),	구 스펀지 도시 도달 비율 32%, 시 전문응급구조대 25팀, 5천여 명 확보, 각 부처 단위 간 분업 협력 통합 조정 불충분
션전시 (24.2.19)	입체화된 홍수 방지 배수 체계 건설, 공항, 도로, 해상항로 등 분산 구조네트워크 체계 건설, 기후변화 속 인류건강 영향연구	시 면적 276㎢ 스펀지 도시 건설, 165개 국가종합재해피해축소시범사구, 6개 성급 방진재해축소과학보급시범기지, 각 부처 기후적응 이념 불명확, 협동 거버넌스 기제 불완전
장쑤성 (24.3.18)	기후시스템 복수 대기권 관측 네트워크 완비(기상국), 수재 및 가뭄 재해 감독 통제 현대화 체계 구축(수리청), 고표준 유역 홍수 방지 및 배수 공정 체계 완비(수리청)	13개 시 공기오염이 인체 건강에 미치는 영향 모니터링 및 보호 전개, 2021년 이후 1100만 무 고표준 농경진 건설, 기후변화영향 및 위험에 대한 과학적 인식 부족

출처: 각 지방정부 홈페이지 행동문건을 참고하여 저자 작성, 지방 이름(문건 발표날짜)

야에서 각 지역의 조건과 특색에 맞춰 프로젝트를 추진하고 있다.

2010~2020년 10년 동안 지방정부 가운데 기후 취약성이 낮고 적응능력이 뛰어난 기후 지속 가능한 곳(Climate-sustainable)은 베이징, 텐진, 상하이, 장쑤, 저장, 광둥, 쓰촨의 7곳이었다. 반면에 구이저우, 간쑤, 칭하이, 닝샤는 기후 취약성이 높고, 적응능력은 떨어지는 기후 취약 지역(Climate-vulnerable)이었다. 그리고 내몽고, 랴오닝, 헤이룽장, 장시, 후베이는 기후 회복탄력성이 점차 떨어지는 지역으로 기후적응 노력이 취약성을 낮추는데 한참 미치지 못하고 있다. 마지막으로 산시, 안후이, 허베이, 지린, 푸젠, 산둥, 후난, 광시, 하이난, 충칭, 윈난, 섬서, 신장은 적응능력이 상승 추세에 있었다(Li, Qin et al. 2023, 12).

3) 중국의 기후적응 국가전략 성과와 한계

우선 중국정부가 중시하는 식량안보와 관련된 농경지 보호 성과는 2020년 말까지 8억 무의 높은 표준의 농경지 건설 임무를 완료했고, 농경지 관개수의 유효한 이용 계수는 0.565, 산림 복개율은 23.04%, 초원 종합 식생 피복율은 56.1%, 습지보호율은 52%에 도달했다.[12]

그리고 기후적응 관련 기술에서 특히 감시경보 분야에 발전이 있었다. 수치 모델과 인공지능 기술을 통해 스마트 예보 경고 기술 연구를 전개하고, 극단 사건의 실시간 신속 요인 분석 원형 시스템을 건설했다.[13] 부처 간 연동을 강화하고 기층 책임자에게 '기상 레드경보(叫

---

12) https://www.gov.cn/zhengce/zhengceku/2022-06/14/5695555/files/9ce4e0a942ff4000a8a68b84b2fd791b.pdf

13) https://www.mee.gov.cn/ywgz/ydqhbh/wsqtkz/202310/t20231027_1044178.shtml

应)'직접 전달 기제를 강화했다. 2021년 말까지 성-시-현-향-촌의 5급 재해 정보원 체계를 구축했고, 총인원은 약 100만 명이었다.[14]

자연 생태계 적응능력 개선 분야 중 수자원 절약과 보호 성과는 2022년 전국 용수 총량을 6100억 세제곱미터 이내로 통제했고, 창강 중상류, 황허 중상류, 동북 흑토 지역 등 중점 지역에서 수토 유실 면적 6.3만 제곱킬로미터를 관리했다.[15] 제1차 물이 아름다운 55개 향촌 시범지역 현 건설 임무가 기본 완성되어 농촌의 강과 호수 생태환경이 분명히 개선됐다. 그리고 임업과 초원의 유해생물 방지 면적이 각각 1.5억 무와 2.06억 무에 도달했다.[16]

경제사회 시스템 적응능력 분야에서 농업 영역 적응능력 강화를 위해 2022년 전국 누계 10억 무의 높은 표준(높은 생산과 안정적인 생산) 농경지를 건설했고, 1조 근 이상 식량 생산을 안정적으로 보장했다.[17] 2021년부터 30개의 스펀지 도시를 45개로 확대했고, 전국 31개 성 87개 도시는 공기 오염의 인간 건강에 대한 영향 측정소 167개를 설립하여 극단 기후사건이 인간 건강에 미치는 영향, 기후변화의 기생충 전파 영향 등 연구를 전개했다. 또한 지역 주민의 기상 민감성 질병 특별 조사와 기후변화 건강 위험 평가 책략 및 기술 연구를 전개했다.[18]

중국의 기후적응 국가전략이 직면한 도전은 기후변화 영향과 위험

14) 生态环境部, 2022.10.27., "中国应对气候变化的政策与行动2022年度报告," https://www.mee.gov.cn/ywdt/xwfb/202210/t20221027_998171.shtml

15) https://www.mee.gov.cn/ywgz/ydqhbh/wsqtkz/202310/t20231027_104 4178.shtml

16) https://www.mee.gov.cn/ywdt/xwfb/202210/t20221027_998171.shtml

17) 生态环境部, 2023.10.27., "中国应对气候变化的政策与行动2023年度报告," https://www.mee.gov.cn/ywgz/ydqhbh/wsqtkz/202310/t20231027_104 4178.shtml

18) https://www.mee.gov.cn/ywdt/xwfb/202210/t20221027_998171.shtml

에 대한 분석 평가의 부족으로 기후변화가 자연생태 시스템과 경제사회시스템에 미치는 직간접적인 위협의 복잡성, 광역성, 심각성에 대한 인식 부족이다. 그리고 기후변화 적응 거버넌스 체계의 불완비로, 관련 부처와 지방 업무 중점에 이러한 업무가 포함되지 못했고, 기후 시스템 관측-영향 위험 평가-적응 행동 시행-행동 효과 평가의 업무 체계를 아직 형성하지 못했다. 그뿐만 아니라 현재 기후변화 적응 행동은 높은 품질의 발전과 아름다운 중국 목표 실현을 지지하는데 충분치 않다. 마지막으로 기초 업무의 부족이다. 이론 연구와 기술 R&D가 약하고 전체 사회의 기후변화 적응 의식과 능력도 부족하다는 것이다.[19]

중국 기후적응 전략과 정책의 한계는 감축에 비해 적응 정책에 많은 한계가 있고, 종합적인 성격을 지닌 적응 정책 관련 전문성이 여전히 떨어진다는 것이다(付琳, 周泽宇, 杨秀 2020, 643). 특히 중국 국토 공간 계획의 내용에 기후적응에 대한 고려가 여전히 부족하다. 예를 들어 극단 기후사건 하 기후변화 위험의 공간 평가와 체계적인 대응이 부족하다. 또 다른 한계는 기후변화 예측이 보통 30년에서 더 장기간의 주기로 한다면 공간 계획은 보통 10~20년을 주기로 하기 때문에 기후변화의 장기 영향과 공간 계획의 중기 목표 사이에 충돌이 발생한다. 따라서 현재 정밀한 척도의 기후변화 위험 평가 모형의 부족은 기후적응 정책의 중대한 한계이다. 더 중요한 한계는 적응과 감축 사이에 충돌이 발생하는 것이다. 중국의 감축 정책은 하향식인 반면에 방어적인 특징의 적응은 상향식이다. 예를 들어 인구 밀도가 낮은 개방적인 공간 형태는 기후변화 적응에 도움이 되지만, 더 많은 교통 유량으로 온실가스 감축에는 불리할 것이다. 중국의 경우 국가 계

---

19) https://www.gov.cn/zhengce/zhengceku/2022-06/14/5695555/files/9ce4
   e0a942ff4000a8a68b84b2fd791b.pdf

획과 상층 설계는 감축 위주로 되어 있고, 실천 측면의 공간 계획은 적응 위주이다. 이러한 적응 전략은 하향식의 전달 기제와 제약 기제가 부족하고 부처 간 적응 및 감축에 있어 힘을 합치는 기제가 형성되지 않았다. 예를 들어 기후적응형 도시, 스펀지 도시, 저탄소 시범지역은 서로 다른 부처 조직이 시행하고, 서로 다른 시범지역 정책이 함께 독립적으로 운영되어 정책 과정에서 감축과 적응의 충돌을 피하기 어렵다(武占云 2021, 561-562).

감축과 적응 정책은 중국정부의 제한된 재정 능력에 따라 재정 배분이 균형을 맞추기가 어렵다. 그리고 적응은 기후취약성과 자연재해와 같이 시급한 문제를 다루지만 감축은 장기간의 미래의 영향을 주로 고려한다. 따라서 단기적인 적응과 중장기의 감축 사이에 균형을 유지하는 일은 어렵다. 감축을 위해 곡물로 바이오에너지를 만들면 적응에서 중요한 식량 안보 중 식량 생산에 영향을 미친다. 스펀지 도시와 하수 시설 등의 대규모 적응 관련 프로젝트는 이산화탄소배출량을 증가시켜 감축의 목표와 상충된다. 마지막으로 사회경제적 요인과의 상호작용 측면에서 보면, 감축 정책에서 신재생에너지를 생산하는 것은 긍정적인 사회경제적 영향을 미치지만, 적응 정책에서 기후변화에 취약한 저소득 계층에 직접적인 도움이 되지 못한다.

중국의 감축 분야 중 탄소 중립과 에너지 강도 및 에너지 소모 정책 관련 지방을 통제하고 감독하는 중앙 부처는 권한과 재정력이 가장 뛰어난 국가발전개혁위원회이다. 그리고 중앙생태환경보호감찰영도소조와 감찰조가 탄소 중립 관련 감찰을 주관하고 지방정부, 기업의 에너지 전환 활동을 관리 감독하고 있다(이재영 2021a, 117). 하지만 중국의 적응 정책은 국가전략과 도시적응 시범지역 등의 정책을 생태환경부가 주관하고, 지방에 대한 감독도 이 부처가 주도하면서 적응 업

무가 위의 영도소조와 감찰조의 감독 업무에 포함되었는지는 아직 확인되지 않았다.[20]

이러한 중국의 적응 정책을 객관적이고 과학적으로 평가하기 위해 다음과 같은 지표를 도입할 수 있다. 우선 응용(Application)은 우선순위 정하기, 집행, 모니터링에 있어 진전 정도를 표현한 지표이고, 기초(Foundation)는 빠른, 튼튼한, 포용적인 발전을 통한 적응의 기초를 측정하는 지표이다. 우선 영역 1은 사람들과 기업의 적응을 촉진하는 것이고, 2는 토지 사용 계획에 대한 적응과 핵심 공공 자산 및 서비스를 보호하는 것이다. 우선 영역 3은 기업과 사람들이 위험요소와 자연 재난을 관리하도록 돕는 것이고, 4는 재정과 거시재정 이슈를 관리하는 것이다(Hallegatte et al. 2020).

그림에서 중국의 기후적응과 회복탄력성 정책을 브릭스 국가들의 정책과 비교해 보면 기초, 우선 영역 1과 4에 있어 중국이 더 우수하다는 것을 알 수 있다. 그리고 우선 영역 3은 유일하게 중국이 다른 국가들에 비해 상대적으로 적응 정책 효과가 떨어짐을 보여준다. 결과적으로 중국의 기후적응은 정책의 거시 환경 및 계획, 재정 등 국가가 직접 집행하고 개입하는 영역에서 강점을 보이지만, 기업과 사람들의 기후적응 행동을 간접적으로 돕고 이들의 행동 변화를 유도하는 영역에서 상대적으로 약하다고 평가할 수 있다.

중국의 적응 정책 지표에 대한 전문가 인터뷰를 추가해 정성·정량 평가한 결과 정책의 응용 지표에서 가장 낮은 점수(3.39)를 받았

---

20) 지방에서 생태환경부는 지방의 기후 행동을 유도하거나 감독할 수 있는 능력이 제한적이고, 감독 대상 부처가 동급의 지위와 권한을 가지고 있어 직속 상부 기관에 보고한다. 생태환경부가 주관하는 정기적인 보고 절차도 섹터별 자기 보고에 의존하고 정합성 있는 평가 기준도 부족하다(The World Bank Group 2022, 88).

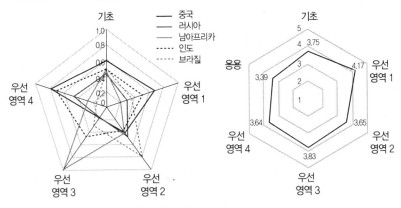
다. 그 이유는 지방 차원에서 정책 결정자들을 위한 안내와 정보의 부
족, 불충분한 자원 동원과 모니터링, 제도적 조정 부족, 농업과 물 등
특별히 취약한 섹터에서 맞춤형 안내 부족 등이다(*The World Bank
Group* 2022, 88).

3. 중국의 기후적응 사례 분석: 도시 기후적응
전략과 기후적응형 도시 건설

1) 도시 기후적응 실험의 목표와 업무

전국 범위 28개 도시를 기후적응형 도시 건설 시범지역으로 정해 놓
고 각 지역의 실제에 부합하는 도시 기후변화 적응 건설 관리 모델을
탐색하였고, 30개 도시에 대해서는 스펀지 도시 시범지역을 건설하였
다. 60개의 침수로 인한 재해가 심각한 도시를 중점으로 하고, 1116

개 침수가 잘 되는 저수 구역에 정비 업무를 실시한다. 국가 절수형 도
시, 생태 조경 도시와 생태 문명 건설 시범 구역 등을 건설한다.[21] 하지
만 가장 대표적인 정책 실험인 스펀지 도시는 2015년부터 본격적으로
시작되었고, 강수 시 수자원의 흡수, 비축 및 순환, 정화, 가뭄 시 방출
하는 도시 재생 기능이다. 하지만 2021년 7월 스펀지 도시를 건설했
던 허난성의 정저우시에서 시간당 최대 201.9mm의 폭우가 쏟아져 지
하철 5호선 수몰 사고로 인해 승객 12명이 사망했다. 이 사고로 중국
에서 스펀지 도시에 대한 회의가 급속도로 확산되었다.

한편 기후적응형 도시 시범지역의 목표는 2025년까지 업무 기초가

도표 11.8 중국의 스펀지 도시

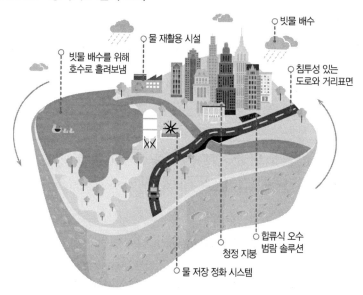

출처: China-Britain Business Focus, https://focus.cbbc.org/sponge-citiies/#.YhWnXzjMLIU.

---

21) https://www.gov.cn/zhengce/zhengceku/2022-06/14/5695555/files/9ce4
e0a942ff4000a8a68b84b2fd791b.pdf

좋고, 조직 보장이 확실하며, 선도 역할이 강한 도시를 우선 선발해 기후적응형 도시 건설을 시범 도시의 중점 업무와 경제사회 발전 계획에 넣고, 업무 기제를 기본 완비한다. 그리고 2030년까지 시범 도시를 기존 28개에서 100개 정도로 확대하고, 시범지역 경험을 유효하게 확산시켜 진일보 심화시켜 기후변화 위험 평가와 기후변화 적응능력을 확실히 강화한다. 2035년까지 시범지역은 전면 확산시키고 지급시 이상 도시는 기후적응형 도시 건설을 전면적으로 전개한다.[22]

2) 28개 기후적응형 도시 건설 시범지역의 특징과 유형

28개 기후적응형 도시 건설 시범지역은 네이멍구 후허하오터시(内蒙古自治区呼和浩特市, 중온대 대륙 몬순 기후), 랴오닝성 다롄시(辽宁省大连市, 온대 반습윤 대륙성 몬순 기후), 차오양시(朝阳市, 북온대대륙 몬순기후), 저장성 리수이시(浙江省丽水市, 아열대 몬순 기후), 안후이성 허페이시(安徽省合肥市, 아열대 몬순 기후), 화이베이시(淮北市, 온대습윤 몬순기후), 장시성 지우장시(江西省九江市, 아열대 몬순 기후), 산둥성 지난시(山东省济南市, 온화한 몬순 기후), 허난성 안양시(河南省安阳市, 온화한 몬순 기후), 후베이성 우한시(湖北省武汉市, 아열대 몬순 기후), 스옌시(十堰市, 아열대 몬순 기후), 후난성 창더시(湖南省常德市, 아열대 습한 몬순 기후), 위에양시(岳阳市, 아열대 몬순 기후), 광시 바이서시(广西壮族自治区百色市, 아열대 몬순 기후),

22) 生态环境部办公厅, 财政部办公厅, 自然资源部办公厅, 住房和城乡建设部办公厅, 交通运输部办公厅, 水利部办公厅, 中国气象局办公室, 国家疾病预防控制局综合司, 2023.8.25., "关于深化气候适应型城市建设试点的通知," https://www.mee.gov.cn/xxgk2018/xxgk/xxgk05/202308/t20230825_1039387.html

표 11.3 기후적응형 도시 시범지역의 중점 임무와 주요업무

중점 임무	주관 부처와 주요업무
도시 기후변화 적응 거버넌스 체계 완비	생태환경부, 평가 고과 기제 건설과 연간 업무 성과 평가 체계 완비
도시 기후변화 영향과 위험 평가 강화	생태환경부, 중국기상국, 자연자원부, 기후변화 영향과 위험의 정밀화 정량 감시 평가와 예측과 요인 분석, 일상화 기상재해의 잠재된 위험 조사와 주기성 종합 위험 조사의 효과적인 연계
도시 기후변화 적응 능력 건설 강화	생태환경부, 국가생태환경 과학기술 보급 기지 건설 중 기후적응 내용 추가, 적응 관련 선진 기술 확산 응용 강화, 금융기관, 기업, 사구, 사회조직, 대중 등 다원화 주체 적극성 동원
극단 날씨 기후사건 위험 감시 경비와 응급 관리 강화	중국기상국, 자동기상관측소 위주 입체 정밀, 스마트 협동 도시 종합 기상관측 체계 건설, 조기경보 플랫폼과 재해 종류 분류 감시경보 경고 시스템 건설
도시 기후변화 적응 공간 배치 개선	자연자원부, 국토 공간 계획에 대한 평가 중 기후위험과 적응 평가 강화, 도시 지상 지하 공간 종합 이용, 사구를 기본 단위로 도시 안전 방위 체계 구축
도시 인프라 기후 복원력 제고	주택도농건설부, 극단 날씨 기후사건 하 도시의 각종 인프라 방재, 재해 감소, 재해 대항, 응급 구제 능력과 도시 중요 인프라의 쾌속 회복 능력의 전면적 개선
도시 물 안전 보장 수준 제고	수리부, 주택도농건설부, 생태환경부, 홍수 방지 안전 보장 표준과 관련 프로젝트의 합리적인 개선, 도시 수원지 보호 강화
도시 교통 안전 운행 보장	교통 운수부, 주택도농건설부, 극단기후사건 경보 및 도시 종합 교통 시스템 응급 연동 기제 강화
도시 생태 시스템 서비스 기능 개선	자연자원부, 주택도농건설부, 생태환경부, 수리부, 기후적응과 융합된 도시 공간 형성, 생물다양성 보호 요구를 도시 계획, 건설, 거버넌스 관련 표준과 규범에 포함
도시 기후변화 건강 적응 행동 추진	국가질병통제국, 도시 중점 기후 민감 전영병과 만성 비전염병에 대한 명확화, 건강 위험 경보 기제 건설

출처: https://www.mee.gov.cn/xxgk2018/xxgk/xxgk05/202308/t20230825_1039387.html

하이난성 하이커우시(海南省海口市, 열대 몬순 기후), 충칭시 비산구
(重庆市壁山区, 아열대 습한 몬순 기후), 통난구(潼南区, 아열대 습한
몬순 기후), 쓰촨성 광웬시(四川省广元市, 아열대 습한 몬순 기후), 구
이저우성 리우판수이시(贵州省六盘水市, 아열대 습한 몬순 기후), 비
제시 허장현(毕节市赫章县, 아열대 몬순 기후), 산시성 상뤄시(陕西省
商洛市, 남쪽 아열대 기후/북쪽 온난한 기후), 시셴신구(西咸新区, 온
화한 몬순 기후), 간쑤성 바이인시(甘肃省白银市, 중온대 반건조 기
후), 칭양시 시펑구(庆阳市西峰区, 온대 대륙성 몬순 기후), 칭하이성
시닝시 황중현(青海省西宁市湟中县, 고원 대륙성 기후), 신장 쿠얼러
시(新疆维吾尔自治区库尔勒市, 온화한 대륙성 기후), 아커쑤시 바이
청현(阿克苏市拜城县, 온난한 대륙성 기후), 신장생산건설병단 스허쯔
시(新疆生产建设兵团石河子市, 온화한 대륙성 기후)이다.

도표 11.9   기후적응형 도시 건설 시범지역 분포 지도

출처: 杨秀(2018).

지리와 기후 특징에 따라 중국 전역을 동부, 중부 서부의 기후적응 지역으로 나누고, 도시의 기후위험, 도시 규모, 도시기능, 대도시, 특대도시, 삼각주 도시, 연해·연강·호수 근처 도시, 관광도시, 사막화와 석막화 지역 도시, 항구 도시 등의 대표 도시를 선정했다.[23]

이러한 시범지역의 추진 체계는 각 시의 인민정부 주요 책임자가 조장을 하고 발전개혁, 주택도농건설 등 관련 부처가 참여하는 시범지역 업무 영도소조를 설립해서 업무를 총괄한다. 그리고 매년 12월 말전 시범지역 업무 진전 보고를 제출하되, 성급 발전개혁위원회와 주택도농건설청을 통해 국가발전개혁위원회(기후변화대응사)와 주택도농건설부(건축 에너지 절약 및 과학기술사)에 보고한다. 중앙은 시범지역 업무 진전에 따라 정기적으로 경험 교류를 전개하고 모범 선진 지역을 수립하며, 조직 인원 훈련과 국제협력 활동 등을 추진한다.[24]

시범지역의 정책 내용은 우선 도시 기후변화 영향 및 취약성 평가를 전개한다. 특히 기후변화 적응 데이터베이스의 부처 공유 기제를 건설하고, 도시 기후변화 영향 감시 및 위험 평가 체계를 건설한다. 그리고 도시 기후변화 적응 행동 방안을 출시하는데, 경제사회 발전 총괄 계획, 도시 계획, 산업 발전 관련 전문 계획에서 기후변화 요인을 고려하고, 감시 경고 인프라 건설, 산업 구조 조정, 수자원 관리, 생태 녹지, 재해 방지 및 감소 등 관련 업무를 통합한다.[25]

---

23) 国家发展改革委、住房城乡建设部, 2016.2.4., "关于印发城市适应气候变化行动方案的通知," https://www.ndrc.gov.cn/xxgk/zcfb/tz/201602/t20160216_963584_ext.html

24) 国家发展改革委、住房城乡建设部, 2017.2.25., "关于印发气候适应型城市建设试点工作的通知," https://www.gov.cn/xinwen/2017-02/25/content_5170863.htm#1

25) 国家发展和改革委员会, 住房和城乡建设部, 2016.8.2., "关于印发开展气候适应型城市建设试点的通知, 气候适应型城市建设试点工作方案" https://www.gov.cn/xinwen/2016-08/05/content_5097830.htm

표 11.4　기후적응형 도시 건설 시범지역 평가 지표 체계

종류	1급 지표	2급 지표	가중치
관리 지표 (50)	도시적응이념	도시적응방안 편제	5
		직응 계획 편제	5
	감시경보 능력 제고	극단 기후사건 감시, 경보, 예보 체계	10
	중점 적응 행동	특정 적응 행동 조치	10
	정책 지지	재정 투입 혹은 제도건설 상황	10
		기타 정책 지지	
		대중 의식	
	능력 건설	시범 건설	10
		기초연구	
건설 지표 (50)	기후변화 위험 통제	응급 처리 기제 건설	10
		자연 해안선 보유율	
		기본 의료 위생 보장	
	대중 건강	대기오염 방지 관리	10
	인프라 건설	재해방지위험회피소	10
		녹색 건축 집행 비율	
		기존 건축 개조 상황	
		녹색 외출 비율	
		교통 인프라 개선	
		에너지 공급 보장 및 안정성 관리	
		지하 파이프 건설	
	녹화	녹색 피복률	10
		방사 토지 관리율	
	수자원 관리	강 호수 수질 상황	10
		물 공급 보장 및 안정성 관리	
		비 홍수 수납 처리 수준	

출처: 楊秀 (2018).

시범지역의 행동과 실천 달성도가 가장 높은 지표는 녹화 피복률로 85% 달성도를 보였다. 그다음으로 강 호수 수질 상황 78%로 높았다. 달성도가 가장 낮은 지표는 각급 시범 건설로 26%였고, 재정 투입이나 제도건설 상황도 30%로 비교적 낮았다. 적응 기초연구(41%), 도시 적응 계획의 이행(41%), 방사토지 관리율(41%), 응급처리 기제 건설(43%)로 비교적 낮았다(楊秀, 2018).

4. 중국의 기후적응 국제협력

중국의 기후적응 국제협력은 정부 간 기후변화 전문 위원회(IPCC)의 평가 과정에 깊이 참여하여 중국의 기후변화 과학 평가 능력을 강화하고 기후변화로 인한 재해 국제 인도주의 구제 행동에 적극적으로 참여하는 것이다. 그리고 금융 방면에 선진국, 세계은행, 아시아개발은행, AIIB, 신개발은행 등 다자 금융기구와 녹색 기후 기금, 전 세계 환경기금과 실무 협력을 강화한다. 구체적인 협력 분야는 농업 생산, 수자원 관리, 재해 감시경보, 기초설비 건설 등에서 남남 협력을 추진한다. 특히 아프리카와 같은 저개발 국가, 작은 도서국 등 기후변화의 불리한 영향을 심하게 받는 개도국과의 협력을 넓힌다.[26]

2018년 10월 16일 글로벌 기후적응위원회가 17개 발기 국가와 함께 정식으로 가동되었고, 2019년 6월 27일에는 위원회의 중국사무소가 정식 개소했다. 2022년 6월까지 중국은 38개 국가와 43개의 기후변화 대응 협력 문건을 체결하여 개도국의 기후변화 능력 제고를 돕

---

26) https://www.gov.cn/zhengce/zhengceku/2022-06/14/5695555/files/9ce4e0a942ff4000a8a68b84b2fd791b.pdf

는다. 2021년 중국은 28개 국가와 일대일로 녹색 발전 파트너 관계 이니셔티브를 발기하여 기후변화 공동 대응을 호소했다(中国环境报 2022/7/10).

1) 손실과 피해 기금 조성 및 생물다양성 협약

27차 유엔 기후변화협약 당사국총회에서 처음으로 '손실과 피해' 보상에 대한 기금 조성 합의에 도달했지만, 중국은 선진국이 아닌 개도국의 신분으로 이 기금을 낼 수 없다는 입장을 고수했고, 오히려 남남협력과 친환경 일대일로를 통해 개도국을 도울 것이라고 강조했다. 하지만 중국은 2022년 12월 15차 생물다양성 협약 당사국총회에서 의장국으로써 콩고와 카메룬 등 개도국들의 반발에도 불구하고 선진국들을 압박하여 2030년까지 전 세계 육지 및 해안, 해양의 30%를 보호구역으로 관리하는 목표와 2025년까지 매년 최소 2백억 달러, 2030년까지 3백억 달러, 연 2천억 달러 규모 공공 및 민간 재원 조달에 대한 합의인 '쿤밍-몬트리올 글로벌 생물다양성 프레임워크'를 통과시켰다(이재영 2023a, 71).

손실과 피해 기금 조성 및 생물다양성 협약 모두 기후변화 적응 정책과 관련이 있는 분야이다. 그렇다면 중국은 왜 손실과 피해 기금 조성에서는 소극적이고 회피하는 태도를 보이고, 생물다양성 협약에서는 선진국과 개도국 사이에서 적극적으로 중재하는 역할을 수행하는 것일까. 우선 중국에 기후적응을 돕는 손실과 피해 기금 조성보다 생물다양성 보존이 더 시급하고 중요한 문제이기 때문이다. 중국은 기후변화의 더 큰 영향 아래 자연재해와 환경 파괴로 경제적인 손실과 인적 피해가 갈수록 증가하고 있어, 생물다양성 보존이 이러한 기후변화 적응에 실질적인 도움이 되는 정책이기 때문이다. 즉 손실과 피해 기금 조성은 중국에 직접 도움이 되지 않고 오히려 남남협력과 일대일로라는 독자적인 프로그램을 활용할 수 있지만, 생물다양성은 국제공조와 협력이 절실하다. 그리고 손실과 피해 기금 조성은 미국과 서방에서 중국에 공여를 압박하면서 중국을 견제하는 수단으로 인식되는 반면, 생물다양성 협약은 그러한 압박이 덜하고 중국이 주도해서 리더십을 행사할 수 있는 분야이기 때문이다.

그뿐만 아니라 중국은 손실과 피해 기금 조성 이슈에서 미국과 서방에 양보하여 이 기금을 내게 되면 그동안 기후변화 정책에서 개도국 지위로 누렸던 혜택이 사라지고 더 많은 감축 의무와 책임을 떠안을 수 있다는 우려 때문이다. 즉 중국의 셰전화 기후변화특사는 파리협약에 이러한 기금 출자의 책임과 의무는 선진국에만 있고 개도국은 자발적인 출자라는 분명한 규정이 있다고 강조했다(이재영 2023a, 77).

중국정부는 '중국생물다양성보호전략 및 행동계획(2023-2030)'에서 생물다양성 관련 국제 협약 협상 및 표준 제정에 적극적으로 참여하고, 일대일로 녹색발전국제연맹, 글로벌 환경기금, 세계은행, 아시아개발은행, 일대일로 생태환경보호 빅데이터 서비스 플랫폼 등 환경 협력 다자 및 양자 기제를 통해 생물다양성 보호와 녹색발전 영역의 양자 및 다자 대화 협력을 강화할 것이라고 밝혔다. 특히 국경을 넘는 생물자원 무역 범죄 소탕 국제 특별 연합 집법 행동에 적극 참여하고, 야생 동식물의 국경을 넘는 연합 보호와 협력 교류를 심화한다. 쿤밍 생물다양성 기금을 제대로 운영하고 기금 관리를 완비하여 개도국의 생물다양성 보호를 확실히 지원한다(生态环境部 2024, 58-59).

2) 글로벌 사우스와의 기후적응 국제협력

중국정부는 남남 협력을 통해 개도국에 설비를 제공하고, 자연재해 감시경보와 적응능력을 높이도록 지원하고 있다(新华网 2022/11/12). 특히 개도국은 적응능력과 지식 경험 및 자금 기술 등이 부족하고, 기후변화의 불리한 영향을 더 쉽게 받으므로 중국은 기후변화 적응에 주목해야 한다고 본다. 그리고 선진국은 감축을 더 중시하고 개도국이 더 많은 감축 책임을 지라고 요구하며, 적응 의제에 대한 주목과 국제 적응 행동 추동력이 약하다고 지적했다. 이 때문에 선진국은 자금, 기술, 역량 건설 지원 제공 의무를 지연시키거나 회피한다는 것이다(中国环境报 2022/6/14).

지금부터 2050년까지 전 세계 기후적응 자금 수요는 매년 5360억 달러에 이르고, 개도국의 적응 자금 수요는 현재 국제 공공 적응 자금 규모의 5-10배이다(谭显春 외 2023, 64). 2011년 이래 중국은 기후변화 대응 남남 협력에 누계 약 12억 위안을 배정했다. 35개국과 40여 개의 협력 문건을 체결했고, 기상 위성과 환경 모니터링 설비 등을 지원했다. 2015년 중국은 200억 위안의 '중국기후변화남남협력기금' 설립을 선포했다. 하지만 이러한 원조 기금은 감축과 적응을 효과적으로 구분하지 못했고, 개도국의 기후변화 역량 건설에만 집중했다(谭显春 외 2023, 71). 그럼에도 불구하고 중국은 2016년부터 남남협력 기금을 통해 개도국에 1백 개의 기후변화 감축 및 적응 프로젝트, 1천 개의 기후변화 대응 훈련 인원 협력, 2백여 개 기후변화 대응 원조를 추진해왔다(이재영 2023a, 78).

글로벌사우스 개도국과의 기후적응 국제협력은 생물다양성 보호 분야로도 확대되었다. 중국은 글로벌사우스 국가의 "생물다양성 및 생태시스템 보호 협력 계획"을 개발하고 시행하도록 지원한다고 강조했다. 개도국이 이러한 계획의 시범지역을 추진하도록 돕고, 역량 건설과 생물 안보 등 영역에서 협력을 추진한다는 것이다(生态环境部 2024, 60).

5. 결론

결국, 중국의 기후적응 목표 달성을 위해서 지방, 기업, 시민들이 자발적으로 이를 실천하도록 중앙이 정치적 인센티브와 재정 지원을 보장할 필요가 있다. 특히 감축 정책이 중심인 탄소 중립 전략에서 중국 정부는 주로 행정 수단과 선전 선동을 통한 기업과 대중 동원에 의존하면서 정책의 효과와 결과는 한계를 드러냈다. 그리고 중국에서 지방의 당정 간부가 정치적인 승진을 위해 탄소 중립의 중장기적 목표보다 경기부양과 인프라 건설 같은 단기 업적에 치중한다는 것도 염두에 둘 필요가 있다(이재영 2021b, 534-535).

탄소 중립에서 하향식 정책 집행과 국가의 동원능력이 중요했다면, 기후적응 정책은 상향식 정책 집행과 다양한 행위자들의 역할 분담과 조정이 중요하다. 즉 지금까지 중국이 탄소 중립과 감축 정책에서 주로 사용해왔던 방식으로는 기후적응 정책을 효과적으로 집행하기 어렵다. 한가지 주목할 점은 지방 당정 간부들의 인센티브 구조를 볼 때, 기후적응과 같이 단기간에 중앙정부에 업적으로 보여줄 수 있는 정책을 통해 이들은 정치적 승진을 얻으려고 할 가능성이 크다. 만약 중앙이 당정 간부들의 평가와 고과 제도에 기후적응 관련 지표를 큰 가중치로 반영한다면 기후적응이 더 잘 집행될 것이다. 하지만 중국 중앙

정부가 아직 이러한 지표를 다른 정책 목표 관련 지표보다 더 중시한 다는 증거를 찾지 못했다. 중요도나 가중치에서 볼 때 중국의 최고 지도부는 적응보다 감축 목표 중심의 탄소 중립과 탄소 피크에 더 많은 자원과 관심을 쏟고 있다. 앞에서 살펴봤듯이 감축과 적응은 어느 정도 서로 충돌하거나 트레이드오프 관계에 있다. 지금 중국은 제한된 자원과 시간을 감축과 적응 가운데 감축에 더 많이 투입하고 있지만, 문제의 심각성과 시급성을 고려하면 둘 사이에 좀 더 균형을 맞출 필요가 있다.

그리고 중국의 기후적응 정책이 효과를 거두기 위해 지방 계층과 부처별로 서로 다른 기능과 역할을 수행하고 조정을 강화할 필요가 있다. 예를 들어 성급 정부는 국토 공간 계획에서 기후변화가 생물다양성, 해안 지대, 수자원, 농업, 관광업, 중대 인프라에 미치는 영향과 적응 조치에 집중하고, 시와 현급 정부의 국토 공간 계획은 도시의 열섬 효과, 해수면 상승, 인체 건강, 건축 등 영역의 적응 조치에 주목할 수 있다. 그리고 향진급 정부는 생물다양성, 농업, 수자원, 인체 건강 등을 적응 정책의 중점 내용으로 삼아야 한다. 따라서 지방 각 계층의 국토 개발 계획과 기후적응 전략이 연계되어야 한다. 예를 들어 기후변화 고위험 지역에 대해 허용·제한·금지하는 개발 건설 활동의 규모, 강도, 배치, 환경 요구를 명확히 하기 위해 개발 강도 지표와 기후변화 적응 목표 연계를 강화해야 한다(武占云 2021, 564).

따라서 기후적응 정책을 집행하는 과정에서 비효율을 최소화하고 더 많은 성과를 달성하기 위해서는 중국의 정책 집행에서 나타나는 고질적인 문제인 지방정부의 "수직적 직책 동일 구조"를 깨뜨리는 각 계층 정부 및 부처 간 기능 차별화와 역할 분업을 통해 정책 집행의 정합성과 유기성을 강화해야 한다(이재영 2023b; 이재영 2022).

마지막으로 앞에서 살펴보았듯이 중국의 감축 프로그램과 적응 정책은 충돌하는 지점이 있고, 개발 계획과 국토 공간 계획 역시 이러한 기후변화 전략과 모순되는 지점이 있다. 이를 해소하는 데 필요한 것은 IPCC 6차 종합평가보고서에서 단기 대응 차원으로 제시한 기후 탄력적 개발(Climate Reselient Development)이다. 이는 지속 가능한 발전을 실현하기 위해 감축과 적응 행동을 통합하고, 이에 대해 평가한 후 더욱 확대하는 방안이다(이재영 2023a, 96). 그리고 기후 탄력적 개발은 경제시스템 전환과 기후 정의 문제 역시 중시하고 있는데, 중국의 적응 전략에서 강조하는 자연생태 시스템과 경제사회 시스템의 통합 관리 맥락과 일치하고, 기후변화의 가장 큰 피해를 입는 지역에 더 많은 재정 및 인력 지원을 투입하는 적응 정책과도 관련이 있다.

❖ 참고문헌

이재영. "미중 기후변화 경쟁과 협력: 기후변화 국제협상과 탄소중립 정책의 정치경제." 이태동 편저. 『기후변화의 정치경제: 국제통상, 기업, 기술』. 서울: 박영사, 2023a.
_____. "중국 저장성 기층 혁신정책과 지방정부의 역할 – 특색마을(特色小镇) 건설과 창싱현(长兴县)의 산업정책 사례분석–." 『비교중국연구』 3집 2호 (2022).
_____. "중국 전략적 신흥산업 육성에서 지방정부의 역할: 저장성 사례를 중심으로." 『문화와 세계』 4집 2호 (2023b).
_____. "중국 지방 차원에서의 탄소중립 추진." 김성진 외. 『중국의 2060 탄소중립 추진전략 연구』. 대외경제정책연구원, 한국환경연구원 (2021a).
_____. "중국의 탄소중립 정치와 미중 기후변화 협력." 환경정치연구회 엮음. 『탄소중립과 그린 뉴딜: 정치와 정책』. 파주: 한울아카데미, 2021b. pp. 507–539.

Hallegatte, S., J. Rentschler & J. Rozenberg. Adaptation principles: a guide for designing strategies for climate change adaptation and resilience (2020).
Li, Qin, Lei Zhu and Xunpeng Shi. Measuring regions' vulnerability and adaptation to climate change in China: An application of hybrid assessment

approach. Sustainable Development (2023).

The New York Times. International Edition. "China's cities are sinking even as sea levels rise, study finds." 20–21 April 2024.

The World Bank Group. China Country Climate and Development Report (2022). https://openknowledge.worldbank.org/bitstream/handle/10986/38136/FullReport.pdf

Zurui Ao et al. A national-scale assessment of land subsidence in China's major cities. (2024). Science 384,301–306.DOI:10.1126/science.adl4366

财新网."广东强对流天气持续 龙卷风袭广州致5死33伤." 2024.4.28. https://science.caixin.com/2024-04-28/102191076.html

『法治日报』. "'绿盾'专项行动督促问题整改率达94.7%." 2022.11.30. http://www.legaldaily.com.cn/government/content/2022-11/30/content_8807077.html

『法治日报』. "我国适应气候变化能力持续提高双碳"1＋N"政策体系再添新成员." 2022.6.24. http://www.legaldaily.com.cn/government/content/2022-06/24/content_8739122.html

付琳, 周泽宇, 杨秀. "适应气候变化政策机制的国际经验与启示,'『气候变化研究进展』, 2020年第5期 (2020): 641–651.

国家发展改革委、住房城乡建设部. "关于印发气候适应型城市建设试点工作的通知." 2017.2.25. https://www.gov.cn/xinwen/2017-02/25/content_5170863.htm#1

国家发展和改革委员会, 住房和城乡建设部. "关于印发开展气候适应型城市建设试点的通知, 气候适应型城市建设试点工作方案." 2016.8.2. https://www.gov.cn/xinwen/2016-08/05/content_5097830.htm

国家发展改革委、住房城乡建设部. "关于印发城市适应气候变化行动方案的通知." 2016.2.4. https://www.ndrc.gov.cn/xxgk/zcfb/tz/201602/t20160216_963584_ext.html

『经济日报』. "气候适应型城市建设试点深化." 2023.9.4. http://www.ce.cn/xwzx/gnsz/gdxw/202309/04/t20230904_38699109.shtml

生态环境部, 发展改革委, 科技部, 财政部, 自然资源部, 住房城乡建设部, 交通运输部, 水利部, 农业农村部, 文化和旅游部, 卫生健康委, 应急部, 人民银行, 中科院, 气象局, 能源局, 林草局, 2022.5.10, https://www.gov.cn/zhengce/zhengceku/2022-06/14/5695555/files/9ce4e0a942ff4000a8a68b84b2fd791b.pdf

生态环境部. "中国生物多样性保护战略与行动计划 (2023–2030年)." 2024.1.18. https://www.mee.gov.cn/ywdt/hjywnews/202401/t20240118_1064111.shtml

生态环境部. "中国应对气候变化的政策与行动2023年度报告." 2023.10.27. https://www.mee.gov.cn/ywgz/ydqhbh/wsqtkz/202310/t20231027_1044178.shtml

生态环境部. "中国应对气候变化的政策与行动2022年度报告." 2022.10.27. https://www.mee.gov.cn/ywdt/xwfb/202210/t20221027_998171.shtml

生态环境部办公厅, 财政部办公厅, 自然资源部办公厅, 住房和城乡建设部办公厅, 交通运输部办公厅, 水利部办公厅, 中国气象局办公室, 国家疾病预防控制局综合司, 2023.8.25., "关于深化气候适应型城市建设试点的通知." https://www.
　　mee.gov.cn/xxgk2018/xxgk/xxgk05/202308/t20230825_1039387.html
生态环境部办公厅, 国家发展和改革委员会办公厅, 工业和信息化部办公厅, 住房和
　　城乡建设部办公厅, 中国人民银行办公厅, 国务院国有资产监督管理委员会办公
　　厅, 国家机关事务管理局办公室, 国家金融监督管理总局办公厅, 中国证券监督
　　管理委员会办公厅, 2024.4.25., "气候投融资试点成效评估方案." https://www.
　　mee.gov.cn/xxgk2018/xxgk/xxgk05/202404/t20240429_1072040.html
谭显春, 张倩倩, 曾桉, 顾佰和, 黄晨. "典型发达国家适应气候变化资金机制及对中
　　国的启示."『中国环境管理』, 2023年第1期 (2023): 64-73.
武占云. "将适应气候变化纳入国土空间规划: 进展, 困境与思路."『气候变化研究进
　　展』, 2021年第5期 (2021): 641-651.
新华网. "5月份我国强对流和强降雨天气可能增多增强." 2024.5.2. http://www.
　　news.cn/politics/20240501/e260c40cb79440bc8d79ded743e1979d/c.html
新华网. "持续强降雨已致广东4人死亡 仍有10人失联." 2024.4.22. http://www.
　　news.cn/20240422/495244acd6d04c06977288c0e7a2927c/c.html
新华网. "COP27中国角举行中国适应气候变化战略与行动边会." 2022.11.12. http://
　　www.news.cn/2022-11/11/c_1129121232.htm
新华社. "关于2023年中央和地方预算执行情况与2024年中央和地方预算草案的报
　　告." 2024.3.13. https://www.gov.cn/yaowen/liebiao/202403/content_6939289.
　　htm
新华社. "关于2022年中央和地方预算执行情况与2023年中央和地方预算草案的报
　　告." 2023.3.15. https://www.gov.cn/xinwen/2023-03/15/content_5746960.
　　htm
杨秀. 国家应对气候变化战略研究和国际合作中心, "城市应对气候变化的行动与
　　进展." (2018). https://www.eu-chinaets.org/storage/upload/file/20210326/
　　1616755796568135.pdf
『中国环境报』. "气候风险不断加剧 中国积极主动适应气候变化." 2024.1.12. https://
　　www.sohu.com/a/751651121_121106869
『中国环境报』. "国家为中国适应气候变化提出哪些新目标?." 2022.7.10. https://
　　eco.cctv.com/2022/07/10/ARTIqECTYk92r1XH3PJodrJl220710.shtml
『中国环境报』. "坚定不移实施积极应对气候变化国家战略 主动做好适应气候变化
　　工作." 2022.6.14. http://epaper.cenews.com.cn/html/2022-06-14/content_
　　77162.htm
中国气象局.『中国气候变化蓝皮书(2023)』. 2023.
中国新闻网. "浙江首次发布适应气候变化评估报告近60年气温上升超1.5℃." 2020.
　　7.3. https://cn.chinadaily.com.cn/a/202007/02/WS5efe97d0a310a859d09d
　　5cf8.html

저자소개

이태동

연세대학교 언더우드 특훈 교수 & 정치외교학과 교수
미국 University of Washington 정치학박사

논저
『기후변화와 도시』(2023)
『에너지 전환의 정치』(2021)
『환경-에너지 리빙랩』(2019, 편저)

김수련

서울시립대학교 도시공학과 연구교수
단국대학교 생명자원과학과 녹지조경학 공학박사

논저
"Utilization of ecosystem services in future vision decision-making
for climate resilient cities" (2023, 주저)
"Habitat probability prediction of umbrella species in urban ecosystems
including habitat suitability of prey species" (2023, 공저)
"수원시의 조류 충돌에 영향을 미치는 공간 구성" (2022, 주저)

김은아

국회미래연구원 혁신성장그룹장 & 연구위원

미국 Stanford University 환경공학박사

논저

"기후변화 적응력 향상을 위한 기술개발 전략과 추진체계" (2023)

"녹색전환기술 글로벌 영향력 향상 전략: 세계질서 재편의 맥락에서" (2023)

"네트워크 분석기반 주요 기후변화 영향 영역 식별 및 적응 관련 법령 분석"
   (2022)

김정현

연세대학교 정치외교학과 조교수

미국 Washington University in St. Louis 정치학박사

논저

"News from Home: How Local Media Shapes Climate Change
   Attitudes" (2023)

"Local weather effects: Perception of climate change and public
   support for government intervention" (2021)

"Direct Democracy and Women's Political Engagement" (2019)

박영주

사회적가치연구원 팀장

University of Sheffield 경영학석사

논저

"지금, 우리가 알아야 할 ESG 이야기" (2023)

『공전전환 플레이북』 (2023)

"환경의 역전—ESG경영의 과거, 현재, 미래" (2021)

"ESG 핸드북" (2021)

박찬

서울시립대학교 조경학과 교수
서울대학교 환경대학원 공학박사

논저

『보험, 기후위기 듣다』(2023, 공저)
『기후위기 시대, 12가지 쟁점』(2021, 공저)

박채연

일본 국립산업기술종합연구소 연구원
서울대학교 공학박사

논저

『보험, 기후위기 듣다』(2023, 공저)
『조경의 새로운 도전』(2023, 공저)
"Impact of climate and socioeconomic changes on fire carbon
    emissions in the future: Sustainable economic development
    might decrease future emissions" (2023, 주저)

성정희

연세대학교 동서문제연구원 연구교수
서울대학교 과학교육(생물전공) 교육학박사

논저

"지속가능발전위원회 운영성과 및 역할 강화방안 연구" (2022, 공저)
"ASEAN-Korea Partnership Academy of Education for Sustainable
    Development: program for building ESD Teaching Modules (2nd)"
    (2014, 공저)
"지속가능발전교육을 위한 교사지침서" (2007, 공저)

이동근

서울대학교 조경·지역시스템공학부 교수
도쿄대학교 농학박사

논저

『보험, 기후위기 듣다』(2023, 공저)
『보험, 기후위기를 묻다』(2022, 공저)
『기후위기 시대, 12가지 쟁점』(2021, 공저)

이재영

통일연구원 북한연구실 연구위원
서울대학교 국제학(중국정치)박사

논저

『기후변화와 정치경제』(2023, 공저)
『미세먼지의 과학과 정치』(2023, 공저)
『기후변화와 탄소중립』(2022, 공저)

이주엽

연세대학교 대기과학과 미기상학 연구실 박사과정 학생
연세대학교 대기과학과 석사, 박사수료

논저

"Factor analysis of recent major heatwaves in East Asia, Geoscience Frontier" (2023, 공저)
"Effect of nitrogen limitation and soil biophysics on Holocene greening of the Sahara, Climate of the Past" (2022, 주저)

조희진

사회적가치연구원 책임연구원
연세대학교 행정학 박사

논저

"ESG 관점에서의 기업교육 가치: SK 그룹의 사례를 중심으로" (2022, 공저)

『사회적 가치의 시대, 집합적 임팩트가 답이다』(2022, 공저)

『사회적 가치의 재구성: 대한민국 사회문제 지도로 사회적 기업의 미래를
그리다』(2018, 공저)

최재연

서울시립대학교 환경계획연구소 박사후연구원
서울시립대학교 도시과학대학 공학박사

현정희

국제응용시스템분석역구소 (IIASA) 연구원
서울대학교 공학박사

논저

"복합 기후리스크의 변혁적 관리 필요성 분석을 위한 자연기반 적응의 효과
평가" (2023)

"Modeling decision-maker preferences for long-term climate adaptation
planning using a pathways approach" (2021)

홍진규

연세대학교 대기과학과 교수
연세대학교 대기과학 이학박사
전공분야: 생물-대기 상호작용, 도시 기후, 에너지-기후 상호작용

논저

『십 대를 위한 미래과학 콘서트』(2018, 편저)

"Integrated Weather and Climate Services in Support of Net Zero Energy Transition" (2023, 편저)

기후변화, 탄소 순환, 재생에너지, 도시 기후 및 환경 관련 국내외 논문 100여편